플라톤 중국에 가다

PLATO GOES TO CHINA: The Greek Classics and Chinese Nationalism
Copyright © 2023 by Princeton University Press
All rights reserved.

Korean translation copyright © 2025 by Understand Books
Korean translation rights arranged with Princeton University Press
through EYA Co., Ltd.

이 책의 한국어판 저작권은 EYA Co., Ltd를 통해 Princeton University Press와 독점 계약한 도서출판 언더스탠드에 있습니다. 저작권법에 의하여 한국내에서 보호를 받는 저작물이므로 무단전재 및 복제를 금합니다.

플라톤 중국에 가다

그리스 고전과
중국 민족주의의
만남

샤디 바취 지음
심규호 옮김

언더스탠드

사랑하는 어머니 리라 세페리 바취께
이란 이스파한, 1939 – 미국 버지니아주 레스턴, 2021
πολλῶν δ᾽ ἀνθρώπων ἴδεν ἄστεα καὶ νόον ἔγνω
많은 사람들을 만나셨고 그들의 마음을 헤아리셨다

차례

서문 • 8

서론 **현대 중국의 고대 그리스인들**
　　왜 고대 그리스인들인가? • 19
　　서양을 위한 것은 무엇인가? • 28
　　'마스터 리'에서 시 주석까지 • 32

1 **예수회와 선각자들**
　　그리스적 특성을 지닌 선교사들 • 46
　　아리스토텔레스와 새로운 국가 • 61
　　톈안먼 광장으로, 그러나 돌아오지 못한 • 79

2 **탄압 이후의 고전**
　　투키디데스, 서방에 경고하다 • 99
　　중국식 민주주의 • 111
　　과거를 반추하는 반체제 인사 • 134

3 **플라톤의 "고귀한 거짓말"로 생각하기**
　　크고 작은 정의 • 144
　　그다지 고귀하지 않은 거짓말 • 148
　　인민을 위한 계급 구조 • 157

4　합리성과 그 불만
영혼이 없는 서구 • 180
인, 자리를 잡다 • 195
이분법과의 이별 • 198

5　레오 스트라우스의 간주곡
스트라우스의 예언 • 213
난해한 역설 • 230

6　세상을 위한 조화
다양성을 지닌 화해 • 244
공자의 활용 • 259
누구의 국가가 될 것인가? • 273

7　현재를 위한 생각
고전 • 290
문화 • 293
신화 • 295

옮긴이 후기 • 304
주 • 318
참고문헌 • 376
찾아보기 • 429

서문

이 책은 2018년에 오벌린 대학Oberlin College에서 진행한 네 번의 마틴 강의Martin Lectures(오하이오주 오벌린 대학에서 운영하는 강의 시리즈로, 1880년부터 1925년까지 이 대학에서 고전학과 고대사를 가르친 찰스 비브 마틴Charles Beebe Martin을 기리기 위해 설립되었다. 이 강의에서는 고전 문헌, 철학, 역사 등 고전 연구 분야의 저명한 학자들이 초청되어 강의를 진행한다-옮긴이)의 내용을 수정하고 보충한 것이다. 하지만 오래 전부터 나는 전공 분야인 고전 고대classical antiquity의 그리스와 로마 문헌들을 서유럽과 미국의 주류 문화 내부가 아닌, 외부의 시각에서 바라보겠다는 생각을 가지고 있었다.

이 연구의 동기는 개인, 시민, 정치, 합리성, 심지어 도덕성에 대한 서구적 개념의 바탕이 되는 이런 기초 문헌들을 중국인과 그들의 문화가 어떤 방식으로 다르게 읽고 이해했는지 알아보고자 하는 것이었다. 이런 개념들은 부분적으로 고전 고대의 이상理想에 의해, 특히 르네상스와 계몽주의에 미친 영향을 통해 형성되었기 때문에, 그 내용에 동의하지 않는 경우라도 항상 사고의 범주로서 '합리적인' 것으로 받아들여졌다.

나는 '거울의 전당hall of mirrors'(거울에 비친 이미지들로 조직된 상상계의 영역에서 사는 삶을 비유한 말로, 자크 라캉의 개념-옮긴이)에서 벗어나서, 이 전통의 범주와 가정이 얼마나 보편적이지 않은지 확인하고 싶었다. 서구와 전혀 다른 고유한 전통을 지닌 문명, 즉 중국은 그리스 고전을 어떻게 이해하고 해석했을까?

연구를 시작하자마자 곧바로 첫 번째 난관에 부딪쳤다. 중국인들은 서양 고대에 대한 글을 대부분 중국어로 썼는데, 연구를 시작한 10여 년 전 당시에도 그랬다. 따라서 연구를 시작하려면 우선 표준 중국어인 만다린을 배워야 했는데, 인도유럽어족을 공부한 경험이 있었음에도 베이징어는 익히기 대단히 어려운 언어임을 알게 되었다. 게다가 과제를 시작할 때만 해도 소크라테스 같은 인물들을 부르는 베이징어 단어들이 아직 완전히 한자 체계로 정립되지 않았기 때문에 연구가 훨씬 더 어려웠다.

뿐만 아니라 내가 연구하려는 시대(약 1890년부터 2020년까지)의 경우 고전 전통에 대한 중국의 주요 사상가들의 의견이 시대에 따라 변했을 뿐만 아니라, 때로는 개인의 일생 동안에도 달라진 경우가 적지 않았다. 그제야 나는 결코 완수할 수 없을 것만 같은 대단히 힘든 과제를 떠맡게 되었다는 사실을 깨달았다.[1]

그럼에도 불구하고 몇 가지 놀라운 발견이 나를 기다리고 있었다. 첫 번째는 그리스 고전이 중국에서 매우 중요하게 여겨졌다는 점인데, 오늘날의 중국 정치, 정부, 문화, 윤리와 직접적으로 관련이 있는 것으로 읽혀지는 경우가 적지 않다. 두 번째는 많은 중국 사상가들이 가상의 '서양'에 대한 광범위한 일반화를 뒷받침하기 위해 이런 고대 문헌에 의존해왔다는 점이다. 마지막으로 알게 된 사실은, 톈안먼 사태가 일어난 1989년 이후 중국의 지식인, 대중 사상가, 심지어 정부 관료들 사이에서 이런 고전 문헌을 읽는 방식에 대한 개념적 혁명conceptual revolution(전체 개념의 혁명적 변화-옮긴이)이 일어났다는 점이다. 다시 말해, 내가 수행한 연구가 사소한 변화의 연속이 아니라 연구 이전과 이후가 존재했다는 의미이다.²

물론 망명 중인 반체제 인사나 정치적 발언에 관심이 없는 본토 학자들은 해당되지 않지만, 이런 수용 태도의 전향轉向은 서양의 고전 문헌들을 적용해 중국의 사회주의와 유가적 이상을 옹호한다는 핵심적인 임무에 대단히 결정적인 영향을 미쳤다. 그리고 그 덕분에 지난 30여 년 동안 거의 동일한 맥락에서 그 임무가 계속될 수 있었다. 분명히 밝히자면, 나는 일부 서구인들이 그리스의 정치 및 철학 사상을 자신들의 '전유물'로 여기는 것을 비판하는 게 아니라, 이 책의 집필을 위해 연구하면서 접한 고대 문헌에 대한 다양한 중국인들의 해석을 경이로움을 느끼며 고찰하고 있는 것이다.

비판은 올바른 대응이 아니다. 사상과 문헌들을 원래의 독자들과는 다르게 보는 문화권과 지역에도 오래된 텍스트에 대한 새로운(심지어 세계적이라 표현할 만한) 해석이 깊이 뿌리내리고 있음을 우리는 이해해야 한다. 그리고 어차피 원래의 독자들 자체도 결코 단일하거나 획일적이지 않았다. 즉, 고전 고대의 여러 부분의 변환에 대한 내 연구는 기본적으로 ('변환 이론transformation theory'이란 새로운 분야에서 신중하게 표현하듯이) "연구 대상인 문화에 대한 특정한 논의가 옳은지 그른지를 따지는 것이 아니라는" 의미이다. 핵심은 이것이다. 읽고 이해한 바가 무엇인가?[3] 그리고 우리는 그것으로부터 그 독자와 우리 자신에 대해 무엇을 배울 수 있을 것인가?

이 책에는 자료와 정보가 산더미처럼 쌓여 있는데, 이를 어떻게 처리했는지 설명하는 게 여러분에게도 도움이 될 것이다. 첫째, 그리스 고전 사상에 대한 중국의 반응을 고찰하는 이 연구는 세분화되어 있지만 범위가 상당히 넓다. 중국 대학교의 "학회에 속한 그리스-로마 고전학자"들이 쓴 저작은 인용하지 않았는데, 그 이유는 그들이 주로 중국 밖의 다른 고전학자들과 연대하고 있으며 고전 고대에 관한 현존하는 비평 문헌과 관련을 맺고 있기 때문이다.[4] 내가 조사한 중국의 학자들은 고전 문헌에 대한 대중적이고 이념적인 반응을 촉진하고 대중의 영역에서 두루 영향력을 발휘하는 대표적인 학자들이다.

둘째, 중국 데이터베이스의 인용 색인들을 면밀히 살펴보고, 다양한 종류의 출판물을 읽고, 블로그 사이트와 소셜미디어까지 참고함으로써 내 주장이 광범위한 독자층을 대표할 수 있도록 노력했다.

마지막으로, 나는 많은 면에서 서로 다른 문화들을 비교하는 것이 얼마나 어려운지 아주 잘 알고 있지만, 복잡한 국가와 문화의 결합체인 현재의 세계를 '서양'과 '동양'이라는 이분법적인 범주로 표현하는 것이 부적절하다는 논의에 내 의견을 덧붙일 생각이 없다.[5] 다만 중국과 서양의 고대라는 특정 주제와 관련하여 이 명사들을 사용하고 있기 때문에, 내가 탐색하는 주제를 가장 간단하게 지칭하는 방법으로 이런 용어를 사용하고 있다는 점을 독자들이 이해해주길 바란다.[6] 이와 관련된 문제가 있다는 사실을 인정한다는 의미로 서양west과 동양east을 대문자가 아닌 소문자로 표기하고자 한다.

평소의 연구 주제에서 한참 벗어난 책을 쓰면서 이카로스Icarus(그리스 신화에 나오는 인물로, 밀랍으로 날개를 붙이고 태양으로 날아가다 밀랍이 녹아 바다로 떨어짐-옮긴이)처럼 될지는 아직 두고 봐야겠지만, 나는 날개를 달기 위해 많은 학자들에게 의지했다. 도움에 대한 작은 보답으로 그 분들의 이름을 언급하고 싶다.

먼저 수많은 질문에 항상 웃는 얼굴로 답해준 친절한 동료 하운 소시Haun Saussy에게 깊은 감사를 표한다. 존경하는 로이드 경Sir G.E.R. Lloyd에게도 감사드린다. 장학금과 지원을 아끼지 않으셨으며, 많은 추천서를 써주셨다! 하버드 대학교의 자이원타오翟文韜는 전체 원고를 검토하면서 부끄러운 실수로부터 나를 구해주었으며, 중국과 미국 문화에 대해 두루 해박한 식견을 제시해주었다.

니콜라스 코스Nicholas Koss, 저우이췬周軼群, 장룽시張隆溪, 황양黃

洋, 류진위劉津瑜, 웨이화 렁, 쥐에허우, 리한숭李漢松, 렝, 주 후우, 한송리, 카이청 팡, 네빌 몰리, 다니엘 벨Daniel A. Bell, 레오폴드 리브Leopold Leeb, 우 지아쉰Wu Jiaxun, 존 커비John Kirby 등 책의 집필을 위해 대화를 나눈 분들에게도 감사를 표한다. 대학원생 연구원인 주자이Zhu Jiayi에게 없어서는 안 될 큰 도움을 받았으며, 열정적이고 성실한 학부생 코니 첸Connie Chen과 헨리 자오Henry Zhao에게서도 많은 도움을 받았다. 또한 연구 인턴을 자원한 세 명의 고등학생, 에릭 왕Erik Wang, 토니 저우Tony Zhou, 미도 상Mido Sang과 만나는 행운도 얻었다. 부디 그들이 훌륭히 성장하길!

프린스턴 대학교 출판부의 내부 검토자 중 한 명인 하버드 대학교의 제임스 한킨스James Hankins 교수의 도움으로 큰 통찰력을 얻게 되어 기쁘다. 수년 전 이 프로젝트를 시작할 때 이 책에 등장하는 인물 중 한 명인 간양甘陽을 인터뷰한 적이 있는데, 그때 보여준 그의 친절함에 감사드린다. 오벌린 대학의 마틴 강의를 통해 이 책의 최종 형태를 가늠해볼 수 있는 기회를 갖게 되었다. 환대해 준 고전학과 여러분들, 그리고 깊이 있고 도전적인 질문을 제기한 청중들, 특히 다수의 중국 출신 참석자들에게도 감사드린다. 또한 오슬로에서 열린 "역사와 이론" 워크숍, 아카데미아 에듀Academia.edu의 해설자들, 시카고 대학교, 하버드 대학교, 베이징의 시카고 대학교 센터의 학계 청중들에게도 고마움을 전한다. 마지막으로, 유능하고 성실한 편집자인 미셸 호킨스Michelle Hawkins에게 감사드린다. 다루기 쉽지 않은 원고였으니 더욱 고맙다.

또한 겸손한 심정으로 몇 가지 말씀드리고 싶다. 나는 이 작은 책이 중국에서 서양 고대의 해석에 대한 다양한 연구의 문을 여는 데에 도움이 되기를 소망한다. 이 책에서 다루는 내용의 범위는 한정적일 수밖에 없다. 그리스 희곡과 시가 같은 고대의 문학 작품들은 책에 포함하지 않았다. 또한 당시나 지금이나 중국 독자들이 서양 고전에 접근하는 단일한 관점이나 하나의 표준화된 해석 기법이 있다고 주장하지도 않는다. 다만 시대적 풍조나 방향성은 있다고 본다. 고전 텍스트들에 대한 다양한 부류의 번역자들이 존재하기는 하지만, 결국 이 프로젝트와 관련이 깊은 학자들이 신문에 기고하고, TV 방송에서 연설하며, 공개적으로 논쟁하면서 청중과 추종자들을 만들게 된다. 앞서 언급했다시피 그들 중 일부는 1980년대에 자신들이 주장했던 견해에서 새로운 친정부적 관점으로 전환하여, 고전에 대한 바뀐 해석을 통해 이런 견해를 전달하고 있다. 이런 모든 이유들 때문에, 그 학자들과 그들의 저술은 흥미로운 연구 대상이 아닐 수 없다.[7] 프레드릭 폴만 Fredrik Fällman의 말처럼, "중국 학계에서 논의되는 주제는 경제와 정치에 관한 보고서만큼이나 중국의 현 상태와 동향을 반영"한다.[8]

끝으로, 나는 어린 시절 많은 시간을 아시아에서 보냈지만 유럽에서 중고등학교를 다녔고 미국에서 대학 교육을 받았기 때문에, 주로 후자의 지적知的, 문화적 전통의 영향을 받고 성장했다고 할 수 있다. 베이징과 타이완의 두 대학에서 10년 동안 중국어를 공부하고, 중국의 여러 지역을 방문했으며, 또한 중국의 20세기에 몰두하고 있기는 하지만, 그렇다고 내가 문화적으로 중국인이 될 수는 없으며 그들의 복잡한 현재와 그만큼이나 복잡한 과거에 의해 형성되는 그 무수히 많은 방식을 다 이해할 수도 없다.[9] 이 책은 단지 미국 밖에서 자란 영국계 미국인 고전주의자가 또 다른 문화의 시각을 통해 살펴보려고 노력한 결과물일 따름이다.

미리 사과드리건대, 내가 실수를 할 수도 있고, 어떤 것은 지나치게 강조하고 또 어떤 것은 덜 강조할 수도 있을 것이다. 그런가 하면 부정확한 가설을 제시하거나 일반화하지 말아야 할 것을 일반화하는 경우도 있을 수 있다. 또한 지금은 더 이상 존재하지 않는 웹페이지를 인용하는 경우도 분명 있을 것이다. 함정이 기다릴 수 있으며, 이미 집필 과정에서 내가 언급한 몇몇 학자들을 불편하게 한 적도 있다.[10]

3장과 4장에는 이전에 논문과 학술지에 발표한 적이 있는 내용과 겹치는 부분들이 있다. 해당 자료의 수정본을 사용할 수 있도록 허락해준 시카고 대학교 출판부와 와일리블랙웰Wiley-Blackwell 출판사에 감사드린다. 나는 중국의 자료들을 온라인에서 보다 쉽게 찾을 수 있었는데, 대부분 원본을 복사하거나 인용한 것으로 원본의 페이지는 달려 있지 않았다. 마지막으로, 별도로 명시하지 않는 한 모든 중국어 문장은 내가 직접 번역했음을 밝힌다.

샤디 바취
시카고, 2021년 11월

서론 | **현대 중국의 고대 그리스인들**

"넓은 하늘 아래 왕의 영토가 아닌 곳이 없고, 온 세상 끝까지 왕의 신하가 아닌 이가 없다."

_《시·소아小雅·북산北山》¹

왜 고대 그리스인들 인가?

물론 오늘날 현대 중국에는 고대 그리스인이 그 어느 곳에도 존재하지 않는다. 그러나 고대 그리스인들은 그들의 작품을 통해 여전히 중국에서 살아 숨 쉬고 있다. 지난 세기 동안 서양 고대의 철학적, 정치적 텍스트, 특히 고전 아테네의 텍스트는 중국 지식인, 언론인, 개혁가, 민족주의자들의 관심을 불러일으켰다. 명과 청 시대 대부분 기간에 중국이 서구에 대해 폐쇄적이었던 점을 감안하면, 이런 관심은 겨우 150년밖에 되지 않았다. 19세기 후반이 되어서야 중국의 개혁가들과 지식인들은 정치 이론과 철학에 관한 서양의 텍스트로 눈을 돌려 중국의 미래 가능성을 재구상하는 데에 도움을 얻고자 했다. 그리고 이 책에서 알 수 있듯이, 그들은 현대 텍스트뿐만 아니라 플라톤, 아리스토텔레스, 투키디데스, 심지어 로마의 키케로와 베르길리우스의 저술을 포함하는 서양 고대 작품으로 관심을 돌리는 것이 적절하다는 것을 깨달았다. 이런 오래된 사상가들이 칸트, 롤스, 몽테스키외, 루소

등 여러 철학자들 사이에서 자신의 자리를 차지했다.²

중국인들이 사회적, 정치적 방향성과 영감을 얻기 위해 서양 텍스트로 눈을 돌리기 시작한 것은 1911년 청나라가 멸망하기 전후의 위기와 혁명 시기부터였다. 비교적 최근에 두 번째 물결이 일었는데, 이는 중국인의 자신감이 급상승하고 민족주의가 팽배해지기 시작하는 시기와 맞물려 있다.³ 그러나 이 두 '전환기'는 성격과 양상이 전혀 다르다. 청나라의 마지막 수십 년과 짧았던 신해혁명 초기에는 서양 고대의 고전이 농노제와 유사한 체제에서 벗어난 중국의 과학적, 정치적 발전과 관련이 있는 것으로 간주되었다. 량치차오梁啓超(1873~1929)와 같은 저명한 지식인들의 글은 왕조에 대한 도전의 근거가 된 그리스 고대의 정치사상을 전파하는 데에 도움이 되었다. (공자 역시 고대의 현인이었지만, 일반적으로 계급적 왕조 체제의 조력자라는 비판을 받았다.) 심지어 대중 개혁가들은 당시 지식인들이 쓴 글의 내용과 그것으로부터 발전한 전통이 서양의 부러운 과학 발전의 궤적에 기여했다고 믿었는데, 이런 생각은 신문 기사나 논문에서 광범위하게 탐구되기도 했다.⁴

오늘날 중국에는 커다란 변화의 물결이 일고 있다. 다시 한 번 서양 고전은 대화와 토론의 주제가 되고 있지만, 그 양상은 과거와는 다르다. 한편으로는 서양 고전을 학습하는 특정 학과가 아직 드물긴 하지만, 서양 고전이라는 학문 분야가 존재하고, 많은 주요 대학교에 학회와 연구기관들이 자리를 잡고 있다. 이런 새로운 변화는 학부 교육에 서양 고전을 포함시키기 위해 노력한 학자들의 연구 덕분이다.⁵

반면에, 특정 맥락에서 고전 문헌은 중국의 현 정부를 지지하는 사상을 뒷받침하는 데 활력을 불어넣었는데, 이는 부분적으로 "중국 문명 연구"(국학國學)라는 민족주의적 주제에 고전 문헌이 포함됨으로써 가능해졌다. 이런 식으로 활용되기 때문에, 서양 고전 텍스트는 서구에 대한 비판과 중국에 대한 지지라는 동일한 결과를 낳는 두 가지 수용 방식을 충족한다. 그 텍스트들에 나쁜 가치들이 담겨 있으면 맹렬히 비난하면서 서구가 바로 그러한 가치들을 물려받았다고 간주한다. 또한 그 텍스트들에 좋은 가치들이 담겨 있으면 찬사를 보내며 바로 그 가치들이 현대는 물론 고대 중국의 정치론, 윤리 원칙과 합치한다고 여긴다. 소크라테스가 공자를 모방한 것으로 주장하기도 하고, 아리스토텔레스가 노예상인으로 해석되기도 하며, 투키디데스와 플라톤은 현명했다고 평가되기도 한다. 처음에는 서양의 고전이 중국의 현대화 문제와 관련이 있다고 여겨졌으나, 지금은 미국과 유럽에 대한 심각한 비판적인 논쟁에서 근거로 인용되고 있다.

이런 서양의 고전 문헌과 중국 고유의 고전 문헌은 중국과 미국이 서로 도덕적 우위를 차지하기 위해 경쟁하면서 새롭게 중시되기 시작했다. 두 나라는 인권 침해와 인종 차별에 대해 서로 비난하고, 과거의 잔혹 행위를 지적하면서 자기가 "조화" 또는 "민주"를 대변한다고 주장하고 있다. 이런 상황은 일면 지극히 당연한 것이다. 특히 중국에서는 민족주의자들이 도덕적 우위의 근거로 자국의 지적, 윤리적 전통을 찾는 경우가 많은데, 이는 거의 단절되지 않고 이어지는 유가 사상의 전통이 현재에도 강한 영향력을 발휘하기 때문이다. 그러나 서양 고전에 대한 그들의 관심에서 알 수 있듯이, 이제 중국은 정치 이데올로기의 명분을 찾기 위해 자신들과 다른 지적 전통에 눈을 돌리고 있으며, 다양한 전통들을 합쳐서 지식인, 대중 사상가, 언론인, 블로거 등에 의해 생산된 하나의 친중국적 정부 주장으로 통일시키려 하고 있다.

이는 대단히 흥미로운 일이 아닐 수 없다. 미국에서 중국 고전 문헌이 정부와 관련이 있다고 판단되어 공개 토론의 주제가 되고,《논어》가 미국 정계의 태도나 주장을 변화시키는 데에 도움이 되는 상황을 상상해보라.[6] 또한《시경詩經》이 자신들을 지지하고 있다고 민주당이 주장하는 상황을 상상해보라! 누가 신경이나 쓰겠는가!

그래서 중국의 변화가 더욱 궁금하지 않을 수 없다. 왜냐하면 이 고전들에 뿌리를 둔 서구 문화에서도 고전 고대 작품은 별로 언급되지 않고 심지어 교육 시스템에서도 자리를 차지할 자격이 없다는 인식이 점점 커지고 있기 때문이다. 미국의 대학들이 고전학을 엘리트들을 위한 쓸모없는 분야로, 심지어 제국주의를 부추기는 원인으로 판단하여 관련 학부들을 없애고 있는 마당에, 중국인들은 중국 공산당 기관지의 사설에 실린 플라톤을 읽고 있는 것이다.[7]

중국인들은 왜 외래의 고대 문헌들에 특권을 주면서까지 자신들의 현재를 조명하려는 것일까? 그 이유는 중국 문화, 그리고 중국 정치 상황의 변화하는 환경에 내재해 있다. 우선 중국인들은 자신들의 고전을 무척 존중한다. 중국의 문화와 사상은 항상 유가(조금 덜 중요하지만 도교와 불교 전통도 포함해서)의 전통적인 문헌들을 기반으로 형성되어왔다.⁸ 1949년 마오쩌둥이 집권한 후 공자와 그의 사상은 비난과 탄압을 받았지만, 그 시대는 이미 끝났다.

중국 정부의 도움으로 유가 전통이 또 다른 형상으로 부활해 현대 중국 사회에서 영향력 있는 세력으로 다시 부상했다. 심지어 일부 현대 사상가들(새로운 유학자들과 '정치 유학자'들을 포함하는 "신유가")은 유가적 가치로의 회귀만이 현재 팽배해져 있는 불안감으로부터 현대의 중국을 구할 수 있을 거라고 주장하고 있다. 시장 경제에서 주요 동력으로 작용하는, 중국적 특성을 갖춘 사회주의와 주요 경쟁자가 미국이라 여겨지는 세계무대에서 정치적 주역으로 갖는 위치, 그 둘 사이 어딘가에서 중국이 떠다니고 있기 때문이다.

오늘날 중국에서 고대 중국 철학은 민족주의와 관련된 미사여구로 인용되는 것이 일반적이며, 그것도 최고위급에서 주로 인용되고 있다.⁹ 공자의 유산은 시진핑習近平 주석의 연설에서 정기적으로 인용될 정도로 중시되었다. 2015년에는 시진핑 주석이 중국 고전 철학서에서 옮긴 135개의 인용문이 공산당 기관지인《인민일보人民日報》에서《시진핑용전習近平用典》이란 제목의 책으로 출간되기도 했다.¹⁰

시 주석의 인용문은 주로《논어》,《예기禮記》,《맹자孟子》,《순자荀子》,《사기史記》 등 유가 고전에서 나온 것으로, 도덕적 훈계나 국가 운영에 뛰어났던 성군聖君에 대한 예로 이루어져 있다.¹¹ 예를 들어 시 주석이《논어·자로》에서 인용한 한 구절은 다음과 같다.

"자신의 행실이 바르면 명령하지 않아도 신하들이 일을 잘하고, 자신이 바르지 않으면 설사 명령을 내리더라도 신하들이 따르려 하지 않는다."[12]

아마도 이는 시 주석이 아무리 막강한 권력을 차지하더라도 "군주"의 권위는 근본적으로 도덕적이며 결코 권위주의적이지 않다고 중국인들을 안심시키려는 의도인 듯하다.[13]

서양에서는 정치인들이 고전을 국민적 자부심의 상징으로 내걸거나 고전에 담긴 다양한 윤리적 가르침을 대중에게 강요하지는 않는 것 같다. 확실히 내가 살고 있는 시카고의 경우, 로마시대 철학자인 세네카Seneca의《분노에 관하여De ira》에 나오는 미덕을 숙고하라고 강권하는 시장市長이 있었다는 이야기를 들어본 적이 없다. 서양 여러 나라의 경우 그리스와 로마 철학이 정치적, 윤리적 정수精髓 속에 깊이 잠재해 있기는 하지만 정치권에서 크게 화제가 되는 일은 거의 없다. 다만 북아메리카 대륙에서 식민지인들의 독립 투쟁으로 미국이 탄생할 때, 그리스-로마 철학이 잠시 영광의 순간을 누린 적은 있다. 당시 "건국의 아버지들"은 고대 그리스와 로마에서 본보기와 교훈을 얻고자 했다. 예를 들어 미국 제4대 대통령이자 헌법의 아버지로 일컬어지는 제임스 매디슨James Madison은 아테네 직접 민주주의 모델을 피하고 "군중"을 경계한 것으로 유명한데, 이는 아테네가 이성적인 지도력과 상반되는 현상인 열정에 너무 쉽게 흔들렸다고 보았기 때문이다.[14]

반면 서양의 고대에 대한 중국의 관심은 상대적으로 광범위하다. 중국 학자들은 자국 문화에 깃들인 고대 사상의 지속적인 생명력에 의지하면서도, 서양 고대에 대한 연구가 현대 서구를 이해할 수 있게 해주는 귀중한 지적 원천이라 믿었고, 지금도 그렇게 믿고 있다. 어떤 학자들은 더 나아가 현대 서양인들이 그리스-로마의 고대 문명을 직접적으로 물려받았다고 여기기도 한다. 이런 전제 하에 그 고대인들을 연구하는 것은 서양의 계통적 연관성을 통해 서양의 정수에 자리하고 있는 것을 이해하는 방법이 될 수 있다.

이런 견해는 상당히 널리 퍼져 있다. 중국의 고등학교 교과서에서도 서양 문명은 고대 아테네의 영광스러운 시절에서 직접 계승되었다고 서술하고 있다.[15] 내가 참고한 표준 역사 교과서인 《보통 고등학교 과정 표준 실험 교과서普通高中課程標準實驗教科書》에서도 고대 아테네를 현대 서구 민주주의의 원천으로 명시하고 있다. 이는 새로운 현상이 아니라, 청나라 말기 여러 개혁가들의 저술에서도 흔히 볼 수 있을 만큼 오래된 정서이다.[16] 량치차오는 1902년에 발표한 〈그리스 고대 학술을 논함論希臘古代學術〉에서 고대 그리스, 특히 아테네를 현대 서구 문명의 원천으로 규정하면서 이를 강조한 바 있다. 요컨대, 서양도 중국과 마찬가지로 근본적으로 고전 고대에 의해 형성되었다는 이런 믿음이 19세기 말부터 오늘날까지 중국과 서양의 연계성을 규정해왔다는 것이다.

고대 그리스-로마 전통은 지적, 문화적 가치뿐만 아니라 정치적 가치도 갖고 있다. 일부 중국 사상가들에게 있어 서양 고대에 대한 학습은 서양의 강점을 흡수하고 뛰어넘기 위한 "열쇠", 독자적인 방식으로 서구를 능가하는 것을 목표로 수행하는 하나의 과제가 되었다.[17] 중국의 고전 연구 학술지인 《고전연구古典研究》에 실린 논설을 통해 이를 분명하게 확인할 수 있다. 2010년에 이 학술지를 창간한 류샤오펑劉小楓은 런민人民 대학교 교수이자 보수주의자로서, 기독교, 레오 스트라우스Leo Strauss(1899~1973), 플라톤 등에 관한 저서를 비롯해 많은 글을 발표해온 유력한 대중 사상가이기도 하다. 처음부터 《고전연구》 학술지의 사명이 "중국 문명이 현대에 처한 상황에 입각하여 문화와 학문의 비교와 교류 측면에서 문학, 철학, 사학, 고전어문학을 관통하도록 하는 데 힘쓰며, 구체적인 텍스트를 바탕으로 중국, 서방, 히브리, 아랍 등 고전 문명의 영원한 경전을 연구, 해석하는 것"에 있다고 밝혔다.[18] 그리고 이런 고전을 활용하여 중국의 미래에 투자하는 것이 존재의 이유라고 선언했다.

> 중화문명은 착실하고 온후한 교화敎化 전통을 가지고 있다. 그러나 서방 문명이 낳은 현대 문화의 충격 하에서 이런 전통은 이미 산산조각이 났다. 100여 년 동안 우리나라 학자들이 직면한 미완성의 역사적 사명은 서방 문명을 깊이 이해하고 그럼으로써 중화 전통 문명의 정신을 회복하는 것이었다. … 만약 서방의 고대 그리스-로마 문명을 이해하지 못하면 우리는 서방의 현대 문명을 온전히 이해할 수 없을 것

이고, 서방의 전체 문명 패턴에 대한 완전한 이해가 없다면 중화문명의 정신적 상황과 미래의 운명을 깊이 있게 이해하고 파악할 수 없을 것이다.[19]

고대 서양의 문헌(히브리어로 작성된 것도 일부 포함해서)을 연구하는 궁극적인 이유가 중국에 도움이 되는 것, 즉 서양이라는 이질적인 세계를 이해함으로써 중국을 이롭게 하고 미래 비전을 제시하기 위함이라는 의미이다.[20]

서양을 위한
것은
무엇인가?

중국인들이 그리스 고대에 주목하는 이유는 설명했지만, 서양의 "주요 고전 문헌"에 대한 중국의 관여에 대해 서구 사회가 주목해야 하는 이유는 아직 밝히지 않았다. 서양의 고전 고대, 그리고 대부분의 서양인들이 현대 일상생활과 별 관련이 없다고 느끼는 고대 문헌에 대해 중국이 관심을 갖고 연구하는 모습을 바라보면서, 서구 사회가 스스로를 위해 배울 점이 있지 않을까?[21] 비교 수용 comparative reception 연구와 관련된 학술적 관심과는 별개로, 플라톤이나 아리스토텔레스를 읽는 중국 사상가들을 살펴보는 것은 과연 의미가 있을까?

내 대답은 단호하게 "그렇다"이다. 우선 서양인들은 이제 중국인들이 서구 사회를 관찰하고 있음을 안다. 물론 첩보 활동을 한다는 의미는 아니다. 오히려 중국의 학자들이 서양의 고전을 어떻게 읽는지 살펴보는 것은 서양이 다른 문화의 거울을 통해 자신을 볼 수 있는 기회를 제공한다. 철학은 이성적으로 연역적 원리에 기초한다는 가정, 민주주의가 최고의 정부 형태라는 가정, 시민의 범주는 보편적이라는, 또는 보편적이어야 한다는 가정, 독립적인 인식 주체가 자아의 토대라는 가정 등등, 이렇게 우리가 자명하다고 여기는 가정들이 새롭게 낯선 것으로 변하는 방식으로 우리들에게 되돌아오는 것을 볼 수 있다.

중국인들은 그런 많은 가정들이 결코 자명한 것이 아니라, 고전적인 서구 문화에서 직접 전해진 것으로 간주하고 있다. 우리의 관점에서 본다면, 이런 가정들이 그냥 자연스럽게 느껴질 수 있다. 왜냐하면 부분적으로 매우 동일한 고전 고대로부터 생겨난 표준적인 가정을 잣대로 고전 고대의 문헌을 해석하는 것에 대해, 어떤 각성 없이 통용되는 부분이 있지는 않은지 진지하게 생각해본 적이 거의 없기 때문이다. 중국과의 만남은 이런 가치가 보편적인 것이 아니라 단지 우리만의, 심지어 일관적이지도 않은 가치임을 보여준다. 이런 이유로, 이 문헌들에 대한 중국의 반응을 연구하면 우리의 가정을 스스로 이해할 수 있는 능력을 갖게 된다.

그런데 그 이상의 의미도 있다. 플라톤, 아리스토텔레스, 투키디데스 등을 수용하는 중국인들의 변천사를 탐구하는 일이야말로 중국 내부에서 일어나고 있는 일을 이해하는 방법이기도 하다. 서방이 가장 소중히 여기는 민주주의 원칙들의 억압은 이라크와 "아랍의 봄" 시기의 여러 이슬람 국가들에서는 대부분 성공하지 못했지만, 톈안먼 광장에서 서구의 가치에 대해 공격한 것이 결국 좋은 정책이었다는 중국 정부의 견해는 더욱 견고해졌다. 지난 30년 동안 중국 정부는 서양 문명에 대한 자신들의 우위, 특히 유가 전통이 서구의 전통(합리주의)보다 우월하다는 점을 더욱 빈번하게 주장해왔다. 중국은 세계무대에서 미국의 경쟁상대로 부상하면서 문화적, 정치적 자신감을 갖게 되었는데, 중국인들이 서양의 문헌들을 해석해온 방식의 연혁을 살펴보는 것은 그런 중국의 위상과 자신감의 변화를 파악하는 아주 유용한 열쇠가 된다.

서양의 문헌에 근거해 중국 문명의 우월성을 뒷받침하려면, 중국 지식인들의 입장에서는 무척 난해한 균형 잡기가 필요하다. 해답을 구하려 할 때 마주치는 심각한 역설 중 하나는 이것이다. '만약 서양의 고전이 서양보다 중국의 정치 체제를 더 옹호하는 것처럼 보인다면, 그 전통의 계승자인 우리 서양인들은 왜 중국인들과 더 가깝지 않은 걸까?' 이 역설에 대한 중국인들의 설명은 계몽주의 이후 서구에서 인식된 전환점에 근거를 두고 있다. 계몽주의 이후 서양은 미덕과 시민의 책임이라는 전통적 가치에서 멀어졌다는 것이다.

물론 이런 시각은 역사와 철학의 복잡성에 대한 서툰 붓질과 모종의 무시에 의존하는 궤도이다. 예를 들어 기독교는 현대 서구 사회의 형성에 최소한의 역할만 한 것으로 간주되며, 도교와 불교라는 동양의 신앙 체계 또한 22세기 사회주의 중국이라는 새로운 유가 중심 사회의 우월성을 뒷받침하기 위해 부당한 대우를 받는다.[22] 이 그룹에 속한 중국의 학자들은 정치 덕목에 관한 르네상스 시대의 이론과 실천을 의도적으로 무시하고 있는데, 아마도 이는 그 전통이 유가 사상과 너무 유사하거나 또는 그다지 성공적이지 않았기 때문일 것이다.[23]

'마스터 리'에서
시 주석까지

청의 멸망으로 중국인들이 겪게 된 변화의 규모를 가늠하려면, 19세기 후반까지만 해도 중국의 엘리트들이 스스로를 지리적 중심인 "중원中原"을 대표할뿐더러 다른 모든 나라들보다 우월한 문화를 지녔다고 여겼기 때문에 다른 나라들에 대해 거의 관심을 갖지 않았다는 사실을 상기해야 한다.[24] 이른바 "천명天命"에 따라 황제는 신성한 명령으로 자신의 권위를 유지했으며, 전쟁과 왕조의 교체는 단순히 천명이 "하늘 아래 왕의 영토, 천하天下"를 갖는 새로운 황제에게 넘겨졌다는 의미일 뿐이었다.

중국의 문화적 우월성에 대한 이런 믿음은 1839~1842년과 1856~1860년 아편전쟁에서 영국과 프랑스에 군사적으로 패배하여 상하이와 홍콩 등 주요 해안 도시들이 식민지가 되는 일을 겪는 19세기 후반에 무너졌다. 이후 서구와의 접촉에 영향을 받은 내부 개혁 시도는 1911년 청조 전복의 원인이 되었고, 그에 따라 중국의 리더십에 새로운 공백이 생겼다.

청나라가 멸망한 직후부터 수십 년 동안 왕조 이후의 중국이 어떤 모습이어야 하는지에 대해 수많은 논쟁이 있었다는 점은 우리에게 매우 중요한 사실이다. 1917년 러시아 제국이 전복되고, 이후 베르사유 조약을 체결한 유럽 열강에 의해 중국은 굴욕을 당해야만 했다. 이런 경험은 시민권, 정부, 국가 발전에 대한 새로운 아이디어를 중국 밖에서 찾도록 중국의 개혁가들과 사상가들을 이끌었다. 중국이 서구 열강으로부터 배울 수 있다는 인식은, 학생들과 개혁가들이 민주적 가치, 과학에 대한 투자, 낡은 가부장적 문화의 종식 등을 촉구하며 1919년 '5.4운동'을 일으키는 데에 영향을 미쳤다.[25] 20세기에 접어들자 청나라의 개혁가들은 서구의 정치 이론을 움켜쥐며 답을 찾았는데, 아리스토텔레스의 《정치학》까지 거슬러 올라가, 인간은 국가의 시민이자 정치적 행위자가 아니면 성취감을 느끼지 못한다는 주장까지 인용했다.[26] 앞서 언급했듯이, 일부 사상가들은 개혁가들에게 한 쌍의 열망이었던 서구 민주주의와 과학의 승리가 아주 오래된 아테네 문화에서 기인했다고 주장하기도 했다.

그러나 중국 공산당이 집권하면서 이런 지적 풍토는 크게 바뀌었다. 1949년 수십 년의 투쟁 끝에 마오쩌둥과 공산당이 정권을 장악하면서 고전 정치 문헌에 대한 관심도 점차 줄어들었다. 1978년 말 덩샤오핑鄧小平은 "흑묘백묘론黑猫白猫論"(검은 고양이든 흰 고양이든 쥐만 잘 잡으면 된다)을 표방하며 유명한 경제 개혁 정책인 "개혁개방改革開放"

을 실행했는데, 이때부터 자유민주주의 경향이 다시 한 번 대중의 관심을 끌기 시작했고, 자칭 개혁가들이 정치 개혁과 언론 자유 확대를 주장하기 시작했다. 이후 이어진 정부의 탄압은 다시 한 번 정치철학 고전의 독서에 영향을 미쳤다. 그럼에도 고전은 다시 돌아왔고, 그 모습은 이전과는 달랐다. 5.4운동과 서양 고대에 대한 현재의 관심, 이 중요한 두 대목이 이 책의 주제이다. 또한 그 이전 예수회의 중국 선교 시절에 이루어진 두 세계의 만남도 다루어진다.

이 책의 각 장은 예수회가 중국에 처음으로 서구의 고전 문헌을 소개한 16세기 중반부터 격동의 20세기 사건들, 그리고 현재에 이르기까지 시간의 흐름에 따라 전개될 것이다. 1장 〈예수회와 선각자들〉에서는 예수회의 중국 선교 과정, 한자명 "이마두利瑪竇"로도 불리는 마테오 리치Matteo Ricci 사제에 대해 살펴보고, 20세기 초 5.4운동, 그리고 1989년 6월 4일까지 이어지는 시간을 재조명한다. 예수회부터 시작하는 이유는, 고대 유산의 전용자專用者 역할을 맡은 것은 결국 서양인들이라는 맥락에서, 자기 계획을 실행하기 위해 어떻게 고전 문헌을 활용할 수 있는지 당시 예수회 성직자들이 너무도 잘 보여주기 때문이다. 이 책의 다른 장들에서는 현대 중국의 경향을 반영하는, 고전에 대한 접근방식에 대해 살펴본다. 이 책에서 내가 인용하는 학자들 중 상당수는 유가와 플라톤 등 "고대의 가치들"의 유효성에 대해 믿음을 갖고 있지만, 미국에 대해서는 주목할 필요가 없다고 여긴다. 또 다른 학자들은 시민권, 법치, 민주적 투표, 시민 정부와 같은 기본 개념들을 전통적으로 뒷받침해 온 정치적 문헌들을 비판하기도 한다.

2장에서는 아리스토텔레스의 《정치학》과 아테네 민주주의에 대해 적대적인 수용 사례들을 다룬다. 일부 저술가들은 "자유로운" 아테네 시민을 폴리스의 노예로 묘사하는가 하면, 민주주의를 "혼란스러운 믿음"이란 의미에서 "미신迷信"으로 다르게 명명하기도 한다. 어떤 이들은 진정한 민주 국가는 중국이라 주장한다.

3장에서는 친親중국적인 해석의 예를 추적하면서, 플라톤의 《국가 Republic》에 나오는 유명한 대목, 즉 소크라테스가 자신의 대화 상대들을 위해 그린 "칼리폴리스Kallipolis"(이상국理想國, 탁월한 도시로 번역되기도 함-옮긴이)에 관한 그림이 어떻게 받아들여졌는지 (역설적인 것인지? 진지한 것인지? 또는 우화적인 것인지?) 살펴본다. 그가 제안한 도시국가인 칼리폴리스는 사람들을 세 가지 계급으로 분류하며 이상 사회를 우생학적 시각으로 바라봄으로써 현대의 플라톤 학자들을 대단히 불편하게 만들었다.[27]

이런 위계질서를 정당화하기 위해서는 이를 어머니 지구Mother Earth에서 비롯된 자연 현상으로 설명하는 "고귀한 거짓말Noble Lie"(플라톤의 《국가》에 나오는 개념으로, 사회의 질서와 조화를 위해 지배층이 퍼뜨리는 거짓말이나 신화를 의미함. 고귀한 거짓말로 옮기기도 함-옮긴이)이 필요하다. 그런 "거짓말"은 계급 사이의 이동을 엄격하게 차단하는 이념(이데올로기)을 뒷받침하고 이 사회를 "정의로운" 사회로 규정하면서, 그 거짓말을 정교하게 만들어낸 철학 대가들의 다음 세대들에 믿음으로 계승될 것이다. 칼리폴리스에 대한 중국의 이데올로기적 반응은 대단히 흥미로운데, 이는 특히 정치에서 "고귀한 거짓말"의 필요성에 찬성하는 저술가들이 실제로 정부에 대한 폭로에 가담하고 있는지 여부를 알 수 없기 때문이다!

4장에서는 플라톤과 아리스토텔레스에 뿌리를 둔 또 다른 논쟁, 즉 합리성이 인간의 성장에 어떤 역할을 하는가에 대해 집중 조명한다. 비교 문화 현상으로서의 합리성 연구는 특정 상황에서는 진지한("합리성"이라는 용어 자체가 정의하기 어렵다는 점도 문제가 되므로) 학문적 논쟁의 주제이다.[28] 그러나 일부 중국 지식인들은 단순히 서구의 심장에 도덕적 공백이 있음을 증명하는 수단으로 삼기 위해 그 용어의 의미를 조작하고 있다. 그들은 서구의 합리성이 윤리를 희생시키면서 기술을 촉진한다고 말한다. 서구의 합리성은 도덕 체계의 내부가 아니라 외부에서 작동하며, 그러므로 모든 방면에서 항상 유용하게 활용된다. 어떤 일을 처리하는 데에 가장 효율적인 방법이 최선의 방법이란 뜻이다.

이런 서구의 "도구적" 합리성은 칸트에서 그 기원을 찾을 수 있지만, 가장 이성적인 사람이 통치하는 합리적인 도시를 꿈꾸었던 플라톤의 사상까지도 거슬러 올라갈 수 있다. 흥미롭게도, 서구를 비난하는 중국인들은 독일의 사회학자 막스 베버Max Weber(1864~1920)에게서 많은 용어와 관점을 가져와 서구 비판에 사용하고 있다. 중국의 일부 학자들은 소수 유럽 사상가들의 주장을 좇아, 플라톤이 홀로코스트를 일으켰다고 서슴없이 주장하기도 한다.

5장은 중국 사상가들 사이에서 보수적인 정치 사상가로 통하는 레오 스트라우스에 대한 인기(이제 막 시들고 있지만)를 살펴보고, 이런 현상이 어떻게 그리고 왜 발생했는지 살펴본다. 그 물음에 대한 답은 부분적으로 고전 문헌의 가치에 대한 스트라우스의 관점과 관련이 있는데, 그는 서구 문명의 현재 위치를 폄하하는 동시에, 고전 문헌이 영원한 진리로서 항상 중요한 가치를 지닌다고(전통에 대한 매우 중국적인 사고방식) 평가했다. 그에 못지않게 중요한 점은, 스트라우스가 철학자의 역할을 현재 상황에 대해 비판적인 수수께끼 같은 진실을 풀어내는 연설자로 격상시켰다는(그럼으로써 스스로를 정치적 인사로 규정하며) 사실이다. 뿐만 아니라, 그는 자신의 정치적, 윤리적 신념을 정당화하기 위해 철학적 텍스트를 해석하는 방법에 대한 나름의 모델도 제시했다.

마지막으로 살펴볼 점은, 스트라우스 역시 이성의 한계에 대해 우려를 표명했다는 사실이다. 레오라 배트니츠키Leora Batnitzky(1966~)가 언급했듯이, 스트라우스는 "이성의 자족성[독립성]에 대한 현대 철학의 지나치게 부풀려진 주장이 야기하는 철학적, 신학적, 정치적 결과"에 대해 우려했다.[29] 스트라우스의 입장에서 이 문제에 대한 설명은 (일반 대중에게는 숨겨진 소수 지식인들만 아는 메시지만 찾는다면) 플라톤, 마이모니데스Maimonides(1135~1204), 스피노자Baruch Spinoza와 같은 철학자들에게서 찾을 수 있다.

6장에서는 지난 20년 동안 중국에서 유가에 토대를 둔 민족주의가 만개한 실태를 조명한다. 이 상황은 마오쩌둥이 공자와 그의 가르침을 비난했던 중국 공산당 초기 유가 경전에 대한 경멸과는 전혀 다른 것이다. 이제 유교는 지성과 윤리의 역사를 제공함으로써 새로운 민족주의를 뒷받침하고 있으며, 일부 대중의 목소리는 생태와 지속 가능성에 대한 관심과 유교를 연결하는 단계로까지 나아갔다. 후진타오가 유가적 가치인 "화해和諧"를 강조하고, 이제 시진핑 역시 "미래의 조화로운 사회"를 중시하면서, 중국 정부는 서구의 "공격성"과 극명하게 대조되는 새로운 국내외 정책의 정당성을 주장할 수 있게 되었다.

이런 유교의 가치를 보편적 가치로 표현하려 애쓰는 지식인들은 공자의 사상을 연구하면서, 특히 "화해"와 "정의"가 하나의 개념으로 통합되어 있다는 점에서 플라톤의《국가》의 주제와 깊은 유사성이 있다고 주장한다. 음악적 조화로움, 그리고 그 조화와 정서의 관계라는 주제 역시 피상적인 유사성을 제공하는 것처럼 보인다. 그렇다면 플라톤과 공자가 (중국이 주도하는) 새로운 세계 질서로 우리를 이끌게 될 것이다. 다만 두 사람 가운데 공자의 사상이 여전히 우월하다고 여겨진다. 최근 소크라테스와 공자에 관한 세 차례의 학술대회에서 중국인들은 유가의 조화가 모순과 대립을 드러내는 소크라테스의 변증법보다 낫다고 주장했으며, 후자의 전통에 대한 거부는 비판의 대상으로 지목되었다. 또한 서구 정치사상의 근간을 이루는, 위계적이고 상벌로 운영되는 것으로 여겨지는 칼리폴리스에 대해 현대의 서구 사회가 '거부'하는 것 역시 비판의 대상이 되었다.[30]

중국 이데올로기에서 고전 문헌이 갖는 잠재적 가치, 그리고 중국

민족주의를 위한 고전 문헌의 유용성에 대해서는 당연하다고 여기지만, 이 텍스트들을 어떻게 활용해야 하는지에 대해서는 중국 학계 내에서 논란이 있다. 이 논쟁은 가장 목소리가 큰 대중 지식인들과 본질적으로 비정치적인 교수들 사이에서 벌어지는 싸움이다.[31] 2015년 인터뷰에서, 황양黃洋(푸단 대학교, 그리스 역사), 녜민리聶敏里(런민 대학교, 그리스 철학), 류진위劉津瑜(드포 대학교, 로마사) 등 권위 있는 인물들을 포함해 외국에서 유학한 중국의 고전학자 10명은, 정확한 언어 훈련과 서양 역사문헌 연구를 비롯해 이런 고전 텍스트 연구가 대학 학과에 포함되어 제도화되기를 희망한다는 뜻을 분명히 밝혔다.[32] 중국의 고전학자들이 서양의 고전학자들과 협력하며 논의하고 싶다는 열망을 직접 밝힌 것이다. 또한 그들은 간양과 류샤오펑처럼 친중적인 의제를 공개적으로 드러내는 저명한 인사들과는 거리를 두고 있다고 말했다.[33]

후자의 그룹은 이전과는 다른 부류의 고전 연구 방식을 추구하는데, 첫째 서양의 전통과 중국 전통을 비교하며 연구하고, 둘째 현대 중국 정치와 직접적으로 관련지어 해석하려는 점이 특징이다. 간양과 류샤오펑은 "중국 비교 고전학 학회"(2009년 6개 대학이 연합하여 설립)에서 돋보이는 주도자들로, 학회지 《고전연구》에서 논설의 취지를 다시 밝히며 서구 고전의 연구는 궁극적으로 중국의 이익을 위한 것이어야 한다고 주장했다.[34]

앞서 밝혔듯이, 이 연구의 목적은 이 책의 주제에 따라 서양 고전 텍스트의 해석이나 적용을 (어떻게 정의하든 간에) 비판하는 것이 아니다.[35] 내 관심은 이데올로기가 어떻게 고전의 이해와 해석에 영향을 미치는지에 있다. 이 문제는 현재 미국에서 유행하고 있는 고전의 가치에 대한 논쟁과 분명 관련이 있으며, 고전 문헌이 이미 소멸한 엘리트 외에 다른 사람들에게 무슨 말을 전하는지 파악하는 것과도 관련이 있다. 서양의 주요 철학과 정치사상을 형성한 문헌들은 과거, 현재, 그리고 미래에 이르기까지 세계무대에서 중국과 미국의 변화하는 분위기를 비춰주는 거울의 역할을 할 수 있다. 이를 이해함으로써 얻을 수 있는 한 가지 이점은, 양국의 사상가와 이론가들이 만들어낸 주장들, 즉 보다 수월한 정치적 서술과 영향력으로부터 벗어나 새로운 방향으로 나아갈 수 있다는 것이다. 그렇게 되길 바란다.

1 예수회와 선각자들

우리는 오직 민주주의(德先生, Democracy)와 과학(塞先生, Science)만이 정치, 도덕, 학술, 사상 등 모든 면에 드리워진 어둠으로부터 중국을 구해낼 수 있다고 믿는다.

_ 천두슈陳獨秀

현대 중국의 방대한 복잡성에 우리 눈을 적응시키는 과정에서, 우리는 20세기 후반의 문턱에서 잠깐 시선을 멈추고 400여 년 전 예수회 선교사들이 중국에 도착했던 시기를 돌아봐야 한다. 19세기 아편전쟁으로 인해 "불평등 조약들"이 체결되기 훨씬 전, 중국이 결국 서양과 무역을 위해 개방을 해야만 했을 때, 포르투갈, 스페인, 이탈리아에서 용감하며 신념이 굳은, 어쩌면 무모하기까지 한 예수회 일행이 미지의 땅을 향해 항해에 나섰다. 이 선구자들은 가톨릭의 교리, 선별된 비기독교 문헌, 서양 과학의 경이로움을 보여주는 물건들을 중국에 가져왔다. 그 항해에서 생존한 이들은 마카오에 정착했고, 그곳에서 만력제萬曆帝(재위 1572~1620)의 관심을 끌기 위해 노력했다.[1]

1601년, 로마 출신의 이탈리아 예수회 선교사 마테오 리치Matteo Ricci, 利瑪竇(1552~1610)는 마침내 베이징 자금성에 초대 받았고, 황제는 그에게서 천문학과 역학曆學에 대한 지식을 듣고자 했다.[2] 그 무렵 마테오 리치를 비롯한 여러 선교사들은 고전 중국어 문헌을 읽고 만다린[베이징어]을 구사하는 방법을 배웠다. 또한 그들은 지위가 낮은 불교도들보다 유가 학자들처럼 의복을 입는 것이 자신들에게 이롭다는 것도 알게 되었고, 그에 따라 자기를 표현하는 방식도 바꾸었다. 이제 예수회 선교사들은 궁궐에서 조정의 고위층 학자들에게 다가갈 수 있게 되었다. 그 사제들은 유가 철학자들과 토론을 하면서 천주교도로서 자신의 관점을 내보이기 위해 노력했다. 또한 그들은 중국에 대한 소식을 서방에 전했으며, 그로 인해 자기들의 군주국과 닮은 듯 다른 이상한 나라에 대한 유럽인들의 관심이 비로소 작은 꽃망울을 맺기 시작했다.[3]

한참 후에, 중국에 간 예수회 선교사들은 불행한 상황을 맞게 되었다. 명나라에서 청나라로 왕조가 갑자기 바뀌면서 제국의 사상 흐름이 그들에게 불리하게 변했고, 결국 많은 이들이 추방되거나 죽임을 당했으며, 교황에게 보낸 그들의 탄원은 누구의 귀에도 들리지 않았다.[4] 그러나 소수의 예수회 사람들은 새로운 정치 체제에 빠르게 적응했다.

한 일화에 따르면, 독일 예수회 소속 선교사 요한 아담 샬 폰 벨Johann Adam Schall von Bell, 湯若望(1591~1666)을 비롯한 몇몇 선교사들은 자신들이 사는 집에 이런 글이 적힌 현수막을 내걸었다고 한다. "이곳은 대포 제작에 대해 많은 것을 알고 있는, 정치에는 관심이 없는 학자들의 거주지입니다." 이 현수막 덕분에 샬 폰 벨은 목숨을 부지할 수 있었다고 한다.[5] 비교적 운이 좋았던 그는 이후 새로 황제 자리에 오른

순치제順治帝(청의 3대 황제, 재위 1643~1661)에게 접근하여 신뢰받는 고문관顧問官이자 관료가 되었으며, 1664년 운이 다해 사형 선고를 받기 전까지 예수회 선교 활동이 명맥을 이어가는 데에 기여했다. 그 무렵 예수회는 이미 내부에서 불화를 겪고 있던 터라 수적으로나 정신적으로 중국 조정에서의 영향력이 거의 다한 상태였다.[6]

그리스적 특성을 지닌 선교사들

예수회의 선교 활동이 시작되면서, 먼 곳에서 온 이방인들은 황제와 황궁에서 가장 열렬히 환영하는 것이 〈유클리드 기하학 원론〉 같은 논문들과 수리학水理學, 지도 제작법, 역법曆法, 식물학, 천문학에 관한 고대 및 당대의 문헌들, 그리고 서양식 시계와 악기 등과 같이 자신들이 가져온 과학 관련 문헌들과 각종 기구들이란 사실을 알아차렸다. 마테오 리치는 방대한 학식과 언어 능력을 바탕으로 만력제의 조정 문화에 금방 적응했으며, 지식을 공유하면서 예수회 선교 자체에 대한 호감을 얻었다.[7]

과학 자료들은 예수회 포교에 좋은 뒷받침이 되었으며, 그 문헌들은 기독교 세계관에서 유럽이 옳다는 증거를 제공했다. 유럽이 천문학, 시계 제작, 지도 제작 등 학문과 기술에 숙달했음을 달리 어떻게 설명할 수 있겠는가? 예수회 선교사 알바레즈 세메도Alvarez Semedo(1586~1658)는 이렇게 말했다. "우리의 개종자 레오 리즈자오Leo Li

Zhizhao, 李之藻는 세계 왕국의 위치와 예수 그리스도 왕국의 율법을 함께 배우고 있었다."[8] 1605년에 예수회는 토지까지 매입해서 서둘러 교회를 지었는데, 이 교회는 중국 최초의 유럽식 종교 건물로 알려져 있다.

그러나 예수회는 난관에 봉착했다. 중국의 상류층은 천주교의 교리에 별 관심이 없었던 것이다. 중국의 학자들은 자신들이 야만인 무리들보다 훨씬 현명하며, 수 세기에 걸친 전통이 뒤를 받치고 있다고 생각했다. 선교사들은 자신들이 해야 할 일을 서서히 깨달아갔다. 이미 그들은 사실상 만다린Mandarins(베이징의 상급관료-옮긴이)과 다름없었다. (지위가 낮은 불교도가 아닌) 유가 학자의 복장을 하고 유가의 가르침을 배워 조정에서 중국 학자들과 지적인 대화를 나눌 수 있도록 노력했다. 또한 예수회 선교사들은 유가의 전문 용어와 개념을 차용하여 자신들이 말하는 내용을 조정에서 익숙한 주제와 범주로 "번역"해서 표현하는 법도 배웠다.

물론 예수회는 자기 검열을 해야만 했다. 마테오 리치는 천주교의 기본 교리 가운데 일부가 중국의 청자들에게 너무 허황된 이야기로 들리기 때문에 개종에 방해가 될 가능성이 있다고 생각했다.[9] 예를 들어 동정녀 마리아가 예수를 낳았다거나 예수 그리스도가 "하층 천민" 처럼 십자가에 못 박혀 죽었다는 점 등이 그랬다. 그래서 많은 예수회 선교사들이 교리문답에서 이런 부분을 가볍게 취급하거나 생략했다.[10] 결국 예수회는 개종자들이 조상숭배와 같은 제의祭儀를 계속하도록 허용하는 식으로 자체 규정을 바꿔야 한다는 것을 알게 되었고, 바티칸에 이런 변화를 종교적 견해가 아니라 일종의 사회적, 정치적 활동일 뿐이라고 설명했다.[11]

예수회는 한 걸음 더 나아가 놀라울 정도로 대담한 조치를 취했다. 마테오 리치, 알폰소 바뇨니Alfonso Vagnone, 알레산드로 발리냐노Alessandro Valignano는 유가 학자들의 입맛에 맞춰 더 부드럽게 만드는 방법을 생각해냈다. 그들은 마치 체에 거르는 것처럼 기독교 이전의 서양, 특히 아리스토텔레스 철학과 소아시아의 노예 출신인 그리스 철학자 에픽테토스Epictetus(50~135) 등 스토아학파의 가르침에 기독교를 걸러 곱게 만들었다. 기독교 신학에서 고전 철학을 활용하는 방법을 잘 훈련 받은 예수회 선교사들은 그리스 철학자들에게서 공통된 비일신론적非一神論的 윤리 체계가 기독교보다 유가 전통에 더 가까우며, 따라서 예수회의 장기적인 목적에 더 유용하다고 보았다. 그래서 그들은 그리스 철학을 기독교라고 암묵적으로 표현하면서 중국인들에게 그리스 철학을 "전수"했다.[12]

그 과정에서 그들은 스토아 철학 가운데 유가적이지 않은 부분, 그리고 기독교와 충돌하는 스토아 철학의 일부를 신중하게 선별해 배제했다. 스토아 철학에서 인간의 의지에 담긴 이성을 중시한 부분은 유가와 맞지 않기 때문에 강조되지 않았고, 스토아 철학에서 내세가 없다고 주장한 부분은 기독교인들에게 맞지 않기 때문에 가르침에서 제외되었다.[13]

그러나 마테오 리치도 알고 있었듯이, 스토아 철학과 유가 사상에는 실질적인 접점이 있었으며, 신중하게 다루기만 한다면 그 접점을 통해 두 전통이 공통된 믿음을 지니고 있다고 생각할 수 있었다. 낮은 곳에서 고난을 받은 하나님의 아들에 대한 이야기와 그가 행한 기적에 관한 이야기는 유교에서 비교할 수 있는 유사한 내용이 전혀 없지만, 극기克己, 선한 섭리, 위선僞善, 타인에 대한 적절한 행동 같은 기독교의 가르침은 중국의 조정에서도 친숙한 것들이었다.[14] 크리스토퍼 스팔라틴Christofer Spalatin이 지적했듯이, "르네상스 시대에 이교도의 도덕 철학인 스토아주의를 기독교를 위한 기초 교육으로 활용했던 예수회의 인문주의 교육 모델을 모방해서, 마테오 리치는 유교의 비기독교 도덕 철학을 기독교 신앙의 완성을 위한 준비 과정으로 활용하고자 했다."[15]

마테오 리치는 스토아 철학을 기독교와 유사한 부류로 보여주는 데에 매우 능숙했음을 스스로 증명했다. 그는 스토아 철학이 유가의 틀에 부어 넣어도 좋을 만큼 유연하면서도 기독교의 도덕적(철학적인 것은 아닐지라도) 명령을 공유한다는 것을 알았다. 그래서 실제로 마테오 리치는 에픽테토스의 가르침, 특히 그의 편람便覽인《엥케이리디온 Encheiridion》을 중국인들을 위한 교재로 채택했다. 스토아학파의 네 권의 철학 담론집이 이미 예수회 교육에서 번역되고 활용되었다면, 에픽테토스의 기본 가르침을 재활용하는 것도 그리 힘든 일은 아니었을 것이다. 우리의 능력 안에 속한 것(생각, 충동, 믿음)과 그렇지 않은 것(재물, 권력, 건강)의 차이를 이해하는 것의 중요성, 감정은 잘못된 판단에 근거한다는 인식, 그리고 인간과 자연, (자비로운) 우주가 이성적이고 공존한다는 관점 등이 에픽테토스 철학의 근본이었다.[16] 에픽테토스는 타인에 대한 자비심과 스스로에 대한 자기 성찰과 자아비판을 권고했다. 그는 사람들이 "좋은 것"의 외형적인 모습을 넘어 실제 가치가 무엇인지 이해해야 한다고 강조했다. 예를 들면, "예쁜 여자를 무의식적으로 좋아하는 것은 좋은 반응이 아니지만, 힘든 경험을 하는 것은 정서적 회복력을 키울 수 있는 기회"라는 주장이다.

1605년 마테오 리치는 에픽테토스의 편람을 수정, 축약해서 《이십오언二十五言》이란 제목의 도덕 지침서를 출간했다. 그는 서문에서 "다소 스토아학파 식으로 덕德에 대해 긍정적으로 말했다"고 밝혔지만, 그것은 아마도 그의 가장 대중적인 "기독교 교리" 저작이었을 것이다.[17] 그의 포교 활동에서 이런 "이교도"의 기여가 차지하는 위상은 그다지 투명하게 드러나지 않았다.[18] 아마도 리치는 드러낼 필요가 없다고 생각했던 것 같다. 16세기에도, 로마제국의 스토아학파 철학자인 세네카는 여전히 기독교 개종자로 여겨졌고 그가 사도 바울St. Paul에게 보낸 편지도 진짜라고 믿었기 때문에, 스토아주의자들은 충분히 원시 기독교인일 수 있었다.[19]

또한 앞서 언급했듯이 예수회 교육에는 고전 문헌이 포함되어 있었다. 예수회는 신학에서 성 토마스 아퀴나스Saint Thomas의 교리를 따랐고, 논리학, 자연철학, 윤리학, 형이상학에서는 아리스토텔레스의 가르침을 중시했다.²⁰ 마테오 리치가 유가에 대한 "화해"를 결정한 데에는 그의 믿음이 작용했다. 그는 스토아학파와 유가가 예수 그리스도에 대해 무지하다는 공통점을 갖고 있지만, 둘 다 가치 있는 윤리 체계라고 믿었던 것이다.²¹ 굿맨Goodman과 그래프턴Grafton이 지적하듯이, "특히 예수회는 아마도 문헌의 저자가 의도하지 않은 메시지를 전달해서 억지로 목적을 달성하게 만드는 면에서 유럽 최고의 전문가들이었을 것이다."²² 마테오 리치의 "편집"은 중국인들의 눈을 가리려고 의도한 게 아니었다. 단지 그리스도에 대한 지식을 가진 사람으로서 고대 전통을 중국과 기독교 국가 모두에게 알맞게 맞추기 위해 꼭 필요한 "해석 작업"을 수행했을 뿐이다.

마테오 리치는 포용을 고려해서 당연히, 기독교나 유가의 신념 체계에 지나치게 거슬릴 만한 그리스-로마의 요소들을 《이십오언》에서 제외했다. 반면 독자들의 흥미를 끌 만한 소재는 추가해 넣었다. 그는 에픽테토스가 복수의 신을 사용하던 것을 하나의 신으로 바꾸었고, 그리스 신화에서 가져온 사례들을 중국 전설과 가까운 형태로 바꾸었으며, 검투사의 혈투에 대한 묘사나 성관계에 대한 노골적인 언급 등 중국인들의 기분을 상하게 할 만한 요소들은 삭제했다.²³

마테오 리치는 중세의 기독교 작가들과 예수회 대학인 콜레지오 로마노Collegio Romano의 스승들이 그랬듯이, 에픽테토스가 사용했던 신이나 신들의 고대 명칭(제우스, 아폴로, 운명의 여신 등)을 모두 유일신 "하나님God"으로 바꿨으며, 중국어 번역본에서는 "천주天主"라는 명칭으로 표현했다. 리치는 심지어 다섯 가지 유가의 기본 가치인 인仁, 의義, 예禮, 지智, 신信 등에 관한 내용을《이십오언》13장에 넣기도 했다.

리우위Liu yu는 이런 그의 교묘한 솜씨에 대해 이렇게 평한다. "리치는 에픽테토스의 기본적인 의미를 유지하면서도 필요한 거의 모든 것을 중국의 철학적이고 문화적인 언어로 능수능란하게 표현했다. (예를 들어) 여전히 가짜 신앙심은 자신이 얻거나 피할 능력이 없는데도 그것을 얻거나 피하지 못한 것에 대해 신성을 원망하는 것이지만, 진짜 신앙심에는 유가의 다섯 가지 기본 덕목을 실천하는 것이 포함되었다."[24] 또한 예수회는 로마 스토아학파인 세네카의 저술도 샅샅이 뒤졌는데, 심지어 몇몇 예수회 문헌은 원형이 아닌 세네카의 견해에서 파생된 십계명을 제시하기도 했다![25]

마테오 리치가 유가적 신념에 호소하는 면에서 얼마나 판단력이 좋았는지는 그가 쓴 천주교 교리서《천주실의天主實義》에서도 엿볼 수 있다. 이 책은 유교와 천주교 학자 두 명이 나누는 대화로 구성되어 있는데, 윤리와 형이상학에 관해 이야기하면서 불교와 도교에 비판적인 태도를 취하고 있다.[26] (두 학자 중 한 명은 중국 학자를 대표하는 중사中士, 다른 한 명은 서양 학자를 대표하는 서사西士로 마테오 리치 자신을 형상화했다-옮긴이) 리치의 천주교 대변자는 천주교의 여러 교리를 그 당시에 중국인들이 믿던 성리학性理學과 융합했는데, 예를 들면, 천주교에도 유가의 의義와 인仁 개념이 포함되어 있다고 강조했다. (중국인의) 입맛에 맞지 않은 내용은 빠져 있다. 리치는 예수의 원죄 없는 잉태에 대해서는 논했지만, 십자가에 못 박히는 수난에 대해서는 조심스럽게 언급을 피했다. 이 책의 압권은, 리치가 내세운 천주교 학자가 중국인에겐 이미 천주교의 신이 있다고 주장하는 대목이다. 그는 "천주天主"라는 용어를 사용하는데, 유가에서 흔히 사용하는, "인격화된 하늘"을 가리키는 "상제上帝"라는 용어는 사용하지 않는다.[27] 이에 대해 미국 사학자인 포치아 시아Po-chia Hsia는 이렇게 쓰고 있다.

> 마테오 리치는 예수회 담론에서는 하늘의 군주라는 뜻에서 '천주'라는 말을 썼지만, 고대 중국의 고전에서 '상제' 또는 단순히 '천天'이라고 불리는 전지전능한 신, 천지의 창조자의 존재를 평범한 자연의 이치와 유가 텍스트의 권위를 동원하여 입증하고자 했다.[28]

좀 더 구체적으로 말하자면, 신을 누가 만들었는지에 대한 유가의 질문에 리치는 아리스토텔레스의 "본질 대對 우연"의 원칙을 차용하여 "부동의 원동자unmoved mover"의 존재로 답했다. 이 주장은 송대 성리학자인 주희朱熹(1130~1200)의 저술로 대표되는 합리주의적이고 세속적인 형태의 유가, 즉 스스로 생성된 우주에 대한 성리학의 믿음과 조화를 이루었다. 흥미롭게도 마테오 리치가 천주(문자 그대로 하늘 신)를 선택한 이유는 천주가 원래 중국어로 "군주"를 의미하지만, (일본어 발음 '덴슈てんしゅ'를 차용하면) 유럽의 하느님인 그리스의 제우스와 유사하기 때문이다. 두 신을 같은 반열에 놓긴 했지만, 독실한 마테오 리

치는 아마도 유가에 천주교의 신과 연결된 실제 신이 존재한다고 믿지는 않았을 것이다. 결국 그는 개종자를 만드는 임무를 맡고 있었을 뿐이다.²⁹

심지어 마테오 리치는 중국인들이 천주교인이 되는 것은 예정된 것으로, 설사 인도할 수 있는 나침반이 없었더라도 그 일은 일어났을 것이라고 주장했다. 한나라 황제 명제가 하늘을 나는 황금 신의 꿈을 꾸고서 인도에 사절단을 보냈으며, 그들이 《사십이장경四十二章經》을 가지고 돌아와 중국에 불교를 소개했던 전례가 있었다. 그러나 리치의 주장에 의하면, 황제는 원래 사신들을 "거룩한 땅"(가나안-옮긴이)에 보내려고 했으나 사신들이 길을 잃는 바람에, 대신 인도에 가서 부처의 가르침을 가져왔다고 했다는 것이다!³⁰

그의 "조정調整", 즉 신학을 아리스토텔레스와 스토아 철학, 그리고 약간의 유교 요소와 결합하여 선교 대상을 수용하는 전체적인 선교 방식으로 인해, 마테오 리치는 이 선교의 평가에서 찬사와 비난을 동시에 받았다.³¹ 데이비드 먼젤로David E. Mungello는 마테오 리치의 선교 방침을 "동시대의 현실에 부합할 뿐만 아니라 중국의 중요한 고대에 관해 거의 알려지지 않은 것을 융합하고 고대에 대한 중국인의 경외심에 호소하는 뛰어난 통찰력"이라고 평가했다.³² 또 다른 저명한 학자인 자크 제르네Jacques Gernet는 그 과정을 노골적으로 속이는 유인 행위라고 비난한다.³³

이렇듯 평가는 갈린다. 그러나 예상할 수 있듯이, 마테오 리치의 혼합적인 제안에 실제로 설득된 중국인은 거의 없었고, 그저 그의 학식에 존경심을 표하고 싶었다면, 마테오 리치의 시도는 탁월하거나 유혹적인 것이 아니라 단지 우정과 존경의 기회를 제공했을 뿐일 것이다. 그의 주장이 설득력을 얻었을 때에도, 대부분의 개종자들은 그 주장을 유교학자들이 이미 알고 있던 것을 약간 변형한 것쯤으로 여겼다.[34]

에픽테토스가 천주교인들의 교육을 독차지한 것은 아니었다. 아리스토텔레스 역시 중요한 역할을 했다. 예수회 회원들이 아리스토텔레스의 영향을 받은 토마스 아퀴나스Thomas Aquinas의 《신학대전Summa Theologiae》을 읽었고, 예수회 율리우스 알레니Julius Aleni(1582~1649)의 저서인 《서학범西學凡》에 아리스토텔레스가 중요하게 등장하기 때문이다. 이 책에서 아리스토텔레스는 공자와 함께 고대의 현자賢者이자 위대한 철학 스승으로 묘사되어 있으며, 알렉산더 대왕을 직접 가르친 것으로 기술되어 있다.[35]

예수회는 아리스토텔레스를 중국어로 "야리쓰둬[亞理斯多]"라고 음역했는데, 이는 "아시아를 위한 위대한 원리"라는 의미를 전달하기 위해 선택된 것일 수도 있고, 또는 (아직 중국인들이 아시아를 지칭하는 예수회식 이름을 받아들이지 않았기 때문에) 단순히 "광범위한 이성理性"을 의미했을 가능성도 높다.[36] 알레니는 그리스를 서양 문명의 기원으로 규정한 지리학 저서에서 아리스토텔레스를 물질과 자연법칙을 연구한 고대의 유명한 학자로 묘사했다. 다만 본문에서 그의 이름을 "큰 이익"을 뜻하는 야리쓰둬[亞利斯多]로 약간 다르게 음역했다.[37] 둘 중 어떤 음역이든, 아리스토텔레스의 중국 이름은 중국인들에게 그의 본질적인 가치를 보여주기 위해 신중하게 선택된 것임에 틀림없다.

그러나 아리스토텔레스의 정치사상은 예수회 선교사들에게 별 쓸모가 없었다. 시민과 민주주의는 중국 왕조의 전통과 다르고, 황제가 "하늘의 명[天命]에 따라" 통치한다는 관념에도 부합하지 않았기 때문이다. 여기서 아리스토텔레스 정치사상의 영향에 대해 말할 수 있는 것은, 알폰소 바뇨니Alfonso Vagnone(1566~1640)가 집필한 서양 정치이론에 관한 책《서학치평西學治平》에 아리스토텔레스가 잠깐 등장한다는 점이다. 그러나 알레니와 마찬가지로 바뇨니 역시, 중국 유교도들에게 친숙해 보일 법한 아리스토텔레스의 사상적 요소를 강조하는 경향이 있었다.[38] 예를 들어, 그는 군주제는 "다수로부터 더 나은 부류의 사람들을" 보호하기 위해 형성되었으며, "덕을 갖춘 군주는 나라의 법을 집행하되 권력을 남용해서는 안 된다"고 주장하면서 성군聖君의 중요성을 강조했다.[39]

리치의 저술에도 그렇듯이, 바뇨니 역시 고전 철학을 전통적인 중국 사상과 유사한 부류로 취급했는데, 이는 고전 철학이 "신의 계시"라는 은혜가 없는 윤리 체계이기 때문이었다. 이 경우에도 역시, 조정은 조심스럽게 실행되었는데, 그래야 중국인들이 "야만인들"의 사상을 인정해줄 것이기 때문이었다. 같은 목적으로 알레니가 1623년에 도안圖案한 것으로 알려진 세계지리서인《직방외기職方外紀》(알레니가 마테오 리치의《만국도지萬國圖誌》를 바탕으로 증보하여 1623년에 완성한 5권의 지

리서-옮긴이)는 세심하게 중국을 지도의 중앙, 즉 세계의 중앙에 배치했다.[40]

1637년부터 1639년까지 바뇨니는 서너 명의 중국 학자들과 공동으로 집필해서 《수신서학修身西学》을 출간했다. 여기서도 다시 한 번, 천주교가 맡을 거라 예상할 만한 역할을 그리스 철학이 떠맡는다. 바뇨니는 유가의 "군자君子" 개념이 "선한 그리스도인"과 유사하다고 강조하면서도, 천국이 덕행에 대한 보상이라는 주장은 조심스럽게 회피했다. 그 이유는 티에리 메이나드Thierry Meynard가 말한 것처럼 "공자 시대부터 중국인들은 이익[利]이라는 개념을 도덕적으로 바람직하다고 생각하지 않았으며, 정의[義]와 반대되는 개념으로 여겼기 때문이다."[41]

대신 바뇨니는 현세의 보상으로서 아리스토텔레스가 말한 선한 내면의 조화를 통한 가치 있고 의미 있는 행복인 "유다이모닉eudaimonic"과 유가의 만족滿足 개념에 집중했다. 마테오 리치가 《천주실의》에서 이미 사후 세계에 대해 묘사한 적이 있지만, 한 중국인 학자가 예수회의 세계관에 충격을 받고서 선행의 보상에 대해 따져 묻자, 바뇨니는 이렇게 반문했다고 한다. "학식을 갖춘 고귀한 사람이 이 세상에서 이익을 얻거나 해를 피하기 위해 선을 행하는 것이 아닌데, 그런 군자가 어찌 내세의 이익이나 피해를 염두에 둘 수 있겠습니까?"[42]

플라톤도 예수회의 선교 무대에 등장했다. 마테오 리치는 관료 시험을 통과하는 데 필요한 유가의 학식에 감탄했고, 그래서 이 과거제도를 철학자가 군주는 아니더라도 최소한 군주의 조언자는 되어야 한다는 플라톤의 생각과 연결 지었다.[43] 리치는 플라톤의 《국가》가 표방하는 이상理想의 실증에 중국이 근접해 있다고 말하기도 했다. 그의 말을 빌리면 다음과 같다.

> 유럽과 교역한 적이 없는 이 사람들[중국인]이 우리[유럽인]가 전 세계와 교류하면서 성취한 것만큼이나 많은 것을 스스로 이룩한 점은 감탄을 자아내기에 충분합니다. 중국인들은 그런 성취를 위해 모든 노력을 쏟고 있으며 그 안에서 많은 광명光明을 보고 있습니다. 저는 성하[교황]께서 다른 모든 나라들보다 우선해서 그들의 정부를 평가하시어 이를 판단해주시길 원합니다. 그리고 만약에 하나님께서 아직 은총을 받지 못한 그들에게 우리의 신성한 가톨릭 신앙을 더해주길 원하신다면, 플라톤이 그의 《국가》에서 깊이 생각했던 것을 중국이 실천에 옮기는 듯합니다.[44]

훨씬 시간이 지난 후에, 다른 예수회, 특히 프랑스 예수회는 프리스카 테올로기아prisca thelogia(기독교 교의 가운데 하나를 지칭하는 라틴어로, 고대의 신학 또는 태고의 신학을 의미한다-옮긴이)에 기초해 플라톤의 사상을 교육에 활용했다. 프리스카 테올로기아는 그리스인이든 중국인이든 이교도 고대인들이 노아와 모세 같은 고대 유대교 지도자들과 접촉하면서 그들의 가르침을 통해 나름의 진리를 만들어냈다는 믿음이다. 고트프리트 빌헬름 라이프니츠Gottfried Wilhelm Leibniz (1646~1716)와 같은 인물도 예수회 선교사 조아킴 부베Joachim Bouvet (1656~1730)에게 이런 내용의 서신을 보냈다.

> 플라톤을 비롯한 여러 철학자들을 기독교적 의미로 해석한 교부教父들의 모범을 따르는 마테오 리치라는 위대한 인물의 세심함에 찬사를 보냅니다. … 저는 항상 고대 중국인들이 … 우상숭배와 거리가 멀다고 믿는 편이었습니다. … 그리고 고대 중국인들에게 참된 종교가 있었다고 쓴 당신의 동료들에게 그런 격렬한 항의가 있어야 한다는 점을 이상하게 생각합니다.[45]

예수회 선교사에겐, 피타고라스학파와 오르페우스교의 저술가들을 포함한 거의 모든 고대 사상가들이 원시 기독교인들처럼 보였을 것이다.[46]

예수회 선교사들이 그리스 고전 문헌을 활용한 것은, 신학 교리나 고전 문헌 자체의 본성을 희생해서라도 관련성이 약한 맥락에 적용하고자 한 사례이다. 중국과 서양 전도사의 첫 만남에서 이미, 서양 고전을 읽는다는 것은 고전을 다른 용도로 변형시킨다는 것을 의미했다. 어쩌면 이는 그리 놀라운 일이 아닐 수도 있다. 서양의 고전 문헌들은 수천 년 동안 다양한 의미를 품고 있었으며, 시대가 변함에 따라 다양한 이념과 독자들에 맞춰 각색되었다. 그 과정에서 항상 해석적 자의

식도 함께 가지고 있었던 것은 아니다. 예컨대 중세 시대에는 베르길리우스Vergil(기원전 70~19)의 서사시 《아이네이스Aeneid》를 평범한 기독교인의 이야기로 읽었지만, 지금 우리에겐 분명 우스꽝스러울 수도 있을 것이다. 이 점은 서양식 해석이 서양에서는 "자연스럽거나" 또는 "진실한" 것처럼 보일 수도 있지만 실제로 이런 해석은 텍스트를 수용하는 문화, 정치, 역사의 맥락에 의해 은연중에 형성된다는 사실을 다시 떠올리게 한다. 많은 학문 분야의 성쇠盛衰 여부는 해석(그리고 해석의 학문적 사실 반영)이 시간의 흐름에 따라 변한다는 사실에 달려 있다.

아리스토텔레스와
새로운
국가

1842년이 되어서야 예수회 선교사들이 대거 중국으로 돌아오기 시작했다. 한편 중원中原의 중국인들은 여전히 자신들의 세계를 다른 나라보다 우월한 문화권으로 보고 있었다. 1792년 청의 건륭제가 영국 왕 조지 3세에게 보낸 편지에는 이런 비꼬는 듯한 내용이 담겨 있었다.

> 천조天朝는 모든 것을 풍족하게 갖고 있으며, 국경 내에 부족한 산물이 없다. 따라서 우리의 생산물을 내주고서 외부 미개한 이방인들의 물건을 수입할 필요가 전혀 없다. … 게다가 천조는 먼 곳까지 덕망과 위무威武를 떨쳐 만국이 내조來朝하여 온갖 진귀한 물건을 가져오기에 없는 것이 없으며, 모두에게 동일하게 자비를 베풀고 있다. 그러니 당신네 영국만이 광저우에서 교역하는 유일한 국가가 아니다. … 짐은 우리 천조에 대한 당신들의 변명할 수 없는 무지無知를 간과하지

않겠다.⁴⁷

요컨대, 우린 당신들의 상품이나 신앙 체계 따위는 필요 없다는 뜻이다. 이 장의 앞부분에서 언급했다시피 1839년부터 1842년, 그리고 1856년부터 1860년 사이에 일어난 아편전쟁의 참혹한 결과 이후에야 중국인들은 자신들의 상황을 서양과 비교하며 새롭게 이해하게 되었다. 영국과 프랑스에게 패배하면서 중국은 홍콩을 영국에 양도하고, 아편 무역을 합법화했으며, 조약에 명시된 항구들을 서양에 개방해야만 했다. 이로써 중국 예외주의의 신화는 깨지고 말았다. 1895년 제1차 청일전쟁에서 패배하면서 타격은 더욱 심각해졌다. 그 사이에 태평천국의 난과 위구르족의 반란이 발생했다. 만주족이 지배하던 청조는 한족들 사이에서 대중적인 정통성을 거의 확보하지 못했으며, 나라는 분열되고 있었다.

이런 사회적 격변 속에서 새로운 정책에 대한 요구는 거세졌다. 특히 외국에서 교육을 받고 귀국한 중국 지식인들의 목소리가 컸는데, 그로 인해 광서제光緒帝(재위 1875~1908)는 1898년 백일 개혁(Hundred Days' Reform, 변법자강운동)을 통한 유화정책을 펴야 했다.⁴⁸ 개혁의 노력이 무시무시한 서태후(자신의 조카인 광서제를 유폐시킴)로 인해 물거품이 되자, 목소리를 높였던 개혁가들은 일본으로 망명해야만 했고, 그곳에서 때를 기다리며 저술에 힘썼다. 1908년, 점점 거세지는 압력에 굴복한 자희태후[서태후]는 입헌군주제를 채택하겠다고 약속했다. 이에 따라 중국 전역에 5,000개가 넘는 지방 의회가 구성되어, 이전에는 없던 민중과 조정 사이의 연결고리가 마련되었다.⁴⁹ 그러나 이런 조치도 왕조의 완전한 전복을 원하는 혁명가들의 열망을 누그러뜨리지 못했다. 혁명가들 중에는 이미 여러 차례 반란을 주도했고 결국 1911년에 신해혁명을 성공시키는 쑨원孫文도 있었다.⁵⁰ 곧이어 어린 황제 푸이溥儀가 폐위되고 1912년에 왕조 체제가 종식되었다.⁵¹

중국의 젊은 지식인들과 개혁가들은 근본적으로 다른 가치관을 가진 새로운 공화주의 중국 건설을 강력하게 주장했다. 그러나 그들끼리도 의견이 전혀 일치하지 않았다. 전통주의자뿐만 아니라 급진주의자, 무정부주의자, 사회주의자 등등 성향과 목표가 다양했고, 기존의 문화적, 정치적 가치와의 절충을 요구하는 사람들이 있는 반면, 새로운 출발을 요구하는 사람들도 있었다. 어떤 종류든 변화의 필요성에는 모두가 공감하고 있었다.

그러나 그들이 요구하는 것의 본질은 서구의 정치 이론에 의해 형성되었다. 이 지식인들은 자신들의 사상을 위해 몽테스키외, 루소, 듀이 등을 살펴보았다.⁵² 또한 아리스토텔레스의 《정치학》을 비롯한 그리스 철학과 정치 관련 문헌들도 탐구했다.⁵³ 이 문헌들이 모두 중국어 번역본으로 존재했던 것은 아니다. 일부는 일본어 번역본으로만 접할 수 있었다. 그럼에도 그 문헌들은 왕조 체제에 대한 대안에 관심이 있던 이들의 많은 주목을 받았다. 이에 대해 알렉산더 비크로프트 Alexander Beecroft는 이렇게 쓰고 있다. "개혁가들은 서구에 비해 중국의 위상이 하락한 이유를 중국 전통 가치의 실패에서 찾고자 했으며, 서구의 (아마도 더 효과적인) 가치의 원천으로서 그리스-로마 전통을 탐구했다."⁵⁴

청조 말기 많은 지식인들이 미국, 영국, 프랑스, 독일, 일본 등에서 유학하며 이런 문헌들을 접했다. 특히 일본은 중국과 문화적으로 닮아 있으면서도 이미 산업화의 길에 들어서 있었기 때문에 이들에게 자극이 되었다. 몇몇 저명한 지식인들은 고국을 떠나 일본이라는 안전지대에 머물면서, 청조가 멸망하기 이전부터 개혁의 필요성에 관한 생각을 발표했고, 낡은 사상과 전통이 과학적 진보에 방해가 된다는 신호로서 중국의 과학기술적 취약성을 자주 지적했다. 그들 중에는 백일 개혁에 실패한 후 스승인 캉유웨이康有爲와 함께 중국을 떠나 일본으로 망명한, 영향력 있는 지식인이자 저술가인 량치차오도 있었다.⁵⁵

량치차오는 일본에서 자유롭게 글을 쓰고 사색할 수 있었다. 그 결과 1898년 12월부터 1903년까지 그리스-로마의 역사와 정치에 관한 약 30편의 글을 발표하는 등, 그리스-로마 고대에 대한 놀라운 연구 성과를 거두었다.⁵⁶ 그의 글은 일본에 갇혀 있지 않았다. 량치차오의 영향력은 인쇄 매체를 통해 더욱 확대되었고, 그의 사상은 중국 본토의 많은 이들에게 전해졌다. 그가 1902년에 처음 발행한 잡지《신민총보新民總報》는 발행 부수가 거의 1만 부에 달했다.⁵⁷

아리스토텔레스의 정치학에 관한 최초의 중국어 논문인〈아리스토텔레스의 정치학설亞里士多德之政治學說〉을 시작으로 그는 수년에 걸쳐 중국 개혁가들에게 고전 정치철학의 개념을 소개했다. 1898년《신민총보》에 게재된 이 글에서 량치차오는 중국의 왕조 유산을 재고하고자 하는 개혁가들에게 서구의 고전 정치철학 개념을 대담하게 소개했다. 그는 아리스토텔레스가 그리스 사상을 가장 잘 대표하기 때문에 중국인들에게 소개할 가치가 있다고 확신했다.

> 그리스 사상은 아테네가 가장 잘 대표하며, 아테네 사람들의 지식은 아리스토텔레스의 저술에 집약되어 있다. 따라서 위대한 스승 아리스토텔레스[58]는 고대 문명을 가장 잘 대표하는 위대한 인물이다. "정치학politics"[59]이 독자적인 학문으로 발전하여 오늘날과 같이 높은 위치에 이를 수 있었던 것도 아리스토텔레스의 공로임에 틀림없다.[60]

량치차오는 특히 아리스토텔레스가 《정치학》에서 시민의 본질과 도시국가와의 관계를 설명하면서 사용한 전문적인 용어에 깊은 인상을 받았다. 도시국가 폴리스에서 시민권과 참여는 우리를 온전한 인간으로 만드는 것이다. 인간은 본질적으로 "정치적 동물a politikon zoon"이며, 그 본성을 충족해야만 정의와 같은 도덕적 개념을 이해하고 적용하는 등 자신의 잠재력을 발휘할 수 있다.[61] (심사숙고해서 인간을 남성 명사로 표현했지만) 이런 의미에서 개별 인간은 도시국가가 없다면 완전한 인간이 될 수 없기 때문에 도시국가에 부차적인 존재이다. 아리스토텔레스는 이렇게 말했다.

또한 국가[폴리스]는 본질적으로 가정이나 개인보다 중요한데, 이는 전체가 부분보다 필연적으로 우선하기 때문이다. 예를 들어 몸 전체가 훼손되면 발이나 손이 있을 수 없다. … 국가가 자연의 창조물이며 개인보다 앞선다는 증거는, 개인이 혼자서는 자급자족할 수 없다는 것이다. 따라서 개인은 전체와의 관계에서 부분과 같다. 그러나 사회 안에서 살아갈 수 없는 사람, 또는 스스로 만족을 누려서 다른 것이 필요 없는 사람은, 분명 짐승이거나 신일 것이다. 결국 그는 국가의 일부분이 아니다.[62]

자연 시민과 자연 국가에 대한 이런 생각은 서양에서는 익숙한 것으로, 서양의 정치사상 전통의 시작점 가까이에 위치한다. 그러나 중국에는 이런 사상과 유사한 것이 없었다. 이런 아리스토텔레스 사상의 변혁적인 영향은 량치차오의 글쓰기의 근간이 되었으며, 상당히 극적인 영향력을 발휘했다. 아리스토텔레스에 관한 논문과 그의 유명한 논설집인 《신민설新民說》의 일부에서 량치차오는 현존하는 '국민國民'이란 의미를 이전처럼 "한 나라의 신민臣民"이 아니라 "한 나라의 시민市民"이란 의미로 바꾸어 아리스토텔레스 《정치학》의 "시민citizen"과 유사하게 사용했다.[63]

많은 중국인들에게 "시민"은 완전히 새로운 개념이었다. 아리스토텔레스, 키케로, 마키아벨리 등 서양의 정치 이론가들은 모두 정치 참여의 중요성을 강조했지만, 이들의 저술을 접하지 못했던 전통적인 유학자들은 개인의 도덕적 성장과 가족 안에서의 의무를 훨씬 더 중요한 인간의 책임으로 여겼던 것이다. 량치차오는 아리스토텔레스의 시민 사상을 찬양하면서, 시민이 국가의 입법, 행정, 사법 절차에 참여하고 그 어떤 국가의 직위도 아무런 제한 없이 차지할 수 있는 권리와 심지어 의무까지 가지고 있다고 설명함으로써, 수천 년 전통의 결을 거스르고 있었다.[64]

예상할 수 있듯이, 량치차오는 중국의 "신하"(전통적인 용어는 아랫사람이 상급자에게 자신을 칭하는 '신臣')를 어떻게 권리와 책임을 지닌 "시민"으로 변화시킬 것인지, 그리고 이전의 제국이 어떻게 국민국가가 될 수 있을지에 특히 관심을 가졌다.[65] 이는 결코 쉬운 일이 아니었다. 역사가 사마천司馬遷(기원전 145~86)은 "사람이 존재한 흔적이 있는 곳이라면 어디에서나 모든 이들이 황제의 신민이다"라고 말했다.[66] 이것이 중국의 전통이었다. 량치차오는 자신의 글이 하나의 촉매제가 되길 바랐다. 그는 신민[신하들]을 국민[시민들]으로 바꾸려 했다.[67] 그의 신조어는 "국민을 기존의 중국 언어 상황에서 완전히 벗어난 새로운 개념으로 만들었으며, 이는 서구 정치 이론에 깊이 영향을 받은 중요한 결과물이 되었다."[68] 중국에서 '국민'은 전통적인 왕조를 없애고 입헌 공화국 또는 왕조가 아닌 뭔가 다른 형태의 정부를 도입하길 간절히 원했던 신생 민족주의 운동의 핵심 이념을 상징하게 되었다.[69]

한편, 량치차오는 아리스토텔레스 정치 이론의 한 가지 측면에 대해서만은 주저하고 있었다. 아리스토텔레스가 민주정를 공화정과 유사하게 타락한 것으로 비판한 점은 현재 변혁의 순간에 중국에 적용할 수 없는 그의 유일한 관점이었다. 량치차오는 이렇게 단호하게 주장했다.

> 나는 아리스토텔레스가 분류한 여섯 가지 유형의 정치 체제는 (현재 중국에) 적용하기 어렵다고 본다. 나는 그 논의를 마무리하려면 우선 정의와 불의의 문제가 제기되어야 한다고 생각한다. 민주주의만이 진정으로 정의로울 수 있으며, 다른 어떤 유형의 정치도 민주주의란 이름을 붙일 자격이 없다. 왜? 국가는 본질적으로 국민에 의해 만들어진 조직체이기 때문이다. 국민은 국가에 있어 인체에 있는 혈액과 같은 존재라서, 만약 혈액이 막히거나 억눌리면 몸 전체가 안정될 수 없다. 이것이 바로 주권이 국민에게 있어야 하는 이유이다. 이 문제는 명백하여 내가 더 이상 말할 필요가 없다.[70]

아리스토텔레스가 투키디데스처럼, 민주주의가 "자기 마음대로 살" 권리라는 궁극적으로 파괴적인 폐단을 낳는다는 생각에 초점을 맞추었든, 또는 이소크라테스Isocrates(기원전 436~338)와 플라톤이 이런 종류의 자유가 법치를 훼손하고 쾌락을 공동의 목표로 변질시키는 것이라고 비판했든, 그건 중요하지 않다.[71] 량치차오가 보기에, 아리스토텔레스는 단순히 바로잡아야 할 실수를 저질렀을 뿐이다. 따라서 군주는 당연히 축출되어야 했고, 왕조 체제도 마땅히 사라져야만 했다.

량치차오는 세 가지 정치 체제가 모두 정의로울 수 있다는 아리스토텔레스의 주장을 일축하면서, "이론적으로 지지할 수 없는 것은 아니지만, 역사를 살펴보면 그러한 정의에 해당하는 사례는 10억 개의 사례 가운데 단 하나도 찾아보기 어려울 것"이라고 했다.[72]

량치차오의 우아한 소매에서 "국민"이란 개념만 나온 것은 아니었다. 정치에 관한 논문과 이후 《신민설》에 실은 글에서, 량치차오는 "시민" 만큼이나 중국적이지 않은 또 다른 개념들을 중국에 소개했다.[73] 역사학자 티모시 치크Timothy Cheek는 이렇게 강조한다. "량치차오 세대의 지식인들이 손에 쥐고 있던 도구는 주로 오래된 단어, 새로운 단어, 이해하기 어려운 단어, 영감을 불러일으키는 단어들이었다."[74] 예를 들면, 공화국共和國, 민주民主, 사회社會, 과학科學, 권리權利, 경제經濟 등과 같은 것들이다. 그것들은 거의 모두 일본에서 번역한 한자어로, 고전고대까지 거슬러 올라가는 서양의 개념들이다.

그러나 새로운 언어 도구가 있었음에도 불구하고 량치차오는 힘겨운 싸움에 직면했다. 대다수 중국인은 국가와 국민 사이에서 가능한 관계라는 개념이 없었고, 굳이 관계를 따진다면, 자신을 황제의 순종적인 자녀로 생각할 뿐이었다. 이는 가족과 그 위계질서에 초점을 맞추고 국가를 거대한 가족으로 간주하는 유교적 인식 틀에서 비롯된 것이다.[75] 량치차오는 《중국 쇠퇴 기원론中國積弱溯源論》에서 이렇게 좌절감을 표현했다.

우리 국민의 가장 심각한 문제는 국가가 어떤 것인지 모르기 때문에 국가와 왕실을 혼동하고, 국가가 왕실의 소유물이라는 잘못된 믿음을 갖고 있다는 것이다. … 하나의 가문이 나라를 소유하고, 나머지 모든 사람들은 (그 가문의) 지배를 받는 존재이다. 그런 까닭에 설사 중국에 4억 명의 "동포同胞"가 있다고 할지라도 실제는 불과 몇 십 명의 "사람[人]"만 있을 뿐이다.[76]

백성의 부계적父系的 "주인"인 황제의 본본에 반대해 싸우기 위해, 량치차오는 왕조의 개념을 뒤집었다. 이제는 황제가 하늘 아래의 모든 것을 소유하는 것이 아니라 백성이 국가를 소유하는 것이었다. 그는 이렇게 주장했다.

국민이란 국가를 모든 시민들의 공동 소유로 간주하는 이상理想을 의미하며, 국가는 시민의 집단적 축적이고, 국민이 없다면 국가도 없다. 한 국가의 모든 시민이 국가의 정사를 관리하고, 국가의 법을 만들며, 국가의 이익을 보호하고, 국가의 안전을 수호할 때, 시민들은 결코 비틀거리지 않을 것이며, 국가는 결코 멸망하지 않을 것이니, 이제부터 우리는 스스로를 "국민"이라 부를 것이다.[77]

여기에서도 맨 앞에 자리한 것은 전통적인 유가였다. 아리스토텔레스의 글을 읽고 자극을 받은 량치차오는 전통에 대해 또 다른 타격을 가했다. 그는 고대 그리스의 개혁가들이 인식했던 것처럼, 전통적인 가족과 그보다 큰 단위인 부족과 씨족은 국가의 독립과 시민권에 대한 장애물이라고 주장했다.[78] 인간은 가족이나 씨족 집단이 아니라 국가 집단을 형성해야 한다는 것이다. 량치차오는 이렇게 주장했다. "(서양 학자 아리스토텔레스의 말처럼) 스스로 집단화하는 데에 능숙한 동물 가운데 인간이 가장 뛰어나며, 이것이 인간이 동물보다 훨씬 우월한 이유가 아니겠는가?" 또한 《집단화에 대하여說群》에서는, 서양에는 국가들이 있었고, 그 국가들이 서양의 힘을 강하게 만들었으며, 그 힘이 지역적 충성심을 초월해 국가라는 추상적 개념에 대한 충성심을 키웠다고 주장했다.[79]

이런 식으로 량치차오는 중국인이 중국을 이해하는 면에서 패러다임의 전환을 개념화하는 데에 도움을 주었다. 그렇게 해서 탄생한 개념이 "국가國家"다. 피터 자로우Peter Zarrow의 표현을 빌리자면, 그것은 "국가의 지배로부터 상당히 자유로운 공적인 유대의 영역이자 … 사적인 이익과 … 국민에 대한 사심 없는 관심이 결합된 영역이다."[80] 또한 량치차오는 로마법에 대해서도 숙지했는데, 그 법이 의무가 아닌 권리를 기반으로 했다는 점에서 근대 문명의 기원이라고 보았다. 이는 그가 겪었던 역사적 맥락에서 볼 때 새로운 주장이 아닐 수 없다. 왜냐하면 중국인들은 유가 사상으로 인해 권리의 관점에서 사고하도록 훈련받은 적이 없었기 때문이다.[81]

그리스 도시국가들과 비교하면 중국 문화에는 부족하다고 느껴지는 것들이 또 있었다. 저우이췬이 지적하듯이, 량치차오의 방대한 저서에는 논리적 추론의 미발달, 과학 연구의 부족, 토론 분위기의 부재, (유가적) 전통과 권위에 대한 지나친 숭배 등등, 중국의 단점을 지적하는 불쾌한 발언이 많이 포함되어 있었다.[82] 량치차오는 계몽주의적 합리성이 과학 발전의 필수 조건이며, 이런 발전은 르네상스 시대에 그리스 사상을 재발견함으로써 이루어질 수 있었지만 중국에는 그러한 대비가 없었다고 주장했다.[83] 량치차오는 심지어 소크라테스가 아테네 시민들과의 끝없는 논쟁을 통해 합리적 지식의 지위를 향상시키는 데 큰 공헌을 했다고 (이런 공헌 때문에 아테네 시민들이 소크라테스를 죽음으로 몰고 간 것은 아닌지는 따져보지 않은 채) 주장했다.

서양 정치의 기원, 시민권의 본질, 중국의 결점들에 대한 량치차오의 관점은 1919년 5.4운동과 왕조 멸망 이후 "신문화운동" 기간 동안 큰 영향력을 발휘하게 된다.[84] 량치차오를 통해, 아리스토텔레스는 1912년부터 1949년까지 (단명했지만) 최초의 중화민국의 출현에 중요한 역할을 했다. (1949년 이후에도 타이완에서 중화민국이 존속했다. 저자가 '단명'이나 '최초'라고 표현한 것은 이후의 중화민국과 구분하기 위함인 듯하다-옮긴이) 1949년에 중화민국 정부는 공산주의자들에게 패배한 후 타이완으로 옮겨갔다.[85] 량치차오가 정립한 개념과 범주는 수천 년 동안 왕조 체제가 지배했던 국가의 재구성을 가능하게 만들었다.

물론 량치차오 혼자만 있었던 것은 아니다. 유명한 번역가 옌푸嚴復(1854~1921)는 어떤 면에서는 중국인들이 서구의 정치 경제 이론을 접하는 데에 그 누구보다 많은 기여를 한 인물이다. 존 스튜어트 밀John S. Mill, 애덤 스미스Adam Smith, 허버트 스펜서Herbert Spencer 같은 사상가들의 저서를 번역하며 아리스토텔레스의 《정치학》에서 발췌한 주석[해설]을 번역서 곳곳에 뿌려놓기도 했다. 량치차오와 마찬가지로, 옌푸도 《정치학》이 실제로 무엇을 말하든지 아리스토텔레스가 다른 어떤 형태의 정부보다 민주주의를 더 선호했다고 주장했다. 옌푸는 에드워드 젠크스Edward Jenks(1861~1939)의 《정치사A History of Politics》를 번역한 《사회통전社會通詮》에서 다음과 같이 덧붙였다.

> 고대 헌법의 분류를 처음으로 연구한 이들은 그리스 철학자들이었다. 그리고 그리스 정치 관련 서적 가운데 아리스토텔레스의 《정치학》만이 후대에게 가장 많이 존중받는 책이 되었다. 이 책은 에큐메네Ecumene(지구상에서 인류가 살고 있는 지역-옮긴이)의 헌법 체제를 군주제, 귀족제, 민주제, 셋으로 나누었다. 하지만 고대 그리스 헌법 체제에서 가장 중요하고 좋은 제도는 민주주의 체제이다. 정치를 연구하는 모든 유럽인들은 아리스토텔레스를 선구자로 여겼고, … 그의 분류를 보다 나은 연구와 발전의 토대로 여겼다.[86]

사실 아리스토텔레스는 민주주의를, 가난한 사람들이 권력을 장악해서 부자들에게 세금을 많이 부과하는 등 권력을 자신들을 위해 사용하는, 해로운 정부 형태라고 규정했다. 그럼에도 불구하고, 옌푸는 아리스토텔레스의 권위를 이용해 민주주의가 미래 중국 국가에 가장 적합한 정부 형태라고 주장하기 위해《정치학》을 의도적으로 오독했다.[87]

이와 유사하게, 열렬한 민족주의자이자 량치차오의 추종자이며, 공산주의자가 되고자 했던 리다자오李大釗는 서구의 정치사상 역사 안에서 민주주의를 맥락화해 민주주의 본질과 시대적 상황을 연결해서 새롭게 기술했다. 량치차오의 영향을 받았든 아니면 아리스토텔레스의 직접적인 영향을 받았든 간에, 리다자오는 아리스토텔레스가 제시한 여섯 가지 정치 체제를 인용하면서 민주주의가 꼭 세 가지 "나쁜" 체제 가운데 하나는 아니라고 아리스토텔레스를 (이번에도!) 반박했다.

리다자오의 주장에 따르면, 현대 사회에서 민주주의란 존재의 본질은 고대 민주주의의 특성을 재현하지 않기 때문에 폭민정치暴民政治("폭력적인 대중들에 의한 정치")로 몰락할 위험에 직면하지 않는다.[88] 다시 한 번 아리스토텔레스가 자신이《정치학》에서 비난했던 정치 체제를 지지하도록 "만들어"짐으로써, 리다자오를 포함한 여러 중국 지식인들은 자신들의 정치적 이상을 뒷받침하기 위해 아리스토텔레스의 권위를 빌릴 수 있었다.《정치학》이란 책에 너무 과한 권위가 주어졌기 때문이거나 또는 저자의 권위에 지나친 권위가 주어졌기 때문에,《정치학》에서 주장하는 내용은 오히려 부차적인 것이 되고 말았다.[89]

아이러니하게도 5.4운동이 일어났던 바로 그 시기에 량치차오는 서양에 환멸을 느끼고 있었다. 제1차 세계대전 이후 유럽 여러 나라의 수도를 방문한 그는 과학기술이 초래한 피해와 서구의 도덕에 대해 비판적인 시각을 갖게 되었다. 그러나 1919년 베르사유 조약에 항의하던 베이징의 13개 대학 학생 3,000여 명은 이미 량치차오가 파놓은 우물 깊은 곳에서 물을 잔뜩 마신 상태였다. 5.4운동의 주도자들은 보다 민주적인 정부와 보다 많은 시민의 참여를 원했다. 그들은 량치차오보다 더 심하게 중국의 전통적 가치와 문화에 대해 비판적이어서, 중국의 정치적, 과학적 허약성과 제1차 세계대전 직후 당한 굴욕적인 취급은 모두 그 전통 때문이라고 주장했다.

열렬한 민족주의자였던 5.4운동의 지도자들은 일본이 누렸던 근대화를 간절히 보고 싶어 했다. 그리고 그들은 이성의 산물로 여겨지는 서구의 과학과 민주주의를 선별적이더라도 일단 도입하자고 요구했다.[90] 이와 비슷한 인상적인 사례가 한참 후인 1986년에도 있었는데, 톈안먼 사태 이전 중국의 미래학파 중 한 명이었던 화학자 진관타오金觀濤와 그의 아내 류칭펑劉青峰은 유가 문화가 논리적 사고에 내적 제약을 가한다고 주장했을 뿐만 아니라 연역적 합리성의 토대로서 고전적 삼단논법을 강조하기도 했다. 그들이 보기에, 아리스토텔레스 사상을 특징짓는 "형식 논리"는 수학적 논리의 토대이며, 그러므로 과학 자체의 토대였다.[91]

영향력이 있는 철학자 펑유란馮友蘭(1895~1990)은 서양의 "논리적 우월성"을 고전 전통까지 거슬러 올라가 찾았다. 그는 서양 고전 철학에서 이성理性을 사용한 점을 칭찬했으며 중국 철학이 형이상학, 인식론, 논리학에 약하다고 비판했다.[92] 또한 그는 중국 철학이 추상적인 원리보다 일상생활에 더 많은 관심을 기울인다고 한탄했다. 제자백가 중 명가名家를 제외하면, "의도적으로 사고와 토론의 과정과 방법을 연구 대상으로 삼은 철학자들은 거의 없었다."[93] 펑유란은 심지어 직접 문제를 해결하려고 시도하기도 했다. 위지위안余紀元은 이렇게 주장한다. "펑유란의 철학 체계는 1936년부터 1948년까지 출간된 6권의 책에 담겨 있는데, 특히 《신이학新理學》에 잘 표현되어 있다. 펑유란은 논리적 분석 방법을 차용하여 중국의 전통 철학 용어와 논제를 재검토함으로써 중국의 인생철학에 견고한 형이상학적 토대를 만들고자 했다."[94]

5.4운동 시절 개혁가인 천두슈陳獨秀(1879~1942)도 주목해야 한다. 천두슈는 당시 중국이 지닌 문제의 원인에 대한 토론의 장을 마련하기 위해 잡지 《신청년新青年》을 발간했다.[95] 《신청년》에 기고한 사람들 중 다수가 인권, 민주주의, 과학의 수준이 높은 서구 문화의 차용을 지지했다. 또한 그들은 관심의 초점을 가족이나 사회가 아닌 개인에 두는, 그리고 전통적 믿음보다는 창의적인 생각을 중시하는, 비非유가적인 동력을 강조했다. 천두슈 자신도 이런 주장을 했다. "(새로운 중국인의 국가를 세우기 위해서는) 서구 사회의 토대, 즉 평등과 인권에 대한 새로운 신념을 도입하는 것이 기본 과제이다. 우리는 유교가 새로운 신념, 새로운 사회, 새로운 국가와는 결코 양립할 수 없다는 것을 확실히 깨달아야 한다."[96]

신문화운동 기간 동안 천두슈는 "공 선생[孔先生, Mr. Confucius]"을 "사이 선생[賽先生, Mr. Science]"과 "더 선생[德先生, Mr. Democracy]"으로 대체할 것을 촉구했다. 1919년 1월《신청년》에 실린 에세이에서 천두슈는 "오직 이 두 분만이 중국이 처한 정치적, 도덕적, 학술적, 사상적 어둠으로부터 중국을 구할 수 있다"고 썼다.⁹⁷ 량치차오의 영향은 곳곳에서 분명하게 드러난다. 1916년에 천두슈는 "량치차오의 글을 읽고 나서야 우리는 외국의 정치 원리, 종교, 학문이 많은 것을 제공한다는 사실을 홀연 깨달았다"고 말했다.⁹⁸

리다자오와 량치차오 같은 개혁가들이 중국의 20세기 시작과 전개에 미친 궁극적인 영향은 가늠하기 어렵다.⁹⁹ 그들의 사상이 더 이상 광범위한 영향력을 발휘하지 못하면서 그들의 뜻이 실현될 가능성도 점차 사라졌고, 위안스카이와 같은 군벌들에 의한 권력 장악과 이후 공산주의자 마오쩌둥과 중국 공산당의 집권으로 인해 결국 잊히고 말았다.¹⁰⁰ 그러나 누구보다도 마오쩌둥 스스로 새로운 세기의 첫 수십 년 동안 개혁가들이 가졌던 영향력을 증명하고 있다.

젊은 시절에 마오쩌둥은 량치차오를 존경했고, 십대 시절에는 "국가가 합법적으로 건설되면 그것은 입헌국가일 것이며, 헌법은 인민에 의해 만들어지고 왕관[통치자]도 인민이 선택할 것이다"라는 취지로 량치차오의 말을 인용했다.¹⁰¹ 물론 이는 후대의 마오쩌둥을 반영하는 것이 아니며, 그의 국가 창건 방식도 량치차오가 염두에 둔 것은 아니었다.¹⁰² 이미 1941년 옌안延安 연설에서 마오쩌둥은 "입만 열면 그리스인들의 말을 인용한" 지식인들을 비판하고 있었다.[103] 마오쩌둥은 1941년 〈우리의 학습을 개조하자改造我們的學習〉란 글에 이렇게 썼다.

> 지난 100년이든 더 옛날이든, 중국 역사에 관한한 많은 당원들이 여전히 안개 속에 있다. 고대 그리스를 인용하지 않고는 입을 벙긋하지도 못하는 마르크스-레닌주의 학자들이 많다. 그런데 그들은 유감스럽게도 정작 자기 선조들에 대해서는 다 잊어버렸다.[104]

마오쩌둥은 변증법적 유물론에 대한 자신의 글에서 고대 철학에 대해 언급했는데, 어쩌면 당연하겠지만, 오직 형상만이 실재한다고 주장한 플라톤을 이상주의자이자 반동주의자라고 비난했다.

톈안먼 광장으로,
그러나
돌아오지 못한

한 남자가 마오쩌둥의 중국에서 고전 아테네의 유령에 집착했다가 그 대가를 톡톡히 치렀다. 헌신적인 공산주의자였던 구준 顧準(1915~1974)은 중국 공산당이 서구 자본주의가 계속 허용된 몇 안 되는 "특별한" 도시 중 하나인 상하이를 점령한 후 중국 공산당의 경제 고문이 되었다. 크리스토퍼 레이튼Christopher Leighton은 신생 공산당이 중국의 금융 중심지를 어떻게 통제하고 개혁할지 고민하고 있었다고 설명한다.

> 그들은 중국 공산당의 오래된 당원이자 상하이 출신으로, 회계 분야의 귀재였던 구준에게 도움을 요청했다. 이후 3년 동안 구준은 정부의 여러 요직을 두루 거치며 상하이의 재정 구조를 감독하고 개혁했으며, 한때 시정부의 재정 관련 부서 세 곳을 동시에 이끌기도 했다.[105]

그러나 구준은 자신이 관리하던 《세무통신稅務通訊》에 발표한 그의 정책이 공산주의 이상에서 벗어나면서 공산당의 이념을 거역하는 죄를 짓게 된다. 1957년에 발표한 〈사회주의 제도 하에서 상품 생산과 가치 규율에 관한 시론試論社會主義制度下商品生產和價値規律〉에서 그는 중앙의 계획보다는 시장이 생산 결정의 기준이 되어야 한다고 주장했다. 그 주장으로 인해 구준은 시골로 추방되었고, 결국 수감되고 말았다. 그는 수차례 출옥과 수감(또는 "재교육")을 반복했지만, 허난성 신양信陽에서 약 20만 명이 사망한 기근과 인육까지 먹는 참상을 목격하면서 "대약진大躍進운동"에 대한 확고한 거부 의사를 표명하기에 이르렀다. 구준은 감옥에서 쓴 일기(이후 《구준일기》로 출간됨-옮긴이)에서 당당하게 이렇게 말했다. "나도 같은 (공산주의) 이념을 믿었다. 하지만 사람들이 혁명이라는 명분으로 혁명적 이상주의를 보수적이고 반동적인 독재로 변질시킨다면, 나는 분명하게 현실주의와 다원주의를 나의 지침으로 삼고 이 독재와 끝까지 싸울 것이다."[106]

구준은 사회주의 경제학에 내재된 문제점들과 관련된 질문들에 답하기 위해 고대 그리스 도시국가 체제로 눈을 돌렸다.[107] 그의 가장 영향력 있는 저서 가운데 하나인 《그리스 도시국가 제도希臘城邦制度》는 아마도 그의 생애 마지막 해인 1974년에 저술된 듯한데, 1982년이 되어서야 출간되었다. 그 책에서 구준은 중국 및 그리스 문명과 교역의 역사에 대해 급진적인 주장을 펼쳤는데, 그 주장은 중국의 위상에 상당히 해가 되는 것이었다.[108] 그는 민주주의, 시민권, 권리, 법규 등 그리스 도시국가의 중요한 특성이 당시 그리스 문명을 다른 세계와 구별하게 만들었을 뿐만 아니라, 고대 그리스가 멸망한 후에도 서양의 우월성을 결정짓는 또 다른 발전을 가능하게 했다고 주장했다. 그는 이렇게 썼다. "(중국, 이집트, 이스라엘, 인도의) 공통적인 특징은 모두 신이 부여한 통치자, 즉 전제군주가 있었다는 점이다. 그는 절대적인 권력을 가졌고 모든 백성은 그의 뜻에 복종했다. … 왕은 영적으로도 우월해야 했다. 다시 말해 왕의 권력은 신으로부터 물려받은 것으로 인정해야만 했다."[109] 이것이 동양의 발전을 저해한 믿음이었다는 주장이다.

이번에도 역시 아리스토텔레스는 멀리 있지 않았다. 구준은 독재정치에 대해 언급하면서 《정치학》을 긍정적인 시각으로 인용했다. "아시아의 야만인들은 유럽 야만인들보다 더 노예근성이 강하기 때문에 반란을 일으키는 대신 독재를 견뎌내는 경우가 많다."[110] 또한 그는 아리스토텔레스의 《정치학》을 인용해 도시국가와 시민권 자체를 정의하면서 이런 취지의 주장을 했다. "어떤 국가의 심의 또는 사법 행정에 참여할 수 있는 권한을 가진 사람을 우리는 그 국가의 시민이라고 칭한다. 그리고 일반적으로 말해서 국가는 삶의 목적을 충족시킬 만한 시민들의 집합체이다."[111] 마지막으로 구준은 아리스토텔레스의 견해를 흉내 내며 개인에 대한 도시국가의 우위에 관해 다음과 같이 언급했다.

| 도시국가는 "돌아가며 통치하는" 시민의 집단이기 때문에, 개별 시민

보다 도시국가가 확실히 우위에 있으며, 모든 통치자보다도 우위에 있다. 이것이 바로 시민의 주권이 가장 높은 도시국가의 "민주적 집단주의"이다. 동시에 도시국가는 자급자족하기 때문에 이런 자급자족을 보장하기 위한 다양한 법률도 있어야 한다. 다시 말하자면, 도시국가는 시민권, 시민권자의 권리 및 의무에 관한 법률을 가지고 있어야 한다.[112]

그래서 구준이 아테네를 찬양했던 것이다.

구준이 그리스 도시국가, 더 나아가 서양의 번영에 중요한 역할을 한 요소로 생각한 게 또 하나 있었다. 그리스의 지리적 위치와 수많은 부속 섬들은 바다를 기반으로 한 문명을 육성하는 데 특히 도움이 되었다는 것인데, 이런 입지 덕분에 경제 발전이 가능했고 결국 민주주의도 성장할 수 있었다는 생각이다.[113] 해양 문명의 영향을 받은 다른 요인으로 그는 식민지 개척, 교역, 문화교류, 혈연관계의 약화 등을 들었다. 그는 이렇게 함축적이고 극적으로 표현했다. "자본주의는 그리스-로마 문명의 결실이었다. 인도, 중국, 아라비아, 정교회의 전통은 자본주의를 낳을 수 없었다. 이는 우연이 아니다."[114] 구준은 해양 문명이 아닌 (대륙) 문명권에서는 권위주의에 친화적이며 정치와 경제가 정체되는 경향을 보인다고 생각했다.[115]

중국 TV 다큐멘터리 〈하상河殤, River Elegy〉은 1989년 6월 4일에 일어난 사건들의 촉매제가 된 유명하고 운명적인 작품이다.[116] 이 다큐멘터리는 1982년에 출간된 《그리스 도시국가 제도》에 담긴 구준의 기본 사상과 선견지명을 반영하고 있다. 비록 특별히 구준을 연구했다고 고백한 이들은 아무도 없었지만, 그 다큐멘터리 작가들은 자신들의 작품이 이미 공개된 학술적인 사상을 일반 대중들이 쉽게 이해할 수 있게 변형한 버전이라고 설명했다.[117] 중국 중앙 텔레비전中國中央電視臺, CCTV은 1988년 언론의 개방과 자유가 최대한 보장되던 시기에 6부작으로 〈하상〉을 방송했다. 다큐멘터리 작가들은 5.4운동의 요구인 "사이 선생[Mr. Science]"과 "더 선생[Mr. Democracy]"을 다시 강조하면서 중국이 만리장성의 벽을 부수고 나와야 한다고 촉구했다.[118] 그들은 서양의 가치들을 이해한 점에 대해 이렇게 옌푸를 칭찬했다. "옌푸는 서구에 대한 광범위한 관찰을 통해, 유럽 문화의 위대한 업적은 개인의 잠재력을 개발하여 일종의 사회적 계약을 제공하는 데에 있음을 알게 되었다."[119] 또한 그들은 위대한 국가로 가는 길은 과학과 민주주의 정신을 통한 부흥에 있다고 중국인들에게 호소하며, 서구의 성공 비결이기도 한 과학과 민주주의는 결국 항해와 교역에서 비롯되었다고 주장했다. 제6부 〈울남색蔚藍色〉에서 성우는 진지한 어조로 이렇게 말했다.

> 유교 문화는 온갖 종류의 오래되고 완미完美한 "법보法寶"를 지니고 있을지 모르지만, 지난 수천 년 동안 민족의 진취적인 정신이나 국가의 법치 질서를 만들어내지 못했다. … 역사는 "내륙 문화"의 통치 모

델에 따른 현대화 건설이, 비록 일부 현대 과학기술의 새로운 성과를 수용할 수 있고, 심지어 위성을 하늘에 올리며 원자폭탄을 폭발시킬 수 있지만, 근본적으로 민족 전체에 강대한 문명의 활력을 불어넣을 수는 없다는 것을 증명했다.[120]

아쉽게도 "유가 문화는 점차 이 땅에서 유일한 지배자의 위치를 차지하게 되었다."[121] 이제는 유가 문화에서 벗어나 개방과 민주주의, 그리고 바다로 향해야 할 때가 되었다는 주장이다.

이 주장을 확실한 이미지로 부각시키기 위해 시리즈 제작자들은 대지의 문화와 바다의 문화를 뚜렷하게 구분해 황색 문화와 청색 문화의 은유적 대비를 표현했다. 그 다큐멘터리에서 황하의 '황색'은 바다와 하늘의 '청색'과 대비되며, 황색은 봉건주의, 정체, 폐쇄와 연결되는 반면 청색은 교역, 탐험, 확장, 진보를 상징했다. 성우는 반복해서 이렇게 말하고 있다. "흙먼지 날리는 황색의 대지는 우리에게 무엇이 진정한 과학 정신인지 가르쳐줄 수 없다. 제멋대로 굽이쳐 흐르는 황하는 우리에게 무엇이 진정한 민주 의식인지 가르쳐줄 수 없다."[122] 중국은 아편전쟁에서 서양과 대결하면서 비로소 '청색'의 힘을 이해하게 되었지만, 개혁가들의 노력에도 불구하고 중국은 변하지 않았다. 한편 아테네는 서구 문화와 서구 세력의 중심에 자리 잡고 있다. "오래 전 고대 그리스 시대에 아테네의 민주사상[민주주의 이념]은 아테네가 해상의 강자로 성장함과 동시에 흥기興起했으며, 따라서 민주적인 혁명을

가능하게 한 것도 해상 권력이었다."¹²³

천샤오메이陳小眉는 상당히 신랄하게 지적한다. "유럽의 '문화 수도'로 '합병된' 아테네의 이미지는 헬레니즘의 부상, 알렉산더 대왕의 정복 활동, 신대륙 발견, 식민주의와 제국주의의 승리 등에 대한 〈하상〉의 미화에서 가장 특징적으로 드러난다."¹²⁴ 중국의 자랑스러운 상징인 만리장성조차 이민족의 침입을 막는 장벽이 아니라 중국을 안에 가두는 장벽으로 재해석되었다. 이 다큐멘터리에서 주장하는 바는 중국이 생존하려면 "청색 문명"으로부터 배워야 하며, 특히 시장을 기반으로 하는 경제를 확립해야 한다는 것이었다.¹²⁵ (그 시리즈에 따르면) 중국은 애덤 스미스가 《국부론The Wealth of Nations》에서 중국에 대해 말한 것을 배우지 못했다. 애덤 스미스는 중국 문화가 "해외 무역을 소홀히 하기 때문에 정체되어 있다"고 단언했다. 요컨대, "중국 문화의 모든 부정적인 측면은 결국 유교 사상에서 비롯되는데, 그 이념으로 획일화된 사회 체제는 다원성과 변화를 거부한다."¹²⁶

아메리칸 대학교의 데이비드 모저David Moser 교수는 당시 베이징 대학교에 재학하면서 자신이 목격한 이 다큐멘터리에 대한 반응을 이렇게 묘사했다.

> 방송이 나간 일주일 동안 그 다큐멘터리가 학계를 원자폭탄처럼 강타했음이 분명해졌다. 중국 문화의 심층 구조에 대한 통렬하고도 고통스러운 비판이었던 이 시리즈의 내용은 나와 함께 어울리던 많은 베

이징 대학교 대학원생들 사이에서 화제가 되었다. 그 친구들은 이제 껏 그런 것을 본 적이 없었다. 그들은 내게 "드디어 진실을 말하는 TV 쇼가 나왔다"고 말하곤 했다. … 이 미니시리즈는 시청자 수만 2억 명이 넘었고, 일반 대중에게도 전율에 가까운 반향을 불러일으켰다. 인민일보[중국 공산당 중앙위원회의 공식 신문]는 실제로 〈하상〉의 녹음대본을 게재했고, 지역 신문 가판대 어디에서나 이 다큐멘터리의 주제에 대한 언급이 등장하기 시작했다."[127]

쉬지린許紀霖 교수가 주장하듯이, 이 특별한 역사적 순간에 "비교적 느슨해진 경제 상황과 이념에 대한 케케묵은 통제가 결합하여 발생한 압력으로 인해, 지식인들이 마르크스주의 인본주의자들이 주장한 사상과 신계몽주의 사상 사이의 조정을 요구하기 시작했다."[128]

민주주의를 지지하는 학생과 노동자들이 1980년대에 자신들의 꿈을 실현할 수 있을 거라 생각한 데에는 그럴만한 이유가 있었다. 1976년 마오쩌둥이 사망한 후, 덩샤오핑은 마오쩌둥 사상[마오주의]의 원칙에서 점차 벗어나 이른바 "개혁개방改革開放"을 시작하면서 시장경제 개혁을 실행했다. 1981년 중국 공산당은 제11기 중앙위원회 제6차 전체회의에서 "문화대혁명"이 "중화인민공화국 건국 이래 당과 국가, 인민이 겪은 가장 심각한 퇴보이자 가장 큰 손실의 원인"이라고 공식적으로 발표했다.[129] 동시에 덩샤오핑은 "중국 특색 사회주의中國特色社會主義"를 내세우면서 중국을 세계 시장에 개방하고 외국인 투자를 받아들이기 시작했다. 그는 1978년과 1985년 두 차례 미국 시사주간지 《타임Time》의 "올해의 인물"로 선정되었다.

1980년대에 새로운 리더십에 고무된 학생과 노동자들은 이전 (1910년대) "신문화운동新文化運動" 시절의 요구 사항들을 상당수 다시 제기했다. 그들은 언론의 자유, 민주주의 개혁, 법치주의를 요구했다. 학생과 노동자들은 공산당 내부의 부패, 불공정한 경제 지원, 인플레이션, 정치참여 제한, 제한적이고 연고주의적인 고용 시장 등에 분노했다. 그들은 변화를 원했다.

그리고 변화가 있었다. 비록 그들이 바라던 변화는 아니었지만. 1989년 4월, 민주화 운동에 동조하던 중국 공산당 고위 관리 후야오방胡耀邦이 사망하자 그의 유산을 되살려야 한다는 목소리가 커졌고, 수천 명의 학생들이 톈안먼 광장에 모여 자신들의 요구를 공개적으로 외치기 시작했다.[130] 학생들은 〈하상〉과 자신들의 민주주의 이상에 감정이 고조되어 목이 터져라 개혁을 외쳤다. 톈안먼과 베이징의 또 다른 지역에서는 보다 나은 생활 여건을 원하는 교외의 가난한 노동자들과 더불어 학생들이 시위를 벌였다. 처음에 정부는 양보를 통해 시위대를 달래려고 했지만, 학생들은 고르바초프의 국빈 방문을 위해 광장을 비워달라는 요구를 거절하는 등 완강한 태도를 보였다.

결국 덩샤오핑과 당 지도부의 강경파들은 무력을 동원해 시위를 진압했다. 5월 19일에 계엄령이 선포되었고, 6월 3일 저녁에 군인들을 가득 태운 수송대가 베이징에 진입했다. 새벽까지 톈안먼 광장을 깨끗

이 치우라는 단호한 명령에 따라, 군대는 길을 가로막는 시위대를 향해 발포했고, 이로 인해 수백, 수천 명의 민간인이 사망했다.[131]

탄압 이후 시위 지도자들과 가장 눈에 띄는 민주화 운동가들은 추방되거나 투옥되었고, 폭력 범죄로 기소된 사람들은 처형되었다.[132] 중국 정부는 맹목적으로 전면 서구화를 옹호하고 "민족 허무주의"를 부추기는 "정신적 오염"의 위험한 사례라고 〈하상〉을 매도하며, 대대적인 비난 선전 활동을 벌였다. 그 시리즈의 작가 중 한 명인 쑤샤오캉 蘇曉康은 중국에서 지명 수배된 반체제 지식인 7인에 포함되었다. 현재 그는 함께 작업한 작가 왕루샹王魯湘과 마찬가지로 망명 생활을 하고 있다. 비극적이면서도 또한 어쩌면 필연적이라 할 역설은, 애초에 이런 저항의 기회를 만든 것이 바로 덩샤오핑 자신의 개혁과 서방에 대한 개방 정책이었다는 점이다.[133]

학생, 시위대, 지식인, 교수들 위로 침묵이 내려앉았다. 대학살 이후 10년이 지나고 고전 고대에 대한 그들의 목소리와 논평이 들려오기 시작했을 때, 주요 대학의 교수들을 비롯한 저명한 지식인들의 발언에는 극적인 변화가 있었다. 서양 고전을 읽는 개혁적인 20세기 중국인들은 더 이상 현대 서구 문명의 가치와 성공의 원천으로 그리스 고전을 찾지 않았다. 그들은 더 이상 고대 세계, 특히 아테네 민주주의를 이런 가치들의 본보기로 여기지 않았으며, 개인주의, 시민권, 자유의 개념을 중국에 소개하는 방법으로도 고려하지 않았다.[134] 또한 더 이상 민주주의에 대한 자신의 희망을 뒷받침하기 위해 아리스토텔레스를 비틀지도 않았다. 한 세기 동안 지속된 서양의 고전에 의존하던 시대는 이렇게 끝났다.

2 탄압 이후의 고전

대중의 민주주의에 대한 미신을 약화시키고,
중국의 고전적 천재성을 인식하는 것이
고대 그리스의 역사를 이곳에 소개하는
목적이었다.

_ 판웨이潘維

톈안먼 광장 사건 이후 18개월 동안 중국 공산당은 시위를 지지했던 당원들(자오쯔양趙紫陽 총서기를 포함하여)을 숙청하고 수천 명의 당 간부들을 "당 규율"에 따라 처리했다. 그 사이에 일부 대중 연사들은 민주주의를 지지하는 학계에서 완전히 물러서서 사회 운동가로 변신했다.¹ 반면에 톈안먼 사건 이전에 활발하게 목소리를 냈던 상당수의 지식인들은 자기 이념을 유지하기는 했지만, 점차 더 입지가 좁아져 더 이상 중국 매체에 자기 의견을 발표할 수 없게 되었다. 또한 학생 운동에 깊이 관여했다가 투옥을 피해 미국을 비롯한 서방 국가로 이주한 이들도 있었다. 또 어떤 이들은 학계에 몸담아, 중국 공산당이 공적 영역보다는 더 많은 지적 자유를 보장해주는 상아탑의 순수 학문에 몰두했다.² 민주화 운동과는 전혀 관련이 없는 목소리도 들리기 시작했다. 예를 들어, 1989년 상하이의 역사학자 샤오궁친蕭功秦은 권위주의를 지지하면서 확고하게 부상했고, 유학자인 두웨이밍杜維明

은 다른 사람들과 마찬가지로 동아시아 비공산주의 문화권의 경제 호황 뒤에는 "유가적 윤리"가 있다고 보았다.

1992년 한 지식인 그룹이 〈소련 해체 이후 중국의 현실적 대응과 전략적 선택〉이란 글을 발표해 많은 주목을 받았는데, 이 글에는 중국 정부가 실패한 유럽의 마르크스주의 유령이 아닌 중국 전통문화를 이데올로기의 원천으로 삼아야 한다고 조언하는 내용이 담겨 있었다. 이 글은 이제 신보수주의자들과 정치적 유교주의자들의 보루堡壘가 되었다. 1990년대 후반에 이르러 다방면에서 지적 유행이 또 한 번 뚜렷해지면서 영향력을 발휘했는데, 다시 서구 고전으로 눈을 돌리는 사람들도 일부 있었다. 그러나 여기에 관련된 학자들은 민주주의 관념론자들이 아니었다. 미국 덴버 대학교의 자오수이성趙穗生 교수는 이렇게 말한다. "냉전 이후 중국의 민족주의 급증에서 정말로 주목할 만한 현상은, 중국 지식인들이 그 원동력 중 하나가 되었다는 점이다. 교육 수준이 높은 사람들 중 상당수가 확산하는 민족주의 담론에 자기 목소리를 더하기 시작했고, 심지어 그 담론을 대변하는 인물이 되기도 했다."[3]

요즘은 5.4운동조차 중국 공산당을 대변하는 데에 적절하게 활용되는 듯하다. 2019년 중국 미디어 프로젝트China Media Project 사이트에 올린 글에서 그 프로젝트의 디렉터인 데이비드 반두르스키David Bandursky는 5.4운동의 의미에 새로운 프레임이 씌워지면서 그 운동의 실제 이상이 완전히 "탈취"되는 과정을 설명했다. 반두르스키의 글에 따르면, 시진핑이 연설에서 "5.4 정신을 최대한 활용하라"고 권고한 것은, 이제 청년들이 "중화민족의 위대한 부흥을 자신들의 임무로 삼아 당의 희망, 인민의 기대, 중화민족 전체가 청년들에게 기대하는 커다란 신뢰를 저버리지 않아야 한다"는 의미이다. 1919년과 1989년 운동의 두 축이었던 '과학'과 '민주'는 이제 어디에서도 찾아볼 수 없다.

이에 대해 《빈과일보苹果日報》에 불만을 제기한 홍콩의 한 언론인은 중앙정부 외사판공실이 관장하는 신문인 《다궁바오大公報》에 의해 이런 신랄한 비판을 받았다. "이는 역사 왜곡이며, 5.4운동의 정신에 대한 심각한 모욕이다. 그 해 5.4운동의 구호 가운데 하나는 민주주의와 과학을 뜻하는 '더 선생'과 '사이 선생'을 외치는 것이었다. 그렇다면 왜 청년들은 '더 선생'과 '사이 선생'을 외치고 요구한 것일까? 그들의 목표는 무엇이었나? 나라를 사랑하는 마음에서 조국의 번영과 부강을 염원하며 그런 것이 아니었는가? (다궁바오에게 있어) 조국을 사랑하는 것, 당을 사랑하는 것, 사회주의를 사랑하는 것은 동일하며, 그 사랑만이 유일한 진짜 애국심이다."[4]

이는 민족주의 담론이지 민주주의 담론이 아니다. 지식인들은 여전히 서구의 고전 문헌을 인용하지만, 5.4운동과 1980년대의 개혁주의 사상에 반하는 방식으로 해석한다. 이런 지식인들 중에는 1980년대에 직접 개혁주의를 주장하며 글을 썼던 저자들도 있다. 서구의 대학교에서 유학을 하고 돌아온 지식인들은 종종 그곳에서 배운 전문용어와 비평 방식을 사용하지만, 그 목적은 매우 상이한 정치적 입장을 뒷받침하기 위함이다.

이들 중에는 앞서 언급한 중국 고전학 학회지인《고전연구》에 등장하는 중국 스트라우시언[스트라우스주의자]들이 있다. (스트라우시언 Straussian이란 독일 태생으로 미국 시카고 대학교 정치학과 교수이자 철학자인 레오 스트라우스의 지적 유산을 계승한 학파를 말한다. 그는 서구의 고대 철학자들이 일반 대중들이 알 수 없는 '난해한 글쓰기'로 엄선된 이들만 이해할 수 있는 숨겨진 의미 또는 계층적 의미로 글을 썼다고 주장하면서 고전 문헌에 숨겨진 의미를 탐구하기 위해서는 엄격한 해석과 분석이 필요하다고 역설했다. 일부 평론가들은 그를 엘리트주의로 비난하기도 했으나 그의 주장은 여러 학자들의 관심과 연구를 통해 하나의 학파로 발전했다-옮긴이) 2009년 런민 대학교에 설치된 고전학 실험반은《고전연구》의 전 편집장인 류샤오펑 교수가 지도하고 있다. 스트라우시언이 아닌 다른 학자들도 고전 문헌을 현재와 관련된 정치적 문헌으로 읽기는 하지만, 더 이상 그 가치를 극찬하지는 않는다. 이 학자들은 민주주의와 인권 같은 가치에 대한 정부의 부정적인 견해를 그대로 따라 말하고 있는데, 그런 정부 입장은 2012~2013년 중국 공산당 총서기가 당내에서 회람하도록 지시한 "9호 문건"으로 알려진 기밀문서로 선명해졌다. 그 문서는 언론의 자유, 민주주의, 법원의 독립성 등 서구적 가치의 위험성에 대해 경고하고 있었다. 그런 주제들에 대한 교육은 금지되었다. 특히 중국 지도부는 "중국에 적대적인 서방 세력과 중국 내 반체제 세력"이 "끊임없이 사상적 영역에 침투하고 있다"고 비난했다.[5]

현대 중국에는 두 개의 "고전주의자" 학파가 있다. 한 학파는 외국에서 그리스어와 라틴어를 공부한 학생들이 서구 대학교의 고전학과와 같은 방식으로 서양 고대를 공부하고자 하는 열망을 반영한다. 이런 학문적 관심은 2011년 황양 교수가 설립한 베이징 대학교 서양고전연구센터의 조직 과정에도 반영되었다. 푸단 대학교, 상하이 사범대학교, 톈진 대학교의 사학과와 철학과에는 고전학을 깊이 있게 연구해온 핵심적인 고전학 교수진이 포진해 있다.[6] 많은 대학에서 비정치적 학문 연구 주제로서 고전학이 번창하고 있으며, 이 학생들 중 일부는 더 많은 공부를 위해 중국 밖으로 유학을 떠나기도 한다.

또 하나의 학파는 고전적 과거[고대 그리스 로마 시대]를 현대 사회주의 유교 국가인 중국과 '관련'짓길 희망하는 일군의 학자들이 대표하는데, 여기에서 '관련'은 고전적 과거가 중국 정부가 내세우는 가치들을 뒷받침하는 것으로 간주된다는 의미이다. 그들의 목소리는 중국과 미국 간의 거리가 벌어진 지난 20년 동안에 일어난 국내외 정책의 변화에 반응하고 있다. 톈안먼의 민주화 시위대가 1989년에 운명적인 최후의 결전을 준비하고 있었음에도 불구하고, 1988년 11월 베이징에서 열린 제1회 근대화론 전국 심포지엄에서는 권위주의를 "계몽된 독재"로 재정의하고, 동아시아의 "작은 용" 4개국의 경제 기적은 유교 덕분이지, 유교를 극복해서가 아니라고 주장했다.[7]

또한 많은 중국인들이 최근의 사건들로 인해 자국이 계획적인 차별의 표적이 되었다고 확신하며 적대심을 품게 되었다. 1990년대에 서방, 특히 미국을 비난하는 베스트셀러 책들이 쏟아져 나오면서, 보수적인 친정부 지식인들이 자신의 견해를 피력할 수 있는 환경을 제공했다. 그 지식인들은 "사회 안정과 경제 발전을 유지하기 위해서는 중앙집권적 권력 구조가 강화되어야 한다"고 주장하며 국가 민족주의의 공식적인 견해를 지지했다.[8] 그리고 자오수이성이 기록한 바와 같이, 2000년 하계 올림픽 중국 유치 실패의 배후에 "서방의 깡패들"이 있고, 미국은 티베트 독립운동을 주도하는 "검은 손"이라고 중국인들을 설득하는 데에 당의 공식 입장이 영향을 주었다.[9] 이 모든 과정에서, 그리스 고대는 미국의 민주주의가 틀리고, 그르고, 잘못되었음을 보여 주기 위해 활용되었다.

투키디데스, 서방에 경고하다

2012년 2월 《뉴욕타임스The New York Times》에 실린 한 사설은 미국의 미래에 대해 많은 것을 시사했다. 이 사설에서 중국 예외주의자Chinese exceptionalist인 벤처투자자 에릭 리Eric X. Li는 미국 정부가 미국 민주주의의 보편적 가치를 자랑하며 떠들기 전에 고대 아테네와 그 민주주의의 운명을 잘 살펴보는 것이 좋을 거라고 주장했다.[10] 그는 도시국가 아테네와 현대 미국을 직접 비교하면서 다음과 같이 말했다.

> 수천 년에 이르는 정치의 역사에서 민주주의에 대한 두 번의 중요한 실험이 있었다. 첫 번째는 한 세기 반 동안 지속된 아테네의 민주주의였고, 두 번째는 근대 서구의 민주주의이다. 한 명의 시민이 한 표를 행사하는 것을 민주주의로 정의한다면, 미국의 민주주의 나이는 겨우 92살에 불과하다. 1965년의 투표권법 제정 이후부터 계산하면 실제

로는 47살밖에 되지 않는데, 이는 몇몇을 제외하고 중국 왕조 대부분의 존속기간보다 훨씬 더 짧은 기간이다. 그런데 왜 그토록 많은 이들이 자신들은 모든 인류를 위한 이상적인 정치 체제를 발견했으며, 그것의 성공이 영원히 보장된다고 대담하게 주장하는 것일까?[11]

분명 에릭 리의 비교로 눈살을 찌푸리는 이들도 있을 것이다. 그는 왜, 미국 민주주의를 겨냥하면서 (지난 세기의 열렬한 개혁주의자들처럼) 현대 미국의 민주주의와 제도적인 면에서 관련이 거의 없는 고대 아테네에 초점을 맞춘 것일까? 중국이나 미국과 달리 아테네는 (군부와 재정 책임자를 제외한) 정부 관리들을 추첨으로 선출하는 직접 민주주의 국가였다. 기원전 451년 페리클레스의 시민권 법제화 이후, 시민이 되려면 부모 모두 아테네 사람이어야 했고, 이는 우리가 알고 있는 민주주의의 의미를 오직 혈통으로만 자격이 주어지는 폐쇄적인 시스템으로 바꾸어 놓았다. 또한 그리스 아테네의 전성기에 시민 수가 3만 명이었는데, 미국은 3억 3천만 명에 달한다. 따라서 민주적 직접 투표를 통해 정치를 하는 아테네 방식은 미국에서 실행 불가능할 것이다. 아테네의 여성은 시민이 아니었고, 배심원은 최대 501명으로 구성될 수 있었으며, 고위 행정관인 "아르콘 에포니모스archon eponymous"는 1년 동안 권력을 갖고 있다가 물러날 땐 의무적으로 평가 과정을 거쳐야 했다.[12]

그렇다면 왜 미국을 아테네와 비교하는 것일까? 에릭 리가 지적했듯이 최초의 민주주의 국가인 아테네가 이데올로기적으로 큰 타격을 줄 수 있다고 주장할 수도 있지만, 이는 아테네가 남긴 선례에 대한 "건국의 아버지들"의 불안한 감정과는 현저히 대조적이다. 그런데 답은, 에릭 리가 이미 고대부터 풍부했던 아테네 민주주의에 대해 비판적인 자료들을 활용하기로 마음먹었다는 점에 있는 듯하다. 그는 5.4운동 당시 아리스토텔레스가 민주화의 옹호자로 변신한 것과 같은 이유로, (가) 고대의 텍스트이자 (나) 이른바 근대 서구 문명의 원천으로서 이 문헌들의 권위적 위상에 의존하고자 했던 것이다. 에릭 리는 무지한 대중에 대한 플라톤의 암묵적인 비판과 투키디데스가 《펠로폰네소스 전쟁사》에 남긴 아테네의 문제점에 대한 진솔한 평가를 참고함으로써, 민주적인 아테네만큼이나 오래된 민주주의에 대한 자신의 비난을 뒷받침할 수 있었던 것이다. 고대 아테네를 이상적으로 여기는 미국인들조차도 이런 고대의 비판에 직면하면 분명 그렇게 할 것이다.

> 현대의 사상, 정부, 사회에 필요한 교훈이나 격려를 얻기 위해 아테네로 눈길을 돌리고 싶어 하는 현대인들은 이런 묘한 모순과 마주해야만 한다. '고대 민주주의를 생성하고 실행한 사람들이 이런 정부 형태에 대해 (철학적 또는 이론적 차원에서) 우리에게 거의 비판만 남겼다.' 게다가 민주정 시기에 아테네의 실제 역사는 수많은 실패와 실수, 악행(가장 악명 높은 사례인 소크라테스의 처형을 포함하여)으로 점철되어 있기 때문에, 민주주의가 좋은 정부로 이어진다는 현대의 보편적인

생각이 의심을 받을 수도 있을 것이다.[13]

베이징 대학교의 판웨이潘維와 베이징 중앙사회주의학원의 판웨 潘岳 같은 현대 중국의 지식인들도 다음과 같은 점에 대해서는 동의할 것이다. "투키디데스의 비판, 그리고 플라톤이 《국가》에서 이상적인 도시국가에 대해 묘사한 최상의 그림은 정확히 아테네 민주주의의 '실패와 실수, 악행'에 대한 반작용이다."[14]

확실히 이것은 톈안먼 '이후'의 투키디데스이다. 그 이전까지 투키디데스는 학계의 독자층을 제외하면 상대적으로 그다지 잘 알려지지 않았던 것 같다. 그리고 그런 독자들마저도 그를 민주주의에 대한 경고보다는 유물론적 사회주의의 전조前兆를 이야기하는 사람으로 생각했다. 리창린李長林은 이렇게 주장했다.

> [펠로폰네소스 전쟁사에서] 배경이 된 초기 유물사관은 일반적으로 세 가지 측면에서 나타난다. 신과 인간이 합일된 상태에서 인간의 역사를 분리하려는 노력, 역사적 사건들 사이의 인과관계 논의에 대한 집중, 그리고 역사 발전의 원인을 경제 관계의 관점에서 설명하려는 노력.[15]

장광즈張廣智는 4세기 그리스 시대의 "뛰어난 이들의 빛나는 지혜"를 찬양하면서 투키디데스를 칭찬했다. 투키디데스는 "단순한 유물론과 실재론에 근거해《펠로폰네소스 전쟁사》를 집필했던, 당시 역사학의 유명한 대표 주자였다. 그의 작품에 나타나는 초기 유물사관은 우리 역사에서 그 유례를 찾아볼 수 없는 듯하다."[16] 1989년 이전의 또 다른 저자들은 투키디데스가 경제에 초점을 맞추었다고 칭찬하거나 고대 중국의 역사가 사마천에 비유하기도 했다. 1989년 이전까지는 투키디데스가 중국 정부에게 해줄 말이 거의 없는 것처럼 보였다.

반면에 에릭 리는 현대 미국이 선대의 정치인들과 지식인들을 아프게 한 역병에 걸려 있다고 주장하면서 투키디데스를 인용한 것에 불과하다. 에릭 리가 현재의 미국에 대해 했던 말을 빌리자면, "선출된 대표자들은 자기 나름의 생각은 없고 오직 재선만 노리면서 여론의 변덕에 반응할 따름이다."[17] 이는《펠로폰네소스 전쟁사》에서 장황하게 전개된 비판으로, 에릭 리보다 훨씬 앞서 투키디데스가 주장한 내용이다. 그는 아테네 민주주의 악화의 원인 가운데 하나로, 대중에게 아첨하거나 이익을 주려는 욕구 때문에 현명하게 지도자를 선택하지 못한 시민들의 치명적인 무능을 꼽았다.[18] 투키디데스가 보기에, 오직 선견지명이 있고 의지가 강했던 페리클레스 장군만이 사심이나 두려움에 지배되지 않았기 때문에 대중을 통제할 수 있었다.

> 페리클레스는 실제로 그의 지위와 능력, 그리고 잘 알려진 청렴 덕분에 군중들에 대해 독립적인 통제권을 행사할 수 있었다. 다시 말해 군중에게 휘둘리지 않고 군중을 이끌었던 것이다. 그는 부정한 방법으

로 권력을 추구하지 않았기 때문에 군중에게 아첨할 필요가 없었으며, 오히려 평판이 무척 좋았기 때문에 대중에게 반대해서 화나게 해도 될 만큼 여유가 있었다."[19]

그러나 페리클레스가 죽은 후 아테네 시민들은 선동적인 정치인들에게 연이어 속아 넘어갔다. 개인적 이익을 약속하기만 하면 어떤 정치인이든 추종했으며, 펠로폰네소스 전쟁에서 아테네를 승리로 이끌었던 희생과 절제를 실천하려고 하지 않았다.[20]

에릭 리는 아테네 민주주의의 수명을 언급하며 이런 극적인 주장을 했다. "역사는 미국의 방식에 좋은 징조가 아니다. 실제로 신념에 근거한 이데올로기적 오만은 민주주의를 벼랑 끝으로 몰고 갈 수 있다."[21] 아테네 폴리스 시민들처럼 (그리고 전몰자를 위한 장례식에서 그 유명한 연설을 했던 페리클레스 장군처럼), 미국인들은 민주주의를 절대적인 선善의 위치, 심지어 종교의 한 형태로까지 격상시켰다. 에릭 리의 말을 빌리자면, "현대 서구 사회는 민주주의와 인권을 인류 발전의 정점으로 여긴다. 이는 절대적인 믿음을 전제로 한 신앙이다."[22] 아테네가 스스로를 다른 국가의 모델로 여겼던 것처럼, 대부분의 미국인들은 자신들의 정치 체제가 (페리클레스의 말처럼) "헬라스의 학교"[23]가 될 수 있다고 믿는다. 이런 자만심 때문에 미국 유권자들은 민주주의가 최고의 정부 형태라는 "종교적 신념"이 전제되지 않는 선택은 할 수 없게 되었다.[24]

고전 텍스트의 목소리로 관심을 끌면서 미국 민주주의를 비판하는 에릭 리의 글은 중국 전역의 많은 정치 평론가들의 지적 취미를 반영하고 있다. 지린吉林 대학교 정치학과 린치푸林奇富와 둥춘성董存勝은 푸젠성福建省 위원회 당교黨校 학술지에서, 고대 그리스 도시국가가 현대 민주주의와 "유사"하기 때문에 아테네 민주주의의 한계를 성찰하면 "현대 민주 정치"의 문제점들에 대한 통찰이 가능하다고 주장했다.[25] 글쓴이들은 이런 식의 주장을 한다. '아마도 고대 아테네 사람들이 도덕과 형태形態에 대한 플라톤의 사고와 아리스토텔레스의 시민권과 윤리에 관한 견해를 융합했기 때문에, 고대인들은 가장 높고 초월적인 형태의 도덕적 우수성을 위해 끊임없이 노력하는 것이 자신들의 의무라고 세뇌 당했다.' 이와 같이 실제로 민주주의는 시민의 자유를 제한하고 독립적인 사고를 부정했다. 뿐만 아니라 폴리스가 개인에 우선한다는 공유된 믿음 때문에 이질성과 개인주의는 제한되고 합의[일치]는 지나치게 강조되었다.

> 시민은 도시국가 공동체의 일부일 뿐이기 때문에, 개인의 의미에서 독립적이지 않다 … '사람'이 되기 위한 기준은 도시국가 시민 공동체의 자질과 미덕을 분명히 보여주는 것이다. 이 점 때문에 아테네인들은 시민 집단의 동질성을 상징하기 위해 단순화되었다. 여기서 사용되는 척도는 그들이 도시국가의 전체 이익과 공동의 선을 충족시킬 수 있는지, 얼마나 충족시키는지에 달려 있다.[26]

여기에서 아리스토텔레스의 "시민"이 그려지지만, 얼굴이 반대 방향을 향하고 있다. (아리스토텔레스 철학에서) 도시국가가 민주주의의 가장 핵심적인 단위로서 시민보다 우선한다는 바로 그 이유 때문에, 시민은 자기 행동과 신념에 대해 검열을 받는다. 시민의 행동과 신념은 개인의 이익 안에 있어서는 안 되며, 오로지 도시국가의 이익 안에 있어야 한다. 이런 구속은 새로운 발상의 출현을 제한하며, 어떤 경우에도 모든 종류의 명성名聲은 더 큰 단위에 대한 위협으로 인식된다. 그래서 저명한 시민들을 추방하는 아테네의 제도인 오스트라시즘ostracism(도편추방제-옮긴이)이 존재하게 된 것이다. 중국 국민에 대한 량치차오의 관점을 아테네에 거꾸로 대입해보면, "아리스토텔레스의 자유시민은 자유와는 정반대, 즉 노예이다"[27]라고 이해할 수 있다.

다른 이들과 마찬가지로 린치푸와 둥춘성도 서구에 대한 비판을 위해 투키디데스로 눈길을 돌렸다. 그들이 보기에 민주 정치라는 매개체가 개인의 타락을 야기하는 이유는, 민주 정치의 지도자들이 수사학, 궤변, 감정을 자기 뜻대로 대중의 토론을 조정하는 수단으로 삼기 때문이다. 미틸레네 논쟁Mytilenean debate(동맹국 미틸레네가 일으킨 반란을 어떻게 처리할지 아테네 민회에서 의논한 일-옮긴이)에 대해 투키디데스가 기술했듯이, 시민들은 열정과 충동의 순간에 집단적으로 투표하고 나서 바로 다음 날 자신들의 결정을 후회하게 된다. 다시 말해 "아테네 민주주의 전성기에 연설의 역량은 더 이상 공동의 윤리적 삶을 유지하는 데에 활용되지 않고 사람들이 편협하거나 개인적인 실리를 추구하는 수단으로 사용되는 경우가 많았다. 그리고 시민들 스스로도 도시국가의 부패를 인식하지 못할 수 있다."[28]

린치푸와 둥춘성이 고대 아테네를 묘사한 바로는, 권력과 부에 대한 탐욕이 만연하고, 도덕적 가치가 사라졌으며, 이기심은 통제가 불가능해졌고, 파벌 싸움의 패자들은 추방되었으며, 어리석은 대중이 권력을 장악하고 있었다. 마지막으로, 배심원단은 201~501명의 시민으로 구성되었기 때문에 시민 대중은 본질적으로 스스로 감시하고 제한하게 되는데, 결국 도덕적으로 타락하는 집단이 될 수밖에 없었다. 이런 모든 것들이 현대 민주주의와 유사하지는 않지만, 린치푸와 둥춘성의 글에서는 투키디데스의 설명이 전부 민주주의를 비난하는 데에 사용되고 있다.

린치푸와 둥춘성은, 이런 문제들에 더해 아테네 민주주의가 "집단적 판단을 조장했고" 그럼으로써 "개인의 생각, 언론의 독립성, 창의성을 제한하고 약화시켰다"고 주장한다. 이는 자신의 주장을 뒷받침하는 데 필요한 언어 구사력이 대개는 비판적 사고를 예리하게 만든다는 일반적인 관점과 정반대이다. 오히려 아테네가 수사학에 의존한 것이 국가와 개인의 이익에 대한 더 심각한 공격이었다.

> 개개인이 자기 행동에 대해 기꺼이 책임을 질 수 있어야 한다. 그렇다면 아테네 민주주의에 그런 개인이 존재했을까? … 정의에 대한 명확하고 흔들리지 않는 합의만이 아테네의 민주주의를 책임감 있게 만들

수 있을 것이다. 하지만 안타깝게도 아테네인들의 정의 개념은 명확하지도 확고하지도 않았다. … 책임에 대한 외부의 구속이 없고 정의의 원칙에 대한 명확한 지침도 없기에, 아테네 시민들은 모두 자신들이 무엇이든 할 수 있다고 생각한다. … 그들은 토론에서 수사학[웅변술]을 활용하는 방법에 더 신경을 썼다. 자기 의견을 믿도록 다른 사람들을 설득하는 방식으로 궤변과 감정을 표현하는 여러 수단을 사용하는 … 감정이 이성보다 더 지배적인 경향이 있다. … 시민들은 외부의 물질적 이익을 갈망하는 탐욕을 위해 행동하도록 자극받는다.[29]

민주주의는 개인의 자유를 신봉하지만, 모든 시민의 정치적 참여를 요구할 정도로 자유롭지는 않다.

아리스토텔레스도 이런 최근의 논의에서 좋은 평가를 받지 못했다. 우리는 5.4운동에 영향을 준 량치차오를 비롯한 여러 사람들의 저서에서 아리스토텔레스가 받았던 존경을 다시 떠올릴 수 있다. 1980년대에도 아리스토텔레스는 서양 정치철학의 아버지, 시민권을 완전한 인간이 되기 위한 필요조건으로 만든 위인으로서 지위를 유지했다. 아리스토텔레스는 청나라 이후의 시대에는 그다지 길잡이 역할을 하지 못했지만, 서구에 끼친 영향과 선구적인 사상 때문에 여전히 학계의 주목을 받았다. 문화대혁명 말기에 학자들은 아리스토텔레스의 견해에 대해 어떤 입장을 취할지 조심스러웠지만, 1980년대 중반이 되자 우슈첸武樹臣은 아리스토텔레스의 법치주의 이론이 서구 정치 및 법학 사상사에서 빛나는 정점이라는 의견을 불안감 없이 피력할 수 있었다.[30] 1981년에 쉬다퉁徐大同(1928~2019)은 아리스토텔레스의 《정치학》이 서구의 정치학에 대한 개념을 결정지었다고 주장했고, 1982년에 왕쥔린王鈞林은 공화정이 가장 정통적이고 안정적이며 승리할 수 있는 정부 체제라고 주장한 그 고대 철학자를 칭찬할 만하다고 기술했다.[31]

아리스토텔레스의 영광은 정말로 빛이 희미해졌다. 한때 개혁적인 사상가들이 민주주의라는 단어에서 반짝이는 빛을 보았다면, 이제는 노예제와 배타주의라는 어두운 얼굴을 보게 되었다.[32] 아리스토텔레스가 《정치학》에서 노예제가 자연스러운 상태라고 한 주장에 대한 비판은 상당히 잠잠해졌다(아마도 이는 아리스토텔레스의 복잡성에 대한 우매한 시각인 듯함). 중국 학자들은 노예제가 사실 번영하는 민주주의의 더러운 치부라고 상당히 타당하게 말한다.[33] 아리스토텔레스가 그리스인이 아닌 사람들을 야만인이라 칭했던 것은 편협한 생각이라고 지적받기도 한다(중국인이 아닌 모든 사람을 야만인으로 취급하는 중국의 오랜 전통을 고려하면 다소 기이함).

상하이 사범 대학교 교수인 류천광劉晨光은 《그리스 사론希臘四論》에서 아리스토텔레스가 중국어권 세계와 전혀 무관하다고 주장했다. 아리스토텔레스는 특정한 시대와 장소라는 배경 안에서 정부에 대한 이론을 세운 것이기 때문에, (그가 다른 정체政體들을 모아놓았다고 할지라도) 다른 문화와 다른 민족을 대변하는 것으로 받아들여서는 안 된다는 것이다. 게다가 아리스토텔레스는 노예제도를 정당화하기 위해 애를 썼고 그리스 이외의 문화는 야만적이라고 생각했는데, 애초에 왜 그의 견해를 보편화하고 싶었겠는가?

"진정으로 덕이 있는 사람"에 대한 아리스토텔레스의 설명조차 뒤죽박죽이다. 류천광은 아리스토텔레스의 윤리학 저서들과《정치학》사이의 불일치를 이용해 그가 그다지 위대한 철학자는 아니었음을 보여준다.[34] 아리스토텔레스는 많은 서양의 정치사상이 갖고 있는 것과 똑같은 약점을 드러냈다. 양자는 한 사이즈의 옷이 모두에게 맞을 거라 착각하는, 즉 현대 중국인들을 오랫동안 짜증나게 만든 서구의 맹목성이라는 근본적인 오류를 범했다.[35] 한마디로, 아리스토텔레스는 일관성이 없고 지역에 국한된 인종차별주의자이니, 굳이 스타기라 사람stagirite(아리스토텔레스의 고향인 스타기라 출신이라는 의미로, 아리스토텔레스를 지칭할 때 종종 사용되는 표현-옮긴이)의 저작을 읽을 아무런 이유가 없다는 뜻이다.

중국식
민주주의

린치푸와 둥춘성은 톈안먼 사태 이후에 알려진 유명 지식인들 가운데 특별히 두각을 나타낸 이들이 아니기 때문에, 혹자는 당 기관지에 논문을 게재하려면 고대 민주주의와 그 병폐에 대한 과장이 필수적이라고 주장할 수도 있겠다. 하지만 판웨이, 바이퉁둥, 간양, 류샤오펑, 추이즈위안, 왕후이 등등 훨씬 더 잘 알려진 다른 학자들도 많다. 그리고 그들도 관점이 서로 완전히 같은 것은 아니지만, 모두 중국의 정부 형태가 서구식 민주주의보다 낫다는 견해를 뒷받침하기 위해 고전 고대(중국과 서양을 모두 포함하여)로 회귀하여 관련 논의를 전개하고 있다.[36] 이와 관련하여 푸젠성 위원회 당교 학보보다 더 많은 독자를 확보한 간행물들도 있다.

2017년 중국 공산당의 이론 위주의 정기간행물인 《구시求是》는 민주주의에 대한 접근 방식에서 방향을 튼 사설 하나를 게재했다. 그 사설은 고대 아테네 민주주의의 인권 유린을 비난하면서 이런 악폐를 미국의 노예제도와 연결 지었다. 저자들은 그 두 집단의 공통된 결함을 인식한다면 중국이 세계에서 가장 큰 민주주의 국가임을 알 수 있을 것이라고 주장했다.[37] 저자들은, 안타깝게도 서방이 "민주주의"라는 용어를 공유하려 하지 않고 탐욕스럽게도 자신들의 은유의 금고에 넣어둔 채, 자기들과 같은 방식으로 민주주의를 실행하지 못하는 다른 국가들을 감시하고 통제하고 있다고 한탄한다.

> 서방은 '민주 국가'의 기준을 독점할 권리가 없다. 현대 서구 정치 담론의 본질은 서구 민주주의를 유일한 '합법적' 민주주의 형태로 확증하려는 것이다. 서구인들은 중국에 나름의 민주적 다원주의가 존재하고 있음에도 불구하고, 현대 중국에 민주주의 형태를 적용하는 것을 의도적으로 거부하고 있다. … 중국 특색의 사회주의적 민주주의는 인민의 필수 이익을 수호하고 체제의 진정성, 유효성, 우월성을 변함없이 보여주는, 가장 광범위하고, 가장 믿음직하고, 가장 효과적인 민주주의이다.[38]

중국 공산당은 중국 정부를 능력주의라고 설명하고 있지만, 대부분의 사람들은 그 능력주의 안에 민주주의가 내재하고 있다고 생각한다. 이는 부분적으로 1988년 지방 공무원들을 시민들이 투표로 뽑도록 허락한 결정에 기인한다.[39] 이에 따라 다섯 등급의 인민대표를 직접 또는 간접선거 방식을 통해 선출하는데, 특히 기초단체에 해당하는 현縣과

향鄉의 대표는 주민들의 직접 선거를 통해 선출하고, 시급市級, 성급省級, 그리고 전국인민대표는 간접 선거를 통해 선출한다. 최종적으로 당 지도부의 결정에 대해 "제대로 살펴보지도 않고 날인해서(일명 고무도장rubber-stamp)" 전국인민대표대회의 대표를 선출한다. 중국 사회과학원 정치학 연구소의 팡닝房寧 연구원은 전국인민대표대회 제도가 중국 민주주의 정치의 구체화이며, 서구의 민주주의와 같은 것이 아니라 중국 상황에 맞게 변형된 것이라고 말한다. 그의 말에 따르면, "민주주의는 모든 인류의 목표이지만 국가마다 민주주의 발전 경로가 다르고 채택하는 민주주의 형태도 다르다. 민주주의 제도는 객관적인 역사의 조건에 따라 인간이 선택한 것이다."[40]

당 차원에서도, 미국이 민주주의가 진정 무엇인지 규정하려는 부당한 권리를 포기해야 한다는 요구가 있다. 중국 국무원은 2021년 《중국: 작동하는 민주주의中國的民主》[41]라는 제목의 백서白書에서 "민주주의는 고정된 양식이 없으며, 다양한 형태로 나타난다"고 주장했다. 각종 연설, 기사와 논설, 국영 텔레비전 방송에서 당 관리들은 중국식 민주주의, 특히 위기 상황에서의 효율성에 찬사를 보낸다. 반면 미국식 민주주의는 혼란에 빠질 수밖에 없다고 그들은 말한다.[42]

《구시》의 저자들은 서구 민주주의를 프라이팬 위의 불꽃과 같은 일시적인 정치 현상으로 치부한다.

> 역사와 현실은 서구 민주주의가 현재의 역사적 조건에서 일시적으로

나타나는 민주주의 정치 형태일 뿐이며, 금권 정치와 포퓰리즘 정치로서 전반적으로 환영 받지 못했음을 증명한다. 서구 민주주의는 비서구 국가들의 다른 문화적 배경과 역사의 전개 상황에는 어울리지 않는다.⁴³

이렇게 해석하면, 민주주의와 고전 아테네의 관계는 칭찬할 만한 사실이 아니라 부끄러운 유산의 일부일 뿐이다. 아테네 민주주의는 노예 노동에 의존했고, 여성에게 투표권을 주지 않았으며, 시민권이 없는 사람들을 비인간적으로 취급했다. 콩 심은 데 콩 나고, 자식은 부모를 닮는 법이다. 미국에서도 1865년까지 노예제도가 있었고, 1920년까지 여성에게 투표권이 허용되지 않았다. 현재 미국인들은 귀족정치 또는 금권정치 쪽으로 몸을 기울이고 있다. 케네디Kennedy 가문, 부시Bush 가문, 클린턴Clinton 가문은 저명한 (정치) 가문이고, 대통령은 국민 투표에서 승리해도 선거에서 패배할 수 있으며, 로비스트들은 지나치게 많은 권력을 쥐고 있다. 저자들이 주장하듯이, "현대 서구 민주주의는 21세기 경제와 기술 조건에 의해 결정되는 자본주의 정치 체제의 단계적 진화일 뿐이다. 그 본질은 여전히 부르주아 계급과 독점 자본의 이익을 보호하기 위한 정치 제도이다." 그런 식으로 저자들은 민주주의를 비난하는 동시에, 중국이 부패한 아테네 모델이 아니라 사실 세계에서 가장 민주적인 국가임을 천명함으로써, 스스로 월병月餠을 만들어서 먹어치우는 데까지 성공한다.⁴⁴

"중국식 민주주의" 모델의 또 다른 변형은, 그리스 도시국가가 특정 장소와 시간에 국한된 정치적 구성체라기보다는 모든 문명의 발전에서 나타나는 보편적인 단계였다는 주장이다. 이는 평가하기 참 까다로운 주장이다. 왜냐하면 "도시국가"(성방城邦, 즉 성벽 국가)의 정의에 정확히 포함되는 것은 (고고학적 발견의 관점에서 볼 때) 오래된 성벽의 존재나 시민, 원로, 지도자로 나누는 삼분법만큼이나 희소할 수 있기 때문이다. 구준은 그리스 도시국가에 관해 쓴 유작에서 고대 동양에는 그러한 시스템이 없었다고 주장했다. 그럼에도 서양 학자들은 도시국가를 그리스-로마 시대의 고유한 것으로 간주하고 중국과 고대 동양의 다른 나라들을 "동양적 전제주의Oriental despotism"로 몰아붙인다는 이유로 비난을 받는다.

사실 중국, 메소포타미아, 이집트를 비롯한 여러 고대 문명은 근본적으로 도시국가에 기반을 두고 있다는 주장이 있다. 이 주장은 1989년에 《고대 도시국가사 연구古代城邦史研究》라는 제목의 방대한 저작을 출간한 역사학자 린즈춘林志純(1910~2007, 필명 일지日知)과 가장 관련이 깊다. 책의 1장부터 4장까지는 도시국가에 대한 그의 이론을 소개하고 있으며, 다음 장부터는 북아프리카, 인도, 서아시아, 아메리카의 특정 사례 연구에 초점을 맞추고 있다. 그 책은 도시국가의 정치 형태가 원시 민주주의에서 시작하여 네 단계를 거치면서 결국 제국으로 진화했다고 결론지었다.

이 논법 안에서, 서구 민주주의는 일종의 덜 진화한 정부 형태로의 회귀라고 할 수 있다. 많은 중국의 역사가들이 린즈춘의 발자취를 좇아, 전국 시대까지 중국에 도시국가가 존재했다고 단정했다.[45] 판신范鑫의 말처럼, 린즈춘과 동료 역사가들의 주장이 의미하는 바는 "고대 민주주의가 서구 문명의 전유물이 아니며, 동서양의 문명은 동일한 성격을 공유하고 역사 발전에서 유사한 궤적을 따랐다는 것이다."[46]

그 후, 1990년대부터 아테네는 다양한 목적으로 활용되었다. 고대 아테네에 대한 비판은 현대 미국 비판을 위한 소재로 사용되기도 한다. 고대 아테네는 시민권의 제약 때문에 자유가 없는 곳으로 낙인찍혀 비난 받기도 했다. 뿐만 아니라 아테네 정치를 단순히 수사학적 웅변이 펼쳐지는 장으로 치부하는 시각도 있다. 우리는 고대 아테네와 미국 모두 다른 인간들의 노예화로 잘못된 부의 원천을 확보했다고 비난받는 것을 봐왔다. 마지막으로, 일부 학자들은 도시국가의 가치를 부정적이 아니라 긍정적으로 평가하면서, 중국이 가장 먼저 도시국가를 세웠다고 주장하기도 한다.

그러나 아마도 톈안먼 사태 이후 서양 고대와 관련해 일어난 가장 놀라운 변화는, 서양의 고대 문명이 대부분, 심지어 전부, 다른 사람들의 발견(그리고 수난)에 의해 세워졌다고 주장하는 학자들이 "서구 문명"을 전면적으로 부정하고 있다는 점일 것이다. 이들은 서양의 고대를 위대하게 만든 것은 비서구 문화에서 가져온 것이라고 주장하는, 비유하자면, 급진적인 마틴 버날Martin Bernal(1937~2013)과 유사한 중국의 학자들이다.

가장 극단적인 형태는 보수적이며 친정부적인 중국 작가 허신何新의 경우이다. 그는 두 권의 저서에서, 르네상스 시대의 학자들이 고전 그리스와 로마의 실체를 조작한 채 현재 우리가 아는 고전 대부분을 자기들 손으로 대신 저술했다고 주장했다.[47] 허신은 심지어 고고학적 발견조차도 위조되었다고 주장한다. 서양 학계가 아시아인들의 지적 유산을 빼앗기 위해서 의도적으로 이런 가짜 그리스와 그것을 수용하는 가짜 역사를 만들어냈다는 것이다. 허신은 자신의 블로그에서 "서구 학계가 그리스의 거짓 역사를 창조해낸 효과적인 방법 중 하나는 소아시아의 발전된 고대 문명과 철학을 훔쳐서 그리스 반도의 유럽 문명으로 위장하는 것"이라고 주장했다.[48] 그의 주장을 더 살펴보자.

> 그리스와 로마의 가짜 역사를 폭로하는 것은 서구 문명의 신화에 큰 구멍을 내는 일이다. 나는 중국인들이 … 현재 서구인들이 편찬한 세계사 전체가 실제로는 서구의 근대적 가치관을 바탕으로 날조한 것임을 언젠가는 알게 되리라 믿는다. 내가 밝혀낸 그리스와 로마의 거짓 역사는 그저 빙산의 일각에 불과하다.

순화해서 표현하자면, 정말 '아연실색'할만한 주장이 아닐 수 없다. 도대체 왜 르네상스 학자들이 이런 가짜 역사를 꾸며내는 수고까지 했단 말인가?[49] 허신은 그 학자들이 내세울만한 자신들만의 문화적 혈통이 없다는 사실에 부끄러움을 느꼈기 때문이라고 주장한다. 그는 일부 고대의 인물들은 실재했다고 인정하지만, 우리가 그들에 대해 알고 있는 내용과는 다르다고 말한다. 아리스토텔레스는 분명 고대에 살았던 인물이지만 우리가 생각하는 진짜 아리스토텔레스가 아닌데, 왜냐하면 "아리스토텔레스학파의" 문헌들은 "아마도 고대 소아시아의 각기 다른 시대에 살았던 여러 저자들의 작품을 사칭한 것이기 때문이다. … 신성로마제국 시대부터 서쪽의 코카서스인Caucasian들은 항상 그리스와 로마가 자신들의 조상이라고 주장해왔다. 그러나 볼테르Voltaire의 유명한 말처럼 '이 제국은 신성하지도 않고, 로마도 아니며, 제국도 아니다!'"[50]

공정하게 말하자면, 허신은 훨씬 옹호할만한 의견을 제시했다고 할 수 있다. 예를 들어, 그는 이른바 "서양 문화"가 고대 그리스와 로마로부터 대물림되었다는 주장은 잘못된 것인데, 이는 그 관계에 대한 이야기가 그보다는 훨씬 더 복잡하기 때문이라고 주장했다. 예를 들어 호머는 소아시아 출신이고 알렉산더는 마케도니아 출신이다. (플라톤을 제외하고) 위대한 철학자들 중 상당수는 아테네인이 아니었다. 크레타 섬과 미케네의 문명은 모두 "그리스"로 통용되었다. 모든 백인이 그리스인과 로마인의 후손은 아니며, 게다가 논점이 되는 그 시대에 그리스는 통일된 국가가 아니었다. 따라서 "고전 문화"에 대한 서구의 존재론적 권리 주장은 문제의 소지가 있으며, 이런 문제는 더 자주, 더 많은 맥락에서 반복될 수 있다고 그는 강조했다. 여기에서 마틴 버날의 《블랙 아테나: 서양 고전 문명의 아프리카 아시아적 뿌리Black Athena:

The Afroasiatic Roots of Classical Civilization》와 비교할 때 가장 중요한 차이점은, 허신은 고대 이집트와 북아프리카 문화의 영향을 배제하고 고전 그리스 문화를 "아시아인"만의 것으로 귀속시킨다는 점이다.[51]

허신은 서구 문화의 "위조된 과거"에 대해 글을 씀으로써 자신이 무엇을 성취하고 있다고 생각할까? 허신의 웹사이트를 살펴보면, 그는 중국 사회과학원 문학연구소에서 연구원으로 일하다가 중국인민정치협상회의 전국위원회로 자리를 옮겼다. 또한 스위스 역사학자 야코프 부르크하르트Jacob Burckhardt(1818~1897)의 《이탈리아 르네상스의 문화Die Kultur der Renaissance in Italien》를 중국어로 번역하기도 했다. 그는 교육을 받지 못한, 정신 나간 사람이 아니다. 그의 자서전적인 논평을 읽어보면, 고전 고대를 지우려는 그의 모든 노력은 현 정권의 인정을 받고자 하는 욕망에서 비롯되었음을 알 수 있다. 그는 자신이 신보수주의를 옹호하며 1980년대 후반에 그 이념의 "기수旗手"로 인정받았다고 주장한다. 허신은 자기가 덩샤오핑에게 "정치적 이단"을 진압할 것을 촉구하는 편지를 썼으며, 심지어 국익을 우선시하는 외교 정책을 공개적으로 지지하기도 했다고 블로그에 밝혀놓았다. 결국 그는 서양의 (가짜) 고대사와 중국 왕조의 영광을 대비시킴으로써 자기가 시진핑의 중국을 지지한다는 것을 보여주고 있는 것이다. 그는 이렇게 글을 끝맺고 있다.

외국 백인들에게는 자랑스러워할 만한 고대 역사가 없으며, 그들의 기원은 야만적이다.⁵² 이것이 부끄러워 그들은 그리스와 로마의 역사를 날조하여 자신들의 과거로 삼았다. 이른바 "르네상스"는 사실 백인(라틴계, 게르만계, 앵글로색슨계)들이 서양의 문명을 조직적으로 위조한 활동이다. … 중국 문명은 지난 300년 동안 동호東胡(동쪽 오랑캐), 만주, 청 왕조의 식민지가 되어 쇠퇴했지만, 한, 당, 송, 명 왕조 이래의 중국 고대 문명은 대단히 찬란하다. 중국인들은 문화적 자신감, 자존감, 자부심을 회복해야 한다!⁵³

이 책의 서문에서 언급한 몇 가지 핵심적인 내용으로 돌아가 보면, 중국의 학자라면 그리스-로마 고대가 위조라고 주장하는 것을 자국에 대한 옹호로 여길 거란 사실이 드러나고 있다. 아무리 중국에 적대적인 미국 학자일지라도 중국 문명의 영광이 중국인들의 상상력이 만든 허구라고 주장하지는 않을 것이다. 그러나 중국에서는 허신의 견해가, 적어도 한동안은, 실제 논쟁을 불러일으켰다.⁵⁴

허신의 방향으로 몇 걸음 나아갔지만 고대 그리스가 허구라는 도발만은 피했던 학자가 있는데, 그는 바로 앞에서 언급했던 저명하고 존경받는 판웨이潘維 베이징 대학교 교수이다. 그는 베이징 대학교 국제학부 교수직 외에도 '중국 및 세계 연구 센터'의 소장을 맡고 있다. 그는 캘리포니아 대학교 버클리에서 정치학 박사 학위를 받았으며 그의 시각은 세계적인 영향력이 있다고 인정받고 있다. 2003년에 판웨이는 《법치와 '민주주의 미신'法治與民主迷信》이라는 제목의 책을 출간했는데, 이 책의 요지는 2006년에 일종의 인터넷 싱크탱크인 '사상을 사랑하다愛思想'에 게재한 〈고대 그리스와 민주주의〉라는 긴 글에도 담겨있다.⁵⁵ 이 인터넷판 그리스 역사는 이번 장을 시작하는 인용문의 출처이다. "대중의 민주주의에 대한 미신을 약화시키고, 중국의 고전적 천재성을 인정하는 것이 고대 그리스의 역사를 이곳에 소개하는 목적이었다."

그렇다면 판웨이는 어떻게 그리스 역사를 기술하면서 "민주주의에 대한 미신(잘못된 믿음)"을 약화시킨다는 걸까?[56] 비법은 그의 해석 안에 숨어 있다. 판웨이는 잘 알려진 서양 학자들의 학문적 성과를 바탕으로 진지한 고대 그리스 역사를 집필한다. 그러나 그는 중국 독자들이 고대를 "제대로" 이해할 수 있도록 편집자의 논평을 덧붙여 새로운 방식으로 그리스 역사를 해석한다.[57]

우선, 판웨이는 서구 역사학계의 문제를 지적하며 불만을 표한다. "현재 대부분의 학자들이 민주주의를 '보편적 가치'로 여기는 '민주주의 파벌'에 속해 있다. 그래서 민주주의를 비판하는 것은 자연스럽게 '이단'으로 간주된다."[58] 서구 학자들이 대부분 "민주주의 파벌"에 속해 있기 때문에, 그들이 비판하는 것은 현대 민주주의의 이상에 부응하지 못하는 고전적 실패에 집중된다는 것이다. 그러나 민주주의를 비판하는 것이 중국에서는 결코 이단이 아니다. 그래서 판웨이는 민주주의의 어리석음과 범죄성을 심하게 비판하는 해석을 섞어서 고대 아테네의 역사를 엮어내고, 그 과정에서 "더 나은" 현대판 민주주의에 대해

2 탄압 이후의 고전

칭찬이 아닌 비난을 퍼부었다. 예를 들어 판웨이는 소크라테스가 "민주주의 체제를 신랄하게 비판했기 때문에 아테네 시민들이 그의 처형에 대해 찬성표를 던졌다"고 주장한다. 아하! 또 서양에서 그토록 소중히 여기는 언론의 자유 이야기로군!

이런 견해와 반대로, 많은 학자들은 소크라테스가 자신을 변호하는 내용을 담은 플라톤의 《변명Apology》이 그의 재판을 본질적으로 정치와 무관하다고 묘사하고 있다는 점을 강조한다. 《변명》에 나오는 소크라테스의 죄는 "젊은이들을 타락시키고 아테네의 신들을 숭배하지 않고 새로운 신들을 받아들인 것"이다.

반면, 판웨이의 해석은 미국의 언론인 이시도르 스톤Isidor F. Stone의 해석과 유사하다. 스톤은 폴리크라테스Polycrates(기원전 440~370, 아테네 출신의 소피스트로 "소크라테스의 기소The Indictment of Socrates"를 저술한 것으로 알려져 있음-옮긴이)의 사라진 텍스트에 실렸다고 알려진 내용에 의존했다. 스톤은 1988년 저서 《소크라테스의 재판The Trial of Socrates》에서 소크라테스가 아테네의 (상당수가 그의 제자인) 귀족들과 그들의 비민주적인 가치에 단단히 휘말려들었다고 주장했다.[59] 이 두 역사가는 최초의 민주 정부가 과두정부의 지지자 한 명을 죽였다고 주장하면서, 만약 그렇다면 지금 인권과 관련해서 누가 나쁜 (전과) 기록을 갖고 있는지 묻고 있다. 민주주의 옹호자들의 핵심적인 권리 주장 중 두 가지가 격파된다.

또한 판웨이는 (나쁜) 민주주의 제도를 아테네의 (좋은) 영광의 시대,

즉 기원전 5세기로부터 주도면밀하게 분리한다. 그는 민주주의와 그 실천이 정치 이론, 희곡, 철학의 위대한 작품들에 자극을 주었다는 일반적인 생각을 깎아내린다. 그러면서 "사상의 번성"은 그리스의 천재성 덕분도, 공공생활에서 창의성과 웅변술을 장려한 체제 덕분도 아니라, 오히려 비非아테네적인 영향 때문이라고 주장한다.

> 고대 그리스의 업적을 아테네의 덕으로 돌리는 것은 피상적이며, 고대 그리스의 모든 업적을 아테네의 민주주의 덕으로 돌리는 것은 더욱 불합리하다. 현대의 세계 문명이 전적으로 미국에 기인하고 미국의 업적이 전적으로 민주주의 시스템에서 비롯되었다고 주장하는 것과 다를 바 없다. 팔이 부러진 비너스는 아테네의 것이 아니다. 그리스의 과학적, 문화적 업적의 상당 부분이 아테네 민주주의가 확립되기 전이나 쇠퇴한 이후에 이루어졌으며, 그 대부분은 아테네에서 생겨나지도 않았다.

이번에도 또다시 아테네는 현대 미국의 민주주의를 폄훼하는 데에 활용되고 있다. 판웨이는 민주주의가 절대로 천재성을 자극하지는 않는다고 확신한다.

> 고대 그리스의 주요 과학적 업적은 아테네 민주주의가 쇠퇴한 이후에 이루어졌다. 로마의 번영은 민주주의 때문에 이루어진 것이 아니다.

> 근대 스페인 제국의 확립은 민주주의의 결과가 아니다. 엘리자베스 여왕이 건설한 대영제국은 민주주의 국가가 아니었지만, 셰익스피어와 뉴턴을 낳았다.

고대에 관한 자신의 견해를 뒷받침하기 위해 판웨이는 몇 가지 문제를 무시해야만 했다. 예를 들어 영국의 (그리고 북미까지?) 식민주의에 대한 비판을 고대 그리스의 식민지 건설과 관련지으면서, 아테네의 식민지 건설이 매우 제한적이었다는 사실을 언급하지 않는다. 또한 식민 지배라는 맥락에서 볼 때 아테네는 민주주의 아테네와 서양 제국 사이의 통상적 비유에 적합한 도시가 아니라는 사실을 역시 생략한다.[60] 이런 불일치에 대한 우리의 주목은 재미있는 장면으로 인해 다른 곳으로 옮겨간다. 판웨이는 흥겨운 영국의 식민 개척자들이 제국의 영토 확장 목적을 실현하기 위해 신대륙으로 출발하면서 셰익스피어의 시를 노래하는 (노래한다고?) 모습을 상상한다.

> 고대 그리스인들이 호머Homer의 서사시에 영감을 받아 식민지를 개척한 것처럼, 초기 영국의 식민지 개척자들은 셰익스피어의 시를 노래하며 북아메리카의 문을 활짝 열었다. "이 행복한 종족, 이 작은 세상, 은빛 바다에 세워진 이 보석."[61]

그 인용구로 정확히 무엇이 입증되는지 분명하지 않지만, 이상하기

이를 데 없더라도 셰익스피어의 희곡《리처드 2세Richard II》에 등장하는 곤트의 존John of Gaunt이 뭘 닮았다는 것인지 입증해야 할 것 같다. 아테네와 영국이 모두 해양 문명이라 닮았다는 건가? (물론 그리스는 섬이 아니다.) 아마도 인용구는 "축복받은 땅"과 집에서 멀리 떨어진 곳에서 벌인 불미스러운 행위로 유명했던 "국왕들의 생명 가득한 자궁"에 대한 영국인들의 애정을 비판할 의도로 가져왔을 가능성이 크다. 어떤 이들은 중국 왕조에도 후궁들이 그렇게 많았으니 왕들의 생명 가득한 자궁들이 있지 않았을까 궁금해 할지도 모르겠다.

앞에서 우리가 만났던, 베이징 중앙사회주의학원 부원장을 역임한 존경받는 지식인 판웨이의 또 다른 대중 지향적 평론을 살펴보기로 하자. 판웨이의 2020년 글〈문명의 '뿌리'에 대한 심각한 오해가 오늘날 중국과 서구 논쟁의 가장 큰 쟁점이다〉는 거의 발표 즉시 복제되어 인터넷에 업로드 되었다.[62] 글의 첫머리에서 판웨이가 지적하듯이, 우리는 마치 자식이 아버지에게서 온 것처럼 서구 문화가 고대로부터 비롯되었다고 이해하는 것에 익숙하다. "현대 문명이 고전 문명의 정신적 유전자를 포함하고 있다"는 이유로, 유럽, 미국, 고대 그리스와 로마의 문명은 같은 상자에 넣어져 비슷한 가치를 지닌 것으로 취급된다. 물론 그 문명의 토대는 그리스인들이 놓은 것이다.

> 고대 그리스는 정치 분야에서 자유, 민주주의, 인본주의에 기여했으며, 유럽 르네상스와 계몽주의의 중요한 정신적 원천이 되었다. 그리

스의 고전 문명을 이해해야만 유럽과 미국에 형성된 현대 문명의 내면을 이해할 수 있다.

다행히 중국인들에게 그리스의 고전 문명은 (새로운 관점에서) "친구"지만, 그 문명에서 탄생한 현대의 서양은 그렇지 않다. "(새뮤얼) 헌팅턴Samuel Huntington은 우리 자신을 알기 위해서는 적을 정의할 필요가 있다고 말했다. 이는 서구의 관습이다. 중국인은 친구를 정의함으로써 자신을 알 수 있다. 고전 그리스 문명은 친구이다." 다모클레스의 칼The sword of Damocles(기원전 4세기 시칠리아 시라쿠사의 참주 디오니시오스 2세는 어느 날 측근인 다모클레스를 연회에 초대하여 말총 한 줄에 달린 칼 아래에 앉혔다. 참주의 권좌가 언제 떨어져 내릴지 모르는 칼 밑에 있는 것처럼 항상 위기와 불안 속에 있음을 알려주기 위해서였다. 위기 상황을 강조할 때 '다모클레스의 칼'이란 표현을 쓴다-옮긴이)이 떨어지면서 중국과 고전 그리스, 그 위대한 평유朋友(친구)들을 갈라놓고, 사람들이 평화적이지 않고 공격적으로 생각하는 현대 서구만 남겨놓았다. 그리스인들과 마찬가지로 중국인들도 전통적으로 사상의 자유를 누렸다. "백여 개의 학파가 서로 경쟁하던 백가쟁명百家爭鳴 시기는 중국 역사상 자유의 첫 번째 정점이며, 서구의 지식인들도 선망하는 장엄한 한 장면이다."

판웨는 중국의 역사적 통일이 다수의 그리스 도시국가들과 극명한 대조를 이룬다고 주장한다. 중국은 경계를 개방해둠으로써 후대에 여러 민족을 통합할 수 있는 토대를 마련한 (분명 위구르족은 그런 메모를 받지 못했지만) 반면에, 그리스인들은 항상 다른 민족을 "야만인"으로 불렀다. 역사적으로 그리스 도시국가들은 무너질 때까지 서로 싸웠지만, 통일제국 한漢은 오랫동안 이어질 화목한 왕조 시대를 시작했다. 중국은 백가쟁명의 시대이든 아니든 항상 통일된 질서의 확립을 목표로 삼았다.[63]

판웨는 범汎그리스 헬레니즘 건설에 대한 요구를, 아테네의 이소크라테스만이 홀로 찬성의 목소리를 내고 다른 모든 도시국가들은 거부했다는 사실을 지적한다. "그리스 도시국가는 무한히 번식할 수 있는 단세포 유기체였지만, 결코 강력한 민족 국가를 형성하기 위해 단결할 수 없었다. 오히려 그리스인들은 다른 나라들을 식민지로 삼아 그들의 땅과 자원을 착취했고, 페르시아와 아시아까지도 점령하려 했다." 게다가 판웨에 따르면, "이런 사고방식은 후대에 서구 식민지 제국주의의 모태가 되었다."

한편 판웨는 플라톤의 가장 뛰어난 제자였던 아리스토텔레스가 아테네 시민권이 없었기 때문에 스승의 학당을 물려받지 못했다고 하면서, 이는 아이러니하게도 서구에서 민주 정치의 모범을 보여준 인물로 추앙받는 페리클레스가 아테네인의 혈통을 지닌 사람만이 시민권을 얻을 수 있다는 법률을 만들었기 때문이라고 지적한다. 아리스토텔레스는 이에 굴하지 않고 마케도니아에 가서 알렉산더 대왕의 가정교사가 되었는데, 우리는 모두 알렉산더 대왕이 무엇을 잘했는지 알고 있다. 알렉산더의 "성공"도 아리스토텔레스 덕분인 셈이다. 판웨는 "서방 제국주의의 폭력적인 정복과 문명 전파의 방식은 아리스토텔레스가 창안한 것이다"[64]라고 주장하며 이제 중요한 질문에 대해 우리가 답해야 한다고 말한다. 자유와 질서 중에 무엇이 우선인가? "어떤 게 더 추구할 가치가 있는가? 장기적인 평화가 가져다주는 안정인가, 혼돈과 자유가 가져다주는 혁신인가?" 마지막으로 그는 화해를 언급하며 중국과 미국 두 나라의 목표는 "성찰과 관용, 조화로운 공존이어야 한다"고 강조한다.[65]

판웨의 글은 동료 중국 지식인들로부터 많은 관심을 받는데, 그 이유는 인간의 본성은 악하다고 주장한 유가 철학자 순자荀子에 대한 그의 수정주의적 견해 때문이기도 하지만, 다른 한편으로는 그가 서구에 대해 말하는 모든 내용이 중국 독자들에게 무척 친숙해서 "진실"처럼 들리기 때문이 아닐까 생각한다. 이런 단순화는 많은 중국인의 서구에 대한 생각 속에 퍼져 있어서, 서구가 무엇인지, 그리고 세계에서 중국의 위상은 어떠해야 하는지에 대한 중국인들의 이해에 영향을 끼친다. 물론 중국의 통일과 장기적인 평화에 대한 표현이 중국이나 세계 다른 나라들의 시각과 특별히 미묘하게 다른 것은 아니다.

다니엘 벨이 지적하듯이, 아리스토텔레스의 노예제 옹호는 중국 문화에서만이 아니라 현대 서구에서도 도덕적으로 끔찍한 것이다.[66] 플라톤과 아리스토텔레스는 (이상하게도) 어짊[仁]이나 자비, 참됨에 대해 별로 언급하지 않지만, 또 다른 서구의 전통에는 이와 대체적으로 유사한 개념이 있다. 특히 기독교는 약자와 억압받는 자에 대한 연민을 무척 중요하게 여기는데, 이 점에 대해 판웨는 아주 짧게 기술할 뿐이다. 인류애의 전통이 없는 편향된 서구 이미지를 만들기 위해서라면 이를 무시하는 것이 더 편했을 것이다.

판웨와 달리 기독교를 중요하게 인용한 학자들이 있었지만, 그 목적은 단지 근대 서구의 잘못을 그리스인이 아닌 기독교로 돌리기 위함이었다. 이제 현대 민주주의 뒤에 숨어 있다고 여겨지는 것은 폴리스가 아니며, 우리가 투키디데스의 경고를 무시했다는 사실도 아니고, 아리스토텔레스가 (만약 그가 존재했고 그리스인으로 간주될 수 있다면) 나쁜 이론가라는 사실도 아니다. 실상 서양인들이 물려받은 것은 나쁜 인성이거나, 또는 인간의 본성이 악하다는 믿음이며, 이는 유교적 시각에서 보면 필연적으로 신뢰와 온정보다는 경계와 치안을 중시하는 정치 체계를 낳는다. 이는 서구에 대한 또 하나의 "대단한 아이디어"이다.

왕화이위王懷聿의 주장에 따르면, 서구의 정치 이론가들은 아우구스티누스Augustine(354~430)의 원죄관原罪觀에 영향을 받았기 때문에 인간의 본성은 악하다고 믿는다. 그 원죄관은 아담과 이브가 하나님의 명령을 어기는 죄를 짓고, 그 벌로 에덴에서 추방당했다는 (그리고 또 하나, 이상하지만 사실인, 남자가 성적 흥분[발기]을 통제하지 못하게 되었다는) 믿음이다.[67] 아우구스티누스의 생각은, 이 원죄가 모든 인간을 더럽혔으며 우리는 악의 무거운 짐을 짊어지고 태어난다는 것이다. 왕화이위는 유럽 역사 전반에 걸쳐 통제하는 정부와 치안 방책의 필요성에 대한 서구의 믿음이 여기에서부터 파생되었다고 주장한다. 반면, (왕화이위의 주장을 옮기자면) 중국인들은 사람은 악하지 않고 선하게 태어난다고 보는 맹자(기원전 372~289)의 시각에 영향을 받았다. (당연히 철학자 순자의 반대 의견을 여기에서 거론할 수도 있겠지만, 맹자가 보다 광범위한 영향을 끼친 것은 사실이다.) 왕화이위는 이렇게 쓰고 있다.

> 고대 중국의 인간 본성에 관한 교리는 맹자의 성선설이었다. 전국 시대에 맹자는 인간의 본성은 선하며, 모든 사람은 인의예지仁義禮智(어짊, 의로움, 예의바름, 지혜로움)라는 '네 가지 선한 단서[사단四端]'를 가지고 태어난다고 믿었다. … 이런 '좋은 자질'을 개발하고 확장하지 않으면 좋은 사람이 될 수 없다. 자신의 선한 행동을 개발하고 확장하기 위해 노력하면 좋은 사람이 될 수 있다. … 군주는 아버지가 자식을 사랑하듯 백성들을 친애하기 때문에, 백성들은 인의예지로써 자제하며 자식이 아버지에게 순종하듯이 군주의 통치에 따라야 한다. 중국의 군주제는 군주와 신하의 관계가 부자의 관계와 같다는 특징이 있다. 그렇기 때문에 효도와 충성의 내적 합일은 바로 복종이다.[68]

안타깝게도 역대 어떤 중국 정부도 맹자의 유훈을 따르지 않았고, 심지어 초대 명나라 황제 홍무제[주원장]는 맹자의 학문을 금지시키고자 했다. 그럼에도 불구하고 (선천적으로 선한) 중국 백성들은 자애로운 통치자의 선심善心을 신뢰할 수 있었으니 (그런 신뢰가 종종 기대를 저버렸음을 왕화이위도 인정하지만), 이는 모든 면에서 이로운 상황이었다. 한편 서구는 부패할 가능성이 있는 지도자에 대한 의심으로 인해 민주주의를 발전시키는 잘못된 길로 들어섰다. 맞다. 서구 정치의 이면에는 (사회계약론이나 그 유사한 것들이 아니라) 인간의 마음속에 박혀 있는 사악함에 대한 믿음이 자리 잡고 있다.

> 인간 본성에 대한 이론적 토대가 다르기 때문에 매우 다른 정치적 신조가 형성되었다. 중국의 정치 신조는 통치자에 대한 신뢰, 충성, 숭배를 요구하고, 서양의 정치 교리는 통치자에 대한 의심, 경계, 감독을 요구한다. 전자는 독재 체제의 이념적 기반이 되고, 후자는 민주주의 체제의 이념적 기반이 된다.[69]

왕화이위는 마르틴 루터Martin Luther, 칼뱅Jean Calvin, 포이어바흐Ludwig Feuerbach, 사도 바울까지도 인간의 선함에 대한 회의론자로 끌어들여 활용한다.[70] 그의 특이한 추론은 이런 논의를 통해 첫째, 중국인은 문화의 원천을 과거의 영향에서 찾는 경향이 있으며, 둘째, 다른 출처에 대한 다른 주장도 모두 중국의 우월성에 대한 유사한 진술로 이어지며, 셋째 학술지에 게재되는 내용조차 고전을 연구하는 서구 학자들에게는 매우 낯설게 들릴 수 있음을 보여주는 훌륭한 사례를 제공한다.[71]

이 사례와 여러 다른 사례들에서 우리는 중국인이 아닌 독자들이 다소 수수께끼 같은 상황을 맞고 있음을 인정해야 한다.[72] 왕화이위는 정말로 기독교가 서양이 인간 본성을 의심하게 만들었고 민주주의를 낳았다고 믿는 것일까? 그의 주장은 결국 자가당착에 빠지며, 그가 서구의 자질로 비판한 것이 결국 중국의 자질이기도 하다는 사실이 드러나는, 일종의 정치적 "우로보로스ouroboros"(고대 이집트와 그리스의 뱀의 형상으로, 원형으로 표현된다. 자기 꼬리를 물고 삼키다가 결국 다시 태어나는 모습을 하고 있다. 무한한 순환, 반복을 상징한다-옮긴이)를 연출하고 있다.

> (서양에서) 통치자를 주의 깊게 감시하지 않으면 그는 탐욕에 빠지거나 더 많은 권력을 가지려 할 것이다. 또한 국민이 통치자를 숭배하게 되면 민주주의는 점점 독재로 변화할 것이다. 영웅은 민주주의에 적대적이며, 민주 사회를 위협하는 존재이다. 따라서 민주 사회는 항상 영웅을 경계하고, 영웅이 자신의 권력을 무한정 확장해서 민주주의를 해체하는 것에 주의해야 한다. … (중국 공산당의 경우) 당 지도자들의 위신을 보장해주는 동시에 그들의 활동이 반드시 당과 인민의 감독 하에 있도록 조치해야 한다. … 사회주의적 민주주의의 변화는 … 애초에 당의 간부 선발 기준이 도덕적이었음에도 불구하고 일부 관리들을 돌아올 수 없는 부패의 길로 이끌었다. 문제의 근원은 권력에 대한 감독 부재에 있다.[73]

이 말은 일부 현재의 중국 관리들이 속으로는 부패했다는 점을 지적하는 자기 방어적 표현 방식처럼 들린다. 우리가 서구에 대한 이런 중국의 비판 글들을 너무 단순하게 이해했던 걸까? 사실 그것들 중 일부는 더 깊은 의미를 아는 소수를 위해서 쓴 난해한 텍스트의 실례實例가 아닐까? 확실한 답이 없는 흥미로운 질문이 아닐 수 없다.

과거를 반추하는 반체제 인사

이 책의 전체 내용이 그렇듯이, 이 장에서도 중국 본토의 지식인들과 저명한 인사들만을 다루고 있다. 그 이유는 누구라도 알 것이다. 타이완과 홍콩의 많은 학자들 (후자의 경우 중국 정부와의 관계가 바뀌기 전까지)의 견해는 중국의 반민주적 압력과 정부에 대한 공개적인 비판에 대한 보복 차원에서 (중국에서는) 공개되지 않는다. 본토 밖의 학자들은 서양 고전에 대해 글을 쓸 때 유가 사상을 공산주의보다는 민주주의에 동화시키는 경향이 있는데, 이는 고대의 유교적 가치와 더 조화를 이루는 것이 현대 중국의 정책이 아니라 민주주의라는 생각을 드러낸다.[74]

그렇다면 중국의 망명자들의 경우는 어떨까? 아마도 예상했겠지만, 그들이 말하고자 하는 내용 가운데 상당 부분은 여전히 5.4운동의 해석과 강조를 반영하고 있다. 예를 들어, 1979년 시단西單 민주화 운동(1978년부터 그 이듬해까지 '베이징의 봄' 시기에 많은 사람들이 베이징의 창안제長安街와 시단 베이다제北大街의 담장에 각양각색의 정견을 대자보 형식으로 붙였다. 당시 대자보가 붙어 있는 담장을 민주의 담장이라는 뜻에서 '민주장民主墻'이라고 불렀다-옮긴이)에 참여했던 중국의 유명한 운동가이자 인권 지지자인 후핑胡平이 플라톤과 아리스토텔레스를 대하는 태도도 이런 범주에 속한다. 중국에 있을 당시 후핑은 〈언론 자유를 논함論言論自由〉이란 제목의 유명한 글을 썼는데, 이 글은 《옥토沃土》라는 민간 간행물에 실리면서 널리 읽혔다.

10년 후인 1987년, 후핑은 하버드 대학교에서 박사 학위를 취득하기 위해 중국을 떠났고, 그로부터 1년 후, 즉 톈안먼 사태가 일어나기 한 해 전에 뉴욕으로 이주하여 중국의 민주화 운동을 지원하는 단체인 "중국민주단결연맹"에서 일하게 되었으며, 이후 그 단체의 주석으로 선출되어 활동했다. 당연히 중국 정부는 즉시 그의 여권을 취소했고, 그는 아직까지 뉴욕에 머물고 있다. 그는 현재 민주화를 위한 간행물인 《베이징의 봄Beijing Spring》 명예 편집장, 중국인권 집행이사, 독립중문필회獨立中文筆會 명예이사로 활동하고 있다.

아리스토텔레스에 대한 후핑의 의견은 우리가 앞에서 본 경향성과 비교해 살펴볼 가치가 있다. 량치차오와 마찬가지로 후핑 역시 아리스토텔레스를 시민권 개념에 대해 보다 완전하고 체계적인 논의를 전개한 최초의 인물로 찬양하고 있다.

사법부 업무와 행정 조직에 접근할 수 있는 사람들, 또는 더 넓게 봐서

> 정치에 참여할 권리를 가진 사람들 … 이는 고대 그리스 도시국가 사회의 보편적 이상을 반영한다. 이 이상을 기준으로 보면, 정치 활동은 인간 활동 중 가장 격이 높은 형태이며, 정치 활동만이 삶에 완전한 의미를 부여한다.[75]

맞다. 노예제도는 분명 문제다. 그리고 후핑은 그것을 옹호하려고 하지 않는다. 그러나 "앞서 언급한 관념적인 시민권 기준에만 초점을 맞춘다면 우리는 그들이 대체적으로 옳다고 말할 수밖에 없다." 후핑은 아테네의 시민권 제도가 개인의 자유를 부정한다는 비판에 대해 "아리스토텔레스의 관점이 보여주는 장점은 개인의 발전을 중시한다는 점이다"라고 쓰고 있다. 그는 아리스토텔레스의 견해가 특정한 시대와 장소에 국한된 것임을 인정하지만, 그럼에도 그 안에서 가치를 발견한다.

> (아리스토텔레스는) 이른바 중산층, 즉 중소 규모의 노예 소유주 계층의 이해관계와 열망에 대해 숙고했으며, 그 착취자들의 편견과 역사적 한계를 표현했다. 우리는 이를 확실히 이해해야 하지만, 그의 견해를 심도 있게 분석하면 몇 가지 계몽적인 통찰을 얻게 된다. … 큰 나라가 민주주의에 적합하지 않다고 확신한다고 해도, 그 확신이 큰 나라에 독재가 적합하다는 것을 의미하지는 않는다.

이 장에서 중국 본토 학자들이 제시하고 있는 견해는, 권력자들이 자신의 목적에 맞게 고전을 전용轉用하는 (중국뿐만 아니라 전 세계적으로도 마찬가지) 경향이 있다는 다소 우울한 사실을 구체적으로 보여준다. 런민 대학교에서 고대 그리스 철학을 가르치는 네민리 교수는 "고전, 특히 고대 고전의 정치적 이상에 의존하는 것은 보수주의가 사용하는 가장 일반적인 전략인데,[76] 이는 전통과 고전이 … 여러 국가의 역사에서 항상 중요한 문화적 기능을 해왔기 때문이다"[77]라고 지적했다. 세간의 주목을 받는 그 권위자들이 (그리고 눈에 덜 띄는 그들의 추종자들도) 고대 고전의 역사, 정치, 철학을 통과해서 어떤 경로로 나아가든, 그들은 모두 중국에 대한 자신의 이념과 관점을 손상이나 변색 없이 온전하게 간직한 채 반대편으로 안전하게 나타난다. 물론 이 과정에는 그들이 읽고 있는 텍스트의 세부 내용을 그다지 자세히 들여다보지 않는다는 전제가 뒤따르며, 그렇기 때문에 서구 학계의 관점에서 볼 때 그들의 해석에는 경솔하거나 부정확해 보이는 것들이 많다. 그러나 서구의 학계는 그들이 목표로 삼는 청중이 아니다. 그들이 영향을 미치고자 하는 대상은 중국인과 중국 정부일 것이다.

동시에 우리에게 급진적으로 보이는 이 중국인들의 해석들은 오늘날 "고전"으로 알려진, 그 낡고 초라해진 분야에 희망을 주고 있다. 이 텍스트들이, 이집트의 황금처럼, 동양뿐만 아니라 서양에서도 지금 독자들의 가치관에 맞게 용도를 바꿀 수 있는 작품들을 다룬다면, 더 이상 고전을 "낡은 옛것"이나 "죽은 백인 남자들dead white men"(이미 죽었기 때문에, 백인이기 때문에, 남자이기 때문에 인정받고 유명해진 작가들-옮긴이)을 상징하는 것으로 간주할 이유는 없을 것이다. 고전은 중국에서 그렇듯이 서양에서도 생생하게 살아 숨 쉴 수 있다.

3 플라톤의 "고귀한 "거짓말"로 생각하기

(선한) 거짓말이 때로 진실보다 도시와 사람들에게 더 유용하고 유익할 수도 있지 않을까? 소크라테스는 거짓말로 금과 은, 구리와 철의 비유를 들었지만 과연 이것이 정말 거짓말일까?

_ 천옌陳彦

앞장에서는 서양을 비판하기 위해 고대의 철학과 정치 사상을 활용하게 된 중국 내 고전 연구의 전환을 살펴보았는데, 이번 장에서는 그 전통에서 가장 영향력이 있는 철학자인 아테네의 플라톤(기원전 429?~347)을 다뤄보고자 한다. 플라톤이 남긴 유산의 힘에 고취되어 알프레드 노스 화이트헤드Alfred North Whitehead(1861~1947)는 "유럽 철학의 전통에 대한 가장 확실한 보편적 규정은, 그것이 플라톤 철학에 대한 일련의 각주脚註로 이뤄져 있다는 것이다"[1]라는 명언을 남겼다.

그러니 플라톤이 중국에서 그토록 많은 주목을 받는 것도 놀랄 만한 일이 아닐 것이다. 특히 중국의 스트라우시언들은 선택된 소수만 볼 수 있는 그가 남긴 대화들에 대한 번역과 "비법이 담긴" 해설에 관심이 많기 때문에 플라톤에 대한 반응이 유난스럽다.[2] 플라톤의《국가》는 폭넓은 독자층을 확보하고 있다. 정치, 철학, 공동체, 사회계층,

3 플라톤의 "고귀한 거짓말"로 생각하기

선전, 결혼, 가족 등등 많은 주제에 대한 의미들을 담고 있어, 플라톤의 저작 중 가장 이해하기 쉽고 포괄적이며 많은 것을 배울 수 있는 글이기 때문이다. 그래서 중국에서 《국가》는 고대 (서양) 텍스트 중에 가장 많은 해석과 논평을 낳았다. 톈안먼 사건 이후 고전이 다시 연구 대상이 되고 대학에서 제도화되면서 플라톤의 《국가》에 대한 관심이 많아졌다. 웡레이화Weng Leihua는 이렇게 쓰고 있다.

> 지난 20년 동안 중국에서 이루어진 서양의 '고전 연구' 학과 설치는 1990년대부터 당시 중국 본토에서 유행한 플라톤 읽기로 인해 촉발되고 장려되고 지원되었다. … 플라톤이란 이름과 플라톤의 많은 개념들은 수많은 도서와 정기간행물의 논설, 온라인 토론뿐만 아니라 대중문화에 대한 논평 등에서도 언급되었다. 플라톤은 다양한 분야에서 토론의 중요한 주제로 다뤄졌으며, 그의 저술은 일반 대중에게까지 영향을 미쳐서 대중문화의 일부가 되었다.[3]

현대 중국 학자들은 정의의 본질, 선한 시민, 이상적 국가에 대한 플라톤의 탐구인 《국가》에 대해 어떻게 이해하고 있을까? 대부분의 경우, (서양의 플라톤 독자들과 달리) 중국 학자들은 유전遺傳과 공과功過에 따라 결정되는 위계적인 계층 기반의 사회에 대한 플라톤의 시각에 찬성한다. 최고의 인간은 대부분 최고의 부모에게서 태어난다고 플라톤은 주장했다.[4] 그래서 비평가들은 민주주의에 대한 플라톤의 적대감이 현재 세상의 그릇된 민주주의 국가들을, 특히 미국을, 바로잡아 줬어야 했다고 주장하기 위해《국가》를 활용해왔다.[5] 그럼에도 인간 평등에 대한 공산주의자들의 오래된 신념을 고려할 때, 이런 중국의 열정은 우리에게 특이하게 보일 수도 있다. 플라톤이 그런 신념을 갖고 있지는 않았지만, 아마도 그 역시 편리한 용기[틀]에 부어 넣을 수 있는 사람일 것이다.

여기서 드러나는 이데올로기적 부조화는 특이한 것이 아니라, 고전 텍스트에서 취사선택해서 나온 자연스러운 결과일 뿐이다. 그리고 언제나 그렇듯이, 이념적 불편함을 완화하는 역할을 맡은 문화적 요인들이 있다. "유가 철학"의 부활로 플라톤의《국가》와 비교가 가능해졌고, 플라톤의 '철학자 왕들'의 최고 권위도 대중에게 익숙해지고 있다.《국가》의 '이상적이라 생각되는 국가'에 대한 설명은 오늘날 중국 공산당의 이데올로기와 많은 유사점이 있는 것으로 보이거나, 어쩌면 실제로 유사한 것으로 드러난다.

크고
작은
정의

　　　　《국가》의 주제는 많은 사람들이 고민하는 정의正義의 본질이다. 정의는 개인 안에서 어떻게 형성되는가? 그리고 직결되는 문제로, 도시국가 안에서 정의는 어떻게 실현되는가? 소크라테스는 여러 명의 아테네 사람들, 아테네 출신이 아닌 사람들과 대화를 나누는데, 그 대화는 첫 번째 질문을 주제로 한 토론으로 이어진다. 소크라테스는 정의를 "확장"함으로써, 즉 도시국가의 정의를 지침으로 삼아야 개인 정의의 올바른 본질을 파악할 수 있다는 생각을 소개한다. 이는 소크라테스답지 않은 이상한 접근법이다. 개인과 국가를 같은 위상에 두고 비유하는 것, 개인 안에 내적 정의가 존재할 수 있다는 생각, 이 둘 다 사실 서양에서 플라톤과 관련된 정의를 논할 때 자주 등장하는 개념이 아니다. 서양의 전통은 정의를 두 명 이상의 개인, 또는 국가와 시민, 또는 국가와 국가 간의 상호작용에서 형성되는 것으로 간주하는 경향이 있다.[6] 그러나《국가》에 나오는 소크라테스의 '정의'는 그 자체로 독립적인 인식 체계이다.[7] 개인의 정의와 국가의 정의를 비교한 다음에는 플라톤 사상 중 가장 유명한 문제적 개념 중 하나인, 아름다운 도시국가 칼리폴리스의 성격을 설명한다.

소크라테스의 설명에 따르면, 국가 안의 정의는 "자기 일을 하고 자기 일이 아닌 것은 간섭하지 않는 것"의 결과이다.[8] 철인왕哲人王, philosopher-kings은 통치하는 데 가장 적합하고, 수호자[전사]는 지키는 데에, 평민 계급의 사람들은 생활의 상업적 측면과 실용적인 부분을 처리하는 데 가장 적합하다. 마찬가지로, 개인의 정의는 플라톤이 영혼을 구성하는 것으로 묘사한 세 요소들, 즉 이성, 기개, 욕구의 적절한 구성과 질서 안에 있다. 이 요소들은 개인을 통제하기 위해 서로 경쟁한다. 그런데 정의는 이성적 요소[로기스티콘logistikon]가 다른 두 요소를 지배할 때만 실현될 수 있다. 이상적인 국가에서 생각이 논리적인 철인왕이 "기백이 넘치는" 전사와 "욕구가 강해" 물건을 움켜쥐려고 하는 평민을 통제해야 하는 것과 유사하다.[9] 철인왕은 다른 두 계층과 사회 전체를 위해 무엇이 최선인지 아는 유일한 사람이기 때문에 통치를 맡아야 한다. 칼리폴리스는 이성적 사고의 최고 형태인 추상적인 '선善의 형상'을 고민해온 사람들이 이끌 것이다.

소크라테스가 말했듯이 "모든 사람이 신성한 이성의 지배를 받는 것이 더 낫다. 그 신성한 이성이 타고나거나 자기 내면에서 생성된 것이라면 더 좋겠지만, 외부에서 강제된 것이라도 괜찮다. 같은 것에 통제되어야 모든 이들이 가능한 한 많이 서로 닮고 친구가 될 수 있을 것이다."¹⁰ 비이성적인 시민들은 자신이 스스로 통치할 능력이 없다는 사실을 모를 수 있는데, 여기서 문제가 발생한다. 만약 그들이 현명하다면, 그들의 영혼에서 이성이 지배적이라면, 그들은 이 진리를 깨달아 더 이상 위로부터의 통치가 필요하지 않을 것이다. 그러나 지금으로서는 무엇이 자신에게 최선인지 알 수 없는 이런 시민들의 경우 어떻게든 그 길로 인도해줄 필요가 있다. 실제로 그 대화에서 소크라테스가 이상적인 도시국가에서 일소一掃하고자 하는 전형적인 욕망을 드러내는 인물들은, "정상적인" 아테네인들이라면 행복이나 기쁨의 (경험이 아니라) '형상'을 고려해서 맛있는 음식, 성적 만족 같은 쾌락을 포기하기는 싫을 거라고 말한다.¹¹

소크라테스가 영혼과 도시에 대해 설명하며 강조한 "이성의 지배" 개념은 계몽주의 이래로 "좋은 정부"에 대한 논거가 되어왔다.¹² 미국 "건국의 아버지들"이 아테네의 직접 민주주의를 의심의 눈초리로 바라본 이유 중 하나는, 정치행위자[유권자]가 항상 합리적인 선택을 하는 것이 아님을 너무도 잘 알고 있었기 때문이다. 적어도 "합리적"이라는 것이 개인의 이익을 추구하기보다는 민주주의 자체의 안녕과 안정을 지향하는 것으로 정의된다면, 그것이 현실이다.¹³ 플라톤은 이 현실을 충분히 실감했을 것이다. 기원전 399년에 겪은 스승 소크라테스의 재판과 처형은 말할 것도 없고, 펠로폰네소스 전쟁의 수행과 그 결과가 그에게는 실증實證이 되었을 가능성이 크다.

플라톤은 얼핏 분명해 보이지만 속기 쉬운 이 세상의 가짜 "선"이면을 꿰뚫어볼 수 있는 능력이 바로 합리성의 기본이라고 생각했다. 그리고 이런 합리성을 지닌 철인왕이 통치하는 도시국가 개념은, 직책이 주로 추첨으로 분배되고 정책 결정이 수사적 능변에 좌우되는 정부의 위험들뿐만 아니라, 자신들이 내세운 선동가들로 인해 발생한 비이성적이고 해로운 결정들을 인식하고 있는 아테네 청중들의 귀에는 상당히 솔깃하게 들렸을 것이다.[14]

그런데 문제가 하나 있다. 만약 정치적 선善에 대한 이성적인 주장이 철학자가 아닌 계층의 마음을 움직이지 못한다면, 어떻게 그들을 제자리에 묶어 둘 수 있을까? 모든 것이 잘못돼버리면 어떻게 하나? 만약 전사-수호자들이 철학자들을 죽이고 권력을 잡는다면? 만약 철인왕들이 통치 행위를 허드렛일 정도로 여기면 어떻게 하나? 환경미화원들이 파업을 하거나 상인들이 자기 상품을 뇌물로 사용한다면 어떻게 될까? 문제는 이상적인 도시국가의 변화 과정에서도 혼란을 배제할 수 없다는 점이다. 그리고 여기에서 우리는 칼리폴리스를 안정적으로 유지하는 방법의 핵심에 도달한다. '모두가 자신의 일을 계속하게 만들 "고귀한 거짓말"이 있어야 한다!' 다른 데에서 소크라테스가 진실의 중요성을 강조했다는 사실은 신경 쓸 필요 없다. 칼리폴리스에서는 보다 큰 선을 위해 진실 문제는 잠시 뒤로 미뤄둬야 하니까.[15]

그다지 고귀하지 않은 거짓말

우선 "고귀한 거짓말"이 무엇인지 알아보자. 그 거짓말은 '공정한 국가가 계속 정의로움을 유지하기 위한 방법'에 대한 하나의 답안으로 제시된다. 이성을 사랑하는 철인왕조차도 욕구에 사로잡힌 대중을 다스리기보다는 '형상들'을 관조하기 위해 물러나기를 원한다. (소크라테스는 형상들을 관찰하고 깊이 생각하는 것은 철학자의 본성이라고 말했다.) 그렇다면 어떻게 해야 모든 시민이 국가를 사랑하고 자신에게 주어지는 삶에 만족하게 만들 수 있을까? 어떻게 하면 혁명을 막을 방벽을 쌓고, 욕망에 울타리를 치고, 시민들 사이의 불평등을 영속화하면서도 모두를 계속 행복하게 만들 수 있을까? 해답은 다양한 계층의 자연스러운 성격에 대한 우화인 "고귀한 거짓말gennaion pseudos"을 사용하는 데에 있다.[16]

소크라테스는 이상적인 도시국가의 시민은 (가능하면 철인왕 자신도) 모두 18세가 되면 이 "고귀한 거짓말"을 들어야 한다고 주장한다. 이런 내용의 거짓말이다. 그들은 인간인 어머니에게서 태어난 것이 아니라, 공통의 어머니인 대지에서 완전히 자란 상태로 솟아나왔다. 하지만 대지가 사람들을 모두 동등한 조건으로 낳은 것은 아니다. 지상의 자궁 안에서 잉태하고 자라는 동안 어떤 이들은 영혼에 금을, 어떤 이들은 은을, 또 어떤 이들은 철과 청동을 받았다. 개별 영혼이 지닌 "금속"의 성격에 따라 그 사람이 도시국가에서 갖게 될 장래 직업과 지위가 결정된다. 금은 철인왕을, 은은 도시의 전사-수호자를, 철과 청동은 장인과 상인을 비롯한 일반 대중을 만든다.

모든 영혼을 평가하는 것은 칼리폴리스 철인왕의 권한과 역할이다. 평가 시점은 성인기에 진입하는 시점과 일치해야 하는데, 그때가 되어야만 철인왕이 각자의 학교 교육을 바탕으로 영혼에 금이 있는 사람과 없는 사람을 판단할 수 있는 충분한 정보를 얻을 수 있기 때문이다. 그 시점에 청년들은 이전까지 현실이라고 생각했던 모든 것을 잊으라고 강요받는다. 그들이 받은 교육, 부모, 심지어 어린 시절까지도 단지 꿈의 일부일 뿐이라는 것이다. 이제 그들은 각자의 계급에 속해 존재하기 시작한다.[17]

그 거짓말은 도시의 계급 간 차이가 관습적이거나 무작위적인 것이 아니라 오히려 자연스러운 것이라고 주입시키는데, 자연 질서는 공개적으로 사람이 만들어놓은 질서보다 저항하기가 훨씬 더 어렵다. 뿐만 아니라 공통의 "어머니"에 대한 시민의 믿음은 다른 계급의 사람들과 형제애와 같은 유대감을 형성하게 한다. 이 거짓말의 전제는 청동이나 철의 시민이 아마도 삶에서 자기 신분에 만족하리라 믿는 것인 듯하다. 이는 키가 큰지 작은지, 부모가 누구인지, 어디에서 태어났는지 등과 같은 명백히 통제할 수 없는 자연의 차이를 받아들이는 것과 동일한 자연적 사실에 대한 수용이다. 소크라테스는 고귀한 거짓말 덕분에 범죄와 반란이 거의 없는, 안정적이고 잘 운영되는 국가가 가능해질 거라고 말한다. 또한 그 거짓말이 "좋은 영향을 미쳐서 사람들이 국가와 서로에 대해 더 아끼는 마음을 갖게 될" 거라고도 주장한다. 그러나 바로 그 거짓말 때문에 《국가》를 읽는 독자들은 불편한 느낌을 갖게 된다.[18]

그 고귀한 거짓말은 위계질서를 자연스러운 법칙으로 정당화하고 정의의 근거를 신화적 인과관계에 두고 있을 뿐만 아니라, 누가 누구와 '교배'할지 국가가 엄격하게 관리한다는 점에서 다소 사악한 우생학의 색채마저 띠고 있다. 소크라테스가 제안한 짝짓기 축제에서 금 계급에 속한 사람들은 같은 금의 사람들과 잠자리를 같이해야 미래의 철인왕이 나올 확률이 가장 높아진다. 마찬가지로 은 계급 남자들은 은 계급 여자들과, 청동과 철 사람들 역시 같은 계급의 이성과 짝을 지어야 한다. 축제의 결과로 태어난 아이들은 부모가 누구인지 절대 모르며, 아이의 부모들도 자기 자녀가 누구인지 모른다. 아이들은 따로 옮겨져 학교에 보내지며, 나중에 평가를 받게 된다. 전사-수호자 계급에서는 영아살해의 방식으로 열등한 부모의 자식들을 처리하게 될 것이다.[19] 그리고 아주 드물게, 우수한 부모가 열등한 자녀를 낳거나 그

반대의 경우에는, 철인왕이 상황을 판단해서 그 자녀들을 적절한 계급으로 바꿀 것이다.

《열린사회와 그 적들The Open Society and Its Enemies》의 저자 칼 포퍼Karl Popper에게 그 고귀한 거짓말은 세뇌보다 더 나쁜 것이었다. 그것은 플라톤의 인종주의적 사고방식을 여실히 보여주었으며, 전체주의에 대한 용납할 수 없는 정당성을 제공했기 때문이다.[20] 물론 1945년에 책을 쓰고 있던 포퍼는 최근에 나치 정권이 저지른 참상을 자신의 기억에 담아두고 있었다. 그러나 그는 그 책임을 소크라테스에게 돌리지 않았다. 대신 포퍼는 그 이상 국가나 고귀한 거짓말이《국가》를 쓴 플라톤 자신의 생각이라고 봤다. 플라톤이 말년에 귀족정치를 선호하는 방향으로 되돌아갔고 그래서 보다 인도주의적인 소크라테스의 이념들을 배신했다는 주장인데, 어느 쪽이 사실인지는 증명하기 어려운 논쟁거리이다.

그런데 이런 문제를 제기한 게 포퍼가 처음은 아니었다. 토머스 제퍼슨Thomas Jefferson(1743~1826, 미국의 제3대 대통령)은 1814년에 존 애덤스John Adams(1735~1826, 미국의 제2대 대통령)에게 보낸 편지에서 같은 이야기를 했다. "소크라테스는 정말로 플라톤의 허위 진술에 대해 소송을 제기할 만합니다. 플라톤이 적어놓은 대화들은 사실 소크라테스에 대한 명예훼손이기 때문입니다."[21] 더 나아가 포퍼는 정의에 대한 이런 규정은 비현실적이라고 지적하며, 플라톤이 시민 분쟁 해결이나 배심원 선정 기준 같은, 국가 차원의 보다 규범적인 문제들에 대해서는 관심이 없어 보인다고 비판했다. 이후에도 여러 사람들이 같은 지적을 많이 했다.

그럼에도 불구하고 일부 서양 철학자들은 느껴지는 어떤 '품격'을 강조하는 방식으로 '고귀한 거짓말'을 해석함으로써 플라톤을 "구원"하려고 애썼다. 영국의 고전 연구가인 데스먼드 리Desmond Lee는 거짓말을 하고 있다는 불쾌한 혐의를 완전히 제거했다. 그는 자신의 번역본《국가》에서 "고귀한 거짓말"은 오역이며 그보다는 "숭고한 신화"가 더 나은 표현이라고 주장했다. 이 신화는 "어떤 공동체에나 있는 국가적 전통을 대체하기 위한 것일 뿐이며, 사실을 말하려는 것이 아니라 그 공동체가 어떤 공동체인지, 또는 어떤 공동체가 되고자 하는지, 이상이 무언지를 표현하기 위한 것이다."[22] 데스먼드 리의 해석은 "고귀한 거짓말"에서 날카로운 송곳니를 뭉툭하게 갈아서 그것을 조지 워싱턴과 사과나무, 또는 인민을 위해 우물을 파는 마오쩌둥처럼 우리가 되고 싶어 하는 사람에 대한 국가적 전통으로 만들어버린다.[23] 그런데 그런 거짓말을 꾸며낼 만한 걸출한 인물이 없이도 사회 전체가 그 거짓말을 믿는다는 것은 상상하기 힘들다. 또한 그런 인물로 볼 만한 후보, 우리가 불가사의한 땅에 살고 있음을 상기시켜줄 만한 사람은 소크라테스 자신 말고는 없는 듯하다. 흥미롭게도 그 거짓말의 '원조 창작자'에 대한 의문은《국가》안에서 명확히 해결되지 않는다.

서구 민주주의 사회에서 그 고귀한 거짓말을 다루는 더 흔한 학술적 전략은, 그 힘을 누그러뜨리는 것이 아니라 그 거짓말이 어떤 식으로든 실제로 민주주의의 이상, 또는 최소한 비권위주의적 이상을 지향하는 데에 효과가 있다고 주장하는 것이었다. 예를 들어, 영국의 철학자 캐서린 로웨트Catherine Rowett는 고귀한 거짓말이 혈통으로 형성되는 귀족사회에 대한 배타적인 가치관과 관념에 타격을 가한다고 주장한다. 그녀의 주장에 따르면, 고귀한 거짓말은 아테네에 "공정하고 평등한 기회를 제공하며, 귀족 출신이나 부유함 또는 그 밖의 모든 불공정한 이점으로 인해 발생할 수 있는 편견이나 특권을 방지하며, 사회적 이동(직업, 신분 등의 이동-옮긴이)을 촉진하기 위해 고안되었다."[24] 이는 민주적인 아테네에서조차도 센서스census(고대 아테네 정부에서 시행한 인구와 재산 등에 관한 조사-옮긴이)가 재산에 따라 등급을 나누어 실행되고 계급에 따라 지원할 수 있는 공직이 차별적으로 정해져 있었던 반면에, 칼리폴리스에서는 귀족이라는 지위가 어떠한 눈에 띄는 작용도 하지 않는다는 점에 대한 직관적 추론이다.

그래서 로웨트는 (칼리폴리스에) 세습적 귀족 계급이 존재하지 않는다는 점에 열광하면서 계급 간 이동성을 강조한다. "제화공의 아들이라도 통치자가 되기에 적합하다면 그는 반드시 통치자가 되어야 한다. 그가 신발 만드는 일을 계속하도록 방치해서는 안 된다. 또한 통치자의 아들이 신발을 만들고 수선하는 일을 더 잘한다면, 정치를 하며 정책을 만들라고 요구해서는 안 된다."[25] 따라서 플라톤의 고귀한 거짓말은 "아메리칸 드림"의 성명서가 된다. 그러나 플라톤의 칼리폴리스에서도 이는 규칙이 아니라 예외였을 것이 분명하다.

정치학자인 디메트라 카시미스Demetra Kasimis는 "체면을 살려주는" 또 다른 방법을 제시한다. 소크라테스는 아테네 시민 여럿, 다른 도시국가 출신자 한 명, 그리고 노예 한 명에게 칼리폴리스와 고귀한 거짓말에 대해 설명하고 있는데, 이들은 펠로폰네소스 전쟁의 혼란을 겪으며 살아남았고 아테네의 국가주의 이념에 익숙한 사람들이었다. 카시미스의 주장에 의하면, 소크라테스가 그 '거짓말'을 공개적으로 태연하게 얘기하는 의도는, 그 거짓말의 효용성을 아테네 청중들에게 강조하려는 게 아니라, 그 거짓말을 폭로하고 그런 거짓말들의 위험성에 대해, 특히 아테네 태생 시민들의 우월성과 관련된 이데올로기의 해악을 경고하기 위함이다. 고귀한 거짓말에 대한 소크라테스의 묘사는 "최상위층 아테네인들을 포함하는 지배 권력이 '태생적' 범주로 구성원의 지위를 정하는" 술책을 적나라하게 드러내고 있다는 주장이다. "플라톤은 '게노스genos', 즉 개인의 정치적 '부류'가 이미 정해진 신분을 공공연한 비밀처럼 드러내는 통제적 허구를 제시한다."[26]

이제 그 거짓말은 배타적 시민권 정치의 "천부적" 구분이 의도적인 정치권력의 영향임을 감추기보다는 오히려 드러낸다. 카시미스는 이렇게 쓰고 있다. "아테네가 자기 나름의 '고귀한 거짓말'을 갖고 있었고 혈연 기준의 신분제 정치가 행해지던 상황이었기에, 이 화법話法은 특별한 의미를 지닌다. 그렇기 때문에 플라톤의 텍스트는 대개는 주제를 벗어났다고 간주되는, 민주적 차별과 관련된 질문들에 대한 해답을 알려주는 듯하다. 《국가》가 … 폭로하는 것은, 대표적으로 국가의 기

원이자 전제로 생각되는 실재적 정치의 작동 원리들이다."²⁷

다시 말해, 카시미스가 보기에는, 그 금속의 신화가 어떤 의미에서 아테네인들이 활용했던, 건국자들이 대지에서 저절로 태어났다는 '토착성autochthony 신화'와 유사하다.²⁸ 정말 기발한 발상이다. 그러나 소크라테스가 왜 그 거짓말을 일종의 약으로 비유하며 유익하다고 묘사했는지 이해하기 힘든 것처럼, 고귀한 거짓말을 아테네인들이 교감하는 허구의 발전된 형태로 봐야 할지, 아니면 그들에 대한 질책으로 봐야 할지는 여전히 판단하기 힘들다.²⁹

따라서 고귀한 거짓말은 복잡하고 다양한 해석의 기회를 제공한다. 그럼에도 불구하고 중국 민족주의자들이 내놓는 그 거짓말의 해석은 놀라울 정도로 단순한 경향이 있다.³⁰ 2장에서 우리는 그리스 역사를 연구한 판웨이의 아테네 민주주의에 대한 해석을 살펴보았는데, 그의 경우에는 칼리폴리스를 (그리고 어쩌면 그 이상 국가의 바탕이 되는 고귀한 거짓말까지도?) 이상적인 원시공산주의 유교 국가와 유사하다고 생각하며, 유가의 "현군賢君"이 플라톤의 철인왕 역할을 한다고 본다. 판웨이의 해석에 따르면, 사실 철학자가 운영하는 정부의 중요성을 가장 먼저 깨달은 사람은 플라톤이 아니었다. 가장 먼저 주장한 사람은 바로 공자다. 판웨이는 이렇게 말한다.

> 플라톤의 "칼리폴리스"는 분명히 아테네의 주요 경쟁 상대이자 군주국인 스파르타를 본떠서 창조된 것이며, 사적私的 제도를 폐지한다는

이상은 이후 서구 전통의 하나가 되었다. 현대의 국제 공산주의 운동은 이런 이상의 현대적 실천이다. 그러나 공자는 플라톤보다 120년 이상 일찍 태어났다. 그는 플라톤보다 더 일찍 공산주의의 사회적 이상을 제시했으며, 그것은 플라톤의 사상보다 더 간결하고 명확하며 인도적이었다.[31]

현대의 중국인들은 이런 유가-공산주의-플라톤주의 국가의 스파르타 사람들과 유사한 거주민들인 것 같다. 이른바 "투키디데스의 함정"(투키디데스 함정은 신흥 강국이 부상하면서 기존 패권국가와 충돌하는 상황을 의미한다. 아테네의 장군이었던 투키디데스는《펠로폰네소스 전쟁사》에서 신흥 강국으로 떠오른 아테네가 기존 강국 스파르타에 불러일으킨 두려움이 펠로폰네소스 전쟁의 원인이라고 기술했다-옮긴이)이라는 맥락에서 볼 때, 이 모습은 중국이 사실상 … 아테네와 같다는 현재의 이념적 주장과 충돌한다. 이 모순에 대해서는 6장과 7장에서 다룰 것이다.

인민을 위한
계급
구조

1980년대에 《국가》를 읽고 근본적 거짓말에 기반한 계급사회의 제안을 접한 중국의 학자들은 대체로 서구의 학자들과 비슷하게 당혹스럽다는 반응을 보였다. 어쩌면 당연한 반응일 것이다. 쑹푸강宋富鋼은 "운명과 혈통에 대한 지극히 불합리한 지지"라는 이유로 세 가지 세습계급을 비판하는 "중국의 학자"들에 대해 기술했고, 또 다른 학자들은 "《국가》에서 세습된 신분이 평생 유지되며 더 나아가 후대까지 상속된다"는 사실을 개탄했다.[32] 쑹푸강 자신은 이런 비판에 동의하지 않았는데, 이는 그가 이런 원칙에 입각한 계급제도를 지지했기 때문이 아니다. (캐서린 로웨트처럼) 그 역시 플라톤이 사실 세대 간의 차이에 큰 관심을 기울였으며 부모보다 능력이 더 뛰어나거나 열등한 것으로 판명된 자녀는 해당 금속 계급으로 올라가거나 내려가야 함을 강조했다고 생각했기 때문이다. 쑹푸강은 이렇게 주장했다. "따라서 플라톤은 세습계급 자체보다는 세습계급의 변화에 주목했다고 보는

것이 더 정확하다."³³

톈안먼 사건 이전에 또 다른 학자 샤오판蕭凡은 칼리폴리스가 공산주의 국가를 위한 모델이 아니라고 주장했다. "플라톤을 초기 공산주의자로 부를 수는 없다. 왜냐하면 하나의 이데올로기는 필연적으로 다른 이데올로기에 대한 반응으로 생성되는데, 플라톤이 《국가》를 집필할 당시에는 반작용이 일어날 만한 자본주의 같은 게 없었기 때문이다."³⁴ 또한 마르크스는 "플라톤의 이상 국가에서 노동의 분업이 국가의 형성 원리로 언급된다"는 점을 긍정적으로 기술했지만, 천광화陳光華는 이에 동의하지 않았다. 그는 플라톤이 "모든 주관적 자유를 제거하기를" 원했기 때문에 정상적인 사람은 행복할 수 없으며, 게다가 그가 말한 노동의 분업은 "재산을 갖게 될 희망이 없기 때문에" 생산 의욕을 자극하지 못할 거라고 말했다.³⁵ 후중핑扈中平은 또 다른 방식으로 플라톤을 비판하며, "플라톤의 이상 국가는 씨족과 계급에 기반을 두고 있으며, 선택된 소수에게 부당하게 특권을 주기 때문에 조화로운 (도덕적, 지적, 물리적) 발달이 불가능하다"고 지적했다.³⁶

그 이유가 참 각양각색이라는 점도 흥미로운데, 이유가 무엇이든지 간에, 톈안먼 진압이 있기 전 10년 동안에 대체적으로 중국의 학자들은 칼리폴리스의 성립 조건들에 대해 박수를 치지 않았다. 그러나 신유가新儒家와 시진핑을 둘러싼 개인숭배와 연결이 되어서인지, 플라톤의 고귀한 거짓말과 관련하여 최근에 발표된 중국인들의 견해는 대부분 호의적이다. 칼리폴리스의 전제가 되는 고귀한 거짓말이 근본적으로 잘못되었다거나, 경직된 계급 구조 위에 세워진 사회는 인간의 자유와 자유 의지를 제약한다고 생각하지 않았다. 지난 수십 년 동안 대중과 학계를 막론하고 《국가》에 대해 언급한 대다수 중국 논객들은 소크라테스가 시민 개개인의 평등하지 않은 가치를 설명한 것은 그냥 당연한 말을 한 것일 뿐이라고 (그렇기 때문에 마르크스보다는 유가의 입장에 가깝다고) 주장했다. 이데올로기가 이런 걸 사실로 믿게 만드는 데에 필요한 거라면, 그냥 어쩔 수 없다.

시난西南 정법 대학의 고전 연구소 소장인 청즈민程志敏은 이렇게 말한다. "대부분의 사람들이 갖고 있는 인지능력과 판단력의 한계를 고려해서, 소크라테스는 스토리[이야기]를 사회를 위한 약으로 사용했을 것이다.[37] 모든 사람이 진실을 파악할 수 있는 것은 아니며, 각자의 성향과 지능에 맞춰 다른 치료법을 만들어야 한다." 사람들을 위해 가장 뛰어난 사람이 통치자가 되어야 하기 때문에 그 고귀한 거짓말은 반드시 있어야 하지만, 항상 사람들이 통치자로 가장 훌륭한 사람을 원하는 이유 역시, 사람들이 가장 훌륭한 사람을 통치자로 임명하지 않기 때문이다. (대부분의) 인간들은 자신이 해야 할 일이 무엇인지 다 파악할 만큼 똑똑하진 않다. 청즈민은 그 고귀한 거짓말을 즉각적으로 받아들이는 젊은이들이 특히 쉽게 속는다고 지적한다.[38] 장리리張立立 교수는 이에 동의하면서, 평등 문제에 대한 현대 정치철학의 잘못된 집착을 지적하며, 평등은 터무니없는 소리이자 지배층의 진리라고 다소 노골적으로 말한다.[39]

마찬가지로, 뤄싱강羅興剛도 고귀한 거짓말이 만들어낸 계급체제가 국가와 인간을 위해 좋다고 찬성하는데, 칭롄빈靑連斌은 기술이 다르면 임금 등급은 달라야 한다고 주장하며 이렇게 덧붙인다.[40] "사람들이 이런 부담을 감수하도록 유도하려면 사회는 그 역할을 하는 사람들에게 보다 큰 부와 권력, 명성을 제공해야 한다. 따라서 자원의 불균등한 분배로 인한 사회 계층화는 불가피하다." 이 영향에 대해 쓴 글들이 여러 일간지에 실렸는데, 충칭重慶의 사회 계층화를 찬양한 왕원후王文虎의 글도 그 중 하나이다. 그는 사회 계층마다 권한과 책임이 다르기 때문에 모든 계층이 협력하여 각자의 역할을 다한다면 보다 나은 사회 발전과 경제 발전을 이룰 수 있을 거라고 주장했다.[41]

블로그도 거들었다. 〈고귀한 거짓말에 대해 생각하다思索高貴的謊言〉라는 제목으로 온라인에서 글을 쓴 천옌陳彦은 이런 의견을 제시했다. "(선한) 거짓말이 진실보다 도시와 시민에게 더 유용하고 유익할 때가 있다. 소크라테스는 금, 은, 동, 철의 은유를 거짓말처럼 사용했는데, 과연 이것이 정말로 거짓말일까? 사람들은 서로 다르기 때문에 그들을 하나로 묶어줄 이데올로기가 필요한데, 이는 일부 서양인들도 동의하는 바이다."[42] 천옌은 "토크빌Alexis de Tocqueville이《미국의 민주주의De la démocratie en Amérique》라는 책에서 교조적인 신념을 분석하면서 이 점을 반복해서 언급했다"고 하면서 이는 특별히 낯선 사상이 아니라고 지적했다. 그의 주장을 더 읽어보자.

이데올로기적 신념은 시대에 따라 다르다. … 이데올로기가 없는 사회는 번영할 수 없으며, 공통된 신념이 없는 사회는 아예 존재할 수도 없다고 말할 수 있다. 인간의 발전에서 이 재능의 문제가 얼마나 중요한지, 삶에서 정치 구조가 얼마나 중요한지 우리는 항상 실감한다. 예를 들어 놀이를 같이 하는 아이들은 항상 "대장", 또는 통솔력이 있는 아이를 선택하려고 한다. 어떤 아이들은 의식적으로 노력하지 않아도 어린 시절부터 특별한 재능을 드러낸다. 어떤 사람은 확실한 성과를 거둘 것이고, 능력이 부족한 사람은 아무리 노력해도 큰 성과를 내지는 못할 것이다. 극단적인 예로, 앞을 보지 못하는 사람은 화가가 될 수 없다. 정치적 선택에서도 원칙은 다르지 않다. 현대 실증과학의 연구 성과는 플라톤의 진정한 의미를 어느 정도 증명했다. (천옌의 주장에 따르면, "사회생물학의 연구 성과는 사회구조의 등급화가 일정 정도 사회 주체행위 배후의 생물학적 동기와 요소에서 기원한다는 것을 보여주고 있다." 본문에 나오는 "실증과학의 연구 성과"는 이를 말하는 것이다-옮긴이) 어쩌면 플라톤은 단지 추측만 했을 뿐일지도 모르나 그렇다고 우리가 당시의 진실을 그가 증명하도록 기대할 수는 없다. 어쩌면 플라톤은 소크라테스의 '고귀한 거짓말'을 통해 우리에게 매우 절망적인 진실, 특히 계급 합리화의 '우화'를 거부하는 민주 사회에서는 결코 받아들일 수 없는 비관적인 상황을, 정확하게 말하고 있는 것 같다.[43] 왜냐하면 토크빌이 개괄한 것처럼, 민주 사회의 사람들은 광범위한 평등을 지향하는 지적 경향을 지니고 있기 때문이다.

이는 정치가 일반 투표가 아니라 투명한 능력주의에 따라 운영되어야 한다는 것을 의미한다. 천옌은 사실 민주주의 자체가 일종의 거짓말이긴 하지만 고귀한 거짓말은 아니라고 주장한다. 민주주의는 계급 구분에 대한 개념을 인정하지 않기 때문에 스스로 안정적인 정치 상황을 만들 수 있는 수단과 능력이 없다. 다시 말해 '민주주의'가 믿는 것이 바로 진짜 거짓말이고, 플라톤의 고귀한 거짓말은 실제로 진실이며, 더 나아가 최고의 사회가 번영하기 위해 그 거짓말은 반드시 필요하다는 의미이다.

베이징 외국어 대학 국제관계학원의 리용청李永成 교수는 한 걸음 더 나아가 미국을 특정해서 고귀한 거짓말의 활용과 연관 짓고 있다. 〈국내 정치, 대외정책 및 미국의 외교적 거짓말-중미 관계 발전에 관한 몇 가지 문제를 겸하여國內政治, 對外政策與美國外交謊言-兼及發展中美關係的若干問題〉라는 제목의 글에서, 그는 정치적 신념과 민족 문화를 형성하는 이데올로기의 대표적인 역할을 고대의 방식으로 보여주는 것이 바로 플라톤의 "고귀한 거짓말"이라고 소개한다.[44] 그는 이어서 미국의 국내 및 대외 정책에서 발휘되는 고귀한 거짓말의 역할을 아주 상세하게 지적한다.

근본적으로 미국인들은 자기 정부가 퍼뜨린 거짓말에 세뇌되어 집단적으로 그걸 사실이라 믿고 있다고, 그는 주장한다. 미국 민주주의가 현존하는 가장 훌륭하고 정의로운 정부를 대표한다는 생각, 미국이 다른 많은 나라들보다 인권을 더 많이 존중한다는 생각, 1인1표제 평등선거가 개인의 자유를 적절히 상징하고 있다는 생각, 이 특별한 형태의 민주주의를 전 세계에 전파해야 할 도덕적 의무가 미국에게 있다는 생각 등이 모두 그런 거짓말과 세뇌의 결과라는 것이다.

그는 "갤럽에서 발표한 여론 조사에 따르면, 미국인의 73% 이상이 '미국 예외주의American Exceptionalism'를 믿고 있으며, 약 70%의 미국인이 세계 문제에서 리더 역할을 할 의무가 미국에게 있다고 생각한다"고 지적하면서, 이런 '미국식 거짓말'의 효과에 대해 언급하고 있다. 그렇게 이 거짓말이 작동해, 미국 역사에서 추악한 행위를 은폐하고 인권, 빈부 격차, 리더십 약화 등 미국 민주주의의 현실적인 문제를 지워버리는 역할을 할 수 있다는 것이다.[45] 고귀한 거짓말은 계급제도를 유지하기 위한 도구에서 민주주의를 유지하기 위한 도구로 변모했다! 중국과 미국을 비교해서 정리해보자면 이렇다. (모든 이들이 어떻게든 핵심을 꿰뚫어보고 있는) 중국에서 고귀한 거짓말은 Ⓐ 진실이고, Ⓑ 작동하고 있으며, Ⓒ 인민과 국가에 이롭다. 반면 미국의 경우 그 고귀한 거짓말은 Ⓐ 미국의 민주적 지도자들의 사악한 도구이며, 국민이 집단적으로 믿고 있으니 Ⓑ 잘 작동하고 있으며, Ⓒ 국민과 국가에 해롭다.

이 모든 것은 서양의 철학자 플라톤에서부터 시작되었다. 미국 "건국의 아버지들" 중 상당수가 《국가》를 무척 좋아했다는 사실을 지적한 중국 학자가 아무도 없다는 것은 좀 이상하게 느껴진다. 에드먼드 버크Edmund Burke(1729~1797)는 《버크 씨가 국회의 한 의원에게 보내는 편지Letter from Mr. Burke to a Member of the National Assembly》에서 이렇게 말했다.

> 인간이 시민의 자유를 누릴 자격이 얼마나 있는지는 자신의 욕망에 도덕적 족쇄를 채우려는 성향과 비례하고 … 부정한 자의 아첨보다는 현명하고 선한 자의 조언에 귀를 기울이는 성향에 비례한다. 만약 어딘가에 의지와 욕망을 통제하는 힘이 자리하지 않는다면 사회는 존재할 수 없다. 그래서 사회 내부에 이런 통제력이 작을수록, 사회 외부에서 통제하는 힘은 더 커져야 한다. 무절제한 기질의 인간은 자유로울 수 없다는 사실은 영원한 만물의 질서 안에 이미 정해진 것이다. 결국 욕망이 족쇄가 된다.[46]

존 애덤스 역시 대중의 어리석음을 비난했다. 1913년 수정헌법 제17조가 통과되기 전까지 상원의원을 국민이 선출하는 것이 아니라 주의회가 선출했던 까닭이 바로 여기에 있다.[47] 그러나 사실대로 말하자면, 미국 건국의 아버지들 중 일부는 《국가》를 매우 싫어했다. 토머스 제퍼슨은 1814년에 존 애덤스에게 보낸 편지에서 그 책에 대해 다음과 같이 신랄하게 비판했다.

> (최근에) 독서를 할 수 있는 여유가 생겨서, 플라톤의 《국가》를 진지하게 읽으며 즐거운 시간을 보냈습니다. 그런데 사실 즐거운 시간이라

고 부르기가 민망한 것이, 그 책을 읽어내는 건 지금껏 제가 해본 일 중 가장 힘든 작업이었답니다. 이전에 가끔 플라톤의 다른 작품들을 읽었는데, 전체 대화를 읽는 데에 이번만큼 많은 인내심이 필요했던 적은 없었습니다. 이 작품의 엉뚱한 발상, 유치한 말들, 이해할 수 없는 전문 용어들을 헤쳐 나가는 동안, 저는 자주 책을 내려놓고서 어떻게 그토록 오랫동안 세상 사람들이 이런 말도 안 되는 것을 대단하다 평가했지 생각해보았습니다.[48]

요컨대, '고귀한 거짓말'은 중국 전통문화의 가치들을 대변한다. 유교는 위계적일 뿐만 아니라 대중의 정치 참여에 반대한다. 대부분의 사람들은 정치를 할 능력이 없고, 정치에 부적합한 성향의 사람들도 많기 때문이다. 한 제자가 공자에게 자기가 어떤 관직에 가장 적합한지 묻자, 공자는 "그냥 착한 아들이 되라"고 대답했다.[49] 다시 말해, 자신의 역할을 다하라는 것이다. 또한 공자는 백성들에게 무언가를 하라고 명령할 수는 있지만 가르칠 수는 없다고 말했으며, 노자는 백성을 '어리석게[愚]' 만들어야 한다고 주장한 것으로 유명하다. 순자는 사회적, 정치적 화해和諧를 위해 상제上帝로부터 직접 나온 규범적 사실인 계급이 필요하다는 점을 강조하곤 했다.

사회의 계급이 수평적으로 평등하게 배열된다면 사회 질서가 제대로 잡히지 않고, 권력이 고르게 분배되어 있다면 단결이 이루어지지 않

3 플라톤의 "고귀한 거짓말"로 생각하기

으며, 모두 같은 신분이 된다면 누구도 상대방을 섬기려 하지 않을 것이다. 하늘과 땅이 나누어져 있듯이 위와 아래도 구분이 있다. … 신분이 같은 두 사람은 서로를 섬기지 않고, 똑같이 지위가 낮은 두 사람은 서로 통솔할 수 없다. 이것이 천하의 규범이다.[50]

고귀한 거짓말의 근본 사상은 이미 유가의 전통에 내재되어 있다.[51] 《국가》의 일부 사상을 중국이 지지하는 또 다른 이유는, 앞으로 5장에서 다룰 주제인 정치철학자 레오 스트라우스의 중국 내 영향과 관련이 있는 듯하다. 간단히 소개하자면, 스트라우스는 그리스 고전의 가치를 중시하는 한편 전통적인 도덕 윤리를 지지하며 많은 고전 문헌을 명백히 반민주적으로 해석했기 때문에, 많은 중국 지식인들이 그의 연구에 대해 호감을 갖고 있다.[52] 플라톤과 마찬가지로 스트라우스도 정치인들이 정직하면서 동시에 유능할 수 있는지 질문을 던지면서, 고귀한 거짓말이 실제로 시민들의 정치적 결속을 형성하는 데에 역할을 한다는 취지의 주장을 했다. 《도시와 인간The City and Man》에서 스트라우스는 칼리폴리스의 토대와 같은 신화가 모든 정부에게 필요하다고 공개적으로 주장했다.[53] 다니엘 돔브로프스키Daniel Dombrowski (1953~)의 말에 따르면, "스트라우스가 '고귀한' 거짓말을 문제 삼지 않는 이유는 오늘날에는 자유에 대한 요구가 온당치 않다고 보기 때문이다."[54]

하지만 이야기는 여기서 끝나지 않는다. 고귀한 거짓말에 대한 중국인들의 해석에서 한 발짝 물러서서 바라보면, 그런 글들의 상당수가, 다른 무엇보다도, 공산주의 국가 자체를 둘러싼 의심의 공간들을 열어 보이는 것은 아닌지, 더 냉소적으로 생각하게 된다. 중국의 사상가들이 국가의 훌륭한 통치를 위해 고귀한 거짓말이 필요하다고 말하는 것이라면, 이런 관점은 플라톤적 특성을 지닌 사회주의와 중국 공산당의 전체 조직에 대한 비난을 공공연하게 드러내는 것이 아닐까? 그 고귀한 거짓말의 요점은 그 '국가'의 시민들이 실제로 그것을 믿고, 의심도 하지 않는다는 점이었는데, 그러다가 자기 글을 쓸 때만큼은 그 거짓말이 필요한지 신중하게 생각해야 한다는 것이다.

물론 마오쩌둥 집권 초창기에 이상주의적 공산주의자들이 자신들의 이데올로기를 일종의 '고귀한 거짓말'로 여겼다고 상상할 수는 없다. 그렇다면 그 거짓말을 찬양하는 것은, 중국 공산당이 시민들에게 선전하는 이데올로기가 평이하고 간단해서 어쩌면 시민들의 관심을 전혀 받지 못한다는 사실을 암시하는 것일까? 우리가, 현대 중국에서 고귀한 (혹은 그다지 고귀하지 않은) 거짓말이 작동하고 있으며 중국의 학자들이 고귀한 거짓말을 선善이라고 공개적으로 지지하는 것은 사실상 '임금님이 벌거벗고 있다'고 슬그머니 말하는 방식이라고, 이해해야 하는 걸까? 청즈민, 린치푸, 둥춘성 등이 그 거짓말을 "꿰뚫어" 보고 있으며, 그래서 그들이 중국의 고귀한 거짓말(예를 들어 최고의 사회는 선각자가 이끄는 사회주의적 유교 사회라는 주장)이 실패했음을 보여주고 있다는 사실을 우리는 어떻게 받아들여야 할까? 아니면 그들이 너무 높은 위치에 있어서 일반 대중을 위한 아편으로 그 거짓말을 권하고 있는 것일까? 이 해석의 소용돌이는 종교가 또 다른 "신화"로 대체되어 사람들을 통제하는 곳으로 우리를 데려간다. 만약 그렇다면, 분명 마르크스는 무덤 속에서 괴로움에 몸부림치고 있을 것이다.

반체제 인사들의 입장이 덜 애매모호한 것은 놀랍지 않다. 예를 들어, 후핑胡平은 그 고귀한 거짓말이 바로 중국 정부가 선전하는 것이라고 비난한다.[55] 2017년에 발표한 플라톤과 아리스토텔레스에 관한 글에서, 그는 노동의 분업이 필요하다는 데 동의하고 이상적인 폴리스의 세 가지 '계급' 사이의 계층 이동에 찬성하고 있다. 그러나 그는 계급제도를 찬성하는 입장을 유지하면서도 대단히 중요한 화두를 꺼내든다. '도대체 그런 폴리스를 어떻게 세운단 말인가? 이상 국가를 세우려면 어떤 방식과 기준을 도입해야 하는가?'

> 플라톤은 두 가지 방법을 제안했다. 하나는 일련의 신화를 만들어내서, 최고 통치자는 특별히 고급 재료(황금)로 만들어지고, 보통의 생산자는 철 같은 평범한 재료로 만들어졌다고 범인凡人을 설득하는 것이다. 두 번째 방법은 문화 교육을 통제하고, 책과 신문을 검열하고, 여론 도구를 독점하며, 내부 감시와 고발을 실행하는 등, 취할 수 있는 모든 강압적인 조치를 채택하는 것이다. 목적을 위해서라면 그 어떤 잔인하고 교활한 수단이라도 채택하지 못하겠는가? … 플라톤에게 있어 지배자와 피지배자 사이의 극단적이고 부당한 권리 불평등은

정의의 완벽한 구현이다. … 거짓말, 고발, 학살 모두 철인왕의 손에서 나온다면 가장 도덕적인 것이 된다. 왜냐하면 철인왕의 의지와 정의는 원래 같은 것이기 때문이다.[56]

말할 필요도 없이 플라톤의 도시에는 텔레비전이나 인터넷과 같은 "여론 도구"가 없다. 그러나 중국에는 당연히 있다. 우리는 플라톤이 정의롭다고 말한 국가에서, 실제로 그 정의가 구현되고 있는 분명히 정의롭지 못한 현대 중국의 현실로, 매우 매끄럽게 옮겨왔다.

후펑이 칼리폴리스를 거부한 것은 시진핑의 정책에 대한 거부이기도 하다. 물론 사람마다 능력이 다르고 자신이 가장 잘하는 일을 하는 것이 이상적이다. 그러나 후펑이 생각하기에, 이런 상황을 지속하는 방식과 철인왕의 절대 권력은 부패로 이어질 수밖에 없다. 플라톤은 이에 대비해 안전장치를 마련했는데, 주로 교육에 기반을 두고 있다. 그러나 후펑은 중국에는 안전장치가 없다고 주장하는 듯하다. 사람은 자기 역할과 직책을 다른 사람에게서 강요당해서는 안 된다. 스스로 자신의 자리를 찾아야 한다.

선의의 통치자라도 실수할 수 있다. 마오쩌둥의 망령이 그의 머리를 맴돌고 있는 듯이, 후펑은 전제군주제의 실행은 부패, 언론 자유의 상실, ("정의가 불의인") 도덕의 전도顚倒로 향하는 첫걸음일 뿐이라고 주장한다. 그러나 권력이 정의正義의 정의定意를 좌지우지하는 한, 그의 주장은 현실이 될 것이다. 이런 상황에서, "이상적인" 국가는 완벽을 내세워 변화를 막고, 화합을 명분으로 경쟁을 없애며, 지식이란 이름으로 자유를 억압하고, 질서를 명분으로 개인의 특성을 부정한다.[57]

후평의 주장을 따라하듯이, 미국의 간행물인 《고등교육계 Inside Higher Ed》에 글을 기고하는 재외중국인 치앙자 Qiang Zha는 시진핑 주석의 입장을 고귀한 거짓말의 화자의 입장에 비유하는 데에 거리낌이 없다.[58] 그런데 그에 더해 치앙자는 고귀한 거짓말이 중국의 정치뿐만 아니라 철학에도 내재되어 있고 주장한다. 중국의 철학 속에는 다양한 종류의 고귀한 거짓말들이 강한 영향력을 발휘하고 있는데, 그 중 가장 강력한 거짓말은 '수정된' 유가의 "화해和諧" 이념이라고 그는 말한다. (화해에 대한 보다 구체적인 내용은 6장에서 다룬다.) 후평은 수정된 화해 이념과 관련된 중국 정부의 선전에 대해 신랄한 비판을 가한다. 이 개념은 덩샤오핑이 직접 중국 공산당의 통치를 뒷받침하는 이념으로 채택하고, 후진타오胡錦濤가 널리 퍼뜨렸다. 후평은 이렇게 쓰고 있다.

> (유가를 포함해) 고대의 많은 사상가들이 화해를 주창主唱했는데, 일부 학자들은 화해가 매우 훌륭한 개념이며 현대 사회의 병폐를 치료할 양약良藥이라고 생각했다. 그런데 그들은 플라톤의 철학에서만큼은 그 화해의 개념이 순전히 정의의 개념에서 파생되었다는 사실을 깨닫지 못한 것 같다. 플라톤의 비유를 빌리자면, 사회의 화해는 음악을 연주하는 악단의 화해와 같아서, 모두가 한 명의 지휘자에게 무조건 복

종한다는 것이 전제된다. 플라톤이든 공자든 그들이 주창하는 화해는 "논쟁의 여지가 없는" 것이다. 이를 위해 사회 구성원들은 독립적이고 자율적인 의지를 포기해야 한다. 자비롭고 전지전능한 최고 통치자의 정확한 지휘 하에서만 여러분 각자와 각각의 부서는 예정된 완벽한 상태에 도달할 것이다.[59]

이 글에서는 국가 화해의 가치가 중국의 고귀한 거짓말일 것이다.[60]

칼리폴리스를 찬성하는 입장에서 플라톤의 《국가》를 해석한 글들을 중국에서 누가 인정해줄까? 이것은 복잡한 문제다. 한편으로 모든 중국 학자들이 친親민주적일 거란 우리의 어리석은 생각은, 건축가 아이웨이웨이艾未未, 노벨문학상 수상자인 류샤오보劉曉波, 1989년 시위를 주도한 학생 운동가 왕유차이王有才 같은 지식인과 예술가에 대한 중국 정부의 대우를 면밀히 들여다봐야 공감을 얻는다. 그런데 중국인을 대상으로 한 여러 국제적인 여론조사에서, 많은 중국인들이 현재 중국의 체제보다 미국식 민주주의에 대해 더 부정적으로 생각하는데, 이 이유는 민주주의가 근본적으로 불안정하다고 느끼기 때문이라고 응답했다. 미국식 민주주의의 단점이 장점보다 더 많다고 생각하는 것이다. 그들은, 능력과 성과에 따른 정당한 보상을 요구하기가 힘들고, 부당하게 국가의 이익보다 개인의 이익이 우선시되며, 특정 집단(예를 들어, 갑부들)의 횡포에 취약하고, 스스로 모두를 위해 세상에서 가장 좋은 정부 형태라고 여기는 행태 등을 단점으로 꼽았다.

작가이자 강연자인 켄 모크Ken Moak는 최근《아주시보亞洲時報》에 기고한 글에서, "미국 퓨리서치센터Pew Research Center와 갤럽Gallup 의 여론조사에 따르면, 중국 국민 80% 이상이 정부를 지지하며 민생 개선 등 대부분의 공약을 잘 실행할 능력이 있다고 믿기 때문에, 중국 의 대다수 국민들은 중국의 통치 체제에 만족하는 것으로 보인다"고 썼다.[61] 이런 여론 조사가 분명 중국의 언론과 국가 기관의 영향을 받기 때문에 신뢰하기 힘들 수도 있다. 그러나 그런 통계와 수치는, 새롭 게 부상하고 있는 중국의 중산층이나 오랫동안 고통 받고 있는 지식 인들이 은밀하고 집단적으로 민주주의를 강하게 요구하고 있다는 우 리의 가설을, 수정하게 만든다.

이제 질문만 쌓였다. 중국에서 플라톤의 편을 드는 것은, 칼리폴리스와 유사한 가치들을 가졌다고 인식되는 국가를 지지하는 행위일까, 반대하는 행위일까? 고귀한 거짓말에 대한 서구의 거부 반응을 중국 이 비판하는 것은, 켄 모크가 인용한 80%라는 수치에 내재된 진실한 관점을 표현하는 것일까? 미국인이나 중국인은《국가》의 공적 메시지 를 쉽게 받아들이는 평범한 독자일까, 아니면 숨겨진 진리까지 파악하 는 특별한 독자일까? (관련된 스트라우스학파의 용어들은 5장에서 자세히 다 룸.) 미국이 나쁜 고귀한 거짓말에 몰두하는 것일까, 아니면 중국이 좋 은 고귀한 거짓말에 휩쓸려 있는 것일까? 젊은 민족주의자 탕제唐杰 의 말처럼, "우리는 그런 체제 안에 속해 있기 때문에 우리가 세뇌당한 것은 아닌지 항상 자문한다. … 우리는 항상 다른 경로를 통해 다른 정보를 얻고 싶어 안달한다. 그러나 이른바 자유 체제에서 살면 자신이 세뇌되는지에 대해 전혀 생각하지 않는다."[62] 바로 그 지점에 이 장의 마지막 역설이 있다. 억압받는 자는 자신이 세뇌당하고 있다는 것을 알지만, "자유롭다는 자는 자신이 세뇌되는지 전혀 알지 못한다"는 것이다.

4 합리성과 그 불만

모든 행동이 다 그렇듯, 사회적 행동도
… (1) 수단이 합리적인 '도구적
합리성zweckrational'으로 … 행위자 자신이
합리적으로 추구하고 계산해놓은 목적을
달성하기 위한 행위이거나,
(2) '가치적 합리성wertrational' 즉 성공
가능성과 무관하게 모종의 윤리적, 미적,
종교적 또는 기타 행위 자체를 위한 가치를
의식적으로 믿음으로써 결정될 수 있다.

_ 막스 베버Max Weber

합리성은 중국에서 대단히 중요하다. 특히 서구를 폄하하기 위한 주제로 쓰일 때엔 더욱 그렇다. 5.4 신문화 운동 시기에 개혁가들은 서양의 과학 체계에 열광하고 논리적 사고의 뿌리를 고대 그리스에서 찾았는데, 이제 서양은 그 옛 시절에 누렸던 높은 도덕적 지위를 상실했다. 이제 합리성은, 그 특성이 주로 과학과 기술을 위해서만 사용되면서 서구 사회는 영혼을 잃고 말았다고 비난할 때, 주로 등장한다. 서구의 기계화되고 도덕성이 없는 성격을 지적하는 글들이 끝없이 쏟아져 나오고 있다. 이런 글들은 서구의 해롭고 합리적인 방식의 계보를 최소한 칸트까지, 때로는 플라톤까지 올라가 그 뿌리를 찾는다. 이런 해석에 따르면, 철학적 전통의 중심 사상은 "계몽주의 합리성"으로 대표되었으며, 그 덕분에 과학과 기술의 발전은 보다 중요한 윤리적 문제에서 이탈했고, 기술의 발전은 사실상 상품처럼 취급되고 있다. 합리성을 지나치게 강조하는 이런 풍토가 현재 서구 사회가 처한 혼란의 근본 원인이다. 예측할 수 없는 인공지능의 혁신, 인간 게놈에 대한 유전적 간섭, 그리고 세상을 바꾸고 있는 기술들은, 그 자체가 고삐 풀린 기술의 부작용을 보여주며 점점 심각해지는 지구온난화를 배경으로 맹렬한 속도로 내달리고 있다.

    주제는 심각하지만, 계몽주의와 서양 고대와의 연관성에 대해서는 진지하게 따져볼 필요가 있다. "서구의 합리성"이란 정확히 무엇일까? 예컨대, 그것과 견줄 만한 "중국의 합리성"이란 게 있을까? 아니면 중국은 비합리적인 쪽에 서 있는 것일까? 중국도 기술의 발전에 찬성하지 않나? 이쪽에 있는 우리가 저쪽에 있는 중국인들보다 더 무감각한 것일까? 분명 이보다 더 말도 안 되는 생각은 떠올릴 수 없을 것이다. 그렇지만 이런 (성급한) 일반화는 지속력을 갖고 있다. 중국인의 관점에서 본다면, 서양의 합리성은 경제, 효율, 이익에 맞춰져 있는 반면 동양의 합리성은 윤리적 삶을 목표로 삼는다. 서양 문화는 노골적으로 목적 지향성이라서 모든 것에서 쓸모를 끌어내려고 한다. 반면에 중국인들은 (스스로 계몽의 본보기가 된 칸트처럼) 자신의 목적을 위해 타인을 이용해서는 절대 안 된다고 말한다. 이런 해석에 따르자면, 유교, 불교, 도교 등 윤리적 전통이 합리성의 개념과는 깊은 관련이 없고, 대신 타인에 대한 친절, 사회적 위계질서에 대한 존중 같은 사회적 가치들을 중시하기 때문에, 중국의 합리성은 이런 방식으로 형성되었다. 이와 반대로 서양의 합리성은 수학과 형상Forms(본질적이고 이상적인 원형 형식-옮긴이), 모순율, 연역적 논증에 집착했던 플라톤에 의존하고 있다.

중국이 항상 그렇게 목적 지향적 사고방식에 반대했던 것은 아니다. 1898년의 개혁[무술변법戊戌變法] 당시 청나라 관료 장지동張之洞은 저서《권학편勸學篇》에서 중국인은 외국의 사상을 유용한 범위 내에서만 받아들여야 하며, 그런 사상은 중국의 문화와 정체성의 영향력이 미치는 거리에 두어야 한다고 제안했다. 이 제안은 그의 유명한 격언인 "중국의 학문은 본체로, 서양의 학문은 실용으로中學爲體, 西學爲用"로 요약된다[중체서용].[1] 다른 말로 표현하면, 유용한 생각이나 사상은 사용하되 그것을 창조한 이들의 가치관을 그대로 받아들여서는 안 된다는 뜻이다. 또한 1920년대에 베이징 대학교 총장이었던 차이위안페이蔡元培는 과학적 합리성을 현대 연구 중심 대학의 핵심으로 강조하면서 베이징 대학교를 "민족의 정수精髓를 보존만 하는 것이 아니라 과학적 방법으로 재평가하고, … 절대적인 학문의 자유, 합리적 근거에 입각한 모든 이론과 관점의 자유로운 표현"[2]과 같은 목표를 가진 연구의 중심지로 변모시키고자 했다.

영혼이
없는
서구

요즘 도구성instrumentality(일의 결과는 보상을 위한 도구라는 개념으로, '수단성'으로도 표현함-옮긴이)이 다시 한 번 회자되고 있지만, 이번에는 아무도 적극적으로 옹호하지는 않는다. 중국 학계에서 많은 논문들의 핵심 주제인 합리성에 관한 논의는, 합리성 개념 자체(이미 다루기 힘든)에서부터 베버적Weberian 분열의 형태를 띠고 있는데, 한 쪽은 건전한 것으로 다른 한 쪽은 불쾌한 자본주의로 규정하고 있다.[3] 방대한 중국 연구 데이터베이스인 중국 국가 지식 인프라China National Knowledge Infrastructure, CNKI를 검색해보면, 지난 20년간 "가치적 합리성"과 "도구적 합리성"을 언급한 학술 논문이 수천 편에 달한다.[4] 논문의 주제는 법, 교육, 관료 체제, 윤리, 미디어, 빅 데이터, 빈곤, 세금, 의학, 인적 자원 등 거의 모든 영역에 걸쳐 있다. 따라서 거의 모든 분야에서 합리성이란 용어와 개념이 불쑥 등장할 수 있는 것이다. 그러나 저자들의 접근 방식은 거의 언제나 도구적 합리성과 가치적 합리성이라는 이분법적 틀을 사용하고 있다. 그리고 예외 없이, 중국과 서양은 각각 가치적 합리성과 도구적 합리성을 활용하는 것이 특징이며, 모두 각 문화권에서 고전으로 여겨지는 문헌으로 손을 뻗으려고 한다.[5]

"도구적 합리성"과 "가치적 합리성" 개념의 양립은 중국 고유의 윤리적 전통에서 비롯된 것이 아니다.[6] 이 개념은 독일의 사회학자 막스 베버가 그의 저서 《경제와 사회Wirtschaft und Gesellschaft》에서 사용한 용어이다. 이 장의 머리글에서 살펴본 바와 같이 다양한 유형의 사회적 활동을 구분하는 방법을 설명하기 위한 개념이다.

> 모든 행동과 마찬가지로 사회적 행동은 … (1) "도구적 합리성zweckrational"으로 … 행위자 자신이 합리적으로 추구하고 계산한 목적을 달성하기 위한 행위이거나, (2) "가치적 합리성wertrational", 즉 성공 가능성과 무관하게 어떤 윤리적, 미적, 종교적 또는 기타 행위 자체를 위한, 가치에 대한 의식적인 믿음에 의해 결정될 수 있다.[7]

물론 이 정의는 막스 베버 자신의 저작 내용을 지나치게 단순화한 것이다. 배리 힌데스Barry Hindess(1939~2018)가 지적한 것처럼, "도구적 합리성의 세속적 확장에 대한 베버의 논의는 수많은 변이變異의 원천이 되는데 … 이는 특정한 합리적 계산과 행동이 가능한 환경 조건에 따라 다양하다."[8] 그러나 여기서 우리에게 중요한 부분은 수단으로

서의 합리성과 논리적 절차에 대한 베버의 불안감이다. 베버는 서구가 합리적[도구적] 행위에 너무 가까워지기 시작했다고 생각했다. 그의 걱정은 기술, 자본주의, 관료화가 결합된 힘의 영향에 대한 것인데, 그 힘은 인간이 하나의 톱니바퀴에 불과한 경제적 기계 같은, "쇠우리iron cage"로 우리 삶을 바꿔놓았다고 생각했다.[9]

베버는 "우리 시대의 숙명은 합리화와 관념화, 그리고 무엇보다도 '세상의 환멸감'으로 특징지어진다"라고 썼다.[10] 베버는 인간 사회의 실제가 경제 이론에 근접하는 게 아니라, 거꾸로 경제 이론이 현실에 끊임없이 다가가는 상황으로, 우리가 향해 가고 있다고 느꼈다.[11] 베버의 주장에 따르면, 그 과정에 윤리적 또는 종교적 고려가 개입될 여지는 없으며, 결국 신도 스스로 합리화되어 존재하지 않게 될 것이다. 베버의 인상적인 표현을 빌리자면, 서구 사회는 "영혼이 없는 전문가, 사랑이 없는 관능주의자들로 구성될 것인데, 이처럼 무가치한 이들은 서구 사회가 이전에 달성하지 못한 문명 수준까지 도달했다고 상상한다."[12]

베버는 이미 1980년대 후반에 중국인들의 관심을 끌었다. 내가 이 책에서 묘사한 "전환기" 이전에 중국에서 관심을 불러일으킨 것은 《경제와 사회》가 아니라 1986년에 번역 출간된 베버의 저서 《프로테스탄트 윤리와 자본주의 정신 Die protestantische Ethik und der Geist des Kapitalismus》이었다. 정치 이론가 류둥劉東이 주장했듯이, 1980년대 후반에 많은 중국 지식인들이 마르크스를 대체할 만한 이론을 열심히 찾고 있었다. 그들은《프로테스탄트 윤리와 자본주의 정신》에 담긴 연구 성과를 보고 베버를 선택했다. 중국의 지식인들은 개신교의 생생한 활력과 긴장이 유가에는 없다고 생각했으며, (베버가 그랬듯이) 서구의 "합리적 자본주의"를 낳은 것은 개신교의 공이라고 믿었다. 그들은 이런 식의 문화-정신 결정론을 믿었기 때문에, 중국 역시 굼뜨기만 한 유교 기반의 경제를 보완할 수 있는 "윤리"를 찾아야 한다고 주장했던 것이다.

물론 그들은 "합리적인 자본주의"를 부정적인 시각이 아니라 긍정적인 시각으로 보았다. 그리고 이런 시각을 갖게 된 것은 그들이 베버의 저작 전체를 정확하고 완전하게 평가하지 않았기 때문이다. 류둥이 적절하게 지적한 바와 같이, "베버는 프로테스탄트 윤리의 '예외적' 사례를 하나의 역사적 변화로 해석했는데, 그 근거는 '가치적 합리성'이 시들어가고 그에 비례해 '도구적 합리성'이 힘을 얻게 되는 현상이었다. 그러나 개신교 윤리가 세상에 희소식을 가져다준다는 의미로 한 말은 분명 아니었다."[13] 실제로 베버의 후속 저작을 보면, 그가 "도구적 합리성"을 사회를 좀먹는 요인으로 보았다는 사실을 확인할 수 있다.

톈안먼 사태 이후에 민족주의 지식인들이 눈을 돌린 것은 바로 이런 내용이 담긴 베버의 후기 저작이었다. 이를테면, "프로테스탄트 윤리적 베버주의자들"을 대신해 이 새로운 베버주의자들이《경제와 사회》같은 저작에 눈을 돌려, 기괴한 합리성이 서구의 비운이었고 그것은 중국인들이 가장 피해야 할 운명이라고 주장했다는 것이다. 합리성의 범주에 관한 그들의 시각이 막스 베버에게서 나왔다는 사실은, 새로운 전문용어들과 더불어 많은 것들이 유입되었음을 의미하는데, 자본주의 경제에서 비롯되는 병폐로 인해 시들해진 사회에 대한 베버의 비난도 그런 것이다.[14] 결국 베버의 영향을 받은 책들은 중국에서 많은 새로운 베버주의자들의 관심사가 되었고, 이런 책들에서 그들은 베버보다 훨씬 더 설득력 강한 주장들을 발견하게 되었다. 이런 저작 가운데 일부는 합리성 문제의 근원을 추적하여 계몽주의 시대, 때로는 고대 그리스 시대까지 거슬러 올라가기도 했다. 그런 저자들 중 한 명인 프라하 뉴욕 대학교의 찰스 웨벨Charles P. Webel 교수는, 서구에서 합리주의가 영향을 미친 것은 소크라테스와 그리스 정치 체제 때문이지만, 합리주의가 윤리적 사고영역과 분리되고 대신 경제적 사고영역과 연결된 것은 계몽주의 시대부터라고 주장했다.[15] 웨벨은 이 "계몽"이 합리적 윤리와 결별한 뒤, "이성의 진보적 이데올로기"가 다음과 같은 생각을 낳았다고 썼다.

> 합리성의 이상적인 모델은 구조면에서 경제적이다. 사실과 가치가 절대적으로 구별되며, 과학 지식과 기술의 성장과 확장은 "비정치적"이고 "비이념적"이기 때문이다. … 플라톤과 아리스토텔레스가 제안하고 칸트와 헤겔이 옹호한 이론과 실천 원칙의 "실질적인" 일치는, 표면상 "가치중립적인" 사회과학과 자연과학의 "도구적 이성"이나 "형식적 합리성"으로 대체되었으며, 그 결과 나타난 것이 바로 인지신경과학, 계량경제학, 정신분석철학 등이다.[16]

그와 똑같이, 영국의 철학자 조나단 글러버Jonathan Glover도 인류의 "도덕 역사"에서 인간 심리에 대한 계몽주의적 관점은 점점 더 "옅어지고 기계적으로" 변하는 듯하며, "인도주의 확산과 과학적 예측을 통한 사회 발전이라는 계몽주의적 희망"은 이제 순진한 생각으로 여겨진다고 주장했다.[17] 글러버는 20세기에 저질러진 많은 잔혹 행위들이 기술의 발전과 그 너머 계몽주의의 영향 탓이라고 말했다. 스탈린이 계몽주의에 관심을 보이지는 않았다고 할지라도 그와 그의 후계자들은 싫든 좋든 "계몽주의에 사로잡혀 있었다"는 것이다.[18]

철학자 막스 호르크하이머Max Horkheimer(1895~1973)와 테오도르 아도르노Theodor W. Adorno(1930~1969)는 유명한 공저 《계몽의 변증법Dialektik der Aufklärung》에서 계몽주의의 논리를 과학적 방법과 기술의 발전에 단단히 묶여 있는 완고한 지배도구로 규정함으로써 자신들이 베버의 영향을 받았음을 보여주었다.[19] 호르크하이머와 아도르노의 주장에 따르면, 현대의 기술 지향적 합리성은 특히 비난 받아야 마땅한데, 그 이유는 계몽주의 이성이 미신(즉, 종교)을 타파하고 인류를 구할 거라 믿었는데, 정작 그 결과로 얻게 된 현대의 합리성은 이성을 바로 그 미신을 빼닮은 형이상학적 선善으로 변화시켰기 때문이다. 철학 자체가 테크노크라시technocracy의 도구가 되었다. 그리고 효율성이 최종 목표가 되어야 한다는 도구적 관념은 나치가 유럽에서 유대인을 비롯한 여러 집단을 학살하는 잔혹 범죄의 원인이 되었다. 또 다른 베버주의자인 사회학자 지그문트 바우만Zygmunt Bauman

(1925~2017)도 합리성의 도구적, 가치적 형태에 관한 자신의 주장을 위해 국가 사회주의를 구두점句讀點으로 활용했다.[20] 바우만은 1989년에 발표한 저서 《현대성과 홀로코스트 Modernity and the Holocaust》에서 현대성이 홀로코스트 발생에 "필요조건"들을 제공했다고 주장했는데, 그 이유는 현대의 전형적인 합리성과 효율성 원칙이 홀로코스트 규모를 키우는 데에 기여한, 히틀러의 조력자였기 때문이다.[21]

어떤 계몽주의 사상가가 이 파멸적 형태의 개화된 합리성에 대해 "책임"을 져야 할까? 어찌 되었든, 계몽주의 시대에는 인간과 세계의 본질에 관한 다양한 사상이 많이 등장했다.[22] 데카르트 René Descartes, 스피노자, 라이프니츠, 칸트 Immanuel Kant는 철저히 이성적으로 우주를 이해할 수 있다고 주장했다. (심지어 라이프니츠는 인간의 모든 생각은 수학적으로 처리할 수 있는 방식으로 표현될 수 있다고 제안하기도 했다!) 홉스 Thomas Hobbes의 주장은 개인주의적 권리와 계약을 중심으로 전개되었으며, 흄 David Hume은 거의 모든 도덕적 판단과 결론에서 이성이 감정과 함께 작용한다고 주장했다.[23] 디드로 Diderot와 달랑베르 D'Alembert가 함께 편찬한 《백과전서 또는 과학, 예술, 기술에 관한 체계적인 사전 Encyclopédie, ou dictionnaire raisonné des sciences, des arts et des métiers》은 세 명의 경험론자 프랜시스 베이컨 Francis Bacon, 아이작 뉴턴 Isaac Newton, 존 로크 John Locke에게 헌정되었는데, 특히 존 로크는 모든 생각의 원천을 감각에서 찾았고, 프랑스 철학자 에티엔 보노 드 콩디약 Étienne Bonnot de Condillac 역시 그의 저서 《감각론 Traité des sensations》에서 같은 견해를 밝혔다.[24]

사실 많은 현대 학자들이 인간의 권리, 자유의 정치적 이상, 해방 같은 중요한 문제들이 연역적 합리성보다 계몽주의에 더 중요했다고 주장해왔다.[25] 물론 중국의 많은 지식인들은 이런 유럽 사상의 흐름에 속하지 않으며, 하나의 "계몽"이란 존재하지 않는다고 인식한다. 타이완 출신의 신유학자인 두웨이밍 베이징 대학교 교수는 "계몽주의 지성에 대한 현실적인 평가는, '이성의 시대'라는 이미지와 어울리지 않는 현대 서구의 많은 면들을 드러낸다"고 평했다.[26] 한편 홍콩의 동서비교문학자 장룽시 교수는 이런 사상의 계보를 따르는 신보수주의 학자들에 대해 이런 말을 했다.

> 신보수주의와 서구의 관계는 터무니없고 모순적이다. 왜냐하면 한편으로 서구의 패권에 맞서는 제3세계 국가로서 중국의 이익을 대변한다고 주장하면서도, 다른 한편으로는 서구의 유명한 이론들, 특히 포스트모더니즘과 포스트식민주의 이론에 크게 의존하고, 개념화와 방법론, 심지어 문장 구조와 어휘 또는 전문용어에 이르기까지 서구의 가설적 담론의 최신 유행을 모방하고 있기 때문이다.[27]

요컨대, 이 학자들은 포스트식민주의 비평의 원칙(중국이 역사적 간섭에 항의해야 한다는 주장)을 지키는 대신, 그들이 폭로하고 약화시켜야 할 권력 구조에 연루되어 있다는 의미이다.[28]

계몽주의에 대한 평가 중에서 비교적 이견이 없는 것은, 대부분의 학자들이 이성 열차를 불길한 궤도 위에 올려놓은 장본인으로 임마누엘 칸트를 지목하고 있다는 점이다. 칸트는 유명한 저서《계몽이란 무엇인가에 대한 답변Beantwortung der Frage: Was ist Aufklärung?》에서, 계몽을 "오직 자유, 그리고 '자유'라고 부를 수 있는 모든 것 중에서 가장 순수한 자유, 즉 모든 문제에서 자신의 이성을 공적公的으로 사용할 수 있는 자유"를 요구하는 것으로 정의했다. 이렇게 칸트의 계몽은 말 그대로 자율적 이성의 지시에 따라 행동하는 것으로 정의되었다.[29]

독일 철학자 악셀 호네트Axel Honneth의 말처럼, "계몽적 사고는 전승된 인습의 주술에서 사상가를 해방시키는데, 이전까지는 사회적 구속력이 있어야만 유효했던 합리적이고 보편적으로 재구성이 가능한 고찰을 통해서만 그런 해방이 가능하다."[30] 이것이 바로 중국의 계몽주의 비평가들이 지워버린 메시지이다. 블로거인 라오지老幾는 공자와 칸트의 도덕관을 비교하며 이렇게 단언한다. "칸트의 도덕은 순수 이성에 기초하고 있다. 논리적 방법에 의해 엄격한 도덕 체계가 확립된 것은 인류 역사상 처음이다. 그것은 수천 년 동안 서양을 지배했던 신학적 신념에서 도덕적 추론이 결여된 것을 보완해준다. … 이는 칸트 철학이 꾸준하게 영향력을 발휘하는 중요한 이유이기도 하다."[31]

그런데 칸트의 합리화 방식이 어떻게 홀로코스트로 이어진다는 걸까? 동정심과 의무 동기의 관계에서 그 이유를 찾는 주장이 하나 있다. 칸트로 인해 의무를 동정심보다 높은 지위에 놓는 것이 가능해졌기 때문이라는 것이다. 이는 칸트의 이런 주장을 근거로 한다. '도덕 행위자가 특정 행동을 하는 이유는 이성적 판단을 통해 그것이 도덕적으로 옳은 행동이고 따라서 그 행동을 할 의무가 있다고 인식하기 때문이다.' 그러나 도덕적 의무에 대한 이런 추론은 우려스러운 방식으로 오용될 수 있다. 만약 모든 유대인은 해충이기 때문에 그들을 박멸하는 것이 도덕적 의무라고 믿는다면, 그 다음은 어떻게 될까?

아우슈비츠의 지휘관 루돌프 회스Rudolph Höss는 자신의 "감정"을 외면하면서 젊은 유대인 어머니와 두 자녀를 살해해야 했던 끔찍한 이야기를 묘사했는데, 어떤 이는 기독교 십자군이 이교도들과 그들의 자손을 창으로 찌르면서 그와 똑같은 말을 하는 것을 상상할 수도 있을 것이다.[32] 유대인, 집시, 동성애자에 "해충"이란 딱지를 붙임으로써 도덕 체계는 이런 특정한 의무를 뒷받침하도록 조정될 수 있다. 뉘른베르크에서 나치 전범 아돌프 아이히만Adolf Eichmann은 자신의 행동을 설명하기 위해 칸트를 인용한 것으로 유명하다. 그는 "국가의 법률 체계 안에서 모범을 보이며"[33] 자신의 의무를 충실히 실행해야 했다는 논리였다. 물론 이 경우 칸트적 의무는 이성적 자아가 아닌 독일 정부에 의해 만들어진 것이지만, 당시에 이탈리아인들이 칸트를 신봉하지 않았다는 사실은 주목할 만하다.

플라톤의 생각은 칸트의 생각과 흥미로운 대비가 된다. 플라톤 역시 이성이 도덕적 삶에 필요한 전부라고 주장한다. 그러나 두 철학자가 자신의 주장을 증명하는 과정은 다르다. 플라톤은 이야기, 은유, 선험적 가정에 의존하여 이성이 인간의 최고 자질임을 "증명"한다. 이와 유사하게 칸트의 논거 중 하나도 "이성"이 인간의 최고 가치라는 선험적 주장에 기반을 두고 있다.[34] 그런데 칸트 철학에서 이성의 강조로 귀결되는 것은, 다른 사람들도 이성이라는 특별한 능력을 가지고 있기 때문에 그들을 잘 대해야 할 의무가 우리에게 있다(물론 홀로코스트와 특별히 부합하지는 않지만)는 점이다. 플라톤의 경우, 이성이 영혼을 지배한 결과는 칼리폴리스의 계급 사회이다.[35] 칸트의 이성의 이분법(이성이 있거나 없거나)은, 이성을 개인의 정신이 덜 갖거나 더 갖고 있는 것으로 보는 플라톤의 견해보다 훨씬 더 위험해 보인다. 이성이 없으면 완전히 비인간화되는 이분법과는 상이하게, 플라톤 사상에서는 이성의 함량이 적은 사람이 청동이나 철 부류로 안전하게 강등될 수 있는 것이다.

덜 극적이기는 하지만 칸트에 대한 또 다른 비판은, 합리성에 대한 강조는 필연적으로 도구적 성격을 띠고 있다는 것이다. 그에 대해 악셀 호네트는 이렇게 쓰고 있다.

> 합리적 접근 방식은 사물과 사람의 지배와 관련된 관점과 불가분의 관계에 있다. 합리성 또는 이성은 도구적 특성을 갖고 있다. 왜냐하면 합리성이나 이성은 현재 일어나고 있는 사건들의 상태를 인지하는 수단이자, 실제 맡은 일을 처리할 수 있게 해주는 수단으로 작용하기 때문이다. 이런 형태의 이성비판은 …《계몽의 변증법》에서 인상적인 표현을 발견할 수 있는데, 이런 식의 주장으로 시작한다. '이성적 행동

능력이란 대개 대상을 인지하는 능력, 그런 다음 자기 행동의 목적에 맞춰 대상을 조정하거나 통제할 수 있는 능력을 의미한다. 일단 다른 사람들을 대하는 면이나 자신의 희망과 욕구에 대처하는 면에서 그 능력이 주도권을 갖게 되면, 그런 목적 지향적 이성 지식에 필요한 능력이 도구적 지배의 매개체가 된다는 점을 쉽게 알 수 있다.[36]

이제 이성은 다른 사람을 통제하고 지배하는 단계로 이어진다.

반서구적 적대감을 가진 해석자들이 언제든 이런 모든 서구의 비판을 채택할 수 있는 상황을 고려할 때, 중국 학계가 도구적으로 합리화된 서구 사회에 도사리고 있는 공포를 암시할 만한 기회를 잡은 것은 놀랍지 않다. 저명한 학자이자 중산中山 대학교 보야博雅 학원 총감總監을 역임한 간양 교수는 《서방 미신으로부터의 해방從西方迷信中解放出來》에서 서양에는 세 번의 "계몽"이 있었다고 주장했다.[37] 첫 번째는 고대 그리스인들이 이룬, 신화에 대한 철학적 이성의 승리였다. 두 번째는 유럽의 계몽주의와 미신(기독교)의 철폐였다.[38] 그리고 세 번째 서구의 계몽은 아직 진행 중이다. 그 주장은 계몽주의와 그 가치들은 사실 그 자체가 미신의 형태였다는 아우슈비츠 이후의 폭로로 이루어져 있다. 다른 모든 가치보다 합리성을 더 중시했기 때문에 도구적 합리성이 탄생했고, 결국 그것이 다른 인간을 착취하는 행위를 가능케 했다는 말이다.

또한 간양은 합리성을 계몽주의의 냉혹한 새로운 신조信條였던 종교 같은 것으로 규정한다. "깨뜨려야 할 가장 큰 미신은 계몽 그 자체, 다시 말해 서구 계몽주의가 낳은 현대적 미신이다. 기술의 미신, 합리성이란 미신, 그리고 특히 '도구적 합리성'에 대한 미신, 인간이 자연을 수탈하고 노예화할 권리에 대한 미신, 서양이 중심이라는 이론에 대한 미신이다."[39] 간양은 마치 베버를 따라 말하듯이 이렇게 쓰고 있다. "서구 사회와 같이 시장 지향적이고, 고도로 상업화한 사회에서는 '환멸', 신성神聖의 상실, 맹목적으로 부를 추구하는 세속적 욕망, 그리고 다양한 형태의 인간 소외와 영적 소원疏遠 등이 현대화 과정의 필수 요소이다."[40] 지금은 삭제된 그의 첫 번째 온라인 글에는 1936년 베를린에서 열린 나치 집회에서 올림픽 성화 봉송 주자가 긴 통로를 따라 히틀러가 기다리고 있는 단상까지 달려 올라가는 사진이 실려 있었다.[41] 사진에 붙은 중국어 설명글은 사진의 의미를 보다 명확하게 보여준다. "이 유명한 장면에서 확인할 수 있듯, 현대 올림픽과 나치즘은 계몽주의의 양면을 상징한다."

적어도 양면이 있다는 것을 알면, 비난을 받는 서구는 안도할 수 있을 것이다. 그런데 우리는 이 비난을 앞에서 이미 보았다. 나치가 수용소에서 수백 만 명을 살해할 수 있었던 것은 합리적이고 목표지향적인 사고, 관료 체제의 권력자들, 그리고 인간의 생명보다 효율성을 더 중시하는 가치관 때문이었다는 비난이다. 간양은 과학의 진보를 그 자체로 미화하는 까닭에 우리는 "인간으로서 우리의 목적인目的因(아리스토텔레스가 말한 운동의 네 가지 원인 가운데 하나. 이외에 운동의 동인으로 동력인動力因, 질료인 質料因, 형상인 形相因이 있다-옮긴이)이 되어야 할 도덕적 근거"⁴²를 상실한다고 개탄했다.

서구를 비판할 때 서구의 관점 가운데 일부를 활용하면 확실히 편리하다. 대단히 놀랍게도, 베버는 강연집 《직업으로서의 학문Wissenschaft als Beruf》에서 플라톤의 원형Forms까지(!) 거슬러 올라가 도구적 합리성을 추론했다. 베버는 이성적 논증을 "누군가에게 논리의 나사를 박을 수 있는 편리한 수단"으로 여겼으며, "합리주의와 지성주의로부터 과학을 구원하는 것이 신성과 일치되어 사는 삶의 기본 전제"라고 주장했다. 그러면서 그는 플라톤의 (추상화된) 지식을 과학적 전문성의 원초적 형태라고 혹평했다.⁴³ 이 주장에 따르면, 플라톤은 이성적 사고의 기저에 위치할 뿐만 아니라, 그의 사상은 서구 자본주의에 충분치는 않지만 필요한 조건들을 제공했다.⁴⁴

이렇게 베버를 추종하는 과정에서 중국인들은 스스로 손해 보는 짓을 하고 있다. 서양 문화와 비교해 중국의 위상을 논하면서 서구에서 이런 사상들을 차용하는 것은, 중국의 풍부한 사상의 역사와 거의 관련이 없는 역사적, 정치적 전통과 연계된 이질적인 전문 용어를 차용하는 것이다. 베버의 사상은 중국을 볼 수 있는 거울이 될 수 없다. 기껏해야 사회, 역사, 경제 현상들이 (예를 들어 산업혁명, 과학기술의 진보, 자본주의, 민주주의 등등) 토론의 기초를 제공할 수는 있겠지만, 적절한 맥락에 놓일 수는 없기 때문이다.⁴⁵

베버의 방식을 채택하는 중국 학자들은 베버처럼 시간적, 문화적으로 특정 지역에 국한된 인물도 세계 전체에 대해 생각할 수 있다고 추정하는 듯한데, 바로 그렇기 때문에 자신들이 비난하는 문화 제국주의의 함정에 빠지는 것이다.[46] 베이징 대학교 류둥 교수는 이렇게 이의를 제기한다. "서구의 생생한 역사적 현실에서 나타난 이 '도구적 합리성'을 중국의 역사를 고찰하기 위한 기준선으로 삼는다면, 그리고 더 나아가 유교 사회의 '진보'를 판단하는 기준으로 삼는다면, 중국 문명에서 생성되어 그 안에 내재하고 있는, 역사적 진보를 평가하는 기준들은 더 이상 쓸모없는 것으로 간주되어 사라져 버릴 것이다."[47] 맞는 말이다.

인,
자리를
잡다

중국인들은 서양 전통에서 정해진 이성의 중심적 위치에 대해 그들만의 답을 가지고 있다. 그 답은 매우 오래되었으며, 소크라테스의 답과는 상당히 다른 것이다. 그것은 너무도 명료한 가치이기 때문에, 왜 서양 철학에서도 두드러진 특징 중 하나가 되지 않았는지 누구든 의아할 수도 있을 것이다.[48] 그것은 바로 '어질다, 너그럽다, 친절하다'란 의미를 품고 있는 가치, "인仁"이다. 플라톤과 아리스토텔레스가 칭송한 이성적 사고의 관념적 삶에 대한 대안으로서, 인仁은 선의善意를 품고 타인을 존중하며 대해야 하는 당위성을 표현하는 말이다. 한 학자의 말을 빌리자면, 인은 "어떤 사람이든 자신이 될 수 있는 가장 진실하고 성실하며 인간적인 사람이 되기 위해 평생 노력하는 것"을 필요로 한다.[49]

소리의 유사성과 시각적 형상이 모두 이 단어의 개념에서 중요한 역할을 한다. 인仁은 "인간" 또는 "사람"을 의미하는 인人과 발음이 같다. "사람이 된다는 것이 무슨 의미인지 두 가지로 구별되는 위상을 표현하는 용어가 인仁과 인人이고, 둘은 분명 질적으로 다르다.[50] 두 용어의 표의문자로서의 관계가 이 연결성을 강화한다. "자비로움, 관대함"의 뜻을 지닌 인仁은 사람[人]과 숫자 2[二], 두 글자로 구성되어 있다. 달리 말하자면, 사람은 정치적 동물이 아니라 사회적 동물이라는 의미이다.[51]

또 다른 중요한 동음이의어는 다스림과 의로움을 이어준다. 공자는 정[政, 다스리다]을 행하려면 자신이 정[正, 올바름, 곧음, 질서정연함, 또는 바로잡음, 바르게 함]해야 한다고 믿었다. 두 단어는 단순히 동음이의어가 아니라 본질적인 유사성을 지니고 있다. 공자는 "스스로 자신의 몸을 바로잡을 수 있다면[正] 다스리는 데 무슨 문제가 있겠는가? 자신의 몸을 바로잡지 못하면 아무리 명령을 내린다고 할지라도 남들이 따르지 않을 것이다"라고 말했다.[52]

심지어 인仁의 설명도 추상적인 원리보다는 현실적인 상황과 맥락을 반영해서 제시한다.[53] 그에 대해 니페이민倪培民은 이렇게 설명한다. "(제자들이) 인에 대해 물었을 때 공자는 제자들에 맞춰서 각기 다른 대답을 해주었다. 사람마다 성장에 필요한 부분이 다르기 때문이다. 이 사실은 인이 지성에 의해 이해되거나 받아들여지는 어떤 공식이라기보다, 숙달되고 체화되어 자신의 몸짓과 태도에 드러나는 일종의 예술에 더 가깝다는 것을 말해준다."[54] 놀랍게도 유가 사상에서는 인을 규정하거나 이론화하는 것이 인을 실천하는 것에 선행하지 않는다.[55]

아무리 카리스마 넘치는 교사가 두 전통 모두에서 교육한다고 할지라도 "덕은 곧 지식"이라는 소크라테스식의 역설은 결코 존재하지 않는다. 도덕과 이성적 숙고의 분명한 관련성이 (예를 들어 순수이성으로 검증된 칸트의 보편적 법칙이나 "생각한다, 그래서 나는 존재한다 Cogito, ergo sum"라고 했던 데카르트의 연역적 추론 같은 것이) 없다는 뜻이다. 인을 통해 어떻게 도구적[수단적] 측면에서 삶을 생각할 수 있겠는가? 그렇기 때문에 공자는 자신에게든 아니면 타인에게든 "군자는 일정한 기물이 아니다"[56]라고 말했던 것이다.

이분법과의
이별

중국에서는 우리가 누구의 말에 귀를 기울이는지에 따라 플라톤과 유가의 정전正典은 비슷해 보이기도 하고 그렇지 않기도 하다. 물론 도구적 합리성 주장의 관점에서 보면 둘의 결과와 방법은 뚜렷하게 구분된다. 플라톤의 대화편에는 변증법과 무모순율의 원칙에 따라 전개되는 35개의 대화가 있으며, 가끔 신화가 등장해 재미를 주기도 한다. (물론 플라톤의 마지막 저서인 《법률 Laws》은 대화편에 속하지 않는다.)[57] 이 저서들은 보편적인 진리를 주장하려고 시도하지만, 실제로는 최종적인 답을 제시하기보다는 생각을 자극하는 경향이 있다.

유가 경전은 고대의 시편과 송가頌歌를 모은 《시경》, 점술에 관한 책 《역경易經》, 궁중의 의례를 설명한 《예기》, 주나라 시대 통치자들과 관리들이 쓴 문서 모음인 《서경書經》, 균형 잡힌 바람직한 삶의 태도와 선택에 관한 책 《중용中庸》, 공자와 제자들의 대화를 모은 《논어》, 맹자와 왕들이 나눈 대화를 모은 《맹자》 등으로 구성되어 있다. 《논어》,《중용》,《대학大學》은 고대 그리스 철학에 가장 가까운 형식을 취하고 있는 듯하지만, 그럼에도 불구하고 변증법이나 연역적 방식 또는 삼단논법보다는 대화와 비유, 군자와 왕의 적절한 언행에 대한 다소 난해한 주장 같은 서술 방식을 취하고 있다.[58] 공자 자신은 소크라테스식의 논증 기법을 습득하는 것을 특권으로 여기지 않았으며, 오히려 "교묘한 언사와 알랑거리는 태도에는 인이 드물다"[59]고 말했다. 도가道家의 장자莊子 역시 "도道"에 이르는 수단으로 이성과 논증을 사용하는 것을 거부했다. "추론을 통해서는 도에 대해 알 수 없다. … 추론하는 것보다 침묵하는 것이 낫다"는 입장이었다.[60]

이런 윤리적 전통은 선善을 달성하기 위한 방법이자 목표로서 '이성'을 앞세우는 것을 가치가 있다고 여기지 않았다.[61] 서양의 윤리적 전통은 그 형태와 소리가 다르다. 서양의 윤리 전통은 "자유분방한 합리성과 논증에 대한 이상理想들로 가득 차 있다."[62] 많은 비교 철학자들은 이것이 윤리 담론에서 대단히 중요한 부분이라고 생각하며, 그렇기 때문에 일반적으로 서양의 다른 영역에서는 인정하지 않을 만한 것도 철학에서만큼은 허용하고 있다. 그래서 결과는 여전히 형태상으로 현저하게 이분법적이다.

데이비드 홀David L. Hall과 로저 에임스Roger T. Ames는 고전 중국과 서양 문화에서 주된 사고방식은 각각 유추적 사고와 합리적 사고로 규정할 수 있다고 주장했다. 서양 철학은 인간 중심적 사고방식에 의해 훼손되지 않았기 때문에, "인간의 영역에서 유추에 의해 형성된 개념들의 기원을 억압"하게 되었다는 것이다.⁶³ 《논어》를 번역한 아서 웨일리Arthur Waley는 번역본 서문에서, 《논어》에는 지속적인 논리적 추론이나 합리적인 논증이 거의 포함되어 있지 않다고 주장한다. 반면 사회심리학자인 리처드 니스벳Richard E. Nisbett은 이에 대해 다음과 같이 설명하고 있다. "유가의 전통에서 모든 것은 서로 연결되어 있고, 상호 의존적이며, 끊임없이 변화하기 때문에, 항상 그 맥락 안에서 모든 것을 살펴봐야 한다. 이에 비해 서양인들은 서술[주장]을 탈맥락화decontextualize하는 경향이 있는 플라톤과 아리스토텔레스의 논리적 접근 방식을 받아들였기 때문에, 그들의 서술[주장]은 모든 조건 하에서 항상 맞는[옳은] 것으로 유지될 수 있다(그리고 그렇기 때문에 '참'인)."⁶⁴ 앵거스 그레이엄Angus Graham도 같은 주장을 한다. "거의 모든 중국의 철학 '체계'가 추상적 사변思辨과는 무관한, 실용적이고 도덕적이며 신비주의적인 인생철학이란 사실은 잘 알려져 있다. 그러므로 중국의 유가들이 추론의 형태에 대해 거의 관심을 갖지 않았다는 사실은 놀랍지 않다."⁶⁵ 증자曾子는 "날마다 세 번씩 내 자신을 성찰한다"고 말했다. 자기 자신과 친구들에 대한 성실과 신뢰, 자신에게 주어진 바를 실천하는 정성에 대해 되돌아본다는 의미이다.⁶⁶

어떤 철학자들은 이런 두 윤리적 전통의 차이는 반대로서의 반대 개념이 존재하느냐 여부에서 시작된다고 주장한다. 서양의 우리는 보통 "검은색은 흰색의 반대"라고 말한다. 하지만 다른 관점에서 보면, 검정과 하양은 모두 하나의 개념 영역인 '색'에 속하며, '반대가 아닌'

다른 색 개념과 영역을 공유한다. 토니 팡Tony Fang은 일반적인 중국인들의 사고에 대해 이렇게 설명한다.

> (중국인들은) 진정한 모순[반대]의 실체를 부정하고, 대립의 조화를 인정하며, 대립의 공존을 영원한 것으로 간주한다. 진정한 모순[반대]을 믿는 것은 일종의 오류라고 여긴다. 서구의 변증법적 유물론에서는 모순을 실재하는 것으로 취급하지만, 형식 논리학의 법칙이 아니라 변증법의 세 가지 법칙에 맞춰서 아리스토텔레스의 전통과는 다르게 모순을 정의한다.[67]

소크라테스가 대화 상대에게 질문을 던지고 그들의 자기모순을 지적하며 때로 그 과정에서 대화 상대를 완전히 녹초로 만들었던 것처럼, 서양은 세계를 이해하는 음양론과 같은 양자포용의 접근법을 받아들이지 않고, 양자택일의 논법에 지나치게 몰두한다.[68] 서양인들은 자기 눈에 보이는 모순을 있는 그대로 놔두지 않고 해결하고 싶어 한다. 그래서 부적절할 수도 있는 가치 기준을 적용하는 결과를 낳는 것이다.

유교 전통 안에 있는 합리성에 대해 계속 논의해보자면, 그 전통의 옹호자로 자임하는 사람들은 합리주의적 (도구주의적인 것은 아니더라도) 사고에서 발전한 사상이 유교 전통에 많다고 지적한다. (아마도 그들은 음양의 우주관에서는 생각해서 안 될 이분법적인 측면에서 여전히 생각하고 있는 듯하다.) 확실한 것은 유가의 격언과 은유는 종종 이야기와 은유의 밑바탕이 되는 합리적 추론의 숨겨진 핵심을 기반으로 한다는 점이다.[69] 주희를 비롯한 여러 학자들이 집대성한 성리학은 유가 사상의 보다 합리적이고 대중적인 형태를 대변하며, 도교와 불교에서 유가로 슬그머니 유입된 미신적이고 신비주의적인 요소들을 거부했다.[70] 심지어 구문句文의 요소에 기반을 둔 연역법이 소피스트와 같은 추론의 접근법과 유사했던 (유가가 아닌) 묵가墨家의 전통도 있었다.

갈수록 엄격해지는 시진핑 정부의 통제에도 불구하고, 정치 분야에서는 도구적 합리성의 형태를 띤 중국 고유의 법가주의 전통에 대한 언급 없이, "합리성"에 대한 모든 논의가 이루어지고 있다는 점은 눈에 띈다. "무릇 어짊과 의로움, 변론, 지혜는 국가를 유지할 수 있는 수단이 아니다."(夫仁義辯智, 非所以持國也《한비자·오두》-옮긴이) 기원전 3세기 중엽 자신의 이름을 책 제목으로 삼은, 유명한 법가 사상가 한비자韓非子가 한 말이다. 그런데 정치학자 피터 무디Peter R. Moody는 이렇게 말한다.

> 또한 한비자는 … 도구적(그러나 도덕적이지 않은) 합리성에 따라 하는 행동은 관념으로는 이해할 수 없으며, 오로지 본문에서 '시時'라고 부르는 맥락[상황]에서만 이해할 수 있다고 주장한다. 보다 유용한 형태의 정치 분석은 합리적이라는 것을 재구성하는 데에 국한되지 않고, '시'의 특성까지 추적하는 것이다. '시'는 행동을 제약하고, 최소한 합

리성을 구성하는 것이 무엇인지 한정하는 정치적, 역사적, 문화적, 심리적 배경[상황]이다. … 그것은 현대의 합리적 선택 이론과 똑같이 인간의 행동과 정치적 행위에 대한 개인주의적이고 도구주의적인 가정을 전제로 한다. 즉 정치적 행위는 개인의 목표를 달성하려는 이기적인 개인의 행동으로 이해될 수 있다는 가정이다.[71]

공자는 《논어·이인里仁》에서 "군자는 의리에 밝고, 소인은 이익에 밝다"(君子喩於義, 小人喩於利-옮긴이)고 했으니, 아마도 경악했을 것이다. 하지만 우리는 그다지 유가적이지 않은, 상당히 도구주의적인 접근 방식으로 중국 경제에 접근했던 덩샤오핑의 유명한 말을 떠올릴 수 있을 것이다. "고양이가 검은색이든 흰색이든 쥐만 잘 잡으면 된다."

한편, 만약에 우리가 선험적 합리성을 토대로 만들어지지 않은 우화寓話와 비유들을 모두 포함시키고자 한다면, 플라톤과 아리스토텔레스의 (심지어 데카르트까지) 저술에도 비합리적인 내용이 상당히 많이 담겨 있다. 홍콩 대학교 철학과 교수인 채드 핸슨Chad Hansen은 이렇게 쓰고 있다.

> 만약 생각을 예증하기 위한 비유, 은유, 우화의 사용이 일관되고 논리적인 해석을 어렵게 한다면, 서양 전통의 위인들 중에 우리가 합리적으로 해석할 수 있는 사람은 거의 없을 것이다. 플라톤의 동굴 우화와 데카르트의 사악한 악마 은유는 사실 창작자의 철학 체계에 동기를

부여하는 강력한 이미지이다.[72]

그럼 결국, 정말로 중요한 것은 무엇일까? 유교 전통이 사회의 질서를 확립하기 위해, 인간 정신의 특성을 설명하기 위해, 또는 신의 존재를 사실로 상정하기 위해, 또는 심지어 독자들과 철학자가 되고자 하는 사람들을 설득하기 위해서 "합리성"을 강력한 도구로 여기며 중요하게 활용하지 않는다면, 대체 왜 그것이 어떤 판단의 기준이 되어야 한단 말인가?[73] 진리에 대한 추상적 이론들이 경험적 이론들보다 낫다고 생각할 이유가 전혀 없으며, 그 논거의 이분법적 평가가 처음부터 잘못되었기 때문에, 이 비교에서 승자는 존재하지 않는다.[74]

현재 진행되고 있는 "합리성 논의"의 또 다른 특징을 수용할 이유도 거의 없다. 즉, 계몽주의 전통과 그 해로운 결과가 직접적으로 칸트에서 비롯되었고, 때로는 인간 정신의 최고 원리로서 합리성을 강조한 플라톤에서 그 시작점을 찾을 수 있다는 견해를 받아들일 필요가 없다는 뜻이다. 앞서 언급했다시피 칸트가 어떤 사람도 타인에 의해 목적으로 이용되어서는 안 된다고 주장했든(그를 합리성의 '약장수'로 분류하고자 한다면 불편한 견해임), 또는 플라톤적 합리성의 목적이 국가의 안녕과 안정이었든, 신경 쓰지 않아도 된다.[75] 칼리폴리스는 일종의 우생학에 의존했을지 모르지만, 그 불쾌한 사실에도 불구하고 우리는 (증명하지 않고) 함부로 플라톤을 홀로코스트에 연루시킬 수 없다.[76] 물론 플라톤의 합리성 고양高揚은 전혀 이성적이지 않은 (내가 생각하기에

인仁에 대한 상식적인 견해와 전혀 다른) 선험적 가정에 기반을 두고 있었고, 소크라테스조차도 때때로 특유의 연역적인 변증법 활용을 자제하고서 보다 설득력이 있는 이야기나 신화에 의지했다.[77]

당연히 이 담론을 형성하는 "인仁 대 합리성"이라는 틀에는 다른 문제도 있는데, 무엇보다 서구의 엄청난 기독교 영향력이 배제되어 있다는 점이다. 그럼에도 불구하고, 특히 시진핑의 새로운 민족주의와 관련해서 유가 경전은, 플라톤에 대한 각주에 불과하든 그렇지 않든, 지금은 서양 철학보다 더 나은 대안의 전령사로 여겨지고 있다. 여기에 현대 중국 사회를 형성해왔고, 형성할 수 있으며, 또한 그래야 하는 고대의 가치들이 있다.

5.4운동 당시에 유행했던 유가 사상에 대한 비판과 서구 논리학[논법]에 대한 열망은 사라졌다. 이제 이야기는 이렇게 흐른다. "서구의 계몽주의가 사람들을 지배하고 노예로 삼기 위한 수단으로 합리성을 들고 나왔는데" 중국에서는 "가치 합리성이 현대인의 요구를 충족시킬 필요성을 배제하지 않지만, 당장의 이익과 장기적인 이익의 변화를 고려하면서 미래 세대의 발전에 더 많은 관심을 쏟는다."[78]

내 생각은 이렇다. '태평양 양끝의 학자들이 기록해놓은 견해들은 충분히 살펴보고 이해해야 하며, 음양陰陽이 영향력 있는 개념으로 자리 잡을 수 있는 여지는 충분하지만 오늘날 서양이 중국보다 더한 도구적 합리성의 온상이라고 생각할 이유는 거의 없다.' 중국의 빠른 경제 성장이 결코 갑골甲骨로 점을 쳐서 얻은 것이 아니기 때문이다. 또한 "합리성이 무엇인가?"라는 질문에 대해 깊이 생각할 것을 제안한다. 합리성은 정말로 사람들을 노예로 만드는 수단일까? 합리성은 "합리화" 과정은 물론 경제 발전과도 연결되어 있지만, 서구 사회에서 집단적으로 '도덕적 좀비상태moral zombiehood'를 초래하는 것은 그리 간단한 일이 아니다. 서구의 신고전주의 경제학의 주장들이 사익 추구의 "합리적" 원칙들에 기반하고 있지만, 만약 일부 사람들이 사익 추구를 합리적이지 않다고 여긴다면 어떻게 될까? 지금쯤 여러분이 정확히 이해하고 있으리라 기대하는, "합리성"이라는 용어에 내재된 정치적 유연성, 의미의 유연성에 따라, 그 개념은 어느 방향에서든 정치적 유용流用이 가능할 것이다. 그리고 이 점을 지적한 것은 내가 처음이 아니니다.

고대의 그리스와 중국을 비교 연구해온 위대한 학자 제프리 로이드G. E. R. Lloyd(1933~)는, 학자들이 합리성과 비합리성이라는 이분법적 대립에 기대는 경향은 환원주의적(복잡하고 난해한 현상을 기본적이고 간단한 특징으로 환원해서 이해하려는 사고방식-옮긴이)이고 일반화이며, 그 자체로 지극히 서구적인 접근방식이라고 주장해왔다.[79] 합리와 불합리로 나누는 이분법은 고대 그리스 철학과 수학에서 비롯된 것인데, 이런 이분법은 다른 문화권 안에 있는 것은 물론이고 "저기 밖에 있는" 것을 설명하기에도 부적합한 도구이다. (우리는 이미 음과 양 사이의 통합적 사고를 본 바 있다.) 로이드가 강조하듯이, 우리는 "이런 이분법의 보편적 타당성에 대한 가정에 너무 쉽게 매몰되는 것을 피해야 하며,

대립하는 사고를 반박하기 위해 은밀하게 사용하는 것에 대해서도 항상 경계해야 한다."[80] 지금까지 우리는 이분법을 거의 모든 사람이 사용하는 도구로 보았지만, 그것은 비교를 단순화하는 것이 아니라 복잡하게 만들기도 한다.[81]

    결국 중국이 "서양의 합리성"을 받아들일 필요가 없는 것만큼이나 서양도 "중국의 영성靈性"을 받아들일 필요가 없다는 결론에 도달한다. 이런 (합리성이나 영성 같은) 공허한 용어들은 토론과 이해를 위한 출발점으로서가 아니라, 정치적 공격과 속임수로 작용할 뿐이다. 이제는 학자들이 21세기 중국과 서구를 특징짓는 여러 측면에 대해 차용하거나 너무 단순한 대답이 아닌, 독창적이고 다층적인 대답을 고안해서 소통해야 할 때이다.[82]

5 레오 스트라우스의 간주곡

스트라우스가 서구 문명의 원류를 천착穿鑿한
것은 우리도 중국 문명의 뿌리를 돌아보아야
한다는 점을 이해하게 해준다. … 이런
의미에서 우리가 스트라우스에게서 얻은
가장 큰 혜택은, 지난 백 년 동안 계속된
서구에 대한 우리의 모방이 마침내 끝날 수도
있음을 깨닫게 한다는 점이다.

_ 장원타오張文濤

이제 서구의 정치 이론가인 레오 스트라우스가 느슨하게 결합된 현대 중국 학자들의 그룹에서 인기를 얻고 있는 특이한 현상에 대해 살펴보고자 한다. 중국의 "스트라우시언"에 대해서는 이미 많은 글들이 발표되었다. 그 중국의 지식인들은 새로운 밀레니엄이 시작되기 전부터 스트라우스의 저술을 열렬히 받아들였는데, 미국의 정치 사상가들은 이 현상에 대해 놀라워했다. 왜냐하면 대부분의 서구 정치 사상가들에게 레오 스트라우스는 상대적으로 덜 중요한 학자이기 때문이다.[1]

그러나 스트라우스의 이론은 특정 중국 지식인 그룹에게는 상당히 유용한(도구적 방식에서인지, 가치 합리적 방식에서인지는 불분명하지만) 것으로 입증되었다. 그들은 스트라우스 스스로 그랬던 것처럼 그의 생각을 일종의 렌즈처럼 활용해 서양의 정전正典 텍스트를 재해석한다. 스트라우스와 마찬가지로 중국의 스트라우시언들도 고전 고대가 현대성에 상실해버린 유익한 가치 체계를 우리에게 선사한다고 주장한다. 즉, 우리 서양의 이교도들이 현대의 방식을 내려놓고 "고대인들에게 돌아가야" 할 때라는 것이다. 이는 고대인들을 바라보는 상당히 특별한 시선이긴 하지만, 그와 별개로 요즘에는 지지를 거의 얻지 못할 듯하다. 고대인들에게 돌아간다는 생각은 우리들 대부분에게 불쾌한 충격으로 다가오기 때문이다.

그러나 우리가 앞에서 보았듯이, 공자를 비롯한 고대 사상가들이 여전히 현재의 가치관과 깊이 관련되어 있는 중국 같은 나라에서 고대의 유산을 소중히 여기는 것은 그다지 급진적인 시각이 아니다. 따라서 이런 관점을 찾기 위해서 굳이 스트라우스에게 눈을 돌릴 필요도 없다. 게다가 스트라우스는 현시대를 줄곧 비난하고 있었지만, 대다수 중국인들은 자신들이 오랜 세월 이어진 전통적 가치들을 계속 떠받들고 있다고 생각한다. 그럼 왜, 민족주의 성향의 중국 지식인들은 스트라우스의 주장과 방법론을 차용하고자 하는 걸까? 외국 사상가의 사회적, 정치적 가치를 자기 것으로 받아들인다는 것은 대담한 결정이다. 이 중국 학자들은 스트라우스의 주장과 방법론을 활용함으로써, 오늘날 세계에서 중국이 차지하는 위상에 대한 질문들에 전체적인 답을 내놓을 수 있었다.[2] 그런데 그 중국인들은 자신들에 대해서만 이야기하려고 스트라우스를 활용하고 있는 것은 아니다. 그들은 서구에 대한 그의 관점도 좋아한다.

스트라우스의
예언

　　　　　　　레오 스트라우스에 대한 관심이 갑자기 커진 것은 2000년대 초반이다.³ 1980년대에 이미 스트라우스의 몇몇 책들이 중국어로 번역되었지만, 그의 사상 본체가 많이 알려지기 시작한 것은 스트라우스 사상을 흠모한 두 명의 유명 교수들 덕분이다. 우리는 이미 그 두 사람을 만났다. 한 사람은 류샤오펑으로, 중국 런민 대학교 문학원 교수이자 고전연구센터의 소장을 맡고 있으며 중산 대학교 교수이다. 류 교수는 한 세대의 성실한 학생들에게 스트라우스의 철학적, 정치적 주장들을 서양 고전 문헌에 대한 최상의, 심지어 가장 윤리적인 해석 접근법으로 채택하도록 권장했으며, 그의 뒤를 따르고자 하는 다른 이들에게 하나의 모델을 제공했다. 다른 한 사람은 저명한 학자이자 중산 대학교 보야 학원 총감을 역임하고 현재 칭화 대학교 신야서원新雅書院 원장과 총감을 겸직하고 있는 간양이다.⁴

　　지난 세월 동안 두 학자는 개혁주의자에서 신보수주의자로 자신의 길을 개척해 왔는데, 그 여정은 중국의 문화와 민족성을 비판하며 명성을 얻었던 1980년대의 많은 중국 지식인들이 지금은 "전통적 가치"에 뿌리내린 민족주의 정서를 지지하는 것과 유사하다.[5] 두 학자는 논쟁을 불러일으키기도 하지만, 대중에게 잘 알려져 있고 영향력이 있는 사상가들이다. 그리고 두 사람 모두 스트라우스를 통해 오늘날 중국이 어떻게 자리매김해야 하는지에 대해 말해왔다.

간양과 류샤오펑은 스트라우스의 연구에 대해 다양한 글을 써서 발표했다. 류샤오펑의 저작으로는 《고슴도치의 유순함: 다섯 편의 정치철학 에세이刺猬的溫順》, 《레오 스트라우스의 길特勞斯的路標》, 《니체의 이국적이고 난해한 가르침Nietzsche's Exotic and Esoteric Teachings》 등을 비롯해 다수의 책과 논문이 있다.

간양의 저술 중에는 중문으로 번역한 스트라우스의 《자연권과 역사Natural Right and History》에 실려 있는 장문의 '역자 후기' 글도 있는데, 이는 나중에 《철학자 레오 스트라우스政治哲人施特勞斯》라는 제목의 단행본으로 출간되었다. 또한 2014년에는 스트라우스와 고전 연구에 관한 책을 편집 출간하기도 했다.[6] 보다 중요한 점은, 이 두 사람이 스트라우스의 거의 모든 저작을 번역했을 뿐만 아니라, "헤르메스: 경전과 해석Hermes: Classicals & Interpretation" 시리즈에서 앨런 블룸Allen Bloom(《미국 정신의 종말Closing of the American Mind》을 통해 레오 스트라우스 사상을 대중화시키는 데 결정적인 역할을 했다-옮긴이)이나 세스 버나데티Seth Bernardete와 같은 서구의 스트라우스주의자들이 저술한 많은

책들의 중문 번역 작업을 지도하고 감독했다는 점이다.[7]

류샤오펑과 간양이 처음부터 스트라우시언이었던 것은 아니다. 1980년대에 그들은 서구화를 지향하는 진보주의자에 가까웠다. 두 사람은 "신계몽주의 시리즈"《문화: 중국과 세계文化: 中國與世界》의 편집에 참여하면서 니체의《비극의 탄생》, 하이데거의《존재와 시간》, 막스 베버의《프로테스탄트 윤리와 자본주의 정신》등을 서구 사상에 목마른 식자층 독자들에게 소개했다.[8] 서양의 중요한 저작에 대한 이런 관심은 1980년 후반의 전형적인 모습이었는데, 5.4운동의 여러 주제를 재조명한 "문화적 열망"의 시기이자 간양과 류샤오펑의 정치적 관점이 개혁을 주창하는 학생들의 그것과 가까웠던 시기이기도 하다.[9]

간양은 5.4운동을 "중국 문화가 전근대에서 현대적 형태로 급진적으로 변화하기 시작한 출발점"이라고 규정하며, "1980년대에 중국에서 문화 논의의 근본적인 과제는 이런 역사적 변화를 과감하게 완수하는 것이며, … '중국 문화의 현대화'를 완전히 실현하는 것이다"라고 주장했다.[10] 심지어 간양은 한 논문에서 5.4운동 시기의 슬로건이었던 민주주의와 과학보다 우선하는 개인 자유의 중요성을 강력히 주장했는데, 이는 서구화를 주창한 이전의 개혁가들보다 더 진보적인 생각이었다. 1986년 논문에서는 이런 주장도 했다. "만약 오늘날의 중국 지식인들이 여전히 '자유가 우선이다'라는 기치를 높이 들지 않는다면, 중국은 21세기를 맞이하는 행운을 갖지 못할 것이다."[11]

간양은 "현대 서구 문화, 특히 막무가내로 거부되고 배제된 자유,

민주주의, 그리고 법치의 기본 가치를 다시 도입하기 위해" 고통을 감내하자고 중국 지식인들에게 호소하기도 했다.[12] 이런 모든 주장은 1990년대 후반 이후부터 변한 그의 입장과 대조를 이룬다. 예를 들어, 1997년에 그는 중국의 부상浮上에 가장 큰 걸림돌로 작용하는 것은 허약한 중앙 권력이라고 주장했고, 1년 뒤에는 "전체적으로, 혁명과 급진 변혁론에 대한 중국 지식인들의 숙고(그리고 반성)는 끝났으며, 그런 숙고와 자기반성이 중국 지식인 세계에서 자유주의에 대한 이해를 심화시키지는 못했다"고 말했다.[13]

류샤오펑은 학생과 노동자의 운동이 탄압을 받던 시기에 중국을 떠났다. 그리고 1990년대에 다른 모습으로 중국에 돌아와 서구의 민주주의 이상에 의존하지 않는, 보편적인 윤리 가치를 찾고자 한다고 공언했다. 그는 기독교에서 그 해답을 찾기로 결심하고 자신을 "문화 기독교인"(독실한 신자는 아니지만 자신의 정체성과 사고가 기독교 문화에 기반한다고 인식하는 사람-옮긴이)으로 규정했다. 이후 그는 《도道와 로고스Logos》, 《중국과 기독교 문화의 만남》, 《십자가의 진리에 접근하기》, 《개인의 신앙과 문화 이론》, 《구원과 소요拯救與逍遙》 등, 자신의 새로운 견해를 담은 여러 권의 책을 발표했다.[14]

특히 그는 《구원과 소요》에서 현재에 만족하며 그저 어슬렁거리기[소요]만 하는 중국인과 서구의 기독교적 이상을 대비했다.[15] 그는 자신의 동포들이 사회의 모델을 찾기 위해 중국의 피비린내 나는 왕조의 역사, 즉 인간 사이에서 만연했던 노골적인 부정不正을 은폐하기 위해 "하늘의 명령[천명]"이 발동되었던 역사로 눈을 돌려서는 안 된다고 주장했다. 그가 생각하기에 의미 있는 삶은 유가 전통이 아니라 기독교의 초월적 신에게서만 나올 수 있으며, 유가 전통이 기독교와 혼합된 상태일지라도 (그가 홍콩과 타이완의 신학자들의 행태를 비난할 때처럼) 그 사실은 달라지지 않는다는 것이다.[16] 심지어 그는 중국의 철인들이 논리적 구조를 강조하지 않았고 분석에도 관심이 없었다는 오래된 비판을 반복하기도 했다.[17]

윤리적 가치의 원천을 찾고자 하는 열망, 혹은 최소한 허무주의를 배격하려는 열망 역시 스트라우스와의 만남에 영향을 끼쳤다. 류샤오펑은 막스 베버, 카를 슈미트Carl Schmitt(1888~1985)를 비롯한 여러 학자들의 저작을 읽고 나서 스트라우스에 대해 깊은 지적 친밀감을 느꼈다고 한다. 1994년에 스트라우스의 《서양 정치철학사History of Political Philosophy》 서문과 맺음말을 읽자마자 그는 충격을 받았다. 그때의 느낌에 대해 그는 이렇게 말했다. "가치 상대주의와 허무주의에 대한 스트라우스의 끊임없는 투쟁은 《구원과 소요》에 썼던 내 관점과 거의 같았다. 내가 이 사람과 이렇게나 가깝다니!"[18]

때마침 류샤오펑에게는 자신과 스트라우스의 식견을 전파할 수 있는 좋은 매체가 있었다. 바로 앞서 언급한 "헤르메스: 경전과 해석" 시리즈인데, 그의 주관 하에 중문으로 번역된 많은 서양 정치 이론의 고전들을 비롯해, 지금까지 500여 권의 작품이 포함되어 있다.[19] 플라톤, 호머, 핀다로스Pindar, 아리스토텔레스, 홉스, 니체 등의 연구 성과도 그 시리즈의 일부이다. 이 방대한 번역서들 중에는 서문에 스트라우스의 이론이 인용된 책들이 많고, 《홉스의 정치철학 The Political Philosophy of Hobbes》, 《폭정에 관하여 On Tyranny》, 《자연권과 역사》 등 스트라우스의 주요 저작이 모두 포함되어 있다.[20] 또한 그 시리즈에는 앨런 블룸, 칼 하인리히 마이어 Karl Heinrich Meier, 하비 맨스필드 Harvey Mansfield와 같은 서양 스트라우스학파 사상가들의 논문과 저서도 들어 있다. 류샤오펑은 (지금은 폐간된) 《고전연구》 학술지를 창간하기도 했다. (학술지의 창간 선언문은 3장에서 이미 소개한 바 있다.) 한때 그의 제자들을 포함해 스트라우스학파의 여러 동료들은 그 학술지에 저자로서 많은 글을 발표했다. 또한 그는 2002년에 스트라우스에 관한 775쪽 분량의 방대한 책, 《스트라우스와 고전 정치철학》을 편찬하기도 했다.[21]

간양은 상당히 최근까지도 그의 친구와 동료들처럼 스트라우스학파에서 신보수주의자로 평가되었다. 스트라우스학파의 온상인 시카고 대학교 사회사상분과위원회에서 박사과정 공부를 한 10년 동안 그는 분명 많은 변화와 성장을 겪었을 것이다. 실제로 그는 2002년에 출간된 스트라우스의 《자연권과 역사》의 중국어 번역본 역자 서문에서, 1980년대 미국 사회의 보수적 분위기에서 스트라우스의 정치철학이 얼마나 중요한 위치에 있었는지에 대해 언급한 바 있다. 간양은 "서양 고전의 관점에서 서양의 현대성과 자유주의에 대한 비판적 검토"라는 스트라우스의 주장을 강조했다. 그는 마키아벨리, 니체, 칸트, 하이데거, 롤스 등을 인용하면서, 생경한 중국 독자들을 위해 스트라우스의 메시지를 이렇게 의역했다.

> 서구의 현대성은 (고대부터 형성된) 이 도덕적 토대를 뒤엎었으며 점차 자신들의 조상과 노년 세대를 존중하지 않게 되었는데, 이는 "현대적인 관념"이 본능적으로 이른바 '진보'와 '미래'만을 믿기 때문이다. … 그러므로 현대성의 가장 큰 아이러니는 "합리성의 확장이 심화될수록, 허무주의가 팽배해지고, 우리가 사회의 충실한 구성원이 되기 점점 힘들어진다"는 점이다. 1930년대부터 스트라우스는 현대성의 가장 심각한 문제는 이른바 "지적 정직성[진실성]intellectual probity" 또는 "철학적 자유 philosophical freedom"라고 믿었다.[22]

간양은 이런 다소 이해하기 힘든 말도 덧붙였다. "미국의 보수적인 학자들은 종종 1960년대의 미국을 동시대 중국의 '문화대혁명'에 비유하며, 1960년대에 미국에서 일어난 사회 변화가 미국에게 재앙을 야기한 '미국판 문화대혁명'이라고 말한다." 그는 이런 견해의 지지자로 "이지적인 역사학자 폴 크리스텔러 Paul Oskar Kristeller(1905~1999)"를 인용했다. (나는 그가 르네상스 시대를 연구하는 학자라고 알고 있다.) 어쨌든 그 메시지는, 막스 베버와 마찬가지로, 스트라우스가 이들 학자들이 열렬히 채택하고 싶어 했던 현대성에 대해 부정적인 메시지를 전달했다는 것이다.

스트라우스가 고대와 현대 사이에 존재하는 현격한 도덕적 간극에 대해 강조했다는 점은, 옳든 그르든 그의 책을 읽은 중국의 독자들의 눈에는 자유민주주의에 대한 비난과 중국 민족주의 가치에 대한 지지를 모두 가능하게 해주는 것으로 보였다.[23] 윙레이화는 이렇게 말한다.

> [중국의 스트라우스 추종자들은] 민주주의의 대안을 찾는 데에 지대한 관심을 가지고 있지만, 그런 대안이 레오 스트라우스의 사상에서 항상 찾아지는 것은 아니다. 스트라우스의 정치철학을 가장 격렬하게 비판한 샤디아 드러리Shadia B. Drury(1950~)조차도 저서 《레오 스트라우스의 정치사상The Political Ideas of Leo Strauss》에서 스트라우스는 엘리트주의자이지 반민주주의자는 아니라고 평가했다. 그러나 중국의 플라톤주의자들이 해석하기로는, 엘리트 지배계급을 양성하는 의도는 민주주의에 대한 비판, 그리고 유가의 정치적 전통과 마오주의 유산에서 정치적 대안을 찾으려는 집착과 공존한다.[24]

이런 식으로 서구의 현 자유민주주의에 대한 스트라우스의 견해를 민주주의와 자본주의 형태의 서구 사회에 매료된 중국인들을 상대로 사용할 수 있게 되었다.

마침내, 스트라우스를 활용함으로써 류샤오펑은 플라톤과 유가 전통이라는 두 가지 고대 사상의 만남을 정교하게 설계할 수 있었고, 이제 가장 중요한 측면에서 양자가 서로 조화를 이루도록 만들 수 있었다.[25] 예를 들어 "스트라우스와 중국"이란 제목의 글에서 류샤오펑은 스트라우스와 중국의 만남(서양 고전 철학과 유가 철학의 상호 만남을 의미하기도 함)은 "고전적 정신의 만남"[26]이라고 주장했다. 이 두 전통이 결합하면 민주주의와 평등 같은 서구의 성가신 "보편적" 가치에 대한 윤리적 대안을 찾을 수 있다는 것이다.[27] 또 다른 학자 탕스치唐士其는 유가와 스트라우스학파의 철학을 세 가지 측면, 즉 영혼의 위계位階, 비교적秘敎的 작법, 정치와 철학의 관계 등으로 비교할 수 있다고 제안했다.[28] 그러나 그에 따르면, 스트라우스는 중국어에서 "있다, 되다[to be]"는 말이 실존적이지 않다는 것을 이해하지 못했기 때문에 완벽하다고 말할 수 없다.

유가의 고전과 서양 고전의 이런 등식은 (어쨌든 스트라우스 방식의 해석에 따르면) 현대 문명보다 고대 문명의 가치에 더 큰 힘을 실어준다고, 스트라우스의 팬들은 믿고 있다. 우리가 윤리적 가치를 찾는 여정에서 길을 잃지 않도록 스트라우스를 도덕 지도자로 삼아야 한다는 의미이다. 류샤오펑의 말을 빌리자면, "우리가 레오 스트라우스를 인용하는 이유는 현대 교육이 옳고 그름, 정의와 불의를 구분하는 법을 가르치지 않기 때문이다. 스트라우스는 우리에게 고대의 위대한 작품들을 살펴보라고 알려준다. 따라서 우리는 중국 고대든 서양 고대든 그 유산 위에 도덕 체계를 구축해야 한다."[29] 그 체계는 자유가 아니라 미덕을 바탕으로 형성되어야 하며, 마땅히 해야 할 것을 무시하게 되면 의심할 여지없이 허무주의로 귀결된다고 류샤오펑은 주장한다.[30] "몇몇 중국 지식인들은 서구의 현대 사상에 의해 계속해서 타락할 것인지 아니면 플라톤을 통한 재교육을 받아들일 것인지, 중대한 선택을 해야 한다."[31]

이런 식으로 류샤오펑과 간양을 비롯한 중국의 스트라우시언들은 지금까지의 중국과 서양의 대립을 고전 고대와 계몽주의 이후 사상의 새로운 대립으로 전환시켰다. 이제 공자는 고대인들의 집단적 지혜에 기여한 인물로 그려질 수 있게 되었다.[32] 계몽주의 이후 특정 지식의 원천으로 간주되는 과학의 진보를 향한 현대의 탐험은 윤리 가치뿐만 아니라 궁극적으로 진리라는 개념 자체를 폐기하도록 만들었다. 그렇다면 벼랑 끝에서 과연 어떻게 되돌아갈 수 있을까? 중국의 스트라우시언들은 계몽주의 이전의 철학에서 얻을 것이 거의 없다는 현대의 편견을 깨고, 오히려 고대인들의 유산을 읽고서 (비록 난해하지만) 그들의 가치로부터 많은 것을 배워야 한다고 주장한다.[33]

이런 메시지를 도출하는 은밀하거나 공개적인 접근 방식은 중국의 학술지《고전연구》의 여러 페이지에 산재되어 있는데, (폐간되기 전까지) 이 학술지의 편집자가 다름 아닌 류샤오펑이었다. 그 학술지에서 우리는 플라톤의《국가》가 정의로운 도시의 가능성에 관한 것이 아니며, 선과 미덕의 형태로 표현되는 초월적 가치에 관한 것도 아니라는 주장을 읽을 때마다 마주치게 된다. 그런데 실상 그것은, 정의로운 도시의 실현 불가능성, 철인의 통치나 정치 참여 거부, 그리고 실수하기 쉽고 변덕스러운 피지배자들을 통제하기 위해 필요한, 압도적인 신화로 무장한 강력한 통치자에 관한 텍스트이다.[34] 예를 들어 청즈민의 주장에 따르면, 플라톤이 보기에 '고귀한 거짓말'이 정당화되는 것은 도시국가와 철인 사이에 영원한 갈등이 존재하기 때문이다. 철인과 도시국가는 지향점이 다르고, 철학자의 철저함 또는 "신성한 광기"도 도시국가에 영향을 미친다. 철학이 해를 끼칠 가능성, 철학의 계몽적 기능의 안전한 활용이 플라톤 정치철학의 주제이다.[35] 왕진王瑾은 "철학의 본질은 진리 추구이지만, 정치 현실에 직면했을 때 철학자는 정치적 공동체의 현실적 기반을 훼손하지 않기 위해 보편적 철학 추구의 욕구를 자제해야 한다."[36]는 말로 이 사상을 요약했다.

장보보張波波는 서사 구조에 그런 기준을 지키기 위한 암시가 들어 있다고 말한다. 플라톤의 《국가》에서 케팔로스Cephalus(플라톤의 《국가》에 나오는 부유한 귀족으로 보수적인 기득권층을 대표한다. 소크라테스와 '정의'에 관해 대화한 인물이며 이후 그의 아들인 폴레마르코스로 대체된다-옮긴이)는 논리적 논증에 노출될 수 없기 때문에 대화의 현장에서 매우 일찍 떠나게 되는데, 이는 스트라우스가 주장하듯이, (여기서는 케팔로스의 귀족 신분으로 표현되는) 정치적 리더십을 어떻게든 지켜야만 하기 때문이다.[37]

철학자는 아니지만 베르길리우스 역시 이런 기조로 방향을 바꾼다. 트로이의 용사 아이네이아스Aeneas의 무용담을 노래한 서사시 《아이네이스》에서 그의 궁극적인 목표는 종교적인 복종과 신앙심을 증진하고, 사람들에게 민족 신화의 자긍심을 심어주고, 견고하고 군사력이 막강한 정부를 장려하는 것이었다.[38] 마찬가지로 우페이吳飛가 "헤르메스: 경전과 해석" 시리즈에서 번역한 《변명》도 철학과 아테네 시민 사이의 필연적 긴장 관계가 내용의 핵심이다. 이런 예는 무척 많다.[39]

이 시리즈 중 가장 유명한 작품 가운데 하나는 플라톤의 《향연Symposium, 會飮》에 대한 류샤오펑의 "해석적 번역"(그의 주장)이다. 장후이張輝는 번역본의 서문에서 《향연》의 희곡적 특성을 강조하고 있다. "우리는 대사[연설]뿐만 아니라 … 레오 스트라우스의 말대로 그들의 행동에 대해서도 주의를 기울여야 한다. 이는 매우 중요하다."[40] 장후이는 플라톤이 그 작품을 하나의 연극처럼 구성해서 자신의 견해를 모호하게 만들어 박해를 피하려고 했다고 말한다. 웡레이화가 지적한 것처럼, 류샤오펑은 우리가 한 편의 연극을 보고 있다는 것을 암시하기 위해 텍스트를 편[篇, 논문]으로 기술하는 것을 피하고, 스트라우시언으로서 그 연극에 대한 자기 나름의 설명을 삽입하기 위해 중국 유가 경전의 전통적인 주석 형식을 사용했으며, 그럼으로써 이 해석에 대한 특별한 역사적 진정성[신뢰성]을 주장했다.[41] 그리고 《고슴도치의 유순함》에서 소크라테스의 죽음에 대해 이야기할 때, 그는 철학적 자기희생을 중국에 적용한 나름의 추론에 스트라우스에게서 받은 영향으로 색깔을 입혔다. 류샤오펑은 소크라테스가 설령 사형 선고를 받더라도 부르주아 국가로 도망치지 않고 공산주의 중국에 남을 거라고 생각한다.[42] 왜냐하면 소크라테스는, 아테네에서 그랬던 것처럼, 철학자의 고결함을 지키기 위해 차라리 죽음을 선택할 것이기 때문이다.[43] 그럼 이야기의 교훈은 뭘까? 공적인 영역에서 자신의 진리를 공유하는 철학자는 항상 국가의 부정적 영향에 직면하게 되지만, 이런 대가를 기꺼이 받아들이는 사람은 소수에 불과하다는 것이다.

흥미롭게도 플라톤의 《국가》의 중문 제목도 스트라우시언의 맥락에서는 특별한 의미를 지니고 있다. 자이원타오가 지적한 것처럼, 일반적으로 "이상국理想國"로 번역되기도 하지만, "류샤오펑은 이보다는 '왕제王制'라는 용어를 선호한다. 원형적 유가에서 말하는 '(현인) 왕의 도道'가 바로 플라톤이 희랍어 '폴리테이아politeia'로 표현하고자 한 것이라고 믿기 때문이다. …" 이보다 덜 파격적이긴 하지만, 그는 류샤오펑과 마찬가지로 '규칙, 규율'을 뜻하는 '노모스nomos'를 예법禮法으로 번역하여 유가의 의식[예禮]과 법가의 법法을 뚜렷하게 비교하고 있다.[44] 이런 식으로 희랍어 문맥에서 특정한 의미를 갖는 매우 중요한 용어들이 유가적 신념 체계와 "융합"되었는데, 이는 우리가 소수만 이해하는 특이한 번역이라 생각할 만한 변형이다.

물론 이는 서양에서 인정하지 않을 수도 있는 플라톤이다.[45] 플라톤이 권하는 재교육의 주요 특징 가운데 하나는, 철학자가 사회에 진리를 말해서는 안 된다는 스트라우스의 견해에 대한 필수적인 지지이다. 이성적으로 공식화된 철학자의 이상은 순수한 형태로는 위험해서, 관습이나 종교의 결속을 무너뜨릴 수 있기 때문이다. 또한 스트라우시언의 재교육은 현대성의 문제와 그것을 특징짓는 '무의미의 심연[허무주의]'에 대한 심한 불안증을 동반한다. 마지막으로, 재교육에는 스트라우스의 사상이 이론이 아니라는 믿음이 뒤따른다.

류샤오펑이 보기에, 스트라우스의 사상은 서구의 여러 "이즘ism"에서 벗어날 수 있는 기회를 중국 지식인들에게 제공한다.[46] 스트라우스의 사상 자체가 "이즘[주의主義]"에 해당하지 않느냐는 질문에 류샤오펑은 단호하게 아니라 대답한다. 스트라우스의 "고전"(복귀) 명령은 말 그대로 현대성의 "이즘" 담론의 집합에 대항하도록 지시하는 것이며, 어떤 해석의 속박 같은 것이 아니라 고대로의 지향을 표현하는 것이라는 주장이다.[47] 류샤오펑은 어떤 배경이나 근거도 없이 이 대답만으로 그냥 아르키메데스 같은 깨달음[유레카!]의 순간을 경험한 듯하다. 자신과 스트라우스가 고전 세계를 새롭게, 그리고 이번에는 올바르게, 바라보게 된다는 주장이다.[48]

스트라우스의 해석이 진실과 사회적 가치 사이의 긴장, 철학자와 정치가 사이의 긴장, 그리고 고대(협의적 정의)와 현대(광의적 정의) 사이의 긴장이라는 본질적 주제들로 결합되어 있다는 점을 고려할 때, 이 사상가들이 스트라우스의 사고가 왠지 자연스럽고 보편적이라고 주장하는 것은 매우 흥미로운 움직임이다. 그런데 이상해 보이는 그들의 태도에도 나름의 이유가 있는 듯하다. 스트라우스는 고대 문헌들 속에 마치 소수만 이해할 수 있는 비전秘典과 대중적인 정전正傳, 즉 표면적인 의미와 내면적인 의미를 모두 지니고 있는 것처럼 해석함으로써 고전적 과거 속에 자신의 견해를 뿌리내렸다. 논문 〈박해와 저술의 기술Persecution and the Art of Writing〉에서 스트라우스는, 알 파라비Al-Farabi(870~950), 마이모니데스, 스피노자 등이 저술한 위대한 글들을 면밀히 읽어보면 난해한 장막에 숨겨져 있는 그들의 가르침이 드러나는데, 그들이 그런 식으로 글을 쓴 이유는 당시의 정치 체제 안에서 공개적으로 밝히기엔 너무 위험한 견해였기 때문이라고 주장했다. 그러나 대부분의 독자들은 표면적이고 공개적인 의미만 보았을 뿐이며, 그것은 저자나 독자 모두에게 전혀 해가 되지 않았다. 스트라우스는 계속해서 이 문헌들에서 찾아낸, 소수만이 이해할 수 있는 의미에 대한 이론화를 시작했는데, 그 안에는 철학적 진리를 발설하는 것은 공익에 도움이 되지 않으며 실제로 위험하다는 기본적인 생각이 다양한 변형으로 포함되어 있다.

류샤오펑은 이런 방법론(표면적/내면적 글쓰기와 읽기의 대조)을 자기만의 중국적 맥락에서 찾아내어 "토착화"시킬 수 있었다. 공자의 《논어》에 "미묘한 말과 중요한 의미"를 뜻하는 '미언微言'과 '대의大義'가 구분되어 있기 때문에, 스트라우스의 견해는 이미 중국적이라는 것이 류샤오펑의 주장이다.[49] 또한 기원전 213년에 "사학私學"을 국가의 위험으로 간주하고 공격한 법가 이사李斯(기원전 280~208, 진 제국 건설을 이끈 진시황의 책사로, 분서갱유도 주도했다–옮긴이)의 글도 있는데, 이 역시 스트라우스학파의 견해와 상당히 유사하다는 것이다.

류샤오펑은 세계 역사에서 많은 정치 사상가나 철학자들이 자신들의 견해를 드러내면서도 동시에 감추기 위해 글을 써왔다고 주장했다.⁵⁰ (물론 류샤오펑만 그렇게 주장한 것은 아니다.) 무엇이 이보다 더 명확할 수 있겠는가? 그러나 스트라우스식 해석은 충분한 지식이 없는 이들에게 매우 주관적으로 보일 수 있다. 문장이나 단락의 한 부분을 다른 부분보다 중시하고, 하나의 단어에 초점을 맞춰 그 비중을 과장하거나, 모순적인 내용을 핵심적인 것으로 간주하며, 전체적으로 다른 학자들의 글을 인용하기 꺼리는 경향이 있기 때문이다.⁵¹

일단 고대 문헌에서 '은밀한' 의미를 찾는 법을 알게 되자, 간양과 류샤오펑을 비롯한 여러 중국의 스트라우시언들은 특정한 철학적, 정치적 관점을 뒷받침하는 서양의 고전들을 읽기 시작했다. 예를 들어 스트라우스는 마이모니데스의 《방황하는 자들을 위한 안내서The Guide for the Perplexed》에 대해 논하면서 마이모니데스가 박해를 피하기 위해 동시에 두 부류의 독자(일반 대중과 내밀한 의미를 이해할 수 있는 소수)를 상정해 책을 썼다고 주장했다. 스트라우시언이 아닌 일반 독자들은 마이모니데스가 종교적 현상에 대한 합리적인 설명을 제시함으로써 아리스토텔레스주의와 랍비 유대신학을 조화시키고자 했다고 이해할 것이다. 철학과 계시啓示가 조화를 이룰 수 있다고 가정이 전재된 것이다. 그러나 스트라우스의 해석에서, 이는 그 텍스트의 표면적이고 대중적인 의미일 따름이다. 소수만 이해할 수 있는 은밀한 글쓰기는 사회의 보복[응징]으로부터 철학자의 자기 보호, 철학의 부식腐蝕으로부터 보편적으로 지켜지는 사회적 가치의 보호, 잠재적 독자들을 위한 철학 교육의 제공 등 다양한 목적을 충족시킨다.⁵²

스트라우시언들은 철학적 진리가 (스트라우스가 '노모스nomos'라고 불렀던) 공동의 법률과 관습을 기반으로 시민들에게 안전을 제공해야 하는 정치 세계를 불안정하게 만들기 때문에, 철학자는 자신의 메시지를 숨겨야 한다고 주장한다. 이는 스트라우스가 후대의 철학자들뿐만 아니라 플라톤, 아리스토텔레스, 크세노폰에 대해 논한 주제이기도 하다.[53] 이들 고대 철학자들의 경우, 독자들이 소수만 이해하는 비전秘傳을 대하는 방식으로 읽는다면, 텍스트 안에는 항상 법과 철학, 실제적 가치와 추상적 성찰, 또는 사회와 고립된 철학자의 화해[양립] 불가능성이 잠재해 있다.[54] 유가 관료들이 전통적으로 권력자들과 가까웠다는 사실은 이런 견해에 대해 약간의 의문을 품게 하거나, 또는 오히려 이를 뒷받침할 수도 있다. 그렇다면 그들이 자신을 위해 은밀한 지식을 축적하고, 황제를 위해서는 쉽게 대중적인 글을 썼단 말인가? 언뜻 보기에는 그럴 것 같지 않지만, 항상 누군가는 그들이 늘 쓰던 왕실의 편년사編年史가 동료 유림儒林들에게 뭔가를 누설하고 있다고 주장할 수도 있다. 그러나 그것은 완전히 다른 문제다.

난해한
역설

사실 중국의 스트라우시언들은 자신들의 의제에서 '비밀 풀기' 식의 독법에 대해 많이 언급하지 않는다. 결국 그런 독법은 텍스트에 대한 주관적인 간섭을 암시하며, 영원한 진리와 대조되는 개인적인 견해로 받아들여질 수 있는 위험을 초래한다. 어쩌면 당연하게도, 왕타오王濤(글을 쓸 당시 하버드 대학교 미국정치연구센터의 연구원이자 상하이 푸단 대학교의 강사였으며 현재는 아이오와 주립대학교 역사학부 교수임)는 중국의 스트라우시언 도구인 '표면적/내면적' 논의에서 비켜나 있다. 왕타오는 스트라우스의 인기가 (돌파구로 한 번 더!) "서구적 합리주의"에 대한 적개심, 고대와 현대의 가치 대조 같은, 그의 사상이 갖고 있는 또 다른 근본적인 측면에서 비롯되었고, 거기에 더해 1980년대 말의 상황과 같은 재앙을 빼고는 철학적 이상이 정치적 삶으로 해석될 수 없기 때문에 철학과 정치 사이의 괴리에 대한 중국인들의 새로운 이해의 필요성이 그의 인기를 더했다고 주장했다. (아마 간양과 류샤오펑도 그렇게 말할 것이다!) 왕타오는 이렇게 말했다.

> 레오 스트라우스는 세 가지 측면에서 중국 학자들에게 영향을 미쳤다. 첫째, 서양 전통에 내재된 (종교적) 계시와 이성 사이의 충돌에 대한 스트라우스의 해석을 통해, 중국의 학자들은 현대 합리주의의 문제를 인식하게 되었다. 둘째, 고대와 현대의 부조화에 대한 스트라우스의 강조는 중국의 학자들에게 현대 합리주의의 기원과 철학적 사색에서 행동으로의 급격한 전환 사이의 연관성을 보여줌으로써 현대성을 재인식할 수 있는 새로운 시각을 제공했다. … 마지막으로, 철학과 정치의 관계에 대한 스트라우스의 설명은 중국의 학자들이 철학과 정치 사이의 불가피한 갈등을 이해하고, 정치를 초월하는 철학적 삶의 중요성에 대해 깨닫게 해준다. 그의 영향력 덕분에 일부 학자들은 현대 학술 분과 체제 및 각종 현대 "주의ism" 논의의 편협성을 극복하고, 중국 문명의 미래, 더 나아가 인류 문명의 미래에 대한 포괄적인 시야를 확보할 수 있었다.[55]

내가 이 인용문을 제대로 읽었다면, 스트라우스는 하나의 국가[민족]주의적 정치 도구였던 게 분명하다. 그의 이론을 활용하는 것은 한 사람의 지식인으로서 정치적 안정이란 이익을 위해 특정 문제에 대해 입을 다물 것임을 중국 정부에게 보여주는 의미이기 때문이다.[56] 톈안먼 광장 사태와 관련된 진보적 지식인들이 중국으로 돌아오자마자 스트라우스에게 눈을 돌린 것도 바로 이 때문일 것이다. 이들의 변신은 일종의 지적인 제안 같은 것이다. 스트라우스에 관심이 있을 수도 없을 수도 있는 정치 지도자들을 향해서가 아니라, 정치적으로 올바른 동료들 앞에 내놓는 제안이다.

그들의 충성심이 지닌 문제는 이미 준비해놓은 해석상의 오래된 토끼굴rabbit hole(토끼가 계속 굴을 깊게 파듯이 뭔가를 탐닉하고 몰두하게 되는 상황-옮긴이)에 빠진다는 점이다. (꼭 '고귀한 거짓말'처럼!) 만약 우리가 텍스트의 밀교적密敎的 해석에 찬성한다면, 우리의 말과 글도 그런 식으로 해석해도 괜찮다고 찬성하는 것 아닌가? 그럼 우리는 정부의 입맛에 맞지 않는 비밀 메시지를 전하고 있는가? 그렇다면, 그 메시지가 무엇인가? 명대와 청대, 그리고 마오주의 시대에 언론 자유에 대한 엄격한 제한[문자옥文字獄]이 중국 문화의 기억 속에 확고하게 남아 있다는 점을 고려한다면, 지식인은 완곡하게 에두르는 방식으로 글을 써야 한다는 생각은 현대 서구보다 중국의 환경에서 더 수긍할 만하다.

이 논쟁에서 서구에게 중요한 것은 무엇일까? 우선 류샤오펑과 간양이 중국에서 오랫동안 높은 인지도를 유지하고 있으며, 그들이 스트라우스를 선택한 것[57]은 현대 중국 문화에 대해 우리에게 시사하는 바가 있다. 왜냐하면 우리가 보았듯이, 그리고 카이 마샬Kai Marchal (1974~)이 언급한 바대로, "중국과 스트라우스주의의 상호 작용은 … 결코 순수하게 학문적이거나 학술적인 것이 아니다. 사회적, 문화적 세계화의 불안정한 상황 속에서 점점 더 정치적 역할관계에 의해, 특히 중국 문화에서 새로운 '뿌리박음Bodenständigkeit'에 대한 염원에 의해 그 상호 작용이 심화되고 있기 때문이다."⁵⁸

《고전연구》의 저자들은 큰 주목을 받지 못하는 듯하지만, 류샤오펑과 간양을 비롯한 중국의 저명한 스트라우시언들은 주목을 받고 있다. 그리고 그들은 특히 대중적인 문헌 해석을 통해 중국 정부를 찬양하고 있으며, 그 과정에서 백미러에는 레오 스트라우스의 모습이 비춰지고 있다. 그럼에도 그들이 도대체 무엇을 말하고자 하는지 여전히 궁금하다.⁵⁹

특히 류샤오펑은 이 궁금증과 관련해 극적인 행보를 취하기도 했다. 2013년 5월에 그는 공개적으로 마오쩌둥을 "국부國父"라고 칭했고, 더 나아가 그를 유가의 성인聖人, 플라톤의 철인왕이라 표현했다.⁶⁰ 이런 언행은 마오쩌둥 정권 시절의 유혈사태와 기근을 기억하는 것이 중요하다고 여기는 중국의 진보적인 학자들을 화나게 만들었다. 이런 친親마오 입장으로 인한 소란에 더해 '국부'라는 칭호까지 사용했는데, 이는 그 전까지 중화민국 초대 총통인 쑨원에게만 붙이는 호칭이었다.⁶¹ 서양에서 고전에 대해 공부한 현대 중국의 한 학자의 말에 따르면, "류샤오펑은 현재 중국 정부의 통치 정당성을 지지하는 것은 물론이고, 중국 정부가 다른 국가의 민주화를 막는 역할까지 지지하는 듯하다."⁶²

이 주장도 애매모호하다. 만약 류샤오펑이 필요한 말을 공개적으로 외치며 문제적 권력자를 칭송함으로써, 충실한 스트라우시언이 되고

자 하는 거라면 어떨까?[63] 이론적으로, 누군가 철인왕과 같은 학문적 사고를 하게 되면 정부의 정통성을 뒤흔들 수도 있기 때문에, 말 그대로 입을 다물고 있거나 그 정부를 지지해야 하는데, 스트라우스는 지식인에게 안전한 길은 적극 지지하는 선택뿐이라고 생각했다. 그럼 이 중국의 스트라우스학파들이 실제로 자신들이 자유롭게 말할 수 없다는 사실을 암시하고 있다고 단정할 수 있을까? 아마도 아닐 것이다. 마치 양자입자처럼 그 가능성은 류샤오펑의 글에 존재하기도 하고 존재하지 않기도 한다.

간양 역시, 일부 동료 학자들이 평가하듯이, 철학 사상보다는 국수주의에 더 빠져 있는 듯하다. 자칭 "학계 테러리스트"라는 인물은 2017년에 널리 퍼트린 익명의 글에서, 간양을 신좌파New Left에 가담하면서 자유주의자들에게 등을 돌린 변절자라고 공격했다. 특히 그가 분노한 이유는 간양이 마오쩌둥 집권기를 "평등과 정의"를 대표하는 시기로 묘사했기 때문이었다. 평등은 중국 공산당 당장黨章에 명시되어 있지만, 마오쩌둥의 통치술과 개인숭배는 (문화대혁명의 참상은 말할 것도 없고) "평등과 정의"라는 이름으로 가리기 어려운 역사적 사실이다.[64] 또한 그 익명의 저자는 간양이 자기 입맛대로 서양의 저자들을 선택했으며 그래서 서구를 왜곡해서 중국에 소개하는 결과를 낳았다고 비난했다.

간양이 스트라우스에 대해 갖고 있던 열정은 이제 많이 시든 것 같다. 그가 대중적 정치 담론에 새롭게 기여하고 있는 것은 중국 고유의 세 가지 사상을 융합하여 중국의 전통적 가치를 회복한다는 계획이다. 간양은 2007년 출간한 책 《통삼통通三統》에서 유가 전통(엘리트주의, 정서적 인간, 지역 관계를 중시), 마오주의 전통(평등과 정의를 중시!), 덩샤오핑 전통을 (시장과 경쟁과 더불어) 융합시키자고 제안했다.[65]

간양은 "20세기에 중국 전통에 반하던 보편적인 태도나 행동들이 21세기에 완전히 바뀌지 않는다면, 우리는 영원히 문화적으로 뿌리가 없는 상황에 머물 것"이라고 주장한다.[66] 우리가 "중국 역사에서 계속 유지되는 하나의 전통"이 존재한다는 주장에 대해 회의적일지라도, 간양의 발상은 많은 중국 지식인들이 새로운 중국의 시대 구분이 서구의 역사 범주를 대체할 수 있는 방법에 대해 생각하도록 자극했다. 서양의 고전은 더 이상 직접적으로 관련되지 않기 때문에 여기서는 많은 얘기를 하지 않겠다. 다만 간양이 특정 형태의 중국 민족주의를 공개적이고 적극적으로 옹호하는 반면에 류샤오평의 연구는 철학자와 사회가 분리되어야 한다고 계속 강조하고 있다는 점만 밝힌다.[67]

한편 최근 대학원생들의 연구 내용을 살펴보면, 스트라우스도 자기 동상銅像의 받침대에서 떨어졌음을 알 수 있다. 이제는 그의 사상 체계의 실증보다 사상가로서 그의 결점에 집중하는 논문들을 쉽게 찾아볼 수 있기 때문이다. 2019년에 발표된 한 석사논문은 스트라우스의 "고전 합리주의"와 그가 플라톤의 영혼 개념에 의존하는 것을 비판하고 있다. 스트라우스는 동정[연민]의 여지를 전혀 남기지 않았기 때문에 현대성의 위기에 도움이 되지 않는다는 것이다.[68]

끝으로, 중국에서 실제 고전학을 연구하고 가르치는 교수들에게 눈을 돌려보자. 이들 중 상당수가 서양고전학부에서 엄격하게 교육을 받았는데 간양과 류샤오펑에게 그다지 큰 관심을 보이지 않는다. 스트라우시언으로 변신한 이 두 학자들이, 그리고 이들을 따르는 제자들까지 비판을 받는 이유는 현존하는 고전 분야 학문에 두루 익숙해지지 않은 채로 고대 문헌에 접근하는 어설픈 연구 방식 때문이다. 그래서 그들의 연구 성과 역시 고전 학문에 대한 전체적인 이해가 부족해서 깊이가 없고 결점이 많다는 비판을 받는다.

앞서 2장에서 인용한 인터뷰에서, 런민 대학교 녜민리 교수는 레오 스트라우스를 통해 서양 고전 연구 분야에 뛰어든 사람들은 고전 연구 자체에 쏟는 시간이 너무 적을 뿐만 아니라 항상 정치적인 시각에서 그 분야에 접근한다고 평했다. 그에 따르면, 이 학자들은 학문적으로 성숙해질 시간 여유도 없이, 스트라우스식 고대 철학의 해석에서 중국 전통 고전으로 눈을 돌려 양쪽에서 유사성을 발견하고 중국 고유의 정치 형태를 창조할 것을 주장하고 있다. 녜민리는 그런 식의 연구는 "본질적으로 이데올로기와 깊이 연관되어" 있다고 말한다.[69] 같은 인터뷰에서 녜민리의 동료인 가오펑펑高峰楓은 그 스트라우시언 학자들에 대해 언급하면서 학문에는 "재미와 영향력"이 아니라 진실이 필요하다는 점을 강조했다.

녜민리의 말은 (중국, 유럽, 미국 어디에서든) 주류 고전주의자들은 이데올로기에서 자유롭다는 것을 암시한다(이 점에 동의할 수도, 동의하지 않을 수도 있지만). 그러나 텍스트에 충실한 중국 학자들은 (서양의 학자들 역시) 일반 대중들의 눈에 상대적으로 잘 보이지 않는다는 대가를 치러야만 한다. 반면 이데올로기의 데르비시dervish(이슬람교 일파인 수피교 교도, 또는 그들이 예배 때 빙빙 돌며 추는 춤-옮긴이)들은 스트라우스의 마법 가루를 뿌리면서 정치권을 포함한 광범위한 영역에까지 영향력을 행사하며, 그 과정에서 쏠쏠한 재미를 맛본다.[70] 그런데 이 문장을 타이핑하다가 불현듯 드는 생각은, 서양에서 고전을 연구하는 사람들은 미국 전역에서 누리는 즐거움과 영향력에 대해 놀림을 당할 만큼 참 운이 좋다는 것이다. 그러나 스트라우시언에게 나온 메시지 하나는 골치 아픈 문제임에 틀림없다. 만약 "엘리트" 서양 고전주의자들이 이런 텍스트[고전문헌]가 모든 이들에게 말을 걸도록 할 수 없다면, 우리는 점점 더 주변부로 소외될 것이라는 점이다. (물론 처음부터 스트라우스는 모든 이들에게 말하고자 의도했던 것은 아니다.) 그러나 우리는 의도적으로 고전 속에 우리가 원하는 것을 투영해 사고함으로써 우리의 해석을 왜곡시킬 수는 없다. 그렇다면 타협점은 무엇일까?

6 세상을 위한 조화

중국 문명만이 중국을 구하고 최종적으로 세계를 구할 수 있으니, 이는 중국 문명이 종교적 형태에서 발전한 것이 아니기 때문이다. 중국 문화의 보편적 조화와 집단주의에 대한 유가의 존중은 세계 평화와 발전을 위해 특히 중요한 역할을 하게 될 것이다.

_ 홍선洪深

톈안먼 광장과 베이징 전역에서 강력한 시위 단속이 있은 지 약 다섯 달 후인 1989년 10월 29일에, 중국인민정치협상회의의 구무谷牧 부주석이 정부가 후원하는 공자 탄생 2,540주년 기념행사에서 공식 연설을 했다. 구무는 최근의 기술 발전 때문에 화해和諧의 사회적 가치에 더 많은 관심을 쏟아야 한다는 점을 중국인들에게 상기시켰다.

현대 과학기술의 급속한 발전으로 인해 인류는 새로운 시대로 들어서고 있습니다. 이 새로운 시대에는 모든 사람들이 평화와 발전을 추구합니다. 과학기술의 발전은 인류에게 무한한 가능성을 품은 미래를 가져다주지만, 그와 동시에 인류는 새로운 문제들과 직면하게 되었습니다. 이는 모든 사람이 부지런히 문화 건설을 강화하고 인류의 문화적 성숙과 문명 수준을 광범위하게 향상시켜야 할 필요성을 일깨워

줍니다. 그래야 인간 사회와 자연의 조화뿐만 아니라 사람들 간의 "화해"도 성취할 수 있는 것입니다. 이것만이 모든 인류의 근본적인 이익에 부합합니다.[1]

구무는 "유가의 가치관"으로의 회귀가 시급하다고 주장하며, 학생과 시위대, 기타 "악성분자들"이 표현의 자유나 언론의 자유 같은 서양의 악덕들을 요구하면서 사회의 근간을 계속 훼손한다면 사람들 사이의 화해는 이루어질 수 없다고 강조했다. 이에 대해 한국 연세 대학교의 존 델러리John Delury 교수는 약간 비꼬는 어조로 이렇게 말했다. "이런 거창한 발언은 후진타오 중국 공산당 총서기나 원자바오溫家寶 총리가 중국이 강대국 지위로 '평화적 부상'을 관리하면서 '화해사회 건설'이라는 의제를 설명할 때나 할 법한 말처럼 들린다."[2]

공자로의 회귀는 상당히 특이하다. 타이완 행정원장을 지낸 장이화江宜樺가 말한 것처럼, 시진핑은 2013년에 산둥의 공자 생가를 방문해 공자의 가르침을 찬양했다.[3] 그에 더해 2014년에는 95년 전 5.4운동 기념일에 맞춰 친유가적인 활동이 전개되었으며, 공자의 2,565번째 탄신일을 기념하는 국제회의에서는 시진핑이 기조연설을 했다. 장이화는 "이런 세 차례의 행사는 중국 공산당이 유교를 장려하고 있음을 전 세계에 보여주기 위한 의도적인 움직임으로 이해된다"고 평했다. 그 국제회의에서 시진핑 주석은 이 철학적 전통에 대해 다음과 같이 말했다. "(이는) 중국 민족의 정신적 활동, '합리적 (또!) 사고', 그리고 조국 건설의 문화적 업적을 기록하고, 중국 민족의 정신적 추구를 반영하며, 우리 민족의 생존과 지속적 성장에 꼭 필요한 영양분을 제공하는 중국 문화의 필수적인 부분이다."

다양성을
지닌
화해

　　　　　　마오쩌둥의 공산주의 정권은 유가의 기본 개념인 화[和, 조화, 화해]를 무대 밖으로 밀어냈는데, 마오쩌둥 자신이 갈등을 조장해 이용하고 조화로움을 만들기보다는 없애는 데에 더 관심이 많았기 때문에 이는 놀라운 일이 아니다. (그의 정치철학은 종종 법가法家에 비유되기도 한다.)[4] 문화대혁명 당시 마오쩌둥이 "봉건적" 유교 신앙의 잔재에 대해 전면적인 공격을 시작하자, "홍위병紅衛兵들이 유가 사당으로 몰려가 공자의 동상을 훼손했으며, '공자를 타도하자, 그의 마누라를 타도하자!'라고 외치며, … 공림孔林의 묘를 파헤치고 (부장품 등을) 약탈했다. 매장된 시신을 끄집어내어 나무에 매달아 놓기도 했다. 6천 점이 넘는 유산들이 파괴되거나 불에 탔다."[5] 입증되지는 않았지만, 마오쩌둥의 조카인 마오위안신毛遠新의 말에 따르면, 마오쩌둥이 "공산당이 더 이상 통치할 수 없거나 난관에 부딪쳐 공자를 다시 소환해야 하는 날이 온다면, 이는 (공산당이) 종말을 맞이한다는 뜻이다"라고 말

했다고 한다.⁶

그러나 후진타오 총서기가 그 옛 성인을 다시 초대했을 때에도 중국 공산당은 여전히 예전과 마찬가지로 건재했다. '유배'에서 풀려난 공자는 먼지를 털어내고 다시 일하게 되었다. 이런 정책 전환은 새로운 경제 질서 하에서 증가하는 사회적, 정치적 불안에 대처하기 위해 이루어졌다. 화해가 영향력을 발휘할 필요가 있었다. 고대 전통에 이미 깊이 뿌리내린 원칙에 호소해야 할 시기였던 것이다. 1980년대 후반부터 유가의 '화和' 개념과 "화해사회和諧社會"가 공산당의 선전에 꾸준히 자리 잡기 시작했다. 2006년 10월 11일, 후진타오 주석은 "화해사회" 건설을 당의 목표로 삼는 것을 공식적으로 지지했다. (당의 16기 6중전회六中全會의 심의를 통과한 〈중국 공산당 중앙위원회의 사회주의 화해사회 건설에 관한 몇 가지 중대한 문제에 관한 결정 中共中央關於構建社會主義和諧社會若干重大問題的決定〉을 말한다-옮긴이)

다음 날 워싱턴 포스트의 모린 팬Maureen Fan은 이를 "전면적인 경제 성장 촉진으로부터 악화되는 사회적 긴장을 해결하는 쪽으로 당의 초점이 이동한 것"이라고 표현했다.⁷ 전당대회 후 발표된 성명에서 후진타오 주석은 이렇게 말했다. "중국은 전반적으로 조화로운 사회지만 사회 화합을 저해하는 갈등과 문제가 적지 않다. 우리는 화평한 시기에도 항상 정신을 바짝 차리고 부단히 경계해야 한다."⁸ 후진타오 주석은 재임 기간 동안 화해를 최우선 과제로 내세움으로써 당의 다른 중요한 목표인 경제발전과 대등하게 중요성을 부여했다.⁹ 한 사설

집필자는 다소 거창하게 이렇게 썼다.

> 새로운 세기에 중국은 조화로운 사회를 "민주적 법치, 공평과 정의, 단결과 우의, 안정과 질서, 충만한 활력, 인간과 자연의 조화"로 정의한다. 우리는 이 정의가 진정 새로운 역사적 단계에서 인류가 직면한 새로운 문제와 도전을 반영하고 있음을 부인할 수 없다. 그리고 그것은 행복에 대한 아름다운 이상을 그리고 있으며, 내가 항상 공산주의가 결국 실현될 거라고 믿는 것처럼, 그 이상도 실현될 거라 믿는다.[10]

후진타오는 결국 조화로운 사회라는 이데올로기를 외교 정책으로 확장하여 다른 국가 간의 평화와 협력을 강조한 것이다. (이 조화는 공자가 원했을 법한 것보다 훨씬 더 소프트 파워soft power의 사례에 가까웠을 것이다.)

'화해'는 중국의 주요한 모든 전통(유가, 도교, 불교)에 걸쳐 있는 개념이지만, 특히 유가 경전에서 중심적인 역할을 맡고 있다.[11] 앞 글자 '화和'는 "오경五經"과 "사서四書"에 모두 등장하는데,[12] 원래는 의례儀禮를 바르게 행하는 데 핵심적인 요소인 음악의 조화를 의미한다. 이런 조화는 서로 다른 소리, 박자, 강약이 전체적으로 듣기 좋은 선율을 형성한 결과이기 때문에, 서로 다른 것들끼리 결합하여 유익한 통합을 이루는 특성으로 간주되었다. 음조[음률]에는 "선명하고 넓은 것, 작고 큰 것, 느리고 빠른 것 등이 있는데 … 이 모든 것이 서로 균형을 이루

고 있다."¹³

　이런 음악적 의미를 사회적 상호작용과 국가 통치에 적용할 때, 조화는 마땅히 다양성에 의존해야 하며 심지어 반대되는 요소까지 포함할 수 있어야 한다는 것을 알 수 있으며, 그저 혼자 흥얼거리는 소리는 "조화로운" 것이 아님을 우리는 확인할 수 있다. "군자는 마음과 정신을 안정시키기 위해 그런 음악을 듣는다. 그의 마음과 정신이 평온하고 안정되면, 그의 덕德도 조화롭다."《예기·악기》를 보면, "선대의 왕들이 예[의식]와 악[음악]을 만든 까닭은 입과 배, 귀와 눈을 만족시키기 위함이 아니라, 백성들이 좋아하는 것과 싫어하는 것을 절제하고 올바른 방향으로 나아가도록 가르치기 위해서였다."¹⁴ 그래서 《논어·태백泰佰》에는 이런 공자의 말이 기록되어 있다. "시詩를 통해 감정을 불러일으키고, 예의를 통해 도리에 맞게 살도록 하며, 음악을 통해 인격을 완성한다."¹⁵

　또한 조화로운 음악은 사람들을 교화敎化하는데, 언제나 차이를 배제하는 게 아니라 포용함으로써 가르침을 준다. 《예기》에서 아악雅樂은 조화로운 사회의 위계적 본질을 지탱한다. "그런 까닭에 종묘에 음악이 있어 왕과 신하가, 윗사람과 아랫사람이 함께 들으면 어느 누구도 조화롭고 공경하지 않는 이가 없다. 마을 원로와 주민들 사이에 음악이 있어 노년과 청년이 함께 들으면 화순하지 않는 이가 없다."¹⁶ 이렇듯 통치자나 군자라 할지라도 모두가 공유하는 하나의 의견만으로 이루어진 화합을 도모해서는 안 된다.¹⁷ 공자가 말했듯이 "군자는 화합하지만 부화뇌동하지 않고, 소인小人은 부화뇌동하지만 화합하지 않는다.[18] 다시 말해 성품이 천한 사람은 조화보다 묵인과 추종을 좇는다는 의미이다. 《춘추春秋》의 주석서인 《좌전左傳》에서도 안자晏子가 제나라의 왕에게 동조하는 양구거梁丘據를 반박하며 '화和'와 '동同'의 차이를 역설한 것도 바로 이 때문이다.

> 군주가 가可하다고 하면 양구거도 가하다고 하고, 불가하다고 하면 그 또한 불가하다고 합니다. 그렇게 맹물로 맹물의 간을 맞추면 누가 그런 국을 먹겠습니까? 또한 금슬琴瑟로 어느 한 가지 소리만 연주하면 누가 이를 듣고 즐기겠습니까? 이것이 바로 '동同'이 도리에 맞지 않는 이유입니다.[19]

《논어·자로》에서 공자는 "나는 군주가 되어 다스리는 것이 즐겁지 않고 오직 내가 말을 하면 아무도 거역하지 않는 것이 즐겁다"라는 누군가의 말을 인용한 후 이렇게 잘못을 지적한다. "만약 그 말이 옳은데 아무도 거역하지 않는다면 이 또한 좋은 일이 아니겠습니까? 하지만 그 말이 옳지 않은데도 아무도 그것을 거역하지 않는다면, 이것이야말로 한 마디 말로 나라를 잃는 것과 가깝지 않겠습니까?"[20]

플라톤도 음악을 좋은 음악과 나쁜 음악으로 구분했으며, 좋은 음악이 영혼을 정화한다고 주장했다. 하지만 그는 나쁜 음악이 (나쁜 시와 마찬가지로) 영혼을 타락시키고 욕망을 자극하는 과정과 방식에 대해 더 깊이 생각했다. 공자 역시 "순수"한 또는 "우아"한 음악[아악雅樂]과 저속한 음악[속악俗樂]을 대조하면서, 후자는 혼란과 분열을 초래한다고 말했다.[21] 유가 문헌의 내용에서도 알 수 있듯이, 음악과 영혼의 본질 사이에 존재하는 이 연관성은 사회적 화합을 위해서도 시사하는 바가 있다.《국가》에서 소크라테스는 이런 걱정을 한다.

> 우리 국가의 감독자들은 … 기성 질서에 반하는 음악과 체조의 혁신을 철저히 경계해야 하며, 그것을 막는 데 최선을 다해야 한다. 누군가가 "저 노래는 사람들에게 가장 많은 주목을 받는다거나, 그 노래하는 사람의 입술에 참신한 표현이 맴돈다"고 말한다면, 필시 그 시인이 새로운 노래가 아니라 새로운 노래 방식에 의미를 두어 이를 칭찬하는 것이 아닌지 의심하며 경계해야 한다. 우리는 그런 종류의 음악을 찬미해서도 안 되고, 그것이 시인의 의도라고 이해해서도 안 된다. 새로운 종류[형식]의 음악으로 바뀌는 것은 우리의 모든 운명을 위험에 빠뜨릴 수 있기 때문에 조심해야 한다. 가장 근본적인 정치적, 사회적 관습이 흔들리지 않는 한, 음악의 양식樣式은 결코 흐트러지지 않기 때문이다.[22]

특히 플라톤이《법률》에서 음악과 가사, 합창을 사회 질서와 연결시킨 것은 놀라울 정도로 유가와 유사하다. 이집트인들은 자신들의 신전에 시민들이 따라야 할 음악적, 정치적 "법률nomoi"을 만들어 두었기 때문에 정치적, 도덕적 안정을 이룰 수 있었다고 한다. 플라톤은 이렇게 말한다.

> 그러므로 우리의 노래가 "법률"로 변했다는 역설에 동의한다고 가정해 보자. … 이를 우리가 합의해 정책으로 채택한다면, 누구도 자유롭게 노래를 하거나 춤을 추려 하지 않을 것이다. "노모스nomos"나 여타의 법을 위반하지 않는 범위에 있는 공적인 행사 노래, 종교음악, 젊은 이들의 합창만 듣게 될 것이다.[23]

그러나 음악과 관련한 이 (공자와 플라톤의) 유사성은 (시공간의) 상황 속에서 이해되어야 한다. 플라톤은 '조화harmonia'보다는 '질서kosmos'라는 용어를 주로 사용하여 영혼, 도시, 그리고 아카데미아의 질서를 논했으며, 《국가》에서 '조화'란 용어는 영혼과 관련해 단 한 번만 등장한다.[24] 소크라테스는 정의로운 사람이 영혼의 세 부분을 어떻게 "조화"시키는지 논하면서, 심지어 알기 쉽게 현악기인 수금lyre의 조율에 비유하기도 한다.[25] 그러나 앞에 나오는 대화편인 《파이돈Phaedo》에서 소크라테스는 영혼이 조화라는 관점을 반박하고, 《고르기아스Gorgias》에서는 '질서'라는 용어만을 사용한다.[26] 둘째, 방금 전에 읽었듯이 《법률》에서는 음악이 시詩가 아닌 국가의 변하지 않는 법과 관련이 있으며, 합창과 현악기에 맞춰 설정된 성문법은 천체를 이끄는 우주의 원리를 반영한다.[27] 이는 현대 중국의 상황과 유사하다고 볼 수 없다.

국민들을 화합의 원칙에 따라 이끌기를 바라는 지도자라면 당연히 법치의 실행에 목을 매지는 않을 것이다. 공자도 마찬가지이다.

> 법으로 다스리고 형벌로 통제한다면 백성들은 처벌을 면하려고 하되 수치심을 갖지 않는다. 반면 덕으로 이끌고 예로 바로잡으면 백성들이 수치를 알게 되어 스스로 바르게 행동할 것이다.²⁸

마지막으로 좀 더 이론적인 차원에서 보면, 언어와 개념의 비교에 근본적인 문제가 있다. 우리는 희랍어와 중국어의 개념을 영어로 번역해서 생각하는데, 조화와 질서의 구분은 언어적으로 일대일 대응이 되지 않기 때문에 단순히 플라톤과 공자의 말을 같은 의미로 받아들이는 것은 무리이다.

아이러니하게도, 현대 서양의 화성和聲은 "평균율 클라비어well-tempered clavier"라는 18세기의 이상적인 표준 음률과 절충되면서 각 악기가 미세하게 음이 맞지 않는 연주를 하는 것이 필요하다고 알려져 있다. 샘 윔스터Sam Whimster와 스콧 래시Scott Lash가 말했듯이 "화성이라는 순수하고 수학적인 합리성은 실제로는 완벽하게 실현될 수는 없으며 … 화성적으로 그것은 '바르게' 들리지도 않는다. 서양의 건반 조율의 관행인 '평균율'은 경험적 조작의 한 예이다."²⁹ 플라톤은 합리적인 수학의 비율을 통해 이런 조화의 불가능성에서 도대체 무엇을 만들려고 했는지 궁금하다.³⁰ 평균율은 사실 "서양음악의 합리적

으로 굳어져버려 획일성의 결함에서 나온 산물이다."³¹

아마도 이쯤 되면 중국 학자들이 유가의 화해를 플라톤의《국가》에 나오는 근본적인 목표로 묘사하는 것을 보더라도, 우리는 놀라지 않을 것이다. 화해和諧와 질서kosmos에 대한 약간의 왜곡이 포함되어 있기는 하지만, 중국에서《국가》와《논어》를 대할 때 두 개념의 관련성은 일반적인 주제이며, 플라톤과 공자가 그들의 부패한 사회를 개선하려 노력했고 조화를 강조했다는 점에서 둘이 닮았다고 여겨진다.³² 예를 들어 왕융王勇은 플라톤과 공자의 사상을 동일시하며 두 사람 모두 혼란의 시기를 뒤돌아보는 것으로 묘사하고 있다. "원래의 안정된 사회와 정치 질서, 훌륭한 도덕적 전통은 더 이상 존재하지 않으며, 도시국가 사회의 정신적 삶은 붕괴되고, 온갖 종류의 악행들이 사회 전체를 가득 채우고 있다."³³

플라톤과 공자 모두 "당대의 정치, 경제, 문화의 중요한 문제들을 성찰함으로써" 각자의 사회를 더 나은 방향으로 회복하고자 노력했다. 그리고 두 사람 모두 "정의의 궁극적인 비결은 상호 제한과 절제를 통해 달성되는 전체적인 조화"라고 생각했다.³⁴ 뿐만 아니라 왕융은 덕치德治와 법치法治는 정반대의 개념이 아니라고 주장한다. 그 둘은 서로 스며들고 합쳐진다. 법 안에 도덕이 있고, 도덕 안에 법이 있다. "법의 지배는 미덕의 지배에 토대를 두어야 하고, 도덕의 지배는 법의 지배로 보완되고 보장되어야 한다." 이런 식으로 플라톤과 공자 사이의, 이른바 '일치성'을 추구하다보면, 시詩, 덕, 조화, 도덕, 정의는 서로

동의어가 될 뿐이다.³⁵

이는《국가》에 대한 (중국 학자들의) 대체적인 관점이다. 텍스트의 주된 내용이 정의에 관한 것임에도 불구하고, 화해가《국가》의 기저에 깔려 있다고 주장하는 논문들에서 그런 관점이 반복적으로 등장하고 있다. 허우뎬친侯典芹은 "질서가 잡힌 조화로운 사회를 건설하는 것이 플라톤 '유토피아[칼리폴리스]'의 궁극적인 목표라고 볼 수 있다"라고 썼다.³⁶ 원타오文泰는 "정의는 본질적으로 일종의 질서와 화해[조화]"라고 강조하면서 "정의의 본질은 화해에 있다"고 말했다.³⁷ 한편 룽광이榮光怡는 "정의는 화해와 질서"라고 했으며,³⁸ 장샤오메이張小妹는 "정의는 화해에서 나온 것으로 … 결국 정의는 화해로 이해할 수 있다"³⁹라고 주장했다. 왕베이王蓓의 경우, 칼리폴리스는 화해의 의미를 전달하고 '법'이 자율, 질서, 규칙, 단결, 정의에 기반을 두고 있다는 것을 선명하게 보여준다고 말한다. 정치인은 국가를 강성하게 만들기 위해 특별한 훈련을 받을 필요가 있고, 국가의 필요에 맞게 국민들을 적응시키는 것이 중요하다는 점을 강조해야 한다.⁴⁰ 이런 견해를 담은 글들은 무척 많다.

이런 학자들이 모두 고전주의자들은 아니지만, 오히려 그 점이 가장 중요하다. (법이 필요 없는) 고대의 화해[조화]를 최우선 주제로 삼는 것은 학술 논문에서뿐만 아니라 보편적인 경향이기 때문이다. 후진타오의 주석 취임 직후, 홍콩의《아주시보》는 "도덕의 침탈"에 관한 기사를 실었는데, 약간 길기는 하지만 인용할 만한 가치가 있다.

> 중국 문명에서 법체계가 덜 발전했다는 서구의 인식은 사실상 무지와 문화적 편견에서 비롯된 것이다. 중국이 법치를 중시하지 않는 것은, 근대성을 거부하는 것이 아니라 원시성을 거부하는 것이다. 유가에서는 사회 질서를 유지하기 위해 법과 형벌에 의존하는 것을 높이 평가하지 않는다. 유가의 《예기》는 법이 아니라, 문명화된[예의바른] 행동에 대한 지침서라고 할 수 있다. 유가적 세계관에서 법의 지배는 문명화된 행동의 한계를 벗어난 사람들에게만 적용된다. 문명화된 사람들은 대개 예禮를 존중한다. 사회 부적응자만이 자기 행동에 대해 법의 통제를 받게 된다는 의미이다. 따라서 법에 의한 통치는 자발적으로 적합한 의례를 준수하는 문명화된 상태에 도달하기 이전의 야만적인 원시 상태로 간주된다. 합법적인 것이 반드시 도덕적이거나 정의로운 것은 아니다.[41]

물론 이는 많은 서구의 법사상에 반하는 주장이다.

화해와 화해사회는 "인류 운명 공동체 건설"이라는 새로운 슬로건과 만났는데, 이는 화해와 마찬가지로 기본적으로 범위가 무한하다.[42] 공자 탄생 2,570주년(이번 장의 앞부분에 언급된 콘퍼런스 이후 30년이 지난 2019년)에 베이징에서 열린 "인류 운명 공동체"에 관한 주요 회의에는 80여개 국가에서 온 고위급 인사들과 학자들이 참가했다. 콘퍼런스 제목에서 짐작하듯이, 유가의 가치는 그 슬로건 개발에 중요한 역할을 했다.

전문가와 학자들은 열띤 토론을 통해 유가 문화가 정치, 안보, 경제, 문화, 생태 분야에서 "인류 운명 공동체 건설"을 촉진하는 데에 어떻게 사상적 자양분과 문화적 지원을 제공할 수 있는지에 대해 중요한 통찰을 얻었다. … 유교 문화가 끊임없이 추구하는 "화해"와 "보편적 통합"은 "인류 운명 공동체 건설"을 위한 역사적 귀감이 될 수 있을 것이다.[43]

이 슬로건에는 국제 관계의 새로운 틀, 즉 전 세계를 아우르는 거버넌스governance(조직 관리 및 통치 시스템-옮긴이)를 개선하는 일련의 연대를 구축하고자 하는 중국 공산당의 열망이 담겨 있다. 일부 분석가들은 이 슬로건을 중국 외교 정책에 대한 새로운 수정안으로 여겨 환영하는 반면에, 또 다른 분석가들은 이를 단순히 세계무대에서 영향력을 키우려고 하는 시도로 보고 있다. 이런 추측도 가능하다. "인류 운명 공동체 건설"은 중국의 '일대일로 구상Belt and Road Initiative, BRI'(유럽, 아시아, 아프리카 대륙을 향한 중국의 기반 시설 개발과 투자 전략-옮긴이)의 수사적 얼굴이기도 하다. 중국이 사회 기반시설 건설을 지원(또는 획득)하는 상대적 빈곤 국가들을 식민지화하거나 부양하는(또는 두 가지 모두) 큰 그림으로 볼 수 있는 것이다.[44]

"인류 운명 공동체 건설"은 세계무대에서도 중요한 역할을 하고 있다. 시진핑 주석은 2014년 중국의 외교 정책에 대해 다음과 같이 말했다.

> 강대국들은 서로의 핵심 이익과 주요 관심사를 존중하고, 반대와 차이를 관리하며, 충돌이나 대립하지 않고 서로 존중하며 상생 협력하는 새로운 관계를 구축하기 위해 노력해야 합니다. 소통과 진정한 공존을 견지한다면 "투키디데스의 함정"을 피할 수 있습니다. 강대국들은 서로를 평등하게 대하고, 유아독존식의 패권주의에 빠지지 말아야 합니다. … 우리는 평화, 주권, 보편적 혜택, 공동 통치의 원칙을 지지해야 합니다. 그리고 심해, 극지, 우주, 인터넷 등의 분야를 서로 다투는 경기장이 아닌 모든 당사자 간의 협력을 위한 새로운 영역으로 만들어야 합니다.[45]

물론 서구 사회에서는 "인류 운명 공동체 건설"을 중국 공산당이 해외에서 소프트 파워를 강화하고자 하는 욕망을 도덕적으로 미화하기 위한 수사적 슬로건으로 간주한다. 국제 관계와 여러 국가들의 번영을 돕는 것으로 포장된 영향력 행사로 보는 것이다. 그런데 만약 어떤 "인류 운명 공동체"가 실제로 다양한 동맹과 조직으로 구성되어 있는 현재의 세계질서에 직접적인 위협으로 작용한다면 어떻게 될까? 그 동맹과 조직들은 1945년 이후로 계속 같은 지위를 유지해 왔고, 앞으로도 그 지위를 유지하길 간절히 바라는데 말이다.

중국 정치와 국제관계를 연구하는 제이콥 마델Jacob Mardell은 이런 견해를 반박한다. "공동체" 주장을 그렇게 쉽게 무시하는 것은 아주 오랫동안 지속되어온 이 개념의 복잡성과 흡인력을 간과하는 것이란 주장이다. "냉소적인 서구인들 생각에 '상생 협력'이나 '화평 발전'과 같은 문구는 외교 전문용어로 쓰는 의미 없는 어휘일 뿐이다. 그러나 그런 슬로건은 결코 목적 없이 사용되지 않는다. 중국 공산당에게 이론과 이념은 국제사회가 생각하는 것보다 훨씬 더 중요하다."[46] 그 슬로건은 중국이 국제원조에 적극적으로 이바지하면서도, 원조를 받는 국가들이 "독자적으로 발전 방식을 선택"할 수 있다는 점을 부각한다. 그럼으로써 제2차 세계대전 이후 지속되어온 미국(그리고 미국의 민주주의)을 대체할 도덕적 주체로 중국을 자리매김하겠다는 의지를 내보이는 것이다. 중국은 분명 법치주의, 1인1표제, 인권 존중 등과 같은 서구의 규범이 없더라도 그렇게 할 것이다. 그렇다면 중국인들은 자신들이 선호하는 다른 규범들을 찾고자 할까? 한 중국 전문가는 이렇게 말했다. "중국 정권은 스스로 그 길을 선택했다. 그것은 자유민주주의로 발전하려는 의도가 전혀 없이, 세계 경제에 완전히 통합되어 전혀 거리낌 없는 권위주의적 일당 체제의 길이다. 그 모델은 이제 '독립성을 유지하면서도 자국의 발전을 가속화하길 원하는 다른 국가와 민족에게 새로운 선택지로 제시되고 있다."[47]

우리는 플라톤의 '고귀한 거짓말'과, 정부는 국민에게 거짓말을 할 수밖에 없다는 중국의 주장을 깊이 있게 생각해보았다. 그리고 혹자는 어쩌면 "인류 운명 공동체"를 플라톤의 칼리폴리스로, 다시 말해 시진핑의 고귀한 거짓말("당신이 바르게 행동하면 우리 모두 잘 살 수 있다" 같은)을 믿어야 안정이 유지되는 사회로 보고 싶은 마음이 생길 수도 있겠다. 이 슬로건의 목표는 국가를 통합하고, 서로 다른 사회경제적 계층 간의 갈등을 억제하며, "폴리스"를 통합하는 것이다. 그 거짓말의 배후에 있는 사람과 그의 관료들만이 자신들이 허구를 만들어내고 있다는 사실을 알고 있다. 그런데 그 소설로 무엇을 하려는 걸까? 중국 공산당의 권력 남용에서 시선을 돌리며 애국심을 고취시키기 위해서일까? (나는 이런 전략이 중국만 쓰는 것이 아니라고 본다.) 그 문구는 중국 사람들을 특별히 평화롭고 현명하다고 칭찬함으로써 그들을 단결시키고, 미국과 달리 중국은 다른 나라의 내정에 간섭하지는 않을 거라 강조함으로써 미국을 대체할 새로운 범세계적 도덕의 중심으로 중국을 내세우고 있다. 어쩌면 모든 정부가 고귀한 거짓말에 의존했을지 모른다. 이제 문제는 이것이다. 중국이 새로운 유가적 가치를 다시 고수하면서 세계의 도덕적 리더가 될 것인가, 아니면 마오쩌둥이 보여준 난폭한 권위주의 성향으로 회귀할 것인가?

공자의
활용

요즘 공자는 매우 다양한 모습으로 등장한다. 거의 팔방미인이나 다를 바 없다.[48] 중국의 문화적 전통에 뿌리를 내리고 중국의 민족주의를 장려하려는 시진핑의 계획에서 주인공을 맡고 있기 때문에, 공자라는 이름은 2천 년이 넘는 세월의 간극을 가로지르고 있어서 때로는 매우 현대적이고, 때로는 매우 오래된 것처럼 들린다.[49] 롤랜드 보어Roland Boer는 앞서 언급한 2019년 공자를 주제로 열린 중국공산당 콘퍼런스에 대해 이렇게 언급한 바 있다. "그곳에서 여러 발표를 듣고 많은 이들과 이야기를 나누면서 오늘날의 공자가 다소 앞뒤가 잘려나간 현자賢者라는 인상을 강하게 받았다. 우리는 다양성의 조화, 세계 각국에서 온 같은 생각을 하는 친구들을 환영하는 것, 그리고 사해四海의 평화에 대한 이야기를 들었다(2,500여 년 전에는 그런 것들이 훨씬 더 적었던 듯하다)."[50] 공자의 시각에서 무례하거나 괴이해 보이는 것은 모두 사라지는 경향이 있다. (조화를 이룬 것이다!) 의례 중시와 조상숭배, 여성에 대한 박한 평가, 사익私益에 대한 불호不好 등과 관련된 공자의 주장은 현대 중국이란 국가에서는 유용하지 않다.[51] 반면에 중국 공산당은 당의 지도자들을 뼛속까지 유가인 집단이자, "예의범절, 도덕적인 행동, 자기 수양과 개발, 그리고 헌신적인 공적 봉사라는 유가적 가치를 고수하며 부패와 싸우는 투사들"로 묘사하기 위해 지속적으로 노력해왔다.[52] 이런 면에서 현대의 중국은 과거의 왕조들을 시대에 맞지 않는 관점으로 바라보도록 강요하고 있는 것 같다. 국민이 국가를 위해 헌신한다는 현대 민족주의의 개념은, 당연히, 본질적으로 유교 사상이 아니기 때문이다.

그렇게 조율된 공자는 그의 어록을 읽는 독자들의 정치적, 철학적 필요에 따라 다른 모습으로 이해된다. 몇몇 현대의 신유교주의자들은 경제적 성공을 자극하는 막스 베버의 "프로테스탄트 윤리"와 유사한 면을 공자에게서 찾아냈다.[53] 또한 그 조화로운 '고대인'은 중국 정치체제의 윤리적 가치를 지지하는 데에도 쉽게 이름을 올릴 수 있다. 공자는 세심한 중국 정부의 고문 역할을 맡아 모두에게 부패 척결의 필요성을 상기시킬 수도 있다.[54] 또 어떤 이들에게는 공자가 환경 윤리의 기수旗手인데, 이는 사람은 자연을 극복하려 애쓰지 말고 조화롭게 자연과 더불어 살아야 한다는 공자의 생각에서 비롯된 것이다.[55]

국제유가생태연맹International Confucian Ecological Alliance을 이끄는 하버드 대학교와 베이징 대학교 교수인 대표적 신유학자 두웨이밍은, 이런 몇 가지 사상을 종합하여 "미래를 내다보는 유가적 인본주의의 창조적 변환"을 촉구했다.⁵⁶ 그에 따르면, 유가는 계몽주의 사고방식에서 비롯된 합리성의 개념을 초월해 인간 본성에 내재된 감성, 동정심, 연민에 뿌리를 둔 생명의 철학을 제시한다. 지구는 살아 있다. 유가가 옹호하는 그 "황금률"과 인仁은 타인에게 뿐만 아니라 자연에게도 적용된다.⁵⁷ 하지만 베이징에 본부를 둔 비정부기구 그린 비글 Green Beagle, 達爾問自然求知社의 설립자이자 환경운동가인 펑융펑馮永鋒은 유교나 도교를 이용하여 환경 문제를 해결하는 것은 "말도 안 되는 소리"라며 의구심을 숨기지 않는다.⁵⁸

두웨이밍을 비롯한 '현대 신유학New Confucianism' 학자들은 유가가 인권을 옹호하며, 그들이 보기에 미국과 유럽의 문젯거리인 과도한 개인주의를 조장하지 않으면서도, 자유를 제공한다고 주장한다.⁵⁹ 다만 그들 가운데 중국 본토에서 활동하는 이들은 극소수이다. 반면에 20세기에 주로 활동한 '성리학Neo-Confucianism' 학자들은 대부분 중국 본토에 체류하고 있다.⁶⁰ 주희와 초기 성리학자들처럼, 비교적 최근에 활동한 성리학자들도 스스로를 도덕 사회의 토대를 세우기 위해 헌신하는 이들로 묘사하며, 도덕 사회는 좋은 정치 체제 성립을 위해 상상할 수 있는 유일한 길이라고 말한다. 확고하게 반민주주의적인 그들은 서구의 '자동적인 가정[무조건적 믿음]'을 비판하기 위해 공자를 끌어들인다.

두 유파流派 모두 역사적, 사회적 배경 없이 단순히 오리엔탈리즘 자체의 정수를 추출하려는 과정을 재현하는 실체 없는 유학을 전파한다고 비판받아왔다. 이제 현대의 유학자들은 중국 정체성의 의미에 대해 '오리엔탈화하는 서구' 같은 진부한 말을 쏟아내고 있다.[61] 과격한 보수주의자들은 유학을 종교로 삼고 싶어 하는데, 이는 아마도 유교가 중국 정부에게 통제 수단을 제공하기 때문일 것이다. 하지만 유학을 종교로 규정한다고 해서 곧바로 종교가 될 수 있는 것은 아닌 듯하다. 서양이 유일신 하나님을 많이 상실했다면, 중국인들에겐 아예 (그런) 신이 없었기 때문이다. 그들은 영적 도약을 위한 기독교인의 책무를 경험한 적이 없다.[62]

또 다른 비평가들은 중국 정부가 유가의 정통성에서 벗어나는 것에 대해서 그다지 우려하지 않는다. 왜냐하면 중국 정부가 봉건주의 또는 절대주의 국가를 위한 정당화 메커니즘으로 여겨지는 유교의 형태로 회귀할 위험성이 더 우려스럽기 때문이다. 뉴욕 대학교 미국-아시아 법학 연구소 소장인 제롬 코헨 Jerome Cohen 교수는 이렇게 주장했다.

> 가끔 중국의 전통을 언급하며 민족주의적 자부심으로 빈곳을 메우려는 시진핑 주석의 시도는 거의 효과를 거두지 못했다. 공산당에 의해 오랫동안 해로운 봉건주의로 비난 받았으나 이제 현 정권에서 부활한 유교 인본주의의 빛바랜 격언들은 현대의 요구를 거의 충족하지 못한다. 그리고 시 주석이 가끔 소환하는 … 유가의 법가주의, 즉 2천여 년 전에 중국 최초의 제국 황제가 시행했던 독재 통치를 포함하는 통치 철학이, 오히려 오늘날의 현실과 너무도 밀접해서 점점 더 수준이 높

아지는 중국 국민과 심지어 많은 당원들 사이에 이미 존재하는 공포를 더욱 심화할 뿐이다.[63]

우리는 길에서 잠시 벗어나 있었다. 이 맥락에서 서구의 고전은 어디에 있는가? 이 질문에 답하기 위해, 조화와 인류 운명 공동체의 가치가 확연하게 두각을 나타내며 정부의 보다 높은 열망을 은연중에 반영하는 듯 보이는 또 다른 영역으로 눈을 돌려보자. 1998년, 2000년, 2002년에 그리스와 중국은 외교적 합의를 통해 소크라테스와 공자에 관한 학회를 세 차례 공동 주최했다.[64] 학회에서 양국의 학자들은 고대 성현들의 윤리적 가르침을 비교, 대조하면서 상호 우정과 화목한 미래에 대한 이상을 주고받는 토론의 장을 열었다. 나열된 전문 지식은 때론 다소 진부하기도 했지만, 아마도 바로 이런 이유 때문에 발표자들의 논문과 대본은 너무 학술적이지는 않지만 상당히 흥미로운 창을 제공한다. 그 창을 통해 우리는 공자와 소크라테스가 대결에서 어떻게 맞붙었는지, 그리고 애초에 그러한 만남이 이루어지기까지 어떤 이해관계가 얽혀 있었는지 들여다볼 수 있다. 고대의 윤리 전통을 대표하는 두 거물이 이런 맥락에서 만났을 때, 과연 그들은 대립할 것인가, 아니면 화합할 것인가?[65]

당 간부이자 여러 중국 대학의 명예 교수로 있으며 중국인민대외우호협회CPAFFC 회장을 맡고 있는 천하오쑤陳昊蘇가 그 학회지의 머리글을 썼다. 그 서문에서 천하오쑤는 "1998년 아테네 회의에서 나는

'계속 학습하고, 함께 어울려 성숙해지자'라는 제목의 연설을 했는데, 이는 동양과 서양 고대 철학사에서 공자와 소크라테스의 주된 '입장'에 대한 나의 이해를 표현한 것이다"라고 상기시켰다.[66]

두 사람의 "입장"에 관한 언급은 그 학회지에서 다룰 내용이 무엇인지에 대해 암시하는 것인데, 그 도덕가들은 (1) 같은 견해를 갖고 있고, (2) 소크라테스보다는 공자의 목표를 더 지향하는 것으로 보이기 때문이다. 실제로 우리는 소크라테스가 특히 도덕적 가치의 영역에서 공자에게서 많은 것을 빌려왔다고 들었다. 이런 가치들은 전체적으로 소크라테스와 별 관련이 없는 것 같기는 하지만 말이다. (세 차례의 학회에서 이 차용에 관해 그리스 학자들이 언급한 경우는 없다.) 천하오쑤는 첫 번째 학회에서 자신의 말을 인용하면서 이렇게 말했다.

> 이제는 그들이 둘[시간과 공간]을 모두 가질 수 있어야 합니다. 그들의 사상적 보고寶庫는 후대가 제대로 이해해야만, 비로소 그들이 기대했던 인류의 위대한 화해를 실현하는 데에 보다 가까워질 수 있습니다![67]

천하오쑤의 발언은 외교적 선의로 가득하다. 그러나 여기에서 그가 사용하는 화해의 언어는 인류 운명 공동체에 대한 공식적인 수사修辭에 매우 가깝고, 아이러니하게도 진정한 소크라테스는 사라지고 대신 시진핑의 정책을 지지하는 듯한 소크라테스를 창조하는 데에 기여하고 있다. 여하튼 외교적 맥락에서 과연 누가 불평 많은 소크라테스를 필요로 하겠는가? 만약 국가 간의 화합을 원한다면, (서구의 전통이 아닌) 중국 고유의 전통이 그 목표를 향한 최선의 길이라는 의미이다. 이런 맥락에서 천하오쑤가 로마 시인 베르길리우스의 서사시《아이네이스》에서 로마에 대한 주피터의 유명한 대사, "로마는 시간이나 공간의 구속을 받지 않을 것이다"라는 구절을 인용한 것으로 보인다.[68] 그의 발언이 의도적이든 아니든, 그 관점은 분명 제국주의적이다. 유가적 화해가 우세할 것이다. 모든 곳에서.

철학적 대화와 정치적 선의의 중요성을 강조하는 그리스 측의 유사한 외교적 발언에 따라 대부분의 논문은 다음 두 가지 범주에서 벗어날 수 없다. 즉 소크라테스와 공자의 공통점을 강조하여 양자를 조화시키거나, 아니면 공통점이 거의 없다는 점을 강조함으로써 양자를 구별하는 것이다. "조정자들"(조화를 주창하는 이들)은 유가와 플라톤/소크라테스 사상의 실제적이고 가공된 융합으로 관심을 끌며 자신의 주장을 펼쳤다. 그리스인과 중국인 모두 국제 우호라는 명목으로 해석의 자유를 누렸지만, 흥미롭게도 '조정자들'은 모두 중국인들이었다.

또 하나 흥미로운 부분은 크세노폰Xenophon의 보다 따뜻한 소크라테스가 아니라 플라톤의 소크라테스가 주목을 받았다는 점이다. (크세노폰과 플라톤 모두 소크라테스의 제자이나 스승을 대하는 태도나 관점은 달랐다. 크세노폰은 소크라테스를 존경하고 소피스트들을 혐오했으며 스승의 죽음을 겪으면서 극단적인 민주주의를 비판했다. 결국 그 역시 반역자로 몰려 죽임을 당하고 말았다. 플라톤과 달리 철학적인 주제보다는 소소한 일상적 대화에 치중했으며, 소크라테스의 미덕을 긍정했다-옮긴이) 아마도 플라톤이 서구의 가치들을 보다 권위적으로 대변하는 인물로 여겨졌기 때문일 것이다. 아이러니하게도 크세노폰의 '참견하기 좋아하는 소크라테스'는 가정사家庭事에 대해 훨씬 더 많은 의견을 가지고 있을 가능성이 높고, 다른 사람들과 마찬가지로 신을 믿는다. 그러나 그런 소크라테스는 학회에 참가한 연사들에게 별 관심을 받지 못했다.

양자의 조화를 중시하는 접근 방식의 예로 야오제허우姚介厚(1940~) 교수의 주장을 살펴보자.[69] 그는 발표 중에 소크라테스와 공자가 철학뿐만 아니라 삶의 궤적도 유사하다고 강조했다. 두 사람 모두 혼돈의 시대에 살았고, 자신의 글을 남기지 않았으며, 사회 발전이라는 시대정신을 공유했다는 특징이 있다는 것이다. 또한 그는 유가의 인仁이 소크라테스의 "선agathon" 개념과 들어맞는다고 주장한다. 특히 소크라테스의 선善은 궁극적으로 선의 형상form으로, 사회적 실천이라기보다 지적인 개념이기 때문에 여기에 약간의 어려운 점들이 있다. 그렇기 때문에 이 선의 형상, 또는 이데아에 대한 깊은 사색을 통해 다른 형상들까지 깨달아 철인왕이 될 수 있다.[70]

야오제허우가 주장하는 소크라테스의 "선"은 질서와 통치를 전제로 하며, 소크라테스의 지혜sophrosyne(소프로시네, 자기 인식에 기반한 절제와 분별-옮긴이)는 군주에 대한 충성, 계급제도의 존중, 계층적 가족 내의 윤리적 관계를 수반한다.[71] 실제로 소크라테스는 국가를 확장된 가족으로 보았으며, 윤리의 기능을 "사회 질서의 정상화, 지속 가능한 발전 유지, 인간성 교육, 도덕적 인격 함양"으로 보았다.[72] 이런 수사의 이면에 있는 플라톤의 소크라테스를 보는 것은 점점 더 어려워지며, 야오제허우가 직접 밝혔듯이 이 모든 목표는 21세기 중국 유교 국가의 것이 될 수밖에 없다. "중국은 시장 경제의 법률 체계를 완성하는 것과 더불어 윤리와 도덕을 쉽게 설명함으로써, 시장 경제와 사회생활의 동일한 시스템이 사회 발전과 인격 완성에 유익하도록 만들고 있다."[73] 야오제허우는 소크라테스를 인정하면서도 서구의 논리, 기술, 지식과 가치 체계의 균열에 대한 신랄한 비판으로 발표를 마무리했다.

마찬가지로, 세 번의 학회에 참석한 다른 중국 학자들도 다양한 방식으로 소크라테스와 공자 사이의 중요한 철학적 차이를 경시하는 듯했다. 예를 들어 중국어와 그리스어의 특정한 용어를 억지스럽게 동일한 의미로 해석해 적용하거나, 막연한 일반론에 의존하기도 했고, 심지어 노골적으로 자기주장만 펼치기도 했다.

예슈산葉秀山은 "공자와 소크라테스, 양자의 조화라는 공통된 이념"에 주목하여 그들 두 사람 모두 "조화로운 안정 속에서 사회를 재건"하고자 노력했다고 주장했다.[74] 그리고 그에 더해 "고대 중국인도 고대 그리스인처럼 하늘을 숭배했다"는 이해하기 어려운 주장을 덧붙였다. 또한 자오둔화趙敦華(1949~)는 공자의 '인'과 소크라테스의 "탁월함[미덕]" 개념을 비교하면서 공자가 화해[조화]를 대표한다면 소크라테스는 영혼을 대표하고 있기 때문에 양자는 분리할 수 없다고 결론지었다.[75] 리추링李秋零(1957~)은 "공자와 소크라테스는 이미 세상을 떠났지만 한때 각각의 황금기를 애틋하게 떠올리게 한다"고 말한다.[76] 하지만 공자의 경우 노魯 나라의 주공周公이 치세했던 황금기가 있었지만, 소크라테스의 경우 리추링이 말한 향수 어린 황금기가 없었다.[77] 그리고 천하오쑤가 다시 등장해 더욱 화합할 것을 강조한다. 그는 소크라테스와 공자가 우리에게 중용中庸에 따라 조화 속에서 살아갈 것을 권하고 있다고 주장했다(물론 서양 전통에서 중용의 교리는 소크라테스보다 아리스토텔레스의 개념에 더 가깝다).[78] 끝으로 천하오쑤는 우리에게 두 성현의 사상을 충분히 이해하면 "화해는 우리에게서 멀지 않을 것"이라고 충고한다.[79] 전속력으로 전진![80]

(개회사에서 나온 외교적인 수사를 제외하고) 그리스의 발표자들은 조화보다는 차이에 더 많은 관심이 있었다.[81] 중국의 학자들이 유가의 조화를 강조하며 중국과 서양 양대 학파의 융합을 희망했다면, 학회에 참석한 서양 학자들은 두 전통을 완전히 다르게 해석했다. 마리아나 베네타투Marianna Benetatou가 논문에서 지적한 것처럼, 전통에 의문을 제기하고자 했던 소크라테스와 달리 공자는 전통을 수용했으며 심지어 전통을 혁신하기보다는 전승해야 한다고 주장했다.[82] 공자의 목표는 과거의 전통, 의례, 시가詩歌, 제도를 활성화하는 것이었지만, 소크라테스와는 달리 추상적인 "진리"에는 거의 관심을 보이지 않았다.

2년 후 다시 열린 학회에서 키베리 베르니어-치가라Kyveli Vernier-Tsigara는 기본적으로 이런 차이점을 지적하며, 한 사상가는 내용에 집중했고 다른 사상가는 방법에 집중했다고 주장했다. (그럼에도 불구하고 그녀 역시 사상의 '평행선'을 느꼈고, 두 철학이 서로의 결실을 맺기를 희망했다.)[83] 게다가 소크라테스식의 변증법과 예리한 탐색(소크라테스의 문답법, 일명 산파술을 의미하는 듯-옮긴이)은 일반적으로 진술 형식을 취하는 공자의 문장들과 분명한 대조를 이룬다.[84] 성리학을 연구하는 두웨이밍(공자와 소크라테스를 같은 시각으로 보는 것을 원하지 않는 입장)은 이렇게 말했다.

> 《논어》에는 소크라테스의 대화에 담긴 정교한 추론과 유사한 것은 없다. 실제로 공자는 단순히 말로만 설득하려는 행태를 불신했고, 가벼운 언변을 경멸했으며, 영악한 표현에 분개했다. 외교 상황에서의 능변能辯, 생각의 명석함, 문학적 명료함은 높이 평가했지만, 효과적인 논증보다는 암묵적인 이해를 선호했다. 공자는 법적 분쟁에서의 속임수, 심지어 습관적인 송사訟事를 상기시키며, 말의 화려함을 경계했다.[85]

미국에서 고전 철학을 공부한 위지위안余紀元 교수는 외교 문제에 대해서는 글을 쓰지 않으며, 공자와 소크라테스의 조화에 관심도 없다.[86] 그는 소크라테스가 성가신 잔소리꾼이었지만 전통적인 가치와 타인에게 강요당하는 삶에 대해 비판적이었다고 강조한다. 소크라테스는 사람들의 도덕적 신념이 모순적이라는 것을 증명하기 위해 기꺼이 사람들을 당황스럽게 만들었다. 윤리는 비판적 고찰을 통해 나온다고 믿었기 때문이다. 반면에 공자에게 전통은 선조들이 닦아놓은 길이었고, 그가 복원하고자 했던 것이 바로 소크라테스가 반박하려 했던 역사적 의식과 풍습이었다. 또한 공자는 덕德을 지성의 문제만으로 여기지 않았다. 위지위안은 《논어》를 인용해 공자에 대해 이렇게 쓰고 있다.

> 인[仁, 인간의 탁월함]을 실천하려면 도덕적 인격을 길러야 한다. 이를 위해서는 '효와 우애[孝悌]'에 뿌리를 두고〈학이〉, 전통적인 의례를 실천할 수 있도록 자신을 수행해야 하며〈안연〉, 사람을 사랑하고〈안연〉, 특별한 상황에서 전통적인 가치의 일반적인 요건을 적용하는 데에 무엇이 적절한지 알 수 있는 지적 능력을 키워야 한다〈이인〉.[87]

여기서 우리는 교차 검증을 통한 가치관의 파괴가 아니라 윤리적 지침과 삶의 규칙을 얻는다.

물론 그 회의에서 그리스 대표단이 소크라테스와 공자의 중요한 차이점에 대해 말했더라도, 그 가치관의 차이를 그리스와 중국의 극명한 차이점에 대한 진술로까지 끌어올리기는 어려웠을 것이다. 아마도 그리스 학자들 역시 평화로운 미래를 바랐을 것이다. (어떻게 그러지 않을 수 있었겠는가?) 그래서 그들 역시 향후 양국의 화합과 평화를 기원하는 내용을 발표했다. 그리스 문화관광부 장관 파블로스 예룰라노스 Pavlos

Yeroulanos는 두 현자에 대해 이런 설득력 있는 발언을 했다. "두 사상가의 공통점을 되짚어보면 우리가 세상을 발전시키기 위해 필요한 것이 무엇인지 알 수 있을 것입니다."[88] 그 당시에는 두 사상가가 벌인 평화와 조화를 설파하는 무언의 경쟁에서 공자가 승리했다는 점에 의미가 있다. 만약 그것이 우리가 원하는 것이라면, 소크라테스의 공격적인 질문은 조화롭고 질서정연한 사회에 대한 공자의 포괄적인 통찰력 속에 포용되어야 한다.[89] 두 전통의 강조점이 각각 '공동체-조화', '개인-자기이익'으로 기울어져 있다는 점을 감안하면 이는 놀라운 일이 아니다. (물론 공동체, 우정, 개인은 양자의 전통에 모두 등장한다.)[90]

그 발표자들의 조화를 추구하는 경향은 신문에서도 다뤄졌다. 소크라테스와 공자가 좋은 사회를 위해 기여할 수 있는 역할이 중국에서 실제로 대중의 관심사임을 보여주는 듯하다. 예를 들어, 《광명일보光明日報》는 정샤오우曾小五와 정젠핑曾建平의 〈화해사회에 대한 공자와 플라톤의 개념 비교孔子和柏拉圖關於和諧社會構想的比較〉를 특집으로 다루었는데, 그 목적은 베이징의 선량한 시민들에게 화해사회를 교육하는 것이라고 밝혔다.[91] 플라톤과 공자 모두 괜찮은 토론거리를 탁자 위에 올려준 셈이다. "플라톤이 보기에, 이른바 좋은 사회는 공정한[정의로운] 사회이며, 사회의 정의란 사회를 구성하는 모든 계층[통치자, 보위자保衛者, 노동자]이 각기 자신의 자리에서 자기의 덕성[지혜, 용기, 절제]을 지니는 것"이다. 그리고 공자의 이상은 "인[박애]의 원칙에 기반을 둔다." 저자들은 감성과 지성을 모두 발휘하는 접근법이 필요하다고 주장했는데, 특히 화해사회 건설이라는 시진핑의 목표를 이루기 위해, 좀 더 구체적으로 말하자면, "내적으로 정의로운 질서를, 외적으로 포용과 화해를 갖춘 광범위하고 개방적이며 자애로운 화해사회를 건설하기 위해" 그런 접근법이 필요하다는 주장이었다. "그리고 그것이 바로 오늘날 모든 민족과 국가가 광범위하게 교류하기 위해 진정으로 필요한 것"이라고 결론 내렸다.[92] 누가 다른 목소리를 낼 수 있었겠는가?

누구의
국가가 될
것인가?

　　　　　　이 책과 가장 관련이 깊은 현대 유가儒家의 또 다른 그룹은(비록 경계가 모호하지만), "정치적" 유가이다. 이들의 목표는 국가와 지도부를 유교와 조화시키는 것이며 또한 중국이 이미 최고의 '유가적 공산주의Confucian-communist' 정부 형태로 나아가고 있음을 드러내는 것이다.[93] 정치적 유가들 중에는 서구의 정치철학에 익숙한 학자들이 많다. 그래서 서구의 가치(그리고 관행)들을 유교와 비교하며, 박식하고 유능한 지도자를 선출하기 위한 방법으로는 유교의 가치가 더 낫다고 (일반 선거권 취지에 반하게) 주장한다.[94] 또한 그들은 계급[서열] 체제가 인간 사회에서 자연스러운 상태라는 유가적 관점을 강조한다.

　　산둥 대학교 정치학과 및 행정학부 학장이자 칭화 대학교 교수인 캐나다 출신의 정치 이론가 다니엘 벨은 이런 주장을 담은 여러 권의 책을 저술했으며, 평론가들의 찬사를 받은 바 있다(최근에는 동료 왕페이汪沛와 공동 집필도 함).[95] 미국과 유럽에서 활동하는 서구의 학자들도 계속 그 주제에 관심을 갖고 있다. 네이선 가델스Nathan Gardels와 니콜라스 베르그루엔Nicholas Berggruen은 공저 《21세기를 위한 지적 통치Intelligent Governance for the 21st Century》에서 중국의 능력주의와 서구의 민주주의를 결합하여, 후자는 부富에 대한 취약성을 줄이고 전자는 보다 많은 참여와 정부의 책임, 그리고 법치를 결합하여 함께 발전하는 "동서 간의 중용의 길"을 제안했다.

그러나 명시적으로 플라톤을 중국의 유가적 능력주의에 대한 대안으로 제안한 사람은 푸단 대학교 철학원 교수인 바이퉁둥白彤東이다. 그는 2020년에 출간된 영문 저서 《정치적 평등에 반대함: 유가의 사례 Against Political Equality: The Confucian Case》에서 플라톤의 국가와 유가적 국가 가운데 어느 쪽이 시민들을 더 잘 살게 할 수 있는지에 대해 숙고하고 있다.[96] 바이퉁둥의 핵심 주장은 어느 사회나 명예를 추구하는 계층이 존재하며, 어떤 형태의 국가에서든 그 계층을 위한 자리가 마련되어야 한다는 것이다. 미국의 경우 그런 계층은 주로 부의 축적에 집중해 왔으며, 그 경향은 민주 정치를 타락시키는 결과를 낳았다. 그러나 유교의 영향을 받은 체제에서는 돈보다 지위를 추구하며, 최고 수준의 능력주의와 최저 수준의 민주주의를 결합한 능력주의 정치에 의존하게 된다. 이런 능력주의 정치 체제가 선거에 기반을 둔 미국의 민주주의에 대한 대안이 될 수도 있다. 능력을 중시하는 풍토가 권위를 갖게 된 것은 잘 확립된 과거科擧 제도라는 오래된 전통 덕분이다. 왕조 시대에는 유가의 경전을 암기해서 치르는 엄격한 과거시험을 통해 관리들을 선발했다.⁹⁷ 사람들이 모두 평등하지는 않기 때문에, 모든 시민이 똑같은 영향력을 행사해서는 안 된다는 것이다.

> 사람마다 도덕적, 정치적, 지적 역량 면에서 실질적인 차이가 있기 때문에, 유가는 정치적 의사 결정 과정에서 동등한 목소리를 내는 것을 인정하지 않을 따름이다. 유가에서 통치권은 타고난 권리가 아니라, 획득해야 하는 권리(그리고 누구나 "획득할 수 있는" 권리)이다. 이런 입장은 "기회 균등" 개념에 가깝고, 《국가》에서 통치는 현명하고 덕이 있는 사람에게 맡겨야 하는 무거운 짐이라고 한 플라톤의 주장과도 유사하다.⁹⁸

1인1표제에 대해 바이퉁둥 교수는 공자와 맹자가 "정부[왕조]의 정통성은 인민에 대한 봉사에 있다"고 믿었음을 인정하지만, 인민에 의한 봉사에 있다고 믿었던 것은 아니라고 강조한다.⁹⁹ 끔찍하고 무도했던 문화대혁명을 잊지 못한 듯, 그는 중국이 종교적 신념의 성격을 지닌 정치 이념을 경계해야 한다고 주장한다. 시민들 사이에 깊은 유대감을 형성하는 종교의 힘은 중국처럼 방대하고 다원적인 사회에서는 제대로 작동되지 않는 일종의 편협성을 쉽게 유발할 수 있기 때문이다.

바이퉁둥 교수는 이렇게 주장한다. 미국에서 민주주의가 태동하던 당시의 정책들조차 "특히 무지한 대중이 너무 많은 영향력을 행사하여 국민의 정당한 이익을 해치는 것을 방지하기 위한 것이었다. … 이런 의미에서 초창기 미국 정권은, 특히 앞서 언급한 측면과 관련하여 유가 혼합 체제의 (불완전한) 한 사례로 간주될 수 있다."[100] 그럼에도 불구하고 "1인 1표"를 강조하는 현대 선거 민주주의는, 전반적으로 사람들이 속기 쉬울 뿐만 아니라 미래에 대한 충분한 비전을 갖고 있지도 않다는 점을 간과한다. (여기서 우리는 투키디데스의 비판을 떠올리게 된다.)[101] 바이퉁둥은 요점을 강조하기 위해 플라톤을 인용하고 있다. 아테네 사람들이 자유롭게 정치활동을 하기 위해 노예 노동에 의존했음에도 불구하고, 플라톤은 과연 민주주의가 훌륭한 계획을 세울 능력이 있는지에 대해서는 비판적인 견해를 갖고 있었다는 것이다.

그가 보기에, 플라톤의 칼리폴리스에는 유가의 기술記述에는 없는 몇 가지 결함이 있다. 우선 핵가족의 파괴를 들 수 있다.[102] 이상적인 도시국가 칼리폴리스의 일원이 되려면 남성이나 여성 모두 자녀에 대한 본능적 사랑을 포기해야 하며, 자녀들은 태어나자마자 격리되어 자신의 진짜 부모가 누구인지 결코 알 수 없다. 중국인의 관점에서 볼 때 이는 용납할 수 없는 행태이다. 유교 사상에서 가족은 윤리와 동정심의 훈련장이며, 가족이 없으면 사회 전체가 지켜야 할 선善은 결국 허물어지고 만다.[103] 아무리 교육을 잘 받는다고 해도 고아원에서 철인왕이 나올 수 있을까? 가족 없이 동정심을 키울 수 있을까? 유교 국가에서는 자연스러운 가족과 국가에 대한 충성심은, 플라톤의 국가에서는 철학적 근본이 없을 경우 인위적으로 만들어져야 하고, 칼리폴리스에 대한 사랑도 고귀한 거짓말에서 잉태할 수밖에 없다. "초기 유가의 본보기는 평범한 사람들이 접근하기 무척 쉬운 것(가족 관계의 성숙)에서 시작하지만,《국가》의 모델은 처음부터 급진적이다."[104]

바이퉁둥은 유가 전통의 실용적 이익에 대해 이야기하면서, 플라톤의 '선' 개념은 지나치게 추상적이라고 비판했다.[105] 유가의 선은 백성에게 봉사하고, 의례를 지키며, 인을 실천하는 등과 같은 실용적 개념이다.[106] 반면에 플라톤의 선은 태양에 비유되는데, 그것은 우리가 세계를 보거나 이해하기 위해 거쳐야 하는 매개체이다.[107] "태양 자체가 시각이 아니라" 시각의 원인인 것처럼, 선의 형상도 "인식 주체에게 알 수 있는 능력을 주는 것이다." 이런 개념은 일반 대중들에게 그다지 매력적이지 않다. 또한 바이퉁둥은 칼리폴리스에서 지켜지는 정의正義는 그 누구도 행복하게 만드는 것 같지 않다고 지적하는데,《국가》에서 아데이만토스Adeimantus가 소크라테스를 비난한 것에 동의하는 듯하다.[108] 그래서 고귀한 거짓말이 있다는 것이다. "간단히 말해, 플라톤의 모델이 성취하고자 하는 통합은 뿌리가 없다. … 세뇌를 통해, 그리고 여성과 아동의 공동체 같은 매우 급진적인 방식을 통해 어느 정도 효과를 볼 수는 있지만, 적절한 뿌리가 없다면 대중에 대한 헌신과 일련의 관계에 대한 법과 규범에 대한 헌신은 결국 시들고 말 것이다."[109] 당연히 정치적 평등을 반대하는 이들은 궁극적으로 사회주의 특성을 지닌 수정된 유가 체제를 선호하게 된다는 뜻이다.[110]

그러나 중국의 다른 현대화된 유가 모델과 달리, 바이퉁둥이 선호하는 체제는 현대 민주주의를 포함해 모든 국가에 보편적으로 적용될 수 있는 모델이다. 하버드 대학교의 제임스 한킨스 교수는 그의 모델에 대해 이렇게 말한다.

> 유가의 정치적 이상은 공산주의 전체주의 국가의 도덕성 부족뿐만 아니라 자유민주주의의 병폐들에 대한 치료법이기도 하다. … "국민의, 국민을 위한, 그러나 국민에 의한 것은 아닌 정부"라는 정치적 능력주의와 결합된 사회적, 경제적 평등을 추구하는 유가적 대안은, 보다 공정하고 계몽적인 결과를 낳을 것이다. 현대 민주주의 사회의 소란스럽고 도덕적으로 타락한 대중의 삶은 질서를 되찾고 안정될 것이다.[111]

달리 말하자면, 혼합형 유가 체제는 바로 미국에게 필요한 것이다. 그러나 실행의 문제가 따른다. 바이퉁둥은 선거 민주주의에 대한 확고한 의지 때문에, 이 체제는 "교묘한 위장"을 통해서만 확립될 수 있다고 주장한다.[112] 이 주장은 마치 미국에게 고귀한 거짓말이 필요하며, 그것도 빠르면 빠를수록 좋다는 말처럼 들린다. 미국인들이 민주주의를 실천하고 있다고 잘못 믿으면서도 유가를 받아들이게 만드는 게 가능할까? 물론 미국인들은 고귀한 거짓말을 이불로 덮고서 행복할 수도 있겠지만, 만약 자국의 이익을 노린 중국에게 미국이 집단적으로 속아 넘어갔다는 사실이 밝혀진다면 얼마나 분개할지 능히 상상할 수 있다.¹¹³ 반면에 언론에서 공공연하게 스트라우시언 내각이라고 불렸던 조지 W. 부시 대통령 시절(2001~2009년), 미국 정부가 미국인들에게 바로 그렇게 했다고 믿는 이들이 있는데, 이는 "국민들에게 자신들이 듣고 싶은 말만 하고, 진실은 말하지 않는" 접근방식을 실천한 것이라고 볼 수 있다.¹¹⁴

2004년 미국 언론인 론 서스킨드Ron Suskind가 《뉴욕타임스매거진 The New York Times Magazine》에 게재한 익명의 부시 행정부 인사와의 인터뷰 기사 "우리는 현실의 창조자다We're the authors of reality"는 스스로 철인왕이라고 믿었던 이들에게 어울리는 오만함이 그대로 드러나 있다. 익명의 관계자(나중에 백악관 보좌관으로 알려짐-옮긴이)는 이른바 "현실에 기반한 커뮤니티reality-based community"를 폄하하며 이렇게 말했다. "(그들은) 현실에 대한 분별력 있는 연구를 통해 해법을 도출할 수 있다고 믿는 이들이다. … 하지만 실제 세상은 더 이상 그런 방식으로 돌아가지 않는다. 이제 우리가 하나의 제국이며, 우리가 행동하면 원하는 대로 현실이 창조된다. 그리고 당신들이 그 현실을 마음껏 신중하게 연구하는 동안 우리는 또 다시 행동해서 새로운 현실을 또 만들어낼 것이다. 당신들도 연구할 수 있으며, 그런 식으로 세상이 정리될 것이다. 우리는 역사의 주역이며, … 당신들은 모두 우리의 행동에 대해 뒤늦게 연구만 하는 존재로 남게 될 것이다."¹¹⁵ 사회학자인 짐 조지Jim George가 부시 2기 행정부에 대해 지적했듯이 "포스트 계몽주의의 자유주의가 (고전적) 민주주의 통치 모델을 더 이상 위협하지 않으려면 엘리트 통치가 필수라는 생각, 그리고 신보수주의 엘리트가 '올바른' 정치적, 전략적 결정을 내리고 실행하기 위해 대중들에게 거짓말을 할 권리, 실제로는 의무가 있다"는 생각은 스트라우스의 의도에서 완전히 벗어난 것이다.[116]

미국이 속임수에 넘어가 새로운 유교 국가가 될 거라는 걱정에서 끝나지 말고, 다시 '화해'로 돌아가 중국 언론에서 벌어지는 최근 상황을 살펴보자. 중국 정부가 자신들의 소리와 맞지 않는 "음표音標"를 금지시키기 위해 국민들에게 화해를 강요하는 데에 관심을 두면서, '화해'는 "다양성의 조화"라는 본래의 의미를 잃고 하나의 음으로 닮아갔다. 말하자면, 장음계 C음은 되지만, 반음계 C음은 안 된다는 의미이다. 만약 여러분이 공식적인 관점에 동의하지 않는다면, 화해할 것을 (조화를 깨지 않게 맞추도록) 요구받을 수도 있다.

그런데 일부 네티즌들 사이에서 조화에 대한 언급은 뭔가 빈정대는 듯한 어조를 띠고 있다. 화해는 다른 목소리를 침묵시키려는 국가의 행동에 대한 명백한 정당화이기 때문에, 그것은 "백가쟁명[제자백가]"이라는 암묵적인 약속을 어긴 셈이 되었고, 결국 젊은 세대의 블로거와 인터넷 사용자들은 그 용어[화해]를 대중의 표현을 통제하는 정부의 약어略語처럼 바꿔놓았다. 새로운 세대에게 화해는 원래 의미와는 정반대로 중국 공산당 이념에 부합하지 않는 의견 삭제를 의미한다. 이제 인터넷에서 "화해"라는 단어를 입력하면, 중국의 방대한 인터넷 보안군이 못마땅한 내용이나 민감한 사안이라는 이유로 삭제한 항목을 표현하는 것이 된다. 이런 식으로 검열된 게시물을 "화해되었다 被和谐了"라고 한다.[117] 그렇게 "화해"라는 단어를 사용하는 것은 화해 사회를 만드는 데 필요한 검열 행위에 대한 항의 방법이 될 수도 있다.

7 현재를 위한 생각

이 책의 기본 틀은 중국에서 이루어진 고대 그리스의 철학과 정치 관련 문헌에 대한 광범위하고 주로 국수주의적인 해석에 대한 연구이다.¹ 우리는 고전을 의제로 활용하고자 하는 사용자들이 고전을 전용轉用한 첫 번째 사례로서 예수회의 중국 선교를 우선 살펴보았다. 가톨릭 선교사들은 중국 조정과 만주족 통치자들에게 새로운 종교인 기독교가 대체로 유가적이며, 다만 예수와 의인화된 신의 형상을 포함하고 있음을 보여주기 위해 기독교가 아닌 스토아학파를 인용했다. 예수회가 스토아주의에 "고대 신학"의 흔적이 있다고 믿었는지, 혹은 기독교 신앙을 예상한 윤리 체계를 대표한다고 진지하게 믿고서 그런 것인지, 아니면 교묘하게 속이려고 그런 것인지 대답하기는 불가능할 뿐만 아니라 자칫 잘못된 반대 개념(우리는 다시 음과 양으로 돌아간다!)이 될 수도 있다. 우리는 모두 일단 핵심 텍스트를 활용해보면 그것을 원하는 대로 믿게 된다. 그리고 그것이 아무리 단순하거나 중립적으로 보이더라도 항상 그런 믿음을 "무언가"를 위해 사용하고 있다.

중국인들은 예수회에게서 연구 대상을 물려받았으며, 그 선교사들과 크게 다르지 않게 고전을 자신들만의 방식으로 전용하고 있다. 5.4 운동과 연관된 중국의 개혁가들과 1980년대의 이상주의적인 학생들과 노동자들이 보기에, 아리스토텔레스가 시민의 정치 참여를 중요하게 여긴 것은 옳았고, 시민이 단지 왕조 통치의 대상이 아니라 가장 중요한 위상으로 존재해야 한다고 주장한 것도 옳았다. 아리스토텔레스가 20세기에 활동했다면 민주주의가 최선이라고 말했을 것이다.

그러나 요즘 중국의 대중적인 지식인들이 아리스토텔레스를 인용하는 양상을 보면 어떤 의도가 느껴진다. 그들은 서구 사회가 서양 고전을 정치적 바이블로 삼아 노예제도를 토착화하고, 시민들을 속이고 조종하며, 자연스럽게 군사적 침략(!)을 부추기려 한다고 주장한다. 플라톤과 투키디데스가 우리에게 보여준 것처럼 민중은 지배의 주체로는 적합하지 않다. 그들은 스스로 통제하지 못하거나 선동 정치가의 먹잇감이 되거나, 아니면 둘 다일 수 있다. 차라리 둘 다라고 생각하고 이런 입장에서 한 걸음 도약한 정부의 대변자들과 국수주의 사상가들은, 만약 민주주의가 좋은 것이라면 미국이 실행하는 민주주의가 아니라 중국이 민주주의의 가장 좋은 예라고 주장하기도 한다. 과거를 계승한 소수의 외로운 목소리들만 그 새로운 정설正說에 항변할 뿐이다.

중국인들도 플라톤의 《국가》가 읽고 사고하기에 매우 좋은 '교재'임을 알게 되었다. 칼리폴리스가 이성 역량을 기준으로 인간을 여러 계급으로 나눈다고 하는 능력별 구분은 사회에서 주어진 역할에 충실해야 한다는 유가적 관념(설령 이성의 능력에 근거한 것이 아닐지라도)과 유사하며, 신민臣民의 최대 이익을 위해 등급질서에 주목하는 철인왕은 이상적인 중국 황제의 모습과 아주 흡사하다고 생각한다. 편리하게도, 서구 전통의 선두에 플라톤(소크라테스 이전의 철학자보다는 차라리)이 위치한다는 것은 고대 그리스와 현대 중국 사상가들이 의존하는 유사한 "기본적인 진리", 즉 현대 서구에서는 어리석게도 눈을 감고 있는 진리를 찾아냈다는 것을 의미한다. 그러나 중국 작가들이 칼리폴리스의 '고귀한 거짓말'을 모든 안정적인 사회의 당연한 필수품으로 지지할 때 그들은 아마도 자신들의 거짓말도 포함시킬 것이다. 그러나 시민들은 그 거짓말을 알고 있으며, 따라서 그 거짓말을 믿는 것은 불가능하다. 이 틀의 이면에 무엇이 숨어 있는지 따지지도 않을 것이다.

이런 측면에서 플라톤이 "선"이라고 해도, 그가 합리성에 기반을 둔 서양 철학 전통을 대표할 경우 "악"이 되고 만다. 막스 베버 이래로 많은 학자들이 서구 사회가 본질적으로 비도덕적이고, 오래된 윤리적 전통과 무관한 도구적 형태의 합리성에 의해 작동한다고 비난하고 있다. 중국의 학자들은 특히 계몽주의의 패러다임으로 칸트 철학을 반추하면서, 기술적으로 발전했지만 "환상이 깨진" 서구를 창조하는 데에 도움을 주었던 합리성에 기반을 둔 의무 규칙을, 타인에 대한 유가적 인애仁愛의 전통에 비유한다. 유가의 문헌은 플라톤의 대화편과 달리 논증과 논리적 추론에 의지하지 않는다. 물론 공자에게는 논리의 존재를, 플라톤에게는 신화의 존재를 강조하고 싶은 학자들이 있기는 한데, 그런 경우 그들은 논증은 뒤집어도 전문용어는 그대로 놔둔다. 그렇더라도 유가 문헌의 논리가 홀로코스트에 영향을 주었다고 주장하는 이는 없다. 결국 "합리성"이란 누군가를 공격하기에는 너무 모호한 도구라는 사실이 드러난다. 이제 이런 (시시한) 베개 싸움은 끝내야 할 때이다.

좋은 플라톤과 나쁜 플라톤은 스트라우시언의 플라톤에 의해 보완된다. 스트라우시언의 플라톤은 주로 지식인 그룹에 특별한 지위를 부여하기 위해 존재하는 듯하다. 이 지식인 그룹은 스트라우스를 활용하면 고전 고대를 중국의 현재 진로와 연결할 수 있다고 주장한다. (중국의 많은 지식인들도 마찬가지!) 게다가 스트라우시언 철학자로서 그들은 "더 많이 알고 있는" 사람들이기도 하다. 더욱이 그들이 알고 있는 것은 스트라우스가 "알았던" 것, 즉 역사에서 말을 자유롭게 할 수 없었던 철학자들이 행간을 읽을 수 있는 수신자들을 위해 자기 글에 난해하고 내밀한 메시지를 써넣었다는 점이다. 또한 중국의 지식인 그룹은 그 비밀스러운 메시지의 내용은 철학자들이 국가에 피해를 줄 수 있기 때문에 말할 수 없는 것임을 알고 있다. 만약 이것이 스트라우시언이 알고 있다고 주장하는 내용이라면, 과연 그들이 공개적으로 말하지 않는 것이 정확히 무엇인지 궁금해진다. 그것을 알려면 우리가 스트라우시언이 되어야 할 것이다.

플라톤의(소크라테스도 마찬가지) 마지막 현현顯顯은 새로운[선택된]

공자이다. 서구의 그 어떤 정치 이론가보다 칼리폴리스를 더 진지하게 받아들인 중국의 유명 지식인 가운데 한 명은 자신이 제시한 이상적인 국가와 비교하면서 둘 사이에 유사한 점이 많다고 많은 근거를 댄다. 그런데 그것만으로는 부족한 듯하다. 바로 그 지식인 바이퉁둥은 자신이 제안한 유가의 영향을 받은 모델이 여러 측면에서 우월하며, 그것이 바로 미국에게 필요한 모델이라고 주장한다. 한편 다른 이들은 《국가》를 오로지 화해만을 옹호하는 고대 서양의 사례로 움켜쥐고 있다. (그들은 정의와 조화의 화해를 통해 그렇게 해야만 한다.) 플라톤이 중국의 현재를 위해 사용되었다면, 우리도 응당 공자의 가르침이 중국 공산당이 필요로 하는 것과 화해를 이루었음을 지적해야 한다.

우리는 지금 어디쯤 와 있는가? 우선 분명한 점은 현대 중국에서 그리스 고전 수용에 대한 연구가 양국의 대중 및 정치 담론을 지배하는 주제에 실제로 초점을 맞출 수 있다는 것이다. 더 넓게 보자면, 고전 고대의 렌즈를 사용함으로써 중국과 미국 모두의 변하고 있는 자기표현과 도덕적 권위에 대한 주장을 조명할 수 있다. 따라서 고전 고대의 렌즈는 현대 미국의 대학들에서 연구되는 고전 분야와 중국과 서구 사이에서 벌어지고 있는 단어와 개념의 전쟁 모두에 영향을 미친다.

고전

　　중국인들에게는 잘 받아들여지지만 서양인들에게는 그렇지 않은 고전 문화를 서구 사회는 어떻게 다뤄야 할까? 우선, 플라톤과 아리스토텔레스가 고전 전통 전체를 대표할 수 없다는 점을 반복해서 강조할 필요가 있다. 시인 사포Sappho와 역사가 헤로도토스Herodotus 같은 인물들, 풍자 문학과 애가哀歌 같은 장르, 실용적인 설명서부터 로마제국 전역에 산재했던 낙서에 이르기까지 모든 기록들이 고전 문화에 해당한다는 사실을 인식시켜야 한다. 하나의 분야로서 고전은 지역 문화적 가치, 성별에 따른 규범의 유연성, 권위에 대한 도전을 위한 공간을 갖고 있다.

　　실제로 이번 고전 수용학 연구의 텍스트들은 거의 무한하게 유연하다는 것을 보여주었다. 에픽테토스는 유가들에게 개종을 권유하는 기독교도들에게 도움이 되고, 플라톤은 합리성이나 화해를 강조할 수 있으며, 아리스토텔레스는 민주주의를 요구할 수 있고, 고전 아테네 자체는 자유가 없는 장소의 대명사로 활용될 수 있다. 중국인들은 20세기와 21세기 모두 자신들에게 필요한 것을 취해왔기 때문에, 우리(고전 문헌을 가르치는 교사를 의미함)가 그들과 똑같이 할 수 없는지 나는 무척 궁금하다. 내가 오독을 옹호하고 있다? 물론 아니다. 이미 언급한 바대로, 우리는 어쨌거나 항상 자신의 관심사[이해관계]에 따라 책을 읽기 마련이다. 가장 진지한 태도로 읽을 때도 다르지 않다.

이 책에 실린 플라톤, 아리스토텔레스 등 여러 고전에 대한 해석 가운데 많은 부분이 지적으로 정교하지 않다는 점은 주목할 만한 가치가 있다. 조잡하고 단순화된 주장들을 뒷받침하기 위해 간단한 해석을 할 수도 있는데. 그런 주장들은 바로 현재 세계의 양쪽 끝에서 우리가 듣고 있는 주장이자, 국제 정치의 주요 의제를 주도하는 주장들이다.[2] 이 책에서 우리가 살펴본 해석들은 대부분, 학장의 최우수 졸업 논문 명단에 들기 위해 애쓰는 학위 논문들이 아니다. 그보다는 인간과 계급 구조, 역사, 국가, 윤리에 관한 폭넓은 지식과 주장을 뒷받침하기 위해 존재하는 것이다. 특히 중국처럼 고대를 중시하는 문화권에서는, 이 해석들이 고대 아테네를 기억해 이야기한다는 사실만으로도 정당성을 갖게 된다. 그러나 플라톤과 아리스토텔레스는 몇 권의 책에서 간단한 요점으로 결론내릴 수 있는 사상가가 아님에도 불구하고, 그들의 복잡한 사상은 쉬운 슬로건을 위해 버려지고 말았다. 부활한 공자 역시 새로운 신봉자들의 손에서 동일한 단순화(또는 확장?)를 겪어야 했다. 그들은 그 고대의 현자를 주물러서 기후 변화에 대해 주먹을 불끈 쥐는 중국판 그레타 툰베리Greta Thunberg로 만들 수도 있다. 그러나 그의 덜 대중적이거나 유용한 견해는(스토아학파의 그것처럼!) 길가에 조용히 남겨질 것이다.³

문화

내가 상상하는 이 책의 청중과 대화 상대는 중국과 미국의 독자들이다. 특정한 서양의 고전학자들에게 전해질 것도 아니고, 중국의 지식인들에게 자신들이 쓴 글을 소개했다고 알릴 필요도 없을 것이다. 다만 고전 고대의 용광로에서 스스로 영원한 권위를 주장하는 심오한 문화적, 정치적 가치들과 가정들이 떠오르는 모습을 우리가 볼 수 있길 바란다. 그리고 그 과정에서 비록 유한한 시간과 공간에 매여 있긴 하지만 국가의 정권들이 어떻게 자기 존재를 정당화하는지 생각해볼 기회가 되길 바란다. 내 의도는 한쪽 편을 들어 특정 정부의 대변인이 되는 것이 아니었으며, 혹시 간혹 그렇게 비춰졌다면 그것은 내가 동양이 아닌 서양의 관점에서 교육을 받았기 때문일 것이다.

한 독자가 불평했듯이, 판단 기준이 되는 플랫폼이 없다는 것은 이 책에 도덕적 나침반이 없음을 암시하는 것일 수 있다. 그러나 나는 도덕적 나침반의 부재에 이 책의 도덕적 나침반이 있다고 여긴다. 보다 정확하게 말해서, 이와 같은 연구가 국가의 자기성찰과 다른 문화에 대한 더 많은 이해에 작게나마 기여할 수 있다는 믿음에서 도덕적 나침반을 찾을 수 있다는 생각이다. 또한 그런 연구가 우리에게 도덕적 가정에 대한 모범을 보여줄 수 있기를, 그리고 서구 사회가 중국과 중국의 문화 전통에 대해 자의적으로 해석한다는(그 반대의 경우도 마찬가지) 가정에 대해 깊이 생각해보는 계기가 되길 희망한다. 이제 어떻게 하는지 알았으니, 서구의 우리들도 마찬가지로 그렇게 할 수 있을까? 질문의 언어가 이미 답변을 위한 가능성을 형성하고 억제하는 방식에 우리가 적응할 수 있을까? 이 질문들에 대해 그런 식으로 답할 수 있을까? "우리는 합리적인가? 우리는 시민인가? 민주주의란 무엇인가?"

신화

다른 문화의 핵심 가치에 대해 보다 풍부한 식견을 갖게 되면, 광범위한 이론들이 주장하는 바에 대해서도 이해하기 쉬워진다. 이 책에서 중국의 민족주의에 대해 집중적으로 언급했으니, 이제 전 세계에서 민주주의가 차지하는 위상에 대한 서구의 이야기를 조금 살펴보자. 프랜시스 후쿠야마Francis Fukuyama의《역사의 종언과 최후의 인간The End of History and the Last Man》, 새뮤얼 헌팅턴의《문명의 충돌The Clash of Civilizations》, 그레이엄 앨리슨Graham Allison의《예정된 전쟁Destined for War: Can America and China Escape Thucydides's Trap?》 등이 좋은 예가 될 것이다. 특히 그레이엄 앨리슨은 미국이 모든 것을 침략의 렌즈를 통해 보고 있다고 주장할 수 있는 근거를 중국 정부에게 제공했다.

2017년에 발표한 저서《예정된 전쟁》에서 앨리슨은 신흥 강대국이 기존 강대국의 패권을 대체하기 직전에 항상 전쟁이 일어날 가능성이 크다고 주장했다. 따라서 부상하는 중국은 부동의 강대국 미국과 필연적으로 충돌하게 된다. 이 시나리오는 투키디데스가 《펠로폰네소스 전쟁사》의 도입부에서 묘사한 것에서 유래했다. "아테네가 신흥 강국으로 성장하면서 그로 인해 스파르타가 위기감을 느꼈고 결국 전쟁이 불가피했다."[4] 세계화된 세상에서 도덕적, 경제적 지위를 두고 벌어지는 현재의 미중美中 간의 긴장을 설명하기에는 이 정치적 모델이 설득력이 있다. 왜냐하면 그 모델은 역사의 교훈에서 생성된 것이고, 또한 당사자들의 암묵적인 판단을 포함하고 있을 뿐만 아니라, 세계적 분쟁의 걱정스러운 미래를 예측할 수 있는 방법을 제공하기 때문이다. 물론 이런 분쟁을 예측해서 예방하는 것이 앨리슨의 목적이지만, 이 유추 자체는 전쟁이 일어날 가능성이 있다는 생각을 뒷받침한다.[5]

중국인들은 이것이 미국과 중국을 개념화하는, 위험할 정도로 적대적인 방식이라고 여기며, 미국인들이 스스로의 이익을 위해서라도 이런 비유를 중단해야 한다고 역설한다.[6] 2019년 궈지핑國紀平(《인민일보》에서 주요 국제 문제에 대한 중국의 관점을 논평하는 칼럼)은 〈세상에는 본래 투키디데스의 함정이 없다: 일부 미국인의 전략적 실수의 위험성에 대한 논평世上本無'修昔底德陷阱'評美國一些人戰略迷誤的危險〉이라는 제목의 사설에서 이렇게 썼다.

> 강대국들의 제로섬zero-sum 게임 구조를 암묵적으로 인정하는 "투키디데스 함정"이란 개념은 오랫동안 여러 가지 학리적 비판을 불러일

으켰다. 하지만 일부 미국인들은 제로섬 게임의 이념에 대해 항상 우려해왔다. 그들의 신조는 미국은 무엇이든 할 수 있다는 '미국 우선주의' 신조를 지키는 것이다. … 전 백악관 수석전략고문의 눈에 비친 중국은 미국에 "가장 심각한 생존 위협"이고, 무역 분쟁의 핵심 문제는 세계무대에서 중국의 의도와 그 야망이 미국의 번영에 어떤 의미가 있는지에 대한 것이다. … 중미 관계의 미래와 관련하여 세계는 "투키디데스의 함정"을 보고 싶지 않을 뿐만 아니라 강대국들이 멀리 내다보는 정책 결정과 행동으로 세계의 관리 방식을 개선하고 공동 번영을 촉진하는 위대한 실천에 헌신하기를 기대한다.[7]

이 칼럼니스트가 보기에, 바로 이 비유, 즉 스파르타가 아테네를 용납할 수 없었던 것 그 이상으로 미국이 중국의 역량이 성장하는 것을 더 이상 참을 수 없다는 발상이 위험한 논리의 틀을 제공한다. 평화로운 '인애仁愛'의 중국에서 뻗어나가는 연꽃 앞에서 미국은 침략으로 맞서려 하면 안 된다. 그러지 말고, 서구 사회는 고대의 과거를 올바르게 배워야 한다. 귀지펑은 투키디데스의 말을 다시 인용하면서 우리가 투키디데스의 함정에 직면했다고 믿는 사람들의 어리석음에 맞서는 고대의 지혜를 제시했다. "많은 경우 사람들은 앞날의 위험을 예견할 수 있는 능력을 가지고 있다. 그러나 그들은 자신을 돌이킬 수 없는 재앙에 빠지게 유도하는 생각을 그대로 내버려둔다. … 그런 재앙은 그들 자신의 어리석음 때문이지 불운 때문이 아니다."[8]

다른 관점에서 보면 중국은 스파르타이고 미국은 아테네라고 주장하기 쉽다.⁹ 중국은 최근까지 스파르타처럼 내륙을 중심으로 한 육상강국이지만, 미국은 오랫동안 막강한 해군을 보유한 강대국이기 때문이다. 호주 국립대학교 전략국방연구센터의 잭 바우스Jack Bowers가 지적한 것처럼, 스파르타의 느슨한 동맹은 중국이 태평양 지역과 아프리카에서 소프트 파워를 사용하는 것에 비유할 수 있다.¹⁰ 중국은 '일대일로 계획'의 일환으로 고대 아테네의 피레우스 항구까지 매입했다. 어쩌면 중국이 국내 문제들을 감추고 전 세계에 힘을 과시하는 모습은 여우가 자신의 배를 갉아먹어도 아픈 내색 없이 내버려둔 라코니아Laconia(그리스 남부의 고대 왕국, 수도는 스파르타-옮긴이) 소년의 모습까지 떠올리게 한다.¹¹

그러나 아마도 가장 바람직한 시각은 이런 비유를 완전히 거부하는 시각일 것이다. 제임스 팔머James Palmer가 제안한 것처럼, 서구의 전략가들은 새로운 역사를 배워야 할지도 모른다. 그는 근시안적인 생각에서 벗어나야 한다고 말한다. "전략가들은 아테네 너머로 이동할 때에도 여전히 유럽에 대해 글을 쓰고 있다. 미중 관계에 대한 모든 분석에서도 중국 전쟁사 자체는 물론이고 지난 3,000년이라는 장구한 역사에서 아시아에서 일어난 갈등과 전쟁, 그리고 정치적 논쟁은 거의 언급되지 않고 있다."¹²

새뮤얼 헌팅턴의 "문명의 충돌" 이론은, 탈냉전 시대에는 국가의 정체성이 아니라 문화적, 종교적 정체성이 갈등의 주요 원인이 될 거라고 주장한다.[13] 이 생각은 세계 정치 상황을 예측하는 데 큰 도움이 되지 못했으며, 타고나는 환경을 문제 삼을 뿐만 아니라 인종차별적이고, 동화되는 세상의 복잡한 현실을 간과하고 있다는 비판을 받고 있다. 그러나 상당수의 서구인들은 이 특별하고 거창한 이론을 거부하지만, 중국의 지식인들 사이에서는 상당히 인기가 있다. 그들은 자신들의 유구한 문명을 서구 문명과 비교하며 스스로 우월성을 주장하고 싶어 하기 때문이다.

헌팅턴의 명제를 지지하는 푸단 대학교 중국연구소의 원양文揚 교수는 최근 《문명의 논리文明的邏輯》이라는 제목의 책을 출간했다. 책에서 그는 (놀라울 정도로 단순화하여) "서구 문명은 야만인들이 세운 새로운 문명이며, 고대 문명의 파괴자이기도 하다"고 주장했다.[14] 반면에 중국 문명은 5,000년 동안 발전하여 "중국 문명만이 '영원성'을 지닌 유일한 문명이다. 따라서 중국 문명은 다른 문명을 평가하는 기준이 되어야 한다"고 단언했다. 달리 말하자면 중국인은 정당한 일을 해 왔고, 지금도 계속하고 있다는 것이다. 또한 중국인들은 도처를 떠도는 호전적인 야만인들과 달리 자신의 땅에서 살고 있다. 이제 세계의 정치와 경제 지형이 지각변동을 겪으면서 쇠퇴하고 있는 곳은 바로 미국과 서구라는 것이다.[15]

반면에 프랜시스 후쿠야마의 견해는 중국인들에게 많은 비판을 받았다. 서구의 자유민주주의가 우월성을 확립하고 '역사의 종언'을 가져왔으며, 따라서 민주 정부가 영원한 규범이 될 것이라는 그의 생각은, 중국인들이 보기에 명백히 현실에 반하기 때문이다. 후쿠야마는 1989년에 발표한 논문 〈역사의 종언?The End of History?〉에서 이렇게 주장했다.

> 서구의 승리, 서양 사상의 승리는 분명하다. 무엇보다도 우선 서구의 자유주의에 대한 실행 가능한 체계적 대안이 완전히 소멸되었다는 점에서 그렇다. 지난 10년 동안 전후戰後 역사의 특정한 시기를 거쳐 왔지만, 그런 역사는 이제 종언을 고했다. 즉 인류의 이념적 진화의 종말점, 그리고 인류의 최종 형태의 정부로서 서구 자유민주주의의 보편화가 형성되었기 때문이다.[16]

1989년 6월 4일(톈안먼 광장 시위와 유혈사태-옮긴이) 당시 이 논문이 평가[심사]를 받고 있었지만, 평가자들 중에 그 누구도 톈안먼 광장에 대해 언급하지 않았다.[17] 그러나 그 글이 발표되기 직전에 있었던 중국 당국의 단속과 탄압을 보고서 어떤 이들은 그 논문의 예측에 대해 분명 의구심을 갖게 되었을 것이다. 중국 공산당이 만족할 만큼 역사는 그의 예측과는 다른 방향으로 전개되었다. 중국은 경제적으로 급성장했고 시진핑은 안정적으로 권력을 장악해나갔다. 후쿠야마를 비판하는 중국 비평가들이 보기에 그의 견해는 고대 아테네와 현재(트럼프 대통령 이전까지) 미국이라는 두 번의 짧은 황금기 이후를 보지 못하는 서구의 오만함과 민주주의의 무능함을 상징한다. 후쿠야마는 공산주의와 유가 이념의 심오함과 장점을 심하게 과소평가했다.

후쿠야마는 자신이 긴 안목을 갖고 판단한 것이며 비판에 주눅 들지 않는다고 공언했다. 그리고 자신의 견해를 반복하고 확장하여 1992년에 저서 《역사의 종언과 최후의 인간》을 출간했다. 그로부터 5년 후 그는 자신의 견해가 경험적이라기보다는 "규범적"이라고 주장하며 자신의 견해를 더 옹호하는 글을 썼고, 자신이 옳다는 것이 결국 증명될 거라고 계속 주장한다.[18] 그럼에도 불구하고 중국의 주요 신문, 학술지, 인터넷 블로그에는 후쿠야마의 주장이 명백히 틀렸거나 그가 역사의 종언에 대한 자신의 주장에서 한발 물러섰다고 주장하는 기사나 글이 수백 개나 게재되었다.[19]

이 논의의 두 번째는 어느 정도 후쿠야마의 견해를 조화시키는 것이다. 중국 위키백과에는 후쿠야마가 코로나19 사태를 겪으면서 마음이 바뀌었다는 내용이 실렸다. "코로나바이러스 팬데믹이 한창이던 2020년 4월에 《오피니언 뉴스Opinion News》에서 후쿠야마를 인터뷰하며 새로운 견해를 물었다. 그는 기본적으로 신자유주의는 이미 죽었다고 인정하면서 미래에 세계 대부분의 사람들은 '정부의 역량이 강화되는' 현실을 경험할 거라고 말했다."[20] 하지만 단순히 그가 틀렸다고 생각하는 쪽에서는 언사가 더욱 격정적일 수 있다. 천관琛觀은 2020년 즈후知乎(미국의 지식공유 커뮤니티 사이트 '쿼라Quora'를 모델로 한 중국의 질의응답 웹사이트-옮긴이)의 블로그에 〈프랜시스 후쿠야마의 당혹감弗朗西斯·福山的尷尬〉이란 제목의 글을 올렸다.

30년간의 혼란을 겪은 후, 2020년에 프랜시스 후쿠야마는 자신의 이론을 판매하는 경력에서 가장 큰 당혹감을 맛보기 시작할 것이다. … 그가 간과한 한 가지는 인류의 역사는 반세기의 원인과 결과가 아니라 5,000년 동안 진화해온 것이란 점이다. … 전염병의 결과에 직면하자 후쿠야마는 《뷰포인트Viewpoint》와의 인터뷰에서 교묘하게 화제를 바꾸기 시작했다. 그 사실들에 직면하여 그는 중국이 전염병을 대처하는 데 탁월했음을 솔직히 인정해야 하지만, 자신의 제도적 교리를 지키기 위해 은신처에서 달아나 버렸다.

심지어 천관은 존엄성에 관한 후쿠야마의 최신 저서에 대해 아리스토텔레스를 적절하게 언급하면서 비판하고 있다. "고대 그리스의 현자 아리스토텔레스는 《니코마코스 윤리학》에서 '천성이 서로 다른 사람들에게 행복의 의미는 서로 달리 해석된다'고 말했다. 오랜 역사와 전통을 지닌 국가인 중국은 후쿠야마가 함부로 해석할 수 없다."[21] 쩡자오밍曾昭明(내 생각이 맞다면, 중국 인민정치협상회의 다푸大埔현위원회 주석임)은 2016년 11월 20일자 《상바오上報》 논단에서 훨씬 더 거친 반응을 보였다. 쩡자오밍이 보기에, 후쿠야마가 예견한 것은 인류의 야수화野獸化이다!

후쿠야마는 자신의 근본 관점을 바꾼 적이 없다. … 그는 자유민주주의 체제가 인류 역사의 "종점"이라며 의기양양 우쭐댄다. 자유민주주의 체제는 그저 동물화된 "말인末人"(절망적이고 창의적이지 못하며 하찮은 사람을 비유함-옮긴이)을 기를 뿐이라는 사실을 깨닫지 못한다. 따라서 차라리 자유민주주의 체제는 "세계 역사의 종말"이라고 말하는 편이 낫다.

그에 따르면, 미국은 더 이상 민주주의의 상징이 아닐 뿐만 아니라 민주주의도 더 이상 인류 문명의 상징이 아니다. 트럼프Donald Trump의 불쾌한 승리는 원초적 본능에 굴복한 결과로, "중국 특색의 길"의 정치신학적 "우월성"을 보여주는 것이다.[22] 나는 이 관점에 동의하기 어렵다. 왜냐하면 태평양을 건너 이주하지 않는 이상 내 피할 수 없는 숙명이 동물화이기를 바라지 않기 때문이며, 또한 그것이 내가 불신하는 세계화의 신화 중 하나이기 때문이다.

누가 만들어내든지, 그런 신화가 간과하는 것은 도덕적 가치들의 현실적인 복잡성, 그리고 그 가치들과 지역의 고유문화, 상황과의 깊은 연관성이다. 고전은 그런 복잡성을 반영할 만큼 충분히 심오하지만, 슬프게도 그런 심오함을 중요하게 여기는 정부는 거의 없을 듯하다.

옮긴이 후기

이 책은 샤디 바취Shadi Bartsch가 2023년에 출간한 *Plato Goes to China* (Princeton University Press)의 한국어 번역본이다. 페르시아계 영국 출신의 미국 역사학자이자 시카고 대학교 고전학 교수인 샤디 바취는 율리우스-클라우디우스 왕조 시대의 로마 소설, 금욕주의 및 고전 전통의 문학과 문화 분야에서 탁월한 연구 성과를 얻었다. 또한 트로이Troy의 용사 아이네아스Aeneas의 모험담을 읊은 로마 시인 베르길리우스Vergilius(영문명 Vergil)의 서사시 《아이네이스Aeneis》의 번역자이기도 하다. 1999년에 ACLS 펠로우십, 2007년에 구겐하임 펠로우십을 수상했으며, *Classical Philology*와 *KNOW*의 편집장을 역임했고, 2024년 7월 영국 학술원 회원으로 선출되었다. 가장 최근의 성과물인 *Plato Goes to China*는 그리스 고전과 중국의 민족주의의 관계를 다루고 있는데, 참신한 발상과 시각, 그리스 고전에 대한 넓고 깊은 지식, 중국 고전 문헌 해독력과 현대 중국에 대한 관심과 이해 등이 도드라지는 역저가 아닐 수 없다.

사실 이 책은 우리 독자의 관심사와 직접적인 관련이 없는 것처럼 보인다. 저자 역시 "내가 상상하는 이 책의 청중과 대화 상대는 중국과 미국의 독자들이다"라고 말한 바 있다. 저자가 책의 마지막 장 〈현재를 위한 생각〉에서 "이 책의 기본적인 틀은 중국에서 이루어진 고대 그리스의 철학과 정치 관련 문헌에 대한 광범위하고 주로 국수주의적인 해석에 대한 연구이다"라고 밝힌 바 있으니 더욱 그러한 듯하다.

하지만 우리나라 독자가 이 책을 읽어야 하는 이유는 열 손가락으로 헤아리고도 남는데, 그 가운데 네 가지를 이야기하자면 다음과 같다.

우선 인드라망처럼 지구상의 모든 나라, 모든 사람들이 서로 연결되어 쉼 없이 '관계'를 맺고 있는 상황에서 중국과 미국의 관계는 그 어느 나라보다 광범위하고 깊은 영향력을 행사하고 있기 때문이다. 2025년 1월 20일 취임한 미국의 트럼프 정권은 세계 사람들에게 일말의 기대는커녕 종잡을 수 없는 미래에 대한 불안감을 조성하고 있다. 확실해 보이는 미국과 중국의 패권 싸움은 더욱 더 심화될 것이며, 그 결과는 미중 양국만 아니라 세계 모든 나라들이 자신들의 의지와 상관없이 공유하게 될 것이다. 기존의 강대국 미국과 부상하고 있는 또 하나의 강대국 중국의 패권다툼이 어떤 방향으로 흐르든 세계는 요동치고, 각국은 이에 대한 대처방안 마련에 고심하지 않을 수 없을 것이라는 뜻이다. 우리나라는 굳이 말할 것도 없으니, 양자의 관계에 주목함은 당연할뿐더러 필수적이다.

다음으로 오랜 세월 중화문화권에서 공존해야만 했던 우리나라는 서학동점西學東漸의 시대에도 중국과 그 궤를 같이 했다. 중국의 서학에 대한 학문적, 정치적, 사상적 접근이 낯설지 않은 까닭이다. 우리 역시 서학에 대한 관심과 연구가 일정 기간 지속되었고, 나름의 성과를 거두었다. 하지만 이후 일본의 압제, 미국과 소련 및 중국의 간섭으로 인한 분단 상황이 지속되면서 서학, 특히 고전 고대에 대한 깊이 있는 연구와 이해를 바탕으로 한 자기반성과 대응할 수 있는 우리 나름의 학문과 사상(동학)의 확립에 소홀했던 것 또한 사실이다. 그것이 친미와 친일은 넘쳐나는데, 정작 우리의 사상과 이념은 자리를 잡지 못하는 근본 이유가 되었다. 이런 점에서 중국의 서학 수용사를 살펴보는 것은 좋은 참조가 될 수 있을 것이다. 설사 그것이 문제가 있다고 할지라도.

셋째, 현재 한중 두 나라는 우호협력관계를 맺고 있으며, 특히 경제적으로 떼려야 뗄 수 없는 관계를 유지하고 있지만 군사적으로는 대립각을 세울 수밖에 없는 기묘한 관계이다. 요즘은 양국 모두 젊은이를 중심으로 서로 혐오하는 분위기가 가득하다. 특히 유네스코 문화유산 등재를 둘러싼 양국의 치기어린 싸움은 외교의 본질이 아이들 싸움과 같다는 생각이 들 정도이다. 여기에 일본까지 끼어드니 참으로 난감하다. 한중일 삼국은 표면적으로 우호협력 관계를 유지하는 듯하나 분명 오랜 원한 관계의 근인 또는 원인이 존재한다. 과거는 잊자고 하나 근본 해결이 난망이니 혐오와 시기가 언제든지 무대에 오를 수 있다. 그럼에도 불구하고 한국의 지정학적 위치는 삼국이 서로 이웃하며 공존할 수밖에 없음을 보여준다. 그럼 어쩔 것인가? 제대로, 정확하게 알아 대처하는 수밖에 없다. 좋고 싫음을 떠나 원하든 원하지 않든 간에 과거와 지금의 우리와 상대에 대한 제대로 된 인식이 필요하다는 뜻이다. 이런 점에서 "플라톤, 아리스토텔레스, 투키디데스 등을 수용하는 중국인들의 변천사를 탐구하는 일이야말로 중국 내부에서 일어나고 있는 일을 이해하는 방법"이라는 저자의 말이 설득력이 있게 다가온다.

마지막으로 이 책은 그리스 고전에 대한 중국인들의 수용 변천사이지만, 다른 한편으로 중국과 미국이 대치하는 국제관계의 양상을 보여주는 일종의 국제관계사이기도 하다. 표면적으로는 학술 논쟁이지만 그 이면에는 이데올로기의 주도권을 차지함으로써 세계적 영향력을 확대하기 위한 이념 논쟁이자 패권 다툼이 도사리고 있기 때문이다. 민주주의 정체에 대한 비판을 위해 그리스 아테네, 플라톤, 아리스토텔레스, 투키디데스가 소환되고, 도구적 합리성의 문제점을 제기하기 위해 막스 베버가 동원되며, 내부의 적을 이용하기 위해 레오 스트라우스를 전면에 내세운다. 총칼 대신 자판을 두들기면서 전열을 정비하고 있다는 느낌이 드는 것은 이 때문이다. 그러니 어찌 읽지 않을 수 있겠는가? 혐오와 시기로 가득한 이때야말로 상대를 제대로 알아야 하지 않겠는가?

책을 번역하면서 가장 힘들었던 것은 고대 그리스 철학자들에 대해 내가 아는 것이 별로 없다는 점이었다. 그러니 그들에 대한 중국 학자들의 긍정적 또는 부정적 수용 양태에 대해 제대로 알지 못했다. 내가 모르는 내용을 어찌 번역할 수 있겠는가? 이런 이유로 이번 번역은 거의 여러 책읽기와 동시에 진행되었다. 그나마 학부 시절 부전공으로 철학을 배웠던 기억이 무언중에 지지대 역할을 했다. 그 와중에 흥미롭게 읽은 책이 바로 박성래가 쓴《네오콘의 대부 레오 스트라우스》(2005)였다. 나는 이 책을 읽고 인터넷 신문《제주의 소리》에 서평을 쓰면서 이렇게 말했다.

> 샤디 바취는 자신의 책 제5장 〈레오 스트라우스의 간주곡〉에서 중국의 대표적인 스트라우시언(스트라우스 추종자)인 류샤오펑劉小楓(런민대학 문학원 교수, 고전연구센터 소장)과 간양甘陽(중산 대학 일선[逸仙, 손문] 강좌 교수)의 발언을 소개하면서 1989년 천안문사태 당시 개혁자를 자처했던 그들이 어떻게 신보수주의자가 되어 서구의 고전 철학과 유가의 접목을 시도하게 되었는지 이야기했다. 그렇다면 현재 중국의 공자 부흥 기조와 어떤 관련이 있는 것일까? 미국 네오콘의 관점과 중국 정치 지도부의 생각은 어떤 연관성이 있는가? 지금도 중국 시내 곳곳에서 볼 수 있는 관방 광고판의 "사회주의 핵심 가치관"

> (12가지, 24글자. 부강富强, 민주民主, 문명文明, 화해和諧, 자유自由, 평등平等, 공정公正, 법치法治, 애국愛國, 경업敬業, 성신誠信, 우선友善)은 스트라우스의 주장과 모종의 관계가 있는 것일까? 파고들면 들수록 자꾸만 새로운 질문이 솟구쳤다.

"자꾸만 새로운 질문이 솟구쳤다"는 말은 지금까지 내가 알고 있었던 내용과 다른 어떤 것, 또는 이제야 비로소 알게 된 것, 그리고 새삼 확인하게 된 것이 그만큼 많다는 뜻과 같다. 교과서적인 지식, 또는 피상적인 지식은 다른 문헌 자료를 통해 확인하고 비교하지 않을 경우 오류를 낳기 쉽다. 예컨대, 아테네의 민주정은 소크라테스, 플라톤, 아리스토텔레스 등이 인간의 이성과 공동체의 중요성을 강조하면서 그 기반을 마련했다고 알려져 있다. 보편적으로 잘 알려진 지식이다. 하지만 그러한 민주주의의 허구성을 지적하는 또 다른 문헌을 동반하지 않는다면 보편적 지식의 '보편성'을 장담할 수 없다. 마찬가지로 이성적인 사유, 이성적인 인간에 대한 믿음이 아무리 강조된다고 할지라도 그 '이성'의 판단 여부를 가능하게 할 최소한의 장치가 마련되지 않는다면 야만으로 바뀔 개연성을 무시할 수 없다. 말로만의 이성은 결코 인간을 자유롭게 할 수 없다. 인간이 저질렀고, 지금도 여전히 자행하고 있는 온갖 불의가 이성적 판단에 따른 것이라는 미명하에 이루어지고 있는 현실을 목도하면서 이를 새삼 확인하게 된다.

이런 면에서 저자가 서구 고전학과 관련하여 중국 학자들을 동원하고, 그들의 주장을 통해 서구의 학문적, 사상적, 이념적 실상의 틈새를 보여주는 데 인색하지 않은 것은 유의미하다. 그리고 일부 중국 학자들은 그 틈을 타고 진입하여 자신들의 이념과 사상을 전개하는 데 여념이 없는데, 그 모습을 보는 것도 나름 흥취를 자아낸다. 여기서 또 하나의 질문이 생겨난다. 중국 학자들은 왜 갑자기 민주와 과학에 대한 그들의 오랜 선망의 자세에서 벗어나려고 하는 거지? 왜 그러지?

서양이 중국에 관심을 갖게 된 것은 아주 오랜 옛날이지만(늦어도 진한 시절, 동로마의 귀족들은 중국에서 수입된 비단으로 만든 옷을 입는 것을 자랑으로 여겼다), 공식적인 경로를 통해 통상교역을 위한 사절이 온 것은 명대 만력제 시절이다. 1583년 영국 여왕 엘리자베스 1세는 상인 존 뉴버로우를 동방으로 항해토록 하면서 중국 황제에게 서신을 보냈다. 통상을 허락하여 상호 이익을 나누자는 뜻이었다. 하지만 만력제는 별로 관심이 없었다. 당시 그에게 중요한 것은 천수산 자락에 있는 자신의 능묘(정릉定陵) 수궁壽宮 건설뿐이었다. 그 시각 북방에서는 누루하치가 영역을 확장시키면서 팔기八旗 제도을 완성시키고 있었으며, 동쪽 바다 건너 왜국에선 도요토미 히데요시가 조선출병을 위한 만반의 준비를 하고 있었다. 그럼에도 그는 이른바 만력태정萬曆怠政, 사망하기 전까지 30여 년간 아예 조정에 나오지 않았다. 결국 명나라는 시들어가다 청에게 영토를 내주고 말았다. 서양과 중국의 공식적인 교류는 청조 시절에도 이어졌다. 1792년 건륭제는 통상을 요구하는 영국 왕조지 3세에게 보낸 서신에서 이렇게 말했다. "천조天朝는 모든 것을 풍족하게 갖고 있으며, 국경 내에 부족한 산물이 없다. 따라서 우리의 생산물을 내주고서 외부 미개한 이방인들의 물건을 수입할 필요가 전혀 없다." 세상의 한가운데 자리한 빛나는 중화문명에 대한 자부심이 된 맹신이었다. 그리고 1839년부터 1842년, 1856년부터 1860년 사이에 일어난 아편전쟁의 참혹한 결과 이후 중국인들은 비로소 자신들의 상황을 서양과 비교하며 새롭게 이해할 수 있었다.

이 책은 예수회 선교사들로부터 시작하여 아편전쟁 이후 각성한 중국 지식인들, 특히 량치차오 등의 개혁 의지와 사상, 옌푸의 서양 서적 번역 등이 5.4 신문화 운동에 끼친 영향에 대해 언급하고 있으며, 중화인민공화국 성립 이후 문화대혁명과 개혁개방을 거쳐 톈안먼 사태, 그리고 지금까지 대략 100여 년 서학과 관련된 세월을 개괄하고 있다. 흥미롭게도 저자는 이를 서양의 고전에 의지하던 시기로 간주하고 있는데, 나도 동의한다.

처음 장지동張之洞이 《권학편勸學篇》에서 했던 유명한 격언 "중국의 학문은 본체로, 서양의 학문은 실용으로中學爲體, 西學爲用", 즉 중체서용을 전면에 내세웠다. 하지만 중체서용이나 동도서기東道西器로는 문제가 해결되지 않았다. 결국 5.4 신문화 운동 시절 서구의 민주와 과학을 전면에 내세워 변혁을 추구했으며, 심지어 자신들의 전통을 죄다 부정하고 전반서화全般西化(문자도 포함하여)까지 주장하는 이들도 등장했다. 서학이 본격적으로 등장하여 중국의 미래를 약속할 것이라는 믿음이 팽배해질 때였다. 중화인민공화국이 성립하고 마오쩌둥이 재세하던 시절 잠시 주춤했지만 문화대혁명이 끝나고 개혁개방의 시대를 맞이하여 이른바 문화열文化熱이 불기 시작하면서 또 다시 서학, 민주주의의 외침이 들리기 시작했으며, 서구의 문학까지 범위를 넓혀갔다. 하지만 서학의 재기라고 할 수 있는 1980년대 자유로운 분위기는 1989년 6.3사태를 거치면서 완전히 다른 방향으로 접어든다. 6.3사태가 하나의 변곡점이라는 뜻인데, 이는 서학에 대한 태도와 반응의 변화에서도 감지할 수 있다. 가장 큰 차이는 더 이상 맹목적으로 서구의 민주와 과학을 맹신하지 않게 되었다는 점이고, 또 다른 하나는 자신들의 전통을 부정하지 않고 오히려 지나치게 확장하기 시작했다는 점이다.

물론 이러한 변화가 단순히 정책의 변화만을 의미하는 것은 아니다. 1990년대 이후로 중국은 개혁개방의 열매를 따먹기 시작했으며, 타의 추종을 불허할 정도로 괄목할 만한 경제성장을 이루었다. 말인즉은 자신이 붙었다는 뜻이다. 2001년 중국의 WTO 가입은 중국에게 날개를 달아준 셈이 되었다. 그 날개 덕분에서 중국은 2003년 유인 우주선 선저우 5호 하늘로 쏘아 올리면서 자신감이 배가 되는 것을 느꼈을 터이다. 그리고 2013년 시진핑 체제로 들어서면서 중국은 기존의 도광양회韜光養晦에서 유소작위有所作爲로의 변신이 보여주다시피 적극적인 주도권 싸움에 끼어들었다. 그리고 서구 문화의 근간인 고대 그리스의 사상과 사상가에 대한 변화된 관점과 주장을 꺼내들기 시작했다.

사실 중국인이 왜 서학을 연구하는가라는 질문은 우문이다. 이미 서구화된 삶을 살고 있는 현대의 중국인은 정치, 경제체제는 물론이고 서구적 생활, 사고, 인식의 틀 안에서 존재하기 때문에 지금의 자신을 알기 위해 서학에 의지하지 않을 수 없기 때문이다. 이는 우리나라는 물론이고, 세계 비서구의 여러 나라가 공히 갖고 있는 현실이기도 하다. 그렇기 때문에 자연스럽게 심각한 또 하나의 문제에 직면하게 된다. 서구화 이전 더 오랜 세월 동안 공고하게 구축되어 온 자신들만의 '전통적'인 것을 어떻게 수용, 처리, 담보할 것인가라는 문제이다.

충칭 대학 인문사회과학 고등연구원의 고전학자이자 레오 스트라우스의 책을 번역한 바 있는 장원타오張文濤는 고전 서구에 대한 인식이야말로 중국인들의 자아 인식에 필수적인 전제가 되었다고 하면서 이렇게 말하고 있다. "중국의 운명을 걱정하고 중국 문제를 깊이 고민하는 중국 학자들은 어려운 상황, 벗어날 수도 없고 벗어나서도 안 되는 인식론적 숙명 또는 해석학적 숙명에 직면하고 있다. 그것은 서구를 이해해야만 거꾸로 중국을 이해할 수 있다는 것이다. 근본적으로 말해서, 중국문제를 가슴에 품겠다는 원대한 포부를 지닌 중국 학자들이 만약 서학을 통하지 않고 서방을 이해하지 못한다면 중국문제에 대한 심층적인 이해를 얻는 것은 물론이고 중국의 현대성 문제를 해결하기 위한 길을 얻는 것도 불가능하다."

여기서 나는 다음 두 가지를 생각하게 된다. 우선 좋든 싫든, 긍정적이든 부정적이든 간에 지식인의 입장에서 볼 때 서학에 대한 중국 학자들의 지나칠 정도로 탐닉하는 연구 자세는 당연히 배울 만하다. 단순히 소개에서 끝나는 것이 아니라 자신들의 사상, 이론과의 비교, 새로운 주장, 동조와 비평 등 다양한 형태로 이루어지고 있다는 점에서 특히 그러하다. 설사 그것이 정부의 정책에 동조하는 친정부적인 의도에서 비롯된 것일지라도 끈덕지게 달라붙어 파고 또 파는 자세에 동의한다는 뜻이다. 조금 위험한 발상임을 이해하지 못하는 것이 아니나 설사 친정부적인 의도에 따른 것일지라도 논의에 심도가 있어야만 그 역으로서 반대와 비평의 심도 또한 깊어지지 않겠는가? 문제는 의도가 지나쳐 편향되거나 아전인수로 흐르는 경우가 있을 수 있다는 점인데, 학계가 이를 조정, 제어하지 못하고 오히려 방조할 경우 학문적 해결은커녕 국수주의적 몽상이 되고 만다는 점이다.

다음으로 주지하다시피 현금의 이러한 학문적 방향은 지난 100여 년 동안 지속된 서학과 중학中學의 교류와 갈등의 연장선상에 놓여 있다. 앞서 살펴본 바대로 중화문명의 우월성에 대한 자부심과 믿음은 한두 해에 형성된 것이 아니다. 그것은 물질적, 정신적으로 오랜 세월 그들을 지탱해 온 강력한 받침대이자 기둥이었다. 그 견고함은 1602년 마테오 리치가 중국에서 제작한 〈곤여만국전도坤與萬國全圖〉

를 본 당대의 지식인들 가운데 중원의 세계관이 여지없이 깨졌다고 생각한 이들은 거의 없었던 것에서도 확인할 수 있다. 황제 역시 그 심각성을 전혀 인지하지 못했다. 세계가 5개의 대륙으로 구분되어 있든, 중국이 가운데가 아니라 동쪽에 치우친 하나의 큰 나라에 불과하다는 것을 보면서도 자신들이 천하의 중심이라는 자신감, 자부심은 전혀 흔들리지 않았다는 뜻이다. 16~17세기의 예수회 선교사들을 중심으로 이루어진 서학의 전래 시절과 마찬가지로 작금의 중국 학계의 서구 고전학 연구 열풍은 아편전쟁 이후 5.4 신문화 운동 시절과 달리 대단한 자부심과 자신감으로 가득차 있다. 이른바 '중국특색'이란 말이 이를 잘 반영하고 있다. 그것은 중외中外 융합, 고금 관통의 함의를 지니고 있는데, 이상하게도 그 말을 들을 때마다 '천하', '중화', '일통一統', '중원' 등의 오래된 개념이 연이어 생각남과 동시에 '미국 우선주의', '미국 예외주의', '패권', '충돌' 등이 뇌리에 떠오른다. 무엇 때문일까? 좀 더 고민해야겠다.

이제 마무리할 시간이다. 역자는 중국 문화를 전공하는 학자로서 중국에 대한 깊은 관심과 애정을 가지고 있다. 굳이 이 말을 하는 까닭은 아주 가끔씩 심드렁할 때가 있기 때문인데, 분명 나름의 연유가 있을 것이다. 그럼에도 불구하고 중국을 이해하고 파악하며 애정을 유지할 것임에 틀림없다. 처음 중국이란 나라, 그 문화를 접했을 때의 심정과 흥취가 지금도 여전하기 때문이다. 출판사의 소개로 이 책을 처음

접했을 때 지금까지 번역했던 책과 또 다른 풍미가 있을 것이라고 생각했다. 아니나 다를까 정말로 그러했다. 이 자리를 빌어 봉왕국 대표에게 고마움을 전한다. 번역은 옮기는 것 이전에 공부하는 것임을 새삼 느꼈다. 이런 좋은 책을 독자 여러분에게 소개하게 되어 기쁘다.

소화재에서
심규호

주

이 책의 "주"에서 반복적으로 인용되는 고전 문헌은 다음의 영어 번역본을 기준으로 한다:

The Analects of Confucius 論語. Translated by A. Charles Muller. http://www.acmuller.net/con-dao/analects.html.

Plato's Republic. Translated by G.M.A. Grube, revised by C.D.C. Reeve. Indianapolis, IN: Hackett Publishing Company, 1992.

Politica, in *The Basic Works of Aristotle*, edited by Richard McKeon. Translated by Benjamin Jowett, 1127–1316. New York, NY: Random House, 1941.

The Peloponnesian War, in *The Landmark Thucydides*, edited by Robert B. Strassler. Translated by Richard Crawley. New York, NY: Simon and Schuster, 1996.

서문

1   고대 그리스와 고대 중국을 비교 연구하는 저명한 학자들이 있다. 학계의 거목인 Sir G.E.R. Lloyd를 비롯해 Haun Saussy, Zhang Longxi, Walter Scheidel, Lisa Raphals, Steven Shankman, Stephen Durrant, Zhou Yiqun, Alexander

Beecroft, François Jullien, Wiebke Denecke 등.
2 원문 강조. Baker 외 (2019), 10.
3 이 경우 국경, 역사, 학문을 초월하여 거의 모든 것을 포괄할 수 있다. 그 가능성에 대한 조사는 Bromberg (2021) 참조. Fleming (2006)은 수용 방식으로서 "사용use"과 "오용abuse"이라는 용어에 대한 진지한 소론을 썼다.
4 중국에서는 이런 "전문적 고전 연구자"들이 여전히 사학과나 철학과에 흩어져 있는 경향이 있다. "서양 고전"은 일반적으로 독자적 학술 영역이 아니다.
5 그리스와 중국의 윤리 사상을 비교하는 것이 의미가 있는지를 묻는 최근의 사례는 Lane (2009), Yu 및 Bunnin (2001), 및 Lloyd (1996년 이후 작업, 특히 2007, 2009, 2014, 2017) 참조. 예를 들어 "시민citizen"이라는 단어는 유럽과 미국 문화의 용어로서 우리가 관련지어 생각하는 많은 것을 잃지 않고는 번역이 불가능하다. 따라서 모든 번역은 실제로 외국의 맥락 안으로 뛰어드는 것이다.
6 Pormann (2013)이 언급한 것처럼 이런 틀에 맞지 않는 많은 수용 상황 중 하나만 언급한다. 그가 보기에 "서양"은 문제가 있는 범주이다. 우리의 고전은 어쨌든 실제로 서양의 것이 아니기 때문이다. 서구의 대학에서 (서양의) "고전"을 배운 이집트 학자들은 이를 외국의 것으로 보지 않는다. 오히려 그리스-로마 이집트 연구를 자국에 다시 이식하고 아랍어 텍스트에 적용함으로써 "고전 문헌학"으로 세계화하기를 원했다.
7 내가 인용하고 있는 연구 논문이 논의되는 저자들의 연구보다 어떤 점에서 보다 광범위한 정서를 대변하고 있다고 어떻게 보장할 수 있을까? 나는 연구에서 무작위 표본에서도 일반적인 패턴이 있다는 것을 발견했지만, 1989년 6월 전후 CNKI에서 자주 인용되는 논문을 선별하는 데에도 많은 노력을 기울였다. 가장 주목받는 지식인이나 영향력 있는 지식인의 경우 신문이나 블로그에 그들의 글이 자주 등장한다. 이런 것들은 중국어를 모르면 쉽게 접할 수 없다.
8 Fällman (2014), 66, 강조 표시 추가. 미국이 중국 철학에 관심을 가져야 하는 이유에 대해서는 Van Norden 및 Kwan (2019) 참조.
9 Beecroft (2021). Alexander Beecroft는 진보의 대가로 치러야 할 우리 자신의 한계에 대해 언급하면서 이렇게 말했다. "우리가 다루는 모든 분야에 대한 숙련도를

입증할 필요가 있을까? (모든 분야에 대한 숙련이 요구된다면, 비교 연구는 거의 불가능하다.) 그렇지 않다면, 우리는 비교 연구에서 불가피한 오류나 부정확성을 어떻게 처리해야 할까? 이는 고전학이 연구하는 세계를 반영하도록 진화함에 따라 앞으로 몇 년 동안 고전학이 더 공개적으로 다루어야 할 질문이라고 생각한다."

10 Gan Yang의 2019년 논평 참조. https://www.thepaper.cn/newsDetail_forward_5384161.

서론: 현대 중국의 고대 그리스인들

1   Zhang Longxi가 번역한 *Shi-jing*을 참조했다. 그에게 감사의 뜻을 전한다. 원문은 다음과 같다. "溥天之下, 莫非王土. 率土之濱, 莫非王臣." 인용문에 나오는 "王臣"은 영어로 "subject(신하, 군주국의 국민)"인데, 우리가 생각하는 것처럼 "백성들(peoples)"은 적용되지 않으며, 차라리 조정 관료, 즉 "your servant"가 어울린다.

2   이 연구에서 나는 주로 관련 저작에 초점을 맞추었다. 하지만 중국인들은 시와 희곡, 그리고 고전 전통의 그 밖의 많은 것에 대해서도 관심을 가졌다. 예수회 선교 기간 동안 이러한 저작물 가운데 일부가 당시 중국 조정과 어떻게 관련을 맺게 되었는가에 대해서는 이 책 1장에서 논의한다.

3   이 연구에서는 '중국과 서양'이라는 인기 없는 이분법적 용어를 사용했다. 물론 이러한 대립적 용어가 부적절할 뿐만 아니라 여러 가지 정치적, 이념적 문제를 수반한다는 것을 잘 알고 있다. 이미 1930년대에 Lei Haizong은 이집트를 "서양"에서 배제하고 역사를 세 개의 시대로 본질화essentialization하는 것을 비판했다. Xin Fan (2018), 207–10. 오늘날에는 새로운 복잡한 문제가 등장했다. 예를 들어 "중국 정부는 자국민의 내부 억압에 영향을 미치는 민족주의를 지원하는 수단으로 서구의 본질화를 사용한다!"는 견해가 그것이다. Chen (1992), 688. 이 책에서 '서양'이라는 고유명사를 대문자로 표기하지 않음으로써 이 용어에 문제가 있음을 보여주고자 노력했다. 동양/서양의 문제에 관한 자세한 논의는 Goody (1996), Lloyd (2007, 2014), 언어적 전환에 대한 논의는 Liu (1995) 참조. 동양/서양이란

이분법적 용어를 분석하는 것만으로도 책 한 권의 분량이 족히 나오겠지만 내가 연구하는 중국의 학자들이 이러한 이분법적 용어를 계속 사용하고 있기 때문에 이 책에서도 이를 따른다.

4   물론 Marx도 서양인이었지만 중국 공산당 이데올로기에 이바지했으며, 고대가 아닌 현대에 속했을 따름이다.

5   푸단 대학교 역사학과 Huang Yang 교수와 런민 대학교 Leopold Leeb 교수를 예로 들 수 있다.

6   미국이 중국 철학에 관심을 가져야 하는 이유에 대해서는 Van Norden 및 Kwan (2019) 참조.

7   물론 중국인도 제국에 관한 한 이방인은 아니지만 제국의 부당함을 비방하는 데 몰두하지는 않는다.

8   *Book of Changes* 같은 일부 문헌은 서주 시대(기원전 1045~771)로 거슬러 올라간다. 기원전 213년 유가 문헌의 대량 소각(진시황제의 '분서焚書')으로 인해 문헌의 진위 여부는 여전히 논란의 대상이지만, 적어도 한 학파(고문파)는 유가 문헌에 대한 구전 전통을 포함하여 주나라 문화를 보존하는 국가 차원의 교육기관이 진나라에 있었다고 믿었다.

9   그러나 중국에는 원래 서양의 철학 개념에 상응하는 용어가 없었다. 'philosophy'에 대응하는 단어가 없었기 때문에 결국 중국인들은 19세기 후반 일본에서 수입한 '哲學'이라는 용어를 사용하게 되었다.

10   2018년에 고대 문언에서 148개의 인용문을 보충한 두 번째 책이 출간되었다.

11   예를 들어, Xi Jinping은 베이징 대학교 학생들을 대상으로 한 연설에서 도덕성 형성을 위한 네 가지 정신적 지주로 *Guanzi*의 내용 "예절, 올바름, 정직, 예의염치 禮義廉恥" 등을 인용했다.

12   Confucius, *Analects* 13.6. James Legge의 번역본에 따른다. 여기서 "Confucius"라는 표현은 Kongzi의 가르침과, 신유가가 약 서기 1000년경 등장하기 전까지의 유가 전통 전체를 가리키는 약칭이다.

13   사실, 전체적인 정치 체제는 서양을 겨냥한 방어에서 능력주의로 가장 흔하게 표현된다.

14   *Federalist* No. 55. 이 작품은 의회도서관을 포함하여 인터넷 여러 곳에서 찾아 볼 수 있다. https://guides.loc.gov/federalist-papers/text-51-60#s-lg-box-wrapper-25493431.
15   역설적이게도 이 교과서는 현대 중국의 가치와 유사한 고전 아테네 가치의 일부 측면, 즉 망명하여 사회를 "교란하는 자"에 대한 통제, 계급의 소멸, "프롤레타리아"에 의한 그리고 프롤레타리아를 위한 정부, 능력주의의 중요성을 강조하고 있다.《師範高中課程標準實驗教材卷 1》, 長沙, 2012, 24-6.
16   《師範高中課程標準實驗教材卷 1》, 長沙, 2012, 24. https://bp.pep.com.cn/jc/. 인민교육출판사의 웹사이트에 초등학교부터 고등학교까지 모든 공식 교과서의 디지털 버전을 찾을 수 있다. 2020년 춘계 판본 역사 1권 교과서 24쪽의 2단원 〈고대 그리스와 로마의 정치 질서〉에도 다음과 같은 유사한 인용문이 실려 있다. "아테네 민주주의의 이론과 적용은 근현대 서구 정치 제도의 가장 초보적인 토대를 마련했다."
17   그러나 이것이 처음은 아니었다. 1898년 개혁 운동의 표어 가운데 하나는 중체서용中體西用, 즉 서양의 것을 이용하면서 중국 정신은 지키자는 것이었다.
18   실제로 발행이 중단되기 전까지 16호에 실린 대부분의 글은 그리스의 철학 문헌이나 고대의 유명한 작품에 관한 것이었다. 이 저널은 현재 오프라인 상태이지만, 성명서의 본문은 창간호의 서문 자료에서 찾아볼 수 있다. 이후의 인용문도 이 서문 자료에서 인용한 것이다.
19   관용적인 영어 사용을 위해 텍스트가 약간 편집되었다.
20   대부분의 중국인이 들어본 적도 없는 *Chinese Journal of Classical Studies*를 근거로 중국 문화 전반에 대해 우리가 과연 어느 정도까지 일반화할 수 있을까? 이는 타당한 질문이다. 그래도 이 책의 다음 장에서는, 이 저널이 모방적이든, 대립적이든, 혹은 이분법적 구분보다 훨씬 더 복잡한 방식이든 간에, 서양과의 관계를 통해 중국을 구성하려는 보다 광범위한 정서를 반영하고 있음을 보여주고자 한다.
21   이 부분은 물론, 이 책 전체에서 "모더니티Modernity"를 인문학과 사회과학에서 사용하는 전문 용어가 아닌, 지난 세기를 뜻하는 말로 사용하고 있다. 예를 들어,

Encyclopedia Britannica는 "모더니티"에 대해 이렇게 말하고 있다. "모더니티 [현대성]에 속한다는 것은 사회가 이전 세대보다 새롭고 우월하게 만드는 조직과 지식의 진보에 참여하고 있다고 생각하는 것이다."

22 전자는 적어도 기원전 4세기까지 거슬러 올라가며, 후자는 기원전 6세기에 등장한 것으로 유가와 도가 사상이 혼합되었다.
23 미덕 정치의 전통에 대해서는 Hankins (2019) 참조.
24 물론 중국 국민과 국가는 자신의 나라를 여전히 "중국中國"으로 칭한다.
25 아마도 그 운동의 영향에 대해 과장하려는 의도인 듯한데, 1939년에 Mao Zedong은 5.4운동을 "제국주의와 봉건주의에 대항하는 중국 부르주아 민주주의 혁명의 새로운 단계"라고 말하면서 "부르주아 민주주의 혁명에서 노동자 계급과 학생들, 새로운 민족 부르주아로 구성된 새로운 진영이 등장했다"고 주장했다. Selected Works of Mao Zedong에 실린 "The May Fourth Movement" 참조. https://www.marxists.org/reference/archive/mao/selected-works/volume-2/mswv2_13.htm.
26 Rousseau가 개혁가들의 민주주의 이해에 미친 영향에 대해서는 Gu (2001) 참조. 내 연구 인턴 Henry Zhao가 지적했듯이(2020년 9월 9일 이메일), 이런 아리스토텔레스적 교리가 적어도 부분적으로는 개인이 사회에 뿌리를 내리는 것을 강조하는 유가와 유사하다는 점이 흥미롭다.
27 세 가지 "자연적인 계급"을 통해 상승하거나 하락할 가능성은 극히 적다.
28 예를 들어, Ames (1992), Deng (2011), Gernet (2010), Lloyd (2017) 및 Reding (2004) 등을 볼 것.
29 Batnitzky (2016).
30 그런 시나리오는 일반화라는 위험 소지가 있지만, 그래도 일부의 진실을 포함할 수 있다. 예를 들어 중국어 동사 "학學"에는 배운다는 의미 외에도 모방한다는 뜻이 있는데, 특히 Analects에서 많이 강조되는 철학을 실천하는 방식이다. Zengzi는 Analects 1.4에서 이렇게 말했다. "나는 매일 세 가지 면에서 나를 살핀다. 남을 위해 일을 할 때 불충실하지 않았나? 친구들과 관계에서 믿음을 주지 않았는가? 전해주신 가르침을 익히지 않았는가?"

31 나는 고전학과 학생들을 위해 전통적인(유럽식의) 문헌학적, 역사학적 작업을 하고 있는 중국 학자들에게 사과하면서 서론을 마치고자 한다. 왜냐하면 이 책은 그들에 관한 것이 아니기 때문이다. (나는 그들이 자신들의 주장을 담은 책을 출간해주길 희망한다. 당연히 그들은 그럴 자격이 있기 때문이다.) 대신 나는 중국의 고전 해석에서 '삐걱거리는 바퀴'를 이루는 소수의, 그러나 훨씬 저명한 중국의 고전주의자들에게 말하고 싶다. 그리고 이 책에는 언론, 사설, 이념에 관한 내용, 그리고 블로그와 공산당의 성명에 관한 내용도 실려 있다. 이런 점에서 나는 Huang Yang, Nie Minli, Gao Fengfeng, Weng Leihua, Chen Jingling, Leopold Leeb, Zhang Longxi, Yiqun Zhou, Liang Zhonghe, Jiyuan Yu를 비롯해, 정치적 목적과 관계없이 고전 고대에 대한 엄격한 학문적 연구를 위해 헌신해 온 고전학계의 여러 동료들에게 사과한다.

32 Yu Ying (2015) 참조. 중국에서 서양 고전을 연구하는 여성이 드물다는 사실에 대해 이곳저곳에서 의아스럽게 생각한다. 이에 관한 인터뷰는 Zhou (2017) 참조. 이 글은 2015년 2월 6일《文匯學人》에 "古典學在中國的是是非非"라는 제목으로 처음 게재되었으며, 다음 날《澎湃新聞》에 "古典學不是劉小楓他們搞的那套"라는 새로운 제목으로 게재되었다. Zhang Wei 교수조차도 "서양인은 유용성에 대해 말하지 않으며, 그들의 과학 정신은 자연 그 자체의 진실을 탐구하는 것이다. 이 믿음은 그리스인에게서 비롯된 것이다"라고 말했다. Yu Ying (2015).

33 Liu Xiaofeng은 *The Chinese Journal of Classical Studies*의 전임 편집자이다.

34 이런 관심과 의견 충돌은 결국 이 고대 문헌들에 대한 대담한 찬사이다. 21세기 미국 정부와 관련성을 찾기 위해 유교 문헌을 열심히 연구하는 서양 학자들은 그 수가 훨씬 적기 때문이다. 2018년 11월 1~2일 하버드 대학교의 Edmund J. Safra Center for Ethics에서 "Political Meritocracy in Comparative Historical Perspective"에 관한 학회를 개최한 Peter Bol과 James Hankins의 최근 활동 참조.

35 나는 이 책에서 인용한 내용이 어떤 식으로든 광범위한 정서를 대표할 수 있도록 1989년 6월 전후로 CNKI에서 자주 인용되는 논문을 선별하는 데 심혈을 기울였다. 또한 중국 대학의 중국인 동료들에게 자문을 구하기도 했다. 주목을 가장 많

이 받거나 영향력 있는 지식인들의 경우 신문이나 블로그에 자주 등장하기 때문에 일반 대중의 관심을 끌 수 있다고 생각했다.

1 예수회와 선각자들

---

1   명나라의 14대 황제 Zhu Yijun은 1620년까지 통치했다. 스페인 출신 예수회 선교사 Francis Xavier는 1552년 중국에 도달하려 했으나 본토에 닿지 못하고, 해안에서 떨어진 상촨섬上川島에서 사망했다.
2   Matteo Ricci에 대해서는 Fontana (2011), Hsia (2010), Mungello (1985), 44 – 71, 및 Spence (1985) 등 참조. 황실의 고문들에 대한 일반적인 논의는 Spence (1969) 참조. 선교사(모두 예수회 성직자는 아니었다)들의 황실과의 복잡한 관계에 대해 많은 논문이 발표되었다. Liu (2008, 2014) 및 Mungello (1985) 참조.
3   유럽의 지식인들이 중국에 대해 보여준 관심은 Statman (2019) 및 Wu (2017) 참조. Statman은 당시 파리의 지식인들에 대해 이렇게 썼다. "그들은 중국 문헌이 필요 없거나 심지어 명백하게 관련이 없는 세계사 문제를 다루는 데 중국의 지식을 활용했다. 이런 식으로 비유럽 문화는 일반적으로 상상하는 것보다 더 깊은 수준에서 계몽주의 사상에 스며들었다." Statman (2019), 367. Statman의 서술처럼, 프랑스의 동양학자 Joseph de Guignes는 중국 자료를 이용하여 로마 제국의 몰락을 새롭게 조명하려고 노력했으며, 자유로운 사상가들은 중국 역사를 활용하여 구약성서의 역사적 이해에 반대하는 주장을 펼쳤다.
4   후금에 쫓겨 남쪽으로 도피한 남명南明 왕실은 천주교에 호의를 보이며, 교황에게 도움을 요청했다. 황태후와 황태자는 세례를 받기도 했다.
5   James Hankins의 진술에 도움을 받았다. 감사드린다!
6   1842년부터 두 번째 예수회 선교가 시작되었다.
7   Spence (1985)가 설명한 것처럼, Matteo Ricci는 어려운 한자를 기억하기 위해 "기억의 궁전memory palace"이라는 기억 증진 기법을 사용했다.
8   Semedo (1996 [1667]), 216.
9   명과 청의 왕실에 대한 예수회의 과학적 기여에 대해서는 Li Hui (2002), Spence

(1985), 및 Xia (2002) 참조.

10 예수회 Michele Ruggieri는 Ricci의 저술에 앞서 《天主聖敎實錄》이라는 제목의 교리문답서를 썼다. 그는 Adam의 타락과 영혼의 불멸, 그리고 성육신과 속죄의 교리에 대해 두 쪽에 걸쳐 간략하게 다루었다. Ruggieri는 또한 동정녀 탄생을 중국의 기적적인 탄생의 전통과 연결시켜 설명하기도 했다. Hsia가 지적했듯이 Ruggieri는 그다지 성공적이지 않았다. Hsia (2010), 145.

11 조상숭배의 종교적 성격과 관련하여 유명한 "제사 논쟁"이 일어났다. 도미니코회와 프란체스코회가 악마 숭배라고 비판하자 결국 Clement XI는 1704년에 이를 금지했다. "제사 논쟁"에 관해서는 Mungello (1994) 참조.

12 이는 선교사들의 비교리적인 문헌에서도 마찬가지였다. Matteo Ricci가 1595년에 출간한 《交友論》은 Aristotle의 *Ethics*에서 많은 생각을 흡수했는데, 그 중에는 "내 친구는 다른 사람이 아니라 나의 반쪽입니다. 다른 말로 하면 또 다른 나라고 할 수 있습니다. 따라서 친구를 대하는 태도는 나 자신을 대하는 것과 같아야 합니다"라는 유명한 교리도 포함되어 있다. 그러나 Ricci는 이를 St. Augustine의 *Confessions*에서 인용했다고 밝혔다.

13 스토아학파의 자유의지에 대한 견해는 불교인들과는 공통점이 있지만 유가들과는 공통점이 없다. 그러나 예수회는 유가에 대한 포교에 관심이 없었다. (예수회가 유가를 수용하려는 시도를 중국의 모든 윤리적 전통과의 공통점을 찾는 것으로 오해해서는 안 된다.)

14 그러나 중국 불교처럼 다른 전통에도 관음보살과 같이 인간세상으로 내려와서 사람들에게 혜택을 주는 반신半神적인 존재가 있었고, 영적인 은사恩賜를 지닌 마조媽祖와 같은 겸손하고 신통력을 지닌 이들에 대한 이야기가 전해지고 있었다. 하지만 예수회는 이런 것들을 의도적으로 자신들의 프로젝트에서 제외했다.

15 Spalatin (1975), 556.

16 이는 모든 행위의 원류로서 심心(정신, 마음)이 있다는 신유가neo-Confucian의 관점에서도 그러했다.

17 이 시기는 Justus Lipsius의 저서 *De Constantia* (1583)를 시작으로 유럽에서도 스토아학파가 부흥하던 시기였다.

18 예수회 선교사의 그리스와 로마의 문학 활용에 대한 개요는 Müller-Lee (2018) 참조.
19 일부 학자들은 Confucius라는 인물에 대한 이야기도 일정 부분 예수회가 지어낸 것이라고 생각한다.
20 예수회의 인문주의 교육에 관해서는 Garcia (2014), Kainulainen (2018), 및 Ranieri (2016) 참조. 이는 방대하고 복잡한 주제이다.
21 예는 Goodman 및 Grafton (1990), Liu Yu (2008, 2013) 참조.
22 Goodman 및 Grafton (1990), 104–105. Liu Yu (2008) 참조.
23 예수회 선교사의 그리스와 로마 문학 활용에 대한 개요는 Müller-Lee (2018) 참조.
24 Liu Yu (2013), 834. Standaert는 Epictetus의 문헌이 Ricci의《畸人十篇》(1608) 에서도 중요한 구성 요소였다고 말한다. Standaert (2003), 367. 중국 기독교의 문헌 선집은 Standaert 및 Dudink (2002) 참조. 1636년 Alfonso Vagnone는 그리스-로마 자료에서 발췌한 355개의 격언을 유가와 관련된 다섯 가지 주요 원칙에 따라 정리한《達道紀言》을 출간했다. Standaert (2001), 607–8 및 Müller-Lee (2018) 참조.
25 매우 유사한 두 작품의 작가는 작품 출처로 Seneca를 지목하는데, 한 명은《哀矜行詮》을 쓴 Giacomo Rho이고 다른 한 명은《十慰》를 쓴 Alfonso Vagnone이다. 그러나 두 작품 모두 매우 일반적인 스토아주의 주제를 다루고 있다. Fang (2019) 참조.
26 Ricci는 우주의 기원에 대한 도교와 불교의 무無와 공空을 반박했다. Hsia (2010), 227.
27 이에 대해서는 Cawley (2013) 참조. 이 책은 1583년 Ricci의 광둥성 여행에 동행했던 Michele Ruggieri(1543~1607)가 1584년에 광둥성 자오칭肇慶에서 출판한《天主實錄》보다 10여 년 전에 나왔다. Ricci는 Ruggieri가 포함시켰던 가톨릭의 주요 교리 중 많은 부분을 생략했다.
28 Hsia (2010), 2014.
29 Yu Liu (2014). 그는 Ricci가《天主實義》에서 천주교와 유가가 일신론적인 친

화성을 가졌다고 주장한 것은 전략적인 의도였다고 주장했다. 자세한 논의는 Cawley (2013), Yu (2008, 2014) 참조. 본문은 Ricci (1985), 107 참조.

30 *De Christiana Expeditione apud Sinas* (1615), I,10, 98. 자료를 찾아준 Wentao Zhai에게 감사한다!

31 Pope Clement XI뿐만 아니라 Niccolò Longobardi 등 여러 예수회 선교사들도 반대했다. 도미니코 수도회는 적응주의 자체를 반대했다.

32 Mungello (1985), 18.

33 Gernet (2010), 25.

34 Yu Liu의 주장처럼, Ricci의 견해는 황실에서 불교의 영향력에 맞서 싸우는 데 유용하다고 여겨졌다. 그러나 옛 유가와 신유가를 분리하는 그의 생각을 중국인 친구들은 받아들이지 않았다. Yu (2008), 475-76.

35 Alexander는 몽골과 티베트에서 각색된 *Alexander Romance*와 *Shahnameh*를 비롯해 여러 작품에 등장한다.

36 한자에서는 여러 단어가 동일한 소리나 어조를 전달할 수 있기 때문에, 서양 단어를 음역하는 경우 안착하기 전까지 여러 소리와 형태로 표현될 수 있다.

37 Müller-Lee (2018), 30-1.

38 중국 내 Aristotle 사상의 확산에 대해서는 Mi (1995, 1997) 참조. Vagnone의 적응주의적 접근에 대해서는 Meynard (2013) 참조.

39 많은 학자들이 Aristotle을 군주론자로 간주했는데, 그 중에는 *De regimine principum*의 저자 Giles of Rome도 있다.

40 Ricci의 1602년 지도는 중국이 한 쪽에 치우쳐져 있었기 때문에 그다지 관심을 끌지 못했다.

41 Meynard (2013), 155.

42 Meynard (2013)의 논의 참조. 선교 후반부의 다른 고전 문헌에 관한 논의는 Müller-Lee (2018) 및 Standaert (2003) 참조. 자신의 덕을 수양하는 '군자'라는 개념은 중국 문화에 큰 영향을 끼쳤지만 번역하기는 그리 쉽지 않다. 이 책 4장에서 살펴보겠지만, 도구적 사고를 미덕으로 간주하는 것에 대한 이런 반감은 현대 중국의 고전 문헌 수용과도 관련이 있다.

43   Ricci, "Storia dell'Introduzione del Cristianesimo in Cina," I, 36.
44   1584년 Pietro Tacchi Venturi의 편지 "Letter to Giambattista Roman…" II, 45 에서 인용. 이 주제에 대해서는 Hosne (2015) 참조.
45   *Novissima Sinica Historiam Nostri Temporis Illustrata*, Edente, 1679, Walker (1972), 198 재인용.
46   Walker (1972), 194-230 및 Mori (2020) 참조.
47   Emperor Qianlong's letter to George III (1792), http://marcuse.faculty.history.ucsb.edu/classes/2c/texts/1792QianlongLetterGeorgeIII.htm.
48   Guangxu Emperor의 본명은 Zaitian이며, 청조 제10대 황제이다. 이른바 백일유신百日維新, 무술변법戊戌變法은 1898년 황제의 지지를 얻은 중국 지식인들에 의해 시작되었다. 개혁가들은 당시 중국에 가장 필요한 것은 군사적, 과학적 발전이 아니라 정치적, 사회적, 제도적 개혁이라고 주장했다. Gransow (2003).
49   Cixi는 상당히 복잡한 인물이다. 그녀는 여성 교육을 위한 개혁에 앞장섰지만 권력을 추구하는 면에서는 무자비했다. 그녀가 만주 통치층을 지지한 것이 청조의 몰락에 일조했다.
50   Sun Yat-sen(1866~1925)은 청조 통치자인 만주족에 반기를 들고 청조 신민을 중국 국민으로 변화시키려는 민족주의 운동을 이끌었다. 이에 반해 다른 개혁가들은 인종적인 동기가 덜했다.
51   결국 Pu-yi는 일제의 꼭두각시로 이용당했고, Mao Zedong 치하에서는 중국 공산당의 정치 자문위원으로 활동했다.
52   John Dewey는 실제로 1919년부터 1921년까지 중국을 방문했으며, 여러 곳에서 강연을 하며 호평을 받았다. 무엇보다도 그는 베이징의 군벌 정부에 대한 성급한 정치적 대응보다는 중국 제도의 점진적인 변화가 더 중요하다고 주장했다. 그의 강연은 긴 그림자를 드리웠지만 중국 공산당은 이를 무시했다. 중국에서 Dewey가 남긴 유산에 대해서는 Hoyt (2006) 참조.
53   이후 1920년대에 들어서면서 Plato도 관심의 대상이 되었다. 여기서는 (고전) 고대의 정치와 철학 텍스트에 반응한 인물들에만 초점을 맞추었다. Zhou Zuoren(1885~1967) 같은 인물은 고전문학을 읽고 번역하고 논평했으며, 5.4운동

시기에 문학 혁신을 주장했다. 그는 고전의 아름다운 정신을 이상화했다. 유명한 Hu Shi(1891~1962)도 언어 개혁을 지지하고 서양의 고전 철학 연구와 비슷한 접근 방식으로 중국 철학에 관한 글을 썼다. Luo Niansheng은 1930년대에 고대 그리스 희곡을 번역하고 "Ancient Greek Chinese Dictionary"를 편찬했다.

54 Beecroft (2016), 11. 예를 들면 Zhou Zuoren, 〈中國的國民思想〉, 《周作人文類編》, 1,085 – 171. Chen Duxiu, 〈我的根本意見〉, Liang Qichao, 〈論希臘古代學術〉(1978) 등에서 언급함. James Hankins는 프린스턴 대학교 출판부에 보낸 이 책의 원고를 검토하면서 이렇게 평했다. "선교 단체가 운영한 교회, 학교, 출판사가 중국에 무척 많았기 때문에, 문화적 횃불로서의 기독교를 거부했다고 말하는 것은 타당하지 않은 듯하다. 그런 강제적인 주입을 의심하는 것은 자연스럽다. 학생들이 해외에 나가면 유럽과 미국 사회에서 교회의 입지가 얼마나 보잘 것 없는지 알고 놀라는 경우가 많다."

55 Kang Youwei 康有爲는 Plato의 *Republic*의 영향을 받아, Plato의 사상을 많이 차용한 《大同書》를 저술했다. 여기서 그는 유가의 가르침과 달리 유가의 다섯 가지 기본 관계를 무시하고, 가족과 효도를 폐지할 것을 촉구했다. 또한 우생학을 이상 사회의 일부로 간주했으며, 국가는 한 명의 지도자 아래 통합되어야 한다고 주장했다. 그리스와 로마, 이집트, 페르시아, 인도 등의 문화사를 비교 연구해 정기 간행물인 《不忍雜誌》를 발간하기도 했다.

56 요약문은 Zhou (2017) 참조. Liang Qichao에 대한 전반적인 내용은 Hao (1971) 및 Levenson (1953) 참조. 중문 작품은 Liang (1978, 1999) 참조. 나는 Liang Qichao의 저작이 그다지 많이 번역되지 않았다는 사실에 놀랐다.

57 밀레니엄 전환기에 중국 언론 시장의 폭발적인 증가에 대해서는 Vittinghoff (2002) 참조.

58 관련 중국어 문헌에는 '아씨亞氏'로 지칭하고 있는데, 이는 Aristotle의 '성'만 사용함으로써 그를 존중하는 방식이다. Aristotle은 성이 없기 때문에 Liang Qichao는 음역된 이름의 첫 글자인 '아亞'를 대신 사용했다. 나는 이 부분에서만 "Master Aristotle"로 표기한다.

59 여기서 Liang Qichao는 먼저 영어 단어 "politics"를 사용한 다음 이를 중국어로

번역했는데, 이는 독자에게 생소하거나 새로운 용어라는 사실을 의도적으로 보여주기 위함이다.

60 Liang (1999).
61 Aristotle, *Politics* 1.2.
62 Aristotle, *Politics* 1.2.
63 Liang Qichao의 '국민國民' 개념 도입에 관해서는 Lee (2007), Shen (2006), Shen 및 Chien (2006), 그리고 Zarrow (1997) 참조. Shen 및 Chien (2006)에서는 이런 신조어는 Liang Qichao가 일본에서 서구 정치사상을 접한 결과이나, 실제로는 일본인이 중국인에게서 이 개념을 차용한 것이라고 주장했다. Chen (2011), 312 – 15, 324 – 27 참조. James Hankins는 프린스턴 대학교 출판부에 넘긴 원고를 평하며 이렇게 말했다. "보다 정확한 표현은 '시민'이겠지만, 중국의 정치적 상상력 안에서 도시는 뚜렷한 정치적 역할을 하지 않았다."
64 중국의 제국으로부터의 사상 전환에 대한 Liang Qichao의 영향에 관해서는 Chang (1971) 참조.
65 Aristotle의 "시민" 개념에 대해서는 Lee (2007) 참조.
66 Sima Qian, "Qin Shihuang benji" (Annals of the Qin Shihuang) (1969), 245.
67 Shen 및 Chien (2006)은 국(國, nation)과 민(民, people)으로 이루어진 '국민'이란 용어가 비록 신조어는 아닐지라도 Liang Qichao의 "국가민족주의의 정치적 국민"을 민족주의의 한 유형으로 구분하고 있다. 이 용어가 시민권에 대한 논의에서 핵심적인 용어로 자리 잡게 된 것은 Liang Qichao 덕분이었다.
68 Shen 및 Chien (2006), 5.
69 Shen 및 Chien (2006), 50. Xu Xiaoxu 徐曉旭 (2004)는 고대 그리스에서 "nation(민족, 국가)" 개념이 민족성에 기반을 둔 부족 간의 관계였음을 보여줌으로써 Liang Qichao의 Aristotle 수용의 상당 부분을 흔들어놓았다.
70 Liang (1978), volume 26, "Aristotle's Political Theory."
71 Aristotle, *Politics* 6.1 – 4. Hansen (2006) 참조.
72 유명 작가 Lu Xun 鲁迅이 1903년 에세이 〈斯巴達之魂〉에서 했던 것처럼, Liang Qichao는 〈斯巴達小志〉에서 나약한 중국인에 맞서고 극복할 수 있는 스파르타

의 무사 정신을 찬양하기도 했다. Huang (2018) 참조.
73 1902년에서 1905년까지 《新民總報》에 연재되면서 처음으로 빛을 보았다.
74 Cheek (2015), 34. 일본의 신조어를 빌어 중국에서 사용한 서구 용어에 대한 자세한 연구는 Lydia Liu (1995) 참조. 5.4운동이 중국어에 미친 영향은 Harbsmeier (2001) 참조. 17세기에 중국어로 번역된 Aristotle의 *Categories*에서 사용된 논리적 언어에 대해서는 Wardy (2000) 참조.
75 그렇지만 Liang Qichao는 여전히 어느 정도 유가 사상을 견지했다. 무엇보다 그는 자기 수양을 새로운 시민의 특성으로 중시했다.
76 Liang (1999), vol. 1, 413-4, Yang Xiao (2002), 20에서 인용 및 번역. 노예와 시민에 관해서는 Shen 및 Chien (2006) 참조.
77 Liang (1978), vol. IV, 56.
78 예를 들어 정치가 Cleisthenes는 기존의 전통적인 계층과 친족 집단을 없애고, 새로운 계층을 만들어 부족민들에게 데메스demes(고대 그리스 아티카의 행정 및 정치적 구역-옮긴이)를 분배한 것으로 유명하다.
79 Liang, "論政治能力" (1998), 153. 반면 Sun Yat-sen은 민족주의와 인종적 순수성을 동일시하여 청조의 신민을 만주족에 반대하는 한족으로 바꾸려고 했다. Bluntschli에 대해서는 Chang (1971), 238-71 및 Lee (2007) 참조. 이러한 생각은 독일 철학자 Johann Bluntschli의 저서를 읽으면서 구체화되었다.
80 Zarrow (1997), 235. Liang, "論公德" (1998), 12. Liang Qichao에 대해 비판적인 Wu Mi吳宓(1894~1978)는 하버드 대학교 Irving Babbit 교수 밑에서 비교문학을 공부하고, 보수적이고 유가 학풍을 따르는 잡지 《學衡》을 공동 창간했다. 그는 중국 문화에 도전적인 Liang Qichao에 대해 비판적이었다. Wu Mi에게 "서양 고전은 서양 사회가 근대성 경쟁에서 승리한 이유에 대한 일련의 단서라기보다 서양의 복잡성, 전통과 근대성 사이의 갈등을 이해하는 방법", 즉 그리스와 중국 고대의 공통된 뛰어난 가치를 파악하는 데 더 중요한 의미가 있었다. Beecroft (2016). 《學衡》에 관해서는 Hon (2015), Liu Jinyu (2018), 및 Saussy (2010) 참조.
81 Liang (1999), vol. 3, 1311. 그러나 Liang Qichao는 고대 아테네를 그리 좋아하지 않았다. 그가 보기에 아테네는 민주주의라기보다 귀족주의 노예 기반 국가였

기 때문이다. 이 점에 대해(그리고 고대 중국의 아직 발아되지 않은 민주주의의 씨앗에 대한 Liang Qichao의 견해에 대해서는) Liang (1999), vol. 1, 108 참조. 그는 Hu Shi 처럼 유가 사상의 폐지를 주장하지도 않았다.

82 Zhou (2017), 109 – 10. 5.4운동이 일어났을 무렵 Liang Qichao는 제1차 세계대전 동안 서구의 가치관이 가져온 폐해를 목격했기 때문에 그에 대해 냉소적인 태도를 취했다.

83 Zhou (2017), 106 – 29.

84 신문화운동新文化運動에 대해서는 Tang (1996), Chow (1960), Schwarcz (1986), Hao (1971), 및 Zhu (1999) 참조.

85 Aristotle은 John Stuart Mill의 *On Liberty*와 같은 서양의 사상과 저작들과 함께 Liang Qichao의 사상에 영향을 끼친 서구 사상 전통의 일부였다.

86 텍스트와 번역은 Mi (1997), 253 참조.

87 Aristotle의 첫 중국어 완역본은 1931년에 나왔다. 이전까지는 요약, 인용, 편집본만 존재했다.

88 Edward X. Gu가 지적했듯이, Li Dazhao는 Rousseau의 견해를 따라 시민이 주권자이자 통치자이며, 그러한 민주주의 체제 하에서 "강압적인 힘은 더 이상 통할 수 없다"고 주장했다. Gu (2001), 596 – 97 참조. Gu는 이렇게 썼다. "신문화의 대표적 지식인인 Chen Duxiu, Gao Yihan, Li Dazhao 등은 … 루소주의와 영미식 민주주의 개념의 차이에 대해 거의 알지 못했다." Li Dazhao의 견해는 1917년 10월 15일에 쓴 〈暴力與政治〉, 〈太平洋〉에서 볼 수 있다. Shen Sungchiao는 "그 결과 Hobbes가 리바이던Leviathan이라고 부르는 것이 소환될 수밖에 없었다"고 했다. Shen (2006), 23.

89 Liang Qichao와 마찬가지로 Yan Fu도 Mill의 *On Liberty*에 깊은 감명을 받았다. 그것이 Aristotle에 대한 그의 공감에 영향을 미친 듯하다.

90 Liang Qichao는 5.4 세대와 공통의 관심사를 지니고 있었지만 이념적으로는 상당한 차이가 있었다. 예를 들어 Liang Qichao는 5.4운동 시기에 유가, 불교, 도교에 대한 전면적인 공격에는 동의하지 않았다.

91 Jin Guantao 및 Liu Qingfeng (1986), 74 – 80. 묵가 사상은 예외였으나 영향력

이 크지는 않았다. Jin, Fan, 및 Liu (1996) 참조.
92　Feng Youlan과 그의 철학은 Lomanov (1998), Yu Jiyuan (2014) 참조.
93　Liu Yu (2014), 56에서 인용, 발췌.
94　Liu Yu (2014), 67.
95　1915년부터 1918년까지 제호는 《青年》이었음.
96　Spence (1991), 315에서 인용, 발췌.
97　Chen Duxiu, 〈新青年罪案之答辯書〉, Gu (2001), 589에서 재인용.
98　Chen (1916). Li Dazhao, Hu Shi, Gao Yihan 등과 같은 지식인들도 세기의 전환기에 개혁가들의 노력으로 시작된 문화적, 정치적 변화를 촉진하는 급진적 전환을 원했다.
99　개혁가들의 장기적 영향에 대해서는 Fung (2010), Levenson (1953), Schwarz (1986), Wang Hui (1989), 및 Zhu (1999) 참조.
100　학술지 《學衡》은 그리스 철학과 윤리를 심도 있게 탐구하고 예禮와 같은 유가적 이상을 서양 사상과 조화시키려고 노력했지만, 그 작업에서 정치적인 내용은 빈약했다. Liu (2018) 참조. Aristotle의 *Politics*의 첫 번째 중국어 완역본(4권)은 1931년 상하이에서 출간되었다. 영어 번역본은 문화대혁명 시기인 1966년부터 1976년까지 계속 출간되었다.
101　Mao (1990), 5.
102　1957년의 반우파反右派 운동 이전까지 고대 그리스 철학은 학계에 영향을 미쳤고, The Commercial Press에서도 이 분야의 고전 작품 번역본이 계속 제작되었다.
103　고대 그리스어를 소련 공산당의 암호로 보았던 Mao Zedong의 발언에 대한 흥미로운 분석은 Zhou Yiqun (2020) 참조.
104　Mao Zedong, "Reform Our Study" (改造我們的學習), *Selected Works of Mao Zedong*, vol. 3. Zhou (2022)에서 재인용. Mao Zedong의 1941년 연설에 대해 통찰력 있는 글을 쓴 Zhou Yiqun은 이 시점에서 그리스 고전은 단순히 혐오스러운 정치적 "타자他者"를 대신하는 것일 수 있다고 지적한다. "이 구절에서 고대 그리스는 르네상스 이후 서구 역사에서 오랫동안 사용된 것처럼 확립된 권위와

동일시된다. 뿐만 아니라 외세와 중국내 외세의 지지자 및 대리인이 중국의 필요와 구체적인 상황에 맞는 것은 고려하지 않고 중국에 강요하려 했던 외부 권위의 원천을 의미하기도 한다." 여기에서 "외세의 지지자 및 대리인"은 소비에트 식 공산주의 추종자들을 의미함. Zhou Yiqun (2022).

105 Leighton (2015), 1.
106 Gu (1997), 230.
107 Gu Zhun은 경제학자 Sun Yefang의 도움으로 잠시나마 중국과학원CAS 철학사회과학부 경제학연구소에 연구원 자리를 얻을 수 있었다.
108 Aristotle의 *Politics*에 대한 Gu Zhun의 해석에 대해서는 Zhang Longxi (2015), 13-4 참조.
109 Wang Hai (1999)에서 인용.
110 Aristotle, *Politics* 1.2.
111 Gu Zhun (1982), Zhang Longxi (2015), 12에서 재인용. Gu Zhun은 다시 *Politics* 1.2를 인용했다.
112 Gu (1982).
113 The Pseudo-Xenophon *Constitution of Athens*도 선원 계급의 이익 때문에 해상 권력과 민주주의를 연결 지은 측면이 있다.
114 Gu Zhun, Wang (1999)에서 인용.
115 Gu Zhun, 《希臘城邦制度》(1999), 《顧准文集》. Gu Zhun은 Solon과 Cleisthenes와 같은 귀족들이 실행한 정치 개혁에 거의 관심을 기울이지 않았다. 해상 무역과 민주주의의 연관성에 대한 그의 이론에 활용할 수 없었기 때문이다. 또한 그는 인도양과 동남아시아에서 진행된 항해에 대한 언급도 생략했다.
116 2012년 4월 베이징에서 열린 현대 중국의 서양 고전에 관한 학술대회에서 발표된 Zhou Yiqun의 논문 "Greek Antiquity, Chinese Modernity"에서 많은 도움을 받았다. 20세기 초 인물에 대한 나의 지식 대부분은 이 논문에서 얻은 것이다. 2017년 출간된 *Chinese Visions of World Order: Tianxia, Culture, and World Politics*에 논문 내용이 실려 있다. *River Elegy*와 그 이후의 이야기는 Chiou (1995), De Jong (1989), Lau Tuenyu 및 Lo Yuet-keung (1991),

Wu Zhiqiang (1991) 참조. 이전 10년의 이야기는 Chen Fong Ching 및 Jin Guantao (1997) 참조.
117 아이러니하게도 그의 작품은 1990년대에 잠시 Gu Zhun 열풍이 불었을 때 가장 많이 읽혔다.
118 Su 및 Wang (1991), 209.
119 Su 및 Wang (1991), 257. Yan Fu의 문장이 인용된 것은 사회 계약과 권력에의 의지 같은 서구 사상이 중요한 문화적 변화를 일으킬 수 있다는 그의 믿음 때문이다.
120 Su 및 Wang (1991), 260 – 1.
121 Su 및 Wang (1991), 253.
122 Su 및 Wang (1991), 260 – 1.
123 Su 및 Wang (1991), 254.
124 Chen (1992), 699.
125 Su and Wang (1991), 255 – 6. 놀랍게도 다큐멘터리 6부작 전체를 유튜브에서 볼 수 있다.
126 Chen (2002), 26. Yan Tao 등의 인물에 의한 *Heshang*의 지나친 단순화에 대한 비판 요약본은 Chen (1992)에서 확인할 수 있다. "문제가 있는 문화적 과거와 진보적인 서양 타자에 대한 'He shang'의 묘사는 현재의 공식 이데올로기를 반박하기 위한 구실에 불과하다." Chen (1992), 704. *River Elegy*에 관한 자세한 내용은 De Jong (1989), Gunn (1991), Lau Tuenyu 및 Lo Yuet-keung (1991), Liu Jun (2001) 참조. 톈안먼 광장과의 관계에 대해서는 Chen Fong-Ching 및 Jin Guantao (1997), Chiou (1995), Ma (1996), Wu (1991) 참조. 대본은 Su 및 Wang (1991) 참조.
127 David Moser (2011). https://digitalcommons.unl.edu/china beatarchive/904/.
128 Xu Jilin (2000), 173.
129 1981년 6월 27일 중국 공산당 제11기 중앙위원회 제6차 전체회의에서 채택한 *Resolution on CPC History (1949 – 81)*, (Beijing: Foreign Languages Press, 1981), 32.

130　1980년부터 1987년까지 중국 공산당 총서기를 지낸 Hu Yaobang은 Deng Xiaoping이 자신의 후계자로 직접 발탁했다. 그러나 Hu Yaobang은 이 운동과 초기 학생 운동에 대한 지지로 인해 권좌에서 물러나게 된다.

131　대부분의 사망자는 베이징 서쪽의 광장 밖에서 발생했다. 베이징의 다른 지역도 그 정도로 심하지는 않았지만 탄압의 표적이 되었다. 톈안먼에 대한 자세한 내용은 Zhang Liang (2001), Feng Congde (2013), 그리고 미국 국무부 Office of the Historian https://history.state.gov/milestones/1989-1992/tiananmen-square 과 조지 워싱턴 대학교 The National Security Archive https://nsarchive2.gwu.edu/NSAEBB/NSAEBB16/#12-29 참조.

132　계엄령으로 인한 사망자 수는 약 1,000~3,000명으로 추산된다.

133　Huang Yang (2018)은 중국 정부가 당시 소요사태의 책임을 *River Elegy*에 돌렸다고 지적한다.

134　인권은 종종 이런 개념과 함께 다루어지지만, 고대 그리스인들에게는 인권이란 개념이 없었다. 예는 Samons (2004), 172-5 참조.

2 탄압 이후의 고전

1　Stephen Veg는 "그들은 비공식적이고, 소속되지 않았으며, 민중들 사이에 있었다"고 말했다. (인용문은 출판사가 제공했다.) 톈안먼 이후 지식인의 역할에 대해서는 Cheek (2015), 244-331, Goldman (2002), Chang (1971), Zhang Shuang (2009), 및 Zhao (1997) 참조. 중국 공산당이 받아들일 수 있도록 자신들의 언어를 재구성한 개혁가인 Su Shuangbi, Ru Xin, Sing Bensi 등에 대해서는 Cheek (2015), 249-52 참조.

2　1999년 Zhu Yong은《知識分子應該干什麼?》를 출간했다.

3　Zhao Suisheng (1997), 725.

4　Bandursky (2019).

5　Buckley (2019).

6　비정치적 학문 연구로서 고전은 많은 대학교에서 활성화하고 있다. 이는 지난 수

십 년 동안 중국에서 고전 문헌 출판과 활용이 눈에 띄게 증가한 현상과 서양 고전을 연구 분야로 삼는 제도적 변화가 반영된 결과이다. 이에 대해서는 Huang (2018), 및 Mutschler (2018) 참조.
7 Zhao (1997), 732. "많은 자유주의 학자들, 특히 전통주의에 반대하는 학자들은 유가적 권위주의와 경제적 성공 사이의 인과관계의 타당성에 대해 의문을 제기함으로써 신권위주의에 강하게 반대했다."
8 Zhao (1997), 732.
9 Zhao (1997), 731-32.
10 약력은 다음에서 확인할 수 있다. http://www.ted.com/speakers/eric_x_li.html.
11 Li (2012).
12 우리는 여전히 마지막 대통령이 자신의 행동에 대해 책임을 지기를 기다리고 있다.
13 Samons (2004), 6.
14 Pan Yue (2020) 및 Pan Wei (2006) 참조.
15 Li Changlin (1984), 44.
16 Zhang (1982), 108.
17 Li (2012).
18 이 질문에 대한 연구는 Taylor (2010) 참조.
19 Thucydides, *Peloponnesian War* 2.65.8.
20 Thucydides, *Peloponnesian War* 2.65.10-11. 특히 Cleon은 Donald Trump 처럼 아테네 정치에서 상업 계급을 대표하는 최초의 인물로, 재정 문제에서 사적인 부정과 의회에서의 허풍, 그리고 호전적인 웅변으로 유명했기 때문에 Thucydides는 그를 무척 부정적으로 묘사했다.
21 Li (2012). 유사한 견해에 대한 설명은 Brenner (2003) 참조.
22 Li (2012).
23 Pericles's funeral oration in Thucydides, *Peloponnesian War* 2.35-46 참조.
24 중국과 서양의 정치 체제 사이의 충돌에 대한 논의는 Metzger (2005) 참조.
25 Lin 및 Dong (2006). 이 글은 당 기관지에 실린 글이기 때문에 학자들만을 대상

으로 한 것이 아니다.

26   Lin 및 Dong (2006).
27   Lin 및 Dong (2006). 극적이지는 않지만 Aristotle에 대한 새로운 학문이 Aristotle의 *Politics*에 정치적 견해가 들어 있음을 확인시켜준다고 말할 수 있다. 이 점에 대해서는 국가가 개인보다 우선하기 때문에 Aristotle에게 미덕virtue은 문제가 된다고 주장하는 Deng (2005), 실천 철학이 이론 철학의 토대이자 전제 조건이라고 주장하는 Ding (2012), 그리고 좋은 도시국가를 만들기 위한 첫 번째 조건은 이념보다 우정에 의존하는 좋은 시민을 만드는 것이라고 주장하는 Liao (1999) 참조.
28   Thucydides, *Peloponnesian War* 3.36 – 49. Lin 및 Dong (2006).
29   Lin 및 Dong (2006).
30   Wu Shuchen (1985). 예를 들어 "모든 착취 계급을 위한 정치의 창시자"라고 쓴 Xu 및 Qian (1981), 투표권을 가질 자격을 갖춘 소수에 대해 글을 쓴 Wu (1979).
31   Xu (1981), Wang (1982).
32   Xin Fan이 지적했듯이 중국 마르크스주의 사상에서 고전 고대는 노예 사회와 동일시되었고, 1930년대에 Guo Moruo와 같은 마르크스주의 학자들은 중국 역시 노예제에 뿌리를 둔 고대가 있었다고 주장했다. Lei Haizong처럼 그러한 병렬화를 잘못이라고 주장하는 것은 마르크스주의의 모든 사회관계에 대한 적용 가능성을 약화시키고 공산주의 정권의 이념을 약화시킬 수도 있었다. Xin (2018), 203.
33   엄밀히 말해서 중국의 역대 황제들은 사유 노예제를 불법화했지만, 전쟁 노예가 주로 그런 역할을 했으며 농민들도 거의 영구적인 노예 상태로 살았다.
34   Liu Chenguang은 Aristotle의 말뭉치corpus는 선한 사람과 선한 시민의 차이를 모호하게 만든다고 주장하면서 글을 마무리한다.
35   이는 이 책 5장에 나오는 Gan Yang의 "세 가지 전통" 이론에서 보듯이 중국 고유의 윤리-정치적 계보를 만들려는 시도를 가속화했다. 많은 이들이 Liu Chenguang의 주장을 지지하는데, Wang Xu 王旭(천진 사범 대학교 교수)도 그 중 하나다. "그러나 아무리 위대한 사상가라도 계급과 역사의 한계를 벗어날 수는 없다. Aristotle의 사상은 여전히 노예 소유 계급을 옹호하고 엘리트 통치를 옹호하며 민주주의

체제를 비판하고 있다." Wang Xu (2016). 1989년 이전까지 Aristotle에 대해 비판적이었던 Liu Chenguang도 마찬가지다. 그러나 논문은 그가 아리스토텔레스적 행동을 촉구하는 것으로 끝난다. 그는 작가 Lu Xun을 비판하면서 이런 말을 썼다. "인간은 사회와 잠시도 분리될 수 없음을 알 수 있다. 계급투쟁이 존재하는 사회에서 인간은 정치적 투쟁과 분리될 수 없다." Liu (1981).

36 Xu (2001)의 비평 참조. Pan Wei, Bai Tongdong, Gan Yang, Liu Xiaofeng 등은 이 연구와 가장 관련이 깊은 학자들이다. Cui Zhiyuan 崔之元과 Wang Hui 汪暉는 칭화대 교수이다. Cui Zhiyuan은 중국 신좌파의 일원으로, 신자유주의 자본주의의 대안과 재산권에 대해 연구한다. Wang Hui는 중국 문학과 지식인 역사를 집중 연구하고 있다. Wang Hui는 1996년부터 2007년까지 잡지 *Dushu*의 공동 편집장을 역임했다. 2008년 5월 *Foreign Policy*는 그를 세계 100명의 지식인 가운데 한 명으로 선정했다. 본문에서 두 사람을 언급하지 않은 이유는 그들의 사상에서 서양 고대가 큰 역할을 하지 않기 때문이다. Liu Xiaofeng에 대해서는 5장에서 Leo Strauss의 영향을 다루면서 주로 언급할 것이다.

37 *Sina*, November 11, 2017, http://news.sina.com.cn/c/nd/2017-11-18/doc-ifynwnty4741795.shtml. Fang (2009) 참조.

38 *Sina*, November 11, 2017, http://news.sina.com.cn/c/nd/2017-11-18/doc-ifynwnty4741795.shtml.

39 2004년 개정된 헌법 제111조 참조.

40 Fang (2009).

41 Keith Bradsher와 Steven Lee Myers가 2021년 12월 8일 *New York Times* 칼럼(A6)에서 보도한 내용이다. https://www.nytimes.com/2021/12/07/world/asia/china-biden-democracy-summit.html.

42 Bradsher 및 Myers (2021).

43 *Sina*, November 11, 2017, http://news.sina.com.cn/c/nd/2017-11-18/doc-ifynwnty4741795.shtml.

44 Lu (2012)는 중국을 본질적으로 민주주의 체제로 보는 이런 관점이 두 가지 연결된 사실을 설명한다고 주장한다. 중국인들의 일당 체제에 대한 지지, 그리고 민주

주의에 대한 긍정적인 시각, 이 두 가지다.
45 중국에서 이런 관념에 대한 수용 연구는 Chen (2000) 참조. 내가 아는 한, 이 그룹은 고대 도시국가들에 관한 Hansen과 Nielsen의 2004년 연구를 다루지 않았다.
46 Xin(원래 이름은 신판이 아니라 판신이다. 저자가 착각한 듯하다 - 옮긴이) (2018), 215. 이런 주장의 초기 버전에서 Xu (1998)는 고대 그리스에는 전통적인 의미에서 도시국가가 없었다고 주장한다. 관련은 있지만, 접근 방식은 다르다.
47 아이러니하게도 이런 주장은 러시아 학자 Anatoly Fomenko의 주장을 표절한 것이다. http://chronologia.org/en/. 참조
48 He (2013), http://blog.sina.com.cn/s/blog_4b712d230102e7a3.html. He Xin에 관한 모든 인용문은 그의 블로그에서 가져온 것이다.
49 놀랍게도 He Xin보다 훨씬 전에 프랑스 예수회 Jean Hardouin(1646~1729)은 Homer, Herodotus, Cicero, Pliny의 *Natural History*, Virgil의 *Georgics*, Horace를 제외한 고전이 13세기 수도사들에 의해 창조되었다고 주장했다. 이런 정보를 준 James Hankins에게 감사드린다.
50 He Xin의 이론에 대한 중국의 비판은 다음을 참조하시오. Wu (2020)와 http://www.bbglobe.com/Article/Default.aspx?aid=111426에 있는 구글 캐시cache의 댓글 참조. 이 페이지는 2020년 8월 2일 11:29:19(GMT)에 표시된 페이지의 스냅숏snapshot이지만, 이후 사라졌다.
51 Martin Bernal은 그리스 문명이 중부 유럽에서 온 인도-유럽 정착민들에 의해 창조되었다는 일반적인 견해를 거부했으며, 고대 그리스에 대한 이집트와 페니키아의 영향을 고전주의자들이 과소평가하고 있다고 주장했다.
52 지금 누가 누구를 야만인이라 칭하는가?
53 He (2013), http://blog.sina.com.cn/s/blog_4b712d230102e7a3.html.
54 자세한 내용은 He Xin이 저술한 두 권의 책(2013, 2015) 참조. 대부분의 중국 학자들은 몇 번의 반박을 시도한 후 결국 그를 무시했다.
55 내 동료인 Haun Saussy는 이것이 진지하고 제대로 교육받은 사람들부터 시험을 준비하는 고등학생에 이르기까지 다양한 대중이 참여하는 토론 게시판이라고 말한다.

56 이런 용법은 이 책 4장의 주제이자 Gan Yang 등이 공격한 "합리성의 미신"과 다르지 않다.
57 물론 서양 저자들도 마찬가지다. Protagoras의 말을 빌리자면, 같은 사실이 어떤 사람에게는 좋게 보이고 어떤 사람에게는 나쁘게 보일 수 있다. Pan Wei의 견해는 고대 그리스에 대한 나의 이념적 진영에 속하지 않기 때문에, 나에게는 "문외한"이 "고대 그리스를 왜곡하는" 것처럼 느껴진다. 하지만 스스로를 돌아본다면, 나는 과연 얼마나 강력하게 그가 '틀렸다'고 주장할 수 있을까? 내 견해는 얼마나 많은 부분이 내가 교육받은 기관(대학이나 연구소)에 뿌리를 두고 있을까?
58 Pan Wei (2006). 이후의 모든 인용문은 이 책에서 가져온 것이다.
59 *Apology* 24a에서 Socrates는 "내가 인기가 없는 이유는 나의 파레시아parrhesia (자유롭고 솔직한 발언) 때문이다"라고 말했다. 다시 말하지만, 그의 죽음의 모든 원인을 민주주의의 문턱에 두는 것은 가능하지만 그렇다고 항상 설득력이 있는 것은 아니다.
60 주역은 기원전 8세기의 그리스의 섬 에비아 사람들이었으며, 기원전 7세기에 코린트, 밀레투스, 메가라, 포카이아 등이 그 뒤를 이었다.
61 Pan Wei는 *Richard II*, act 2, scene 1에서 인용했다.
62 Pan Yue (2020).
63 내가 유학자 Xunzi에 대해 제대로 평가할 수 없지만 나름 자세히 읽어본 결과 Pan Yue의 견해는 역사, 철학, 그리고 Xunzi의 유법儒法 통합에 근거한 것으로 보인다. Pan Yue는 이것이 서양인들에게 알려지지 않았던 동아시아 전역의 통일된 국가 구조를 만들어냈다고 말한다. 그는 또한 인간의 본성은 악하다는 Xunzi의 가르침에 대한 Liang Qichao의 이해에 대해서도 논한다. Pan (2020).
64 Pan Yue는 Aristotle의 "절대 왕권"에 대해 매우 흥미로운 견해를 갖고 있다.
65 Bell은 이에 대해 정중하게 이의를 제기했다. "서구와 관련하여 나는 고대 그리스 스타일의 외교 정책에 대한 표현, 즉 자국의 이익을 위해 외국의 자원을 노골적으로 착취하거나 또는 외국인을 학대하거나 노예로 삼을 수 있는 비인간적인 '야만인'으로 가정했다는 식의 표현을 납득할 수 없다. … 그리고 통합에 대해 이야기하려면 중국은 다양성을 소중히 여기는 법을 배워야 한다." Bell (2020).

66 Bell (2020).

67 Wang Huaiyu (2009). 이 특별한 발기 부전에 대한 Augustine의 견해에 관심이 있는 독자는 그의 "On Marriage and Concupiscence" 참조.

68 Wang Huaiyu (2009).

69 Wang Huaiyu (2009).

70 Xunzi는 자신의 이름과 같은 제목의 책 *Xunzi* chapter 23에서 인간의 본성은 본래 악하다고 주장했다.

71 나는 오늘날 대부분의 저자들이 Aristotle의 사상에서 정치적 시민의 문제를 피한다는 점을 지적하고 싶다. 예를 들어 Ding(2012)은 서양 철학에 대해 논의하면서 실천 철학이 이론 철학의 토대이자 전제 조건이라고 주장했다. 이는 Bai Tongdong이 유교를 옹호한 것과 같은 맥락이다. Liao (1999)는 좋은 도시국가를 만드는 첫 번째 조건은 이념보다 우정으로 유지되는 좋은 시민을 만들어내는 것이라고 주장했다. 또한 Deng (2005)은 국가가 개인보다 우선하기 때문에 Aristotle가 주장한 미덕은 문제가 있다고 주장했다.

72 이 책 3장 〈플라톤의 "고귀한 거짓말"로 생각하기〉 참조.

73 Wang Huaiyu (2009).

74 Gao 및 Walayat (2021), He (2012), Kim (2017), Xu (2006) 등 참조.

75 Hu (2020).

76 중국어의 문맥에서 이는 중국 특색의 사회주의를 의미한다.

77 Nie (2017).

3 플라톤의 "고귀한 거짓말"로 생각하기

이 장의 내용은 원래 *KNOW*에 게재되었다. 2018년 10월 오벌린 대학에서 열린 두 번째 마틴 강의의 청중들이 보내준 피드백과 제안에 감사드리며, 많은 문제에 대해 도움을 준 동료 Haun Saussy에게 감사드린다.

1 Whitehead (1979), 39.

2   5장 참조.
3   Weng (2015a), 313.
4   운이 좋은 소수의 사람들은 이런 등급 간의 이동이 가능하지만, 이는 원칙이 아니다.
5   6장 참조.
6   Rawls (1999) 대조, 정의란 어떠한 불평등이라도 모든 시민에게 이익이 되어야 하며 공정성의 원칙에 근거해야 하기 때문이다. Dombrowski는 이렇게 지적한다. "Rawls의 처음 입장은, 객관성에 의해 강화된 민주적 시민정신의 이상이 여러 수준에서 공공성을 포함하는 시민들의 공유 이성에 기반을 두고 있다." Dombrowski (1997), 578.
7   Lane (2009), 585 - 60 참조. 그녀의 말처럼, 플라톤적으로 정의로운 사람은 일상생활에서도 정의로울 것이기 때문에 "일반적인 정의"에서 "플라톤적 정의"로 전환한다고 해서 전자가 사라지는 것은 아니다.
8   Plato, *Republic*, 442d.
9   이런 다층적 영혼에 대한 관념은 특정 유교 철학자들에게서도 유사하게 발견된다. 예를 들어, Lorenz는 Mencius와 Plato 모두 영혼의 욕망 부분에 대항하는 사고 부분을 설정했다고 여겼다. Lorenz (2004), 83 - 116. 물론 한자어 심心, (마음, 영혼)을 Plato의 로기스티콘logistikon(이성적인 요소)으로 번역할 수 없으며, 감정 역시 부정적인 의미를 지니고 있지 않다. Confucius에게 인간이 동물보다 우월한 까닭은 이성 능력 때문도 아니고 감정의 깊이 때문도 아니다. 감정은 마음에서 비롯되어 외부로 표출되고, 의례와 음악의 원천이 될 뿐이다.
10 Plato, *Republic*, 590d.
11 Plato, *Republic*, 2.372c - 373d.
12 Haun Saussy가 지적한 것처럼(2018년 11월 15일, 내게 보낸 이메일), "삼권분립 이론(미국 건국자들이 읽었던 18세기 이론가들의 저술에서 두드러지게 나타나는)은 정신의 기능(의지, 판단, 이성)을 세 가지 정부 부문(행정부, 사법부, 입법부)에 연관시킨 것으로, 전체가 균형을 유지하고 건전하려면 서로 압도하지 않도록 해야 한다."
13 이러한 맥락에서 "합리적(이성적)"의 의미에 대한 흥미로운 고찰은 2006년 후

쿠오카 IPSA 총회에서 발표된 Gabriela Palavicini Corona의 논문 "Political Rationality: The Democratic Challenge" 참조.

14 예를 들어, Thucydides의 *History of the Peloponnesian War* 2.65에 묘사된 Pericles에 대해 생각해 볼 수 있다. 이 외에도 계급별로 진행되는 특별한 "짝짓기 축제"와 같이 낯설게 느껴지는 *Republic*만의 특징이 많지만, 이 책에서는 다룰 여유가 없다.

15 특히 웅변에서 속임수에 대한 아테네인의 관점에 관해서는 Hesk (2000) 참조. 속임수에 관한 Plato의 사상을 Strauss가 해석한 내용은 Moore (2009) 참조.

16 이 용어는 번역하기 까다롭다. 잘 태어난 사람들에 대한 허구인지, 기원에 대한 신화인지, 영혼에 의학적 가치가 있다는 거짓말인지, 아니면 이와 전혀 다른 것인지?

17 Plato, *Republic*, 414e. 칼리폴리스에서 금족金族 자녀는 부모와 함께 자라지 않기 때문에 그 거짓말을 더 주저하게 만드는 가족적 유대감이 존재하지 않는다.

18 Plato, *Republic*, 415d.

19 Plato, *Republic*, 459d, 460b – c.

20 Popper (1970). 극단적인 입장에 대한 비판은 Dombrowski (1997), 565 – 78 참조.

21 Thomas Jefferson, "To John Adams, Monticello, July 5, 1814," http://www.let.rug.nl/usa/presidents/thomas-jefferson/letters-of-thomas-jefferson/jefl231.php.

22 Lee, trans., ed. Plato: The Republic (2003), 177.

23 이런 주장을 지지하기 위해 Desmond Lee는 Socrates가 철인왕도 고귀한 거짓말을 믿게 만들었을 거라고 말했다. Plato, *Republic*, 414b – c. 참조.

24 Rowett (2016), 68.

25 Rowett (2016), 86.

26 Kasimis (2016), 339.

27 Kasimis (2016), 339.

28 Demetra Kasimis가 지적했듯이, 아테네의 건국 신화 자체가 대지로부터의 탄생이라는 오토크토니autochthony(토착성)에 기반을 두고 있다. 시민들의 정치적 평

등을 토착화함으로써 민주주의에 대한 이념적 지지를 형성하기 위한 담론이었다. 또한 기원전 451년 Pericles의 시민권법은 시민권을 얻기 위해 아테네의 부모 혈통을 이중으로 요구함으로써 아테네 전체를 하나의 게노스genos, 또는 종족으로 만들어 근본적으로 배타적인 정치를 강화했다. 약간 다른 접근법은 Nails (2012), 1 – 23 참조. Nails는 *Republic*의 정치적 배경에 집중하여, 칼리폴리스에 대한 Socrates의 묘사가 그 자체로 이상이 아니라 아테네에 대한 균형추를 의미한다고 주장한다.

29 Plato, *Republic*, 389b – c.
30 훨씬 더 독특한 옹호는 Plato가 말한 근본에 동의하는 것이다. 예를 들어 보수적인 싱크탱크인 Witherspoon Institute in Public Discourse의 공식 저널에 게재된 Joseph Trabbic의 "In Defense of Plato's *Republic*" (2017)이 그러하다. 관련 인터넷 자료는 http://www.thepublicdiscourse.com/2017/03/18512/ 참조. Trabbic은 이렇게 말하고 있다. "Socrates에게 (고귀한 거짓말)의 목적은 사람들이 자신에게 적합한 일을 하도록 하는 데 있다. 농사에 능숙하지 않은 사람은 농사를 지으면 안 되고, 병사로서 자질이 없는 사람은 수호자가 되어서는 안 되며, 아테네에 대해 진심으로 선한 마음을 품고 있지 않은 사람은 통치자가 되어서는 안 된다는 것이다. 시민들이 자신의 능력에 따라 고용되는 것이 질서 있는 도시를 위해 매우 중요하기 때문이다."
31 Pan (2006).
32 Song (1988), 41. Wang Cenggu 全增嘏, ed. (1983). *A History of Western Philosophy* (Shanghai People's Press), 159
33 Song (1988), 41.
34 Xiao (1980), 71.
35 Chen (1986), 20.
36 Hu (1985), 100.
37 이는 대중을 위한 아편에 가까운 듯하다.
38 Cheng (2005), 86 – 8. Cheng이 중국의 많은 젊은 고전주의자들에게 영향을 준 스트라우시언 Liu Xiaofeng의 지도 아래 중산 대학교에서 박사 학위를 받았다는

사실은 주목할 가치가 있다. 그의 관점을 형성하는 중요 요인이 될 수 있기 때문이다.

39 Zhang (2013).
40 Luo (2012), 30-5. Qing (2006).
41 Wang Wenhu (2009). *Zhejiang Daily*에 Gong Weibin (2010), Li Peilin (2005) 등의 문장이 실렸는데, 그들은 사회 계급과 사회적 이동성에 모두 찬성했다. Li Qiang (2003)은 한 걸음 더 나아가 "일부 사람들이 먼저 부자가 되어" 가난한 사람들을 돕자는 Deng Xiaoping의 '선부론先富論'을 지지하는 한편, 사회 계층화가 사회 화합을 촉진한다는 주장도 했다.
42 Chen (2006). 이 글은 중국 문화 논평 사이트인 Douban에 게재되었는데, 이 사이트는 Weibo 같은 소셜 미디어 플랫폼과는 지적 성향이 다르다.
43 Chen (2006).
44 Li Yongcheng (2017).
45 Li Yongcheng (2017). 고귀한 거짓말이 과거 미국에서 아무런 역할을 하지 않았다고 생각한다면, '명백한 운명Manifest Destiny'(미국 역사에서 서쪽으로 태평양까지, 나아가 그 너머까지 미국 영토의 확장이 불가피하다는 이론-옮긴이)을 상기할 필요가 있다.
46 Edmund Burke, (January 19, 1791) "A Letter from Mr. Burke to a Member of the National Assembly; In Answer to Some Objections to his Book on French Affairs," 3rd edition (Paris, Printed, and London, Re-printed for J. Dodsley, 1791), http://metaphors.iath.virginia.edu/metaphors/20164. 참조
47 많은 사람들이 Plato를 다시 읽고 시간이 지나면서 점차 다르게 이해하게 됐지만, Jefferson, 그리고 많은 고등학생들을 제외하고, 대부분 Plato의 가벼운 주장을 너무 진지하게 받아들이고 있는 듯하다.
48 "Thomas Jefferson to John Adams, 5 July 1814," *Founders Online*, National Archives, https://founders.archives.gov/documents/Jefferson/03-07-02-0341. (원문 출처: *The Papers of Thomas Jefferson*, Retirement Series, Vol. 7, *28 November 1813 to 30 September 1814*, ed. J. Jefferson Looney. Princeton, NJ: Princeton

University Press, 2010, 451–5.) 만약 대학생들이 풍문으로라도 이런 견해를 듣게 된다면 우리는 곤경에 처할 것이다.
49 Confucius, *Analects* 2.21. Plato에게 중요한 것은 정의로운 영혼이다. 그럼에도 Plato와 Confucius가 공통적으로 강조한 점은 모든 이들이 사회 계층 구조 속에서 자신의 위치를 알아야 한다는 것이다.
50 Xunzi, "On the Regulations of a King," Wang (2015), 96에서 재인용.
51 이 점을 지적해준 Wentao Zhai에게 감사드린다. 유가 사상의 이런 측면에 대한 논의는 Yong (2011) 참조. 물론 이는 유가 사상을 표현하는 두 가지 방식일 뿐이다. 오랫동안 변화해온 전통의 다른 중요한 측면을 강조해온 학자들도 많다.
52 Strauss가 중국 독자들에게 영향을 미친 다양한 방식에 대한 논의는 Tao Wang (2012a) 및 (2012b) 참조.
53 Strauss (1964) 60–1, 98–9, 102–3, 124–5 참조.
54 Dombrowski (1997), 571–2.
55 참고로 Hu Ping은 1988년부터 1991년까지 중국민주단결연맹의 주석을 역임했다. 그는 잡지 *Chinese Spring*과 *Beijing Spring*을 창간했다. 현재는 *Beijing Spring*의 명예 편집장, 中國人權 집행이사, 獨立中文筆會 명예이사로 활동하고 있다.
56 Hu Ping (2017).
57 Hu Ping은 가끔 자신이 현대 중국이 아닌 봉건왕조 시대의 중국에 대해서만 이야기하고 있다고 주장한다. 하지만 Xi Jinping은 중국 공산당 중앙위원회 총서기, 중화인민공화국 주석, 중앙군사위원회 주석 등을 맡고 있는 중국의 철인왕이다. 게다가 2016년 중국 공산당은 Xi Jinping에게 공식적으로 "core leader"라는 칭호를 부여했다. Xi Jinping은 Mao Zedong 사망 이후 유례없는, 사실상 임기 제한이 없는 중국의 통치자가 되었다.
58 Qiang (2005).
59 Hu Ping (2017).
60 Plato는 *Republic*에서 조화[화해]에 대해 거의 설명하지 않았지만, 중국 학자들이 정의를 화해로 재정의하면서 Plato가 중국의 정치적 "화해"에 대해 엄지손가락을

치켜세우는 것을 막지 못했다.
61　Moak (2018).
62　Osnos (2008), 37에서 인용. 이 세대의 중국 사상가에 대해서는 Cheek (2015), 154-72 참조.

4 합리성과 그 불만

1　동시대인 일본 메이지 천황 시절 Ernest Fenollosa는 동서양의 가치관을 융합할 것을 촉구하면서 이렇게 말했다. "두 문명을 최상의 유형에서 비교해보면, 서양의 강점은 방법[수단]의 지식에 있고 동양의 강점은 목적의 지식에 있음을 알 수 있다." Fenellosa (2009), 164. 원문 강조. 이 관찰에 대해 Haun Saussy에게 감사드린다.
2　Doan (2011), 188.
3　물론 자본주의와 합리성의 연결은 서구적이며, 대체로 긍정적인 의미로 받아들여진다. Charles P. Webel은 이렇게 주장한다. "합리성의 이상적인 모델은 경제 구조로 표현되며, 사실과 가치는 분명히 구분되고, 과학 지식과 기술의 성장 확장은 '비정치적'이며 '비이념적'이다." Webel (2014), 8.
4　2019년 말 CNKI에서 검색한 결과 도구적 합리성에 관한 논문이 총 6,338건이었다. 이 논문들은 대부분 특정 대학 학과에서 발행하는 저널에 실려 있다. 많은 논문이 매우 수준이 높다. Quassim Cassam에서 F. A. Hayek에 이르기까지 주요 사상가들에 대해 논하고 있다. 일부 논문의 저자들은 두 가지 형태의 합리성을 통합하려고 시도하지만, 일반적으로 도구적 합리성에 대한 접근은 비판적이다.
5　반발이 있었다. 이에 대해서는 Liu (2005) 참조. Liu (1998)는 4장의 주제인 합리성 비판을 돌아보지 않고, 그리스 도시국가의 위기에 관한 Plato의 "이성적 성찰"에 대해 긍정적인 견해를 제시했다.
6　Zhang (1997)가 지적하듯이, 중국 학자들은 (Weber 같은) 서양인들이 이미 비판했던 계몽주의의 이성과 합리성 개념을 비판하기 위해 Weber의 용어들을 활용하기도 한다.

7   Weber (1978).
8   Hindess (1992), 224. Jürgen Habermas는 도구적 합리성 안에서만 여러 단계를 규정했으며, Weber는 합리성의 세 가지 범주(실천적 합리성, 이론적 합리성, 실질적 합리성) 외에 네 번째로 형식 합리성, 즉 가치중립적으로 최선의 수단을 계산하는 합리성에 대해 이야기했다.
9   Max Weber의 관료제 이론은 "합리적-법적" 모델로도 알려져 있는데, 관료제를 합리적인 용어로 정의하여 "규칙과 법률 또는 행정 규제에 의해 뒷받침되는 다양한 직무에 관한 전체적인 역량을 정확하게 정의하고 체계화하는 일반 원칙에 기반을 두는 것"이라고 주장한다.
10 Gerth 및 Mills (1970), 155. Liu Dong (2003); Mommsen (2006); Schechter (2010); Schluchter (1981); 및 Whimster 및 Lash (2006), 1-8; '탈주술화 disenchantment'라는 Weber의 견해를 단순하게 취급하는 것에 대한 반발은 Albrow (2006) 참조.
11 사회적 과정으로서의 합리화는 그것의 도구 중 하나에 불과한 도구적 합리성과는 다르다는 점에 유의해야 한다. 예를 들어, 모든 종교에는 어느 정도의 합리화, 즉 세상을 이해하는 기존의 방식에 대한 가장 합리적인 반응이 담겨 있다. Weber는 *Economy and Society*와 같은 후기 저작에서 "유교는 세상에 적응하는 가장 합리적인 형태였고, 개신교는 세상을 지배하는 가장 합리적인 형태였으며, 인도의 구원 종교는 세계에서 도피하는 가장 합리적인 형태였다"고 주장했다. Whimster 및 Lash (2006), 16 인용.
12 Weber (1958), 182. Weber의 법사회학에서 다루는 인권의 제한된 범위에 대해서는 Turner (2002) 참조.
13 Liu Dong (2003), 197-8. 강조 추가됨.
14 Weber는 '형식 합리성formal rationality'처럼 다른 용어를 사용하기도 했다. 그러나 나는 중국 학자들이 Weber에게서 취한 용어들에 초점을 맞추고 있다. Ren(2004)은 서양의 합리주의를 정치적, 철학적(영국적), 신자유주의적 형태 세 가지로 구분한다. 그의 관점에서 볼 때 여기서 논하는 것은 정치적 유형이다.
15 다른 학자들은 로마법이 훨씬 더 큰 발자취를 남겼다고 주장해왔다.

16 Webel (2014), 8, 11. Goody (1993), 9 – 10 참조. "사회학의 전통은 특정한 형태의 합리성이 서양이 현대 세계와 연관된 것으로 보이는 경제적, 지적 발전을 선도할 수 있게 해준다고 규정한다."
17 Glover (2000), 6 – 7.
18 Glover (2000), 310.
19 이 주제 관련 추가 내용은 Zhang (1997) 참조.
20 Lang (1990), 168.
21 Bauman (1989), 13. 이런 방식으로 현대 중국 학자들은 고대 그리스(교활한 부르주아 영웅 Odysseus가 전형적인)에서 20세기 파시즘에 이르기까지 계몽의 일반적 개념으로 서구의 타락을 추적한 서양 사상가들과 궤를 같이 한다.
22 계몽주의에 대한 일반화의 비판은 Schmidt(2000) 및 Wilson(1970) 논문 참조.
23 Selby-Bigge (1962), 172.
24 de Condillac (1754). *Condillac's treatise on the sensations*, trans. Geraldine Carr (London: Favil Press, 1930).
25 그 당시 합리주의자들은 Descartes의 토대주의foundationalist와 주체 중심적인 이성 개념과 더불어 선험적 원칙들을 사용했기 때문에, 합리주의적 형이상학에 대한 자신들의 주장을 관철하는 데 실패했다. 이에 관한 좋은 소개의 글은 *Stanford Encyclopedia of Philosophy*, Enlightenment 참조.
26 Tu (2003), 164. 물론 이런 주장은 계몽주의 비평가들의 생각과 잘 맞지 않는다.
27 Zhang Longxi (1998), 204.
28 이에 대해서는 Dirlik(1995), 229 – 73, Chen(1992) 참조. 후자는 이렇게 썼다. "오리엔탈리즘은 … 진보와 목적론으로서의 역사관을 중국이 전용한 것에서 전형적으로 반영되어 있다. 이런 역사관은 서구의 계몽주의와 유토피아적 사고를 하는 다양한 학파에서 파생된 개념이다." Chen (1992), 687.
29 Kant (1991), 54. 원문에서 강조.
30 Honneth (1987), 692 – 3.
31 Lao Ji의 블로그, 2018년 6월 24일, http://www.oscclub.com/home.php?mod=space&uid=23&do=blog&id=7025.

32 Halberstam (1988), 44-5.
33 Halberstam (1988), 45.
34 "Kant에게 이런 존엄성은 개별 인간의 이성의 자율성에 달려 있는 반면, Confucius의 경우 존엄성은 지속적인 자기 확장을 요구하는 우리의 상호연관성에 따라 달라진다." Froese (2008), 258.
35 물론 Plato는 *Republic*에서 사람마다 이성의 양이 다르다고 주장했지만, Kant에게 이성이란 인간 고유의 특성일 뿐이기 때문이다.
36 Honneth (1987), 695-6.
37 Gan (2012).
38 Sprenger는 이렇게 말한다. "현대 중국의 사상가들이 이러한 현상을 피상적으로만 보았거나 아예 보지 않은 것은 개탄스러운 일이다. 5.4운동 이후 그들은 서구의 과학과 기술 연구에 주목했지만 서구의 영적-종교적 전통을 무시하거나 심지어 거부했다." Sprenger (1991), 4.
39 Gan (2012). 이런 주장은 다른 사람들에 의해서도 제기되었다. 예를 들어 Liu (2006)는 Aristotle의 책임이 아님에도 불구하고 Aristotle의 합리성을 현대 과학과 연결시킨다. 그는 현대의 과학적 세계관의 "과학"은 전통적 의미를 상실했으며, 이성보다는 베버리언Weberian(베버의 사회학 및 정치 이론-옮긴이)의 "기술"로 간주되어 점점 더 "도구적 합리성"으로 축소되고 있다고 주장했다. 그에 따르면, 서구의 치명적인 오만은 "과학 연구가 보편적으로 적용 가능한 진리라고 믿고 있다는 사실에 있다." Liu (2006).
40 Gan (2012). *Science as a Vocation*에서 Weber는 Plato의 형상Forms에 관한 지식조차도 (Plato의 도덕화에도 불구하고) 가치 판단적이라기 보다 도구적이라고 주장한다. Plato 자신이 통치자로서 철인왕과 자신의 사상 체계의 우월성을 위해 '형상'을 정치적으로 주장했기 때문이다. Weber (2004), 1-31.
41 나치 집회 사진이 없는 에세이 버전은 http://www.xinfajia.net/9404.html 참조.
42 Gan (2012). Mao Zedong의 대약진운동(1958~1962) 기간에 사망한 수백만 명에 대한 언급은 (적어도 중국 저자들의) 이 특별한 논증들에서 찾아볼 수 없다.
43 Gerth 및 Mills (1970), 141. Stephen Turner가 말했듯이, Weber에게 "지식의 가

장 높고 지배적인 형태로서 자리 잡은 형상에 대한 플라톤식의 지식 관념은 인식론적 오류에 기초한 지식의 모델이었다." 이러한 해석은 "Weber가 합리성에 대한 자신의 이미지를 뚜렷하게 서구적인 것으로 유지하는 데 도움이 될 것이다." Turner (2008), 129.

44 Weber가 보기에 자본주의를 탄생시킨 요소는 "합리적인 영구 기업, 합리적 회계, 합리적 기술, 합리적 법률이었지만, 이것만으로는 충분하지 않다. 따라서 합리적 정신, 전반적인 생활 행위의 합리화, 합리주의적 경제 윤리 등이 필수적으로 보완되어야 한다." Weber (1961), 260. 독자들이 계몽주의 이전 "미쳐버린 이성"의 원천으로서 Plato에 대한 이런 시각이 어떻게 일부 현대 중국 사상가들이 지지하는 고귀한 거짓말을 주장한 Plato의 모습과 일치하는지 의아스럽게 생각할 수도 있겠다. 그에 대해 나는 서로 다른 접근 방식이 서로 다른 지적 진영에서 비롯되었으며, 이를 조화시키는 것은 뇌가 손상될 만큼 힘들다는 점만 언급할 수 있다.

45 Zhang Xudong은 서양의 이런 편협한 처사에 반대한다. "내재적 패턴으로서 '문화'로 환원된 전통은 무조건 보편적인 '과학적' 측정의 대상이 되는데, 이는 그 자체로 역사적, 이념적 모순이 완전히 배제된 서양의 무자비한 환원이다." Zhang(1997), 40.

46 중국에 대한 Weber의 견해가 다소 모욕적이었다는 사실도 그의 인기나 용어가 널리 퍼지는 데에는 영향을 미치지 않은 듯하다.

47 Liu Dong (2003), 212. 도구적 합리성에 대한 이런 취급을 초기의 그것과 대조해보자. Tran Van Doan은 1920년대 베이징 국립대학의 총장이었던 Y.B. Tsai에 대해 이렇게 썼다. "Y.B. Tsai는 '민족적 정수를 보존하는 것이 아니라 과학적 방법으로 재평가하거나 … 또는 절대적인 학문적 자유, 합리적 근거 위에서 모든 이론과 관점의 자유로운 표현'과 같은 모토로 대학을 연구의 장으로 변모시켰다." Doan (2001), 188. Liu Dong 교수는 흥미로운 인물이다. 그는 1990년대 박사학위를 취득하고 중국사회과학원 외국문학연구소 이론실과 비교문학실에서 연구원으로 재직했다. 2000년부터 베이징 대학교 교수로 있으면서 국가 학문의 부흥에 집중하고 있으며, 학술지 《中國學術》을 창간하여 다양한 연구를 진행하고 있다.

48　기독교는 별개의 이야기지만, 내가 접한 작품들을 보면 중국인들은 서양 문명이 기독교보다는 고대에 뿌리를 두고 있다고 생각하는 것 같다.
49　Li Jin (2003), 146.
50　Mencius, *Mencius* 1B.15 및 Zisi, *Zhongyong* 20. Ames 및 Hall (1998), 114 참조.
51　Ames 및 Rosemont (1998), 48 참조. *Stanford Encyclopedia of Philosophy*의 "중국 윤리Chinese Ethics"에 대한 설명에는 이런 구절이 포함되어 있다. "사실 *Analects*는 한 무리의 사람들이 (제자들을) 고양시킬 수 있는 역량을 지닌 스승을 중심으로 어떻게 모였는지에 대한 기록으로 이해되었다. 그들은 자기 수양의 본질에 대해 논의했을 뿐만 아니라 서로 지지하고 공동의 목표를 강화하며, 도를 벗어날 경우 서로를 견제하는 역할을 하는 상호작용의 과정을 통해 자기 수양을 실천에 옮겼다." https://plato.stanford.edu/entries/ethics-chinese/.
52　Confucius, *Analects* 13.13, 12.19 및 12.17.
53　그렇다면 중국 철학에 논리와 연역적 사고를 중시하는 경향은 없는가? 그렇지 않다. 고대 중국 사상가인 Mozi를 연구하는 학자들에 의해 발전한 묵가의 한 분파로서 논리학파(후기 묵가)가 있다. 어떤 면에서 그들의 논리와 추론은 소피스트의 작업과 유사하다. 묵가의 논리는 한대에 이미 쇠퇴했으나, 현대 학자들 사이에서 그 중요성에 대한 의견이 분분하다.
54　Ni (2011), 2.
55　물론 *Mencius* 1A에서 선한 통치자에게 필요한 이성의 효용에 대해 설명하면서 이성이 인仁과 같은 이상과 무관치 않다고 말했다.
56　Confucius, *Analects* 2.12. 또한 인仁은 대인관계에서의 존중을 국가의 건전성과 결합시켜, 서구의 정교政敎 분리 개념은 성립되기 어렵다.
57　Fang(2011) 및 Peng과 Nisbett의 연구에서 비정형적으로 사용되는 용어들을 혼동하지 말 것.
58　Alexander Luria는 *Cognitive Development: Its Cultural and Social Foundations*에서 삼단논법에 반응하는 한 소련 농부의 대답을 다음과 같이 묘사했다. "질문: 눈이 있는 곳에서는 모든 곰이 흰색이고, 노바야 제믈랴Novaya

Zemlya(북극해에 있는 러시아의 군도-옮긴이)에는 항상 눈이 있는 곳인데, 그곳의 곰은 어떤 색일까요? 답: 나는 단지 검은 곰만 보았고, 내가 보지 못한 것에 대해서는 이야기하지 않습니다." Luria (1976), 108-9. Confucius의 합리성에 대한 비판적 논의는 Soles (1995), 250 참조.
59 Confucius, *Analects* 15.27.
60 아이러니하게도 그는 물고기의 행복에 관한 유명한 토론(*Zhuangzi* 17)에서 대화자인 Hui Shi의 주장에서 논리적 오류를 지적하기도 했다.
61 중국인 스스로 유교 사상을 '철학'으로 인식한 적이 없으며, 철학哲學이란 단어는 일본의 철학자이자 출판인인 Nishi Amane가 만들고 메이지 시대 사상가들이 널리 사용했다. 당시 일본 주재 중국 외교관으로 근무하던 Huang Zunxian(1848~1905)이 이를 차용하여 중국어에서도 같은 의미로 사용했다.
62 Wong (2019).
63 Hall 및 Ames (1998), 54-5.
64 Waley (1979). Nisbett (2003). 이런 대화에서는, 유가 전통에 형식적 연역 논증이 부족할 뿐만 아니라 철학적 도구로서 합리적 추론의 유용성을 비판하는 분명한 진술이 있다는 점이 강조되고 있다.
65 Graham (1967). Wong (2019) 참조. 토론이 모임의 빈번한 의례였던 불교 철학의 경우 이성적인 논쟁이 일정 형식으로 존재했다.
66 Confucius, *Analects* 1.4. 보다 구체적인 설명은 다음을 참조. Fang (2011); Peng 및 Nisbett (1999), 743; Graham (2000).
67 Fang (2011), 25.
68 특히 P. P. Li (2008) 참조.
69 Lam Chi-Ming은 중국 철학, 특히 선진先秦(기원전 221년 이전) 유가에서 유추적 논증 방식이 지배적이었다는 사실을 인정하지만, 유추 역시 이성적 사고에 의존한다는 점을 지적하며 합리적 추론이 철학에서 중요한 요소임을 다시 한 번 강조하고 있다. Confucius는 "제자들이 한 가지 사례에서 다른 사례를 스스로 추론하는 것을 장려했다." Lam (2014). 논증 과정의 여러 단계가 생략되어 독자들이 이해하기 어려운 '논증 스케치argumentation sketch' 개념에 대해서는 Bai (2020),

11 – 2 참조.

70 여기서 예禮는 세상의 역동적인 질서 패턴이다. 가장 저명한 신유학자는 이전의 전통을 훌륭하게 집대성한 Zhu Xi이다.

71 Moody (2008), 95, 96.

72 Hansen (1983), 15. 한편 도가인 Zhuangzi는 논리의 규칙을 논파論破하기 위해 종종 합리적 논거에 의존하기도 했다.

73 당시 황제가 Aristotle의 가르친 추론을 통한 학습이 중국인에게 부적절하다고 여겼기 때문에, 벨기에 출신의 예수회 선교사 Ferdinand Verbiest(1623~1688)가 저술한 *Studies to Fathom Principles*의 중국내 출간이 허용되지 않았다.

74 Hansen은 이런 차이점, 특히 추상관념의 명백한 부재를 설명하면서 고전 중국어의 문법을 강조했다. Hansen (1983), 30 – 54. 그의 주장은 지나치게 언어상대성에 의존한다는 비난을 받았다. Hansen과 비슷한 맥락에서 Jean-Paul Reding은 존재론이나 불변하는 Plato의 이데아에 매혹되는 까닭은 "존재to be"를 뜻하는 그리스 동사가 실존적 기능을 지닐 수 있고, 추상명사 "존재being"를 낳을 수 있다는 사실에 기인한다고 설명했다. 그러나 중국에서 주부와 술부를 연결하는 동사 '시是'는 실존의 의미로 사용될 수 없으며, 추상명사로 바뀔 수도 없다. Reding (2004), 167 – 94. 참조. 유가의 합리성에 대한 자세한 설명은 Chen (1998) 참조. Jullien (2002)은 상대방이 동의해야만 존재하는 진리에 대한 "지혜"에 반대한다.

75 실제로 Kant의 사상을 Confucius의 사상에 비유하는 학자도 있다. Wawrytko (1982) 참조. Wang (2000)은 두 사상 모두 합리적 인간을 중시한다고 강조한다.

76 여기서 인과관계의 사슬은 매우 허술하다. *Stanford Encyclopedia of Philosophy*는 계몽주의Enlightenment에 대해 이렇게 설명하고 있다. "현대 자연과학의 영향을 받아 자연과 우주론에 대한 인식이 바뀜에 따라서 Plato와 Aristotle의 체계에 의존하는 것이 문제가 된다. Plato의 선과 실재의 동일시, Aristotle의 자연에 대한 목적론적 이해는 계몽주의의 자연 개념과 양립하기 어렵다. https://plato.stanford.edu/entries/enlightenment/.

77 "불합리"에 관한 자세한 설명은 Dodds (1951) 참조. 특히 Plato가 합리주의를 넘어서는 방식(예컨대 환생과의 결합을 통해)은 같은 책 6장 참조. Socrates의 다이모

니온daimonion 역시 이성적인 설명을 피하고 있다. Lane은 이에 대해 다음과 같이 말한다. "철학(또는 적어도 고전적이고 정치적이며 도덕적인 철학)은 기호논리에 대한 엇갈리는 설명이라기보다는 오히려 종교와 유사하다." Lane (2009), 592. Buxton (1999)은 고대 그리스의 합리성의 발전 과정에 대해 이의를 제기하고 있다.

78 Wu Jia (2013), 12, 9.
79 중국의 몇몇 학자들도 같은 견해를 갖고 있다. Ju 및 Xing (2005) 참조.
80 Lloyd (2017), 93.
81 Lloyd (2017), 19. 인류의 판단을 인도하기에 충분한 "합리성"에 대한 초기의 거부에 대해서는 1870년 John Henry Newman의 *Grammar of Assent* 참조.
82 Ben Xu, Zhang Longxi, G. E. R. Lloyd, Arif Dirlik, Liu Dong 등 여러 학자들이 이미 이런 작업을 시작했다.

5 레오 스트라우스의 간주곡

1 Jiang (2014); Lilla (2010); Wang (2012a, 2012b); Tao (2012); Shaw (2017); Bai 및 Xiao (2008); Weng (2010, 2015a, 2015b); Liu 및 Chen (2018); Marchal 및 Shaw (2017); Nadon (2017) 등 참조.
2 Carl Schmitt도 이 그룹에서 인기가 있지만, 중국에서 벌어지는 고대의 수용에 대한 논의와는 별 관련이 없다. 중국에서 Schmitt에 대한 연구는 Marchal 및 Shaw (2017) 참조. Shaw, Marchal 및 Nadon이 쓴 장章은 중국 내 슈미티언Schmittians과 스트라우시언Straussians을 명확히 이해하는 데 도움이 된다. Habermas도 중국 학계에서 영향력이 있다. Davies 및 Davis (2007).
3 Strauss의 중국 내 영향력에 관해서는 Gao Shankui (2013) 및 Zhang Xudong (2010) 참조.
4 Strauss의 저작에 대한 두 사람의 해석은 동일하지 않다. Gan Yang은 그의 새 책 《通三統》에서 제시한 것처럼, Strauss에서 벗어나 중국 자체의 전통으로 해석할 수 있을 것인가에 관한, 새롭고 매우 중요한 이론으로 나아가고 있다.
5 이 지식인들은 모두 부인하겠지만, 이런 변화는 분명 엄중한 단속에 대한 반응이

다. 이 현상에 관해서는 Zhao (1997) 참조. Wu Guanjun (2014)은 Gan Yang의 경력에 대해 비판한 바 있다.

6   물론 모든 제목은 중문으로 되어 있다. Strauss의 책 *Natural Right and History*에 대한 Gan Yang의 소개는 http://www.aisixiang.com/data/16179.html. 참조. 중국의 스트라우시언으로 하이커우海口 하이난海南 대학교 철학과 교수인 민족주의자 Zhang Zhiyang 외에도 Chen Jiaying, Zhang Bobo, Xu Jian, Chen Jianhong, Hai Yi, Lin Guohua, Wu Fei, Zhang Hui, Zhang Ming, Lin Guorong 등 전국 도처에 많은 학자들이 있다. 그 중에서 Zhang Hui, Lin Guohua, Wu Fei 등은 하버드 대학교에서 공부하고 미국 내 스트라우시언인 Seth Benardete, Stanley Rosen 등과 함께 연구하면서 Strauss가 번역한 Plato의 *Apology*를 활용했다. 이외에 Strauss의 영향을 받은 학자들에 대해서는 Marchal (2017), 178 참조.

7   이 시리즈(총서)에 경도된 스트라우시언에 관해서는 시리즈에 포함된 여러 책을 분석한 Chen Dandan (2015) 참조. 또 한 명의 영향력 있는 스트라우시언으로 2002년 시카고 대학교 The Committee on Social Thought에서 박사학위를 받고 중국 중산 대학교 철학과 주하이朱海 캠퍼스에 재직하고 있는 한국 학자 Jug Kyeok Kwak이 있다.

8   Zhao (1997), 725.

9   Sun (2018). 1980년대 문화열文化熱에 관한 자세한 설명은 Wu (1988) 참조. 이외에도 Zhang (2001), http://www.communistchina.org/June_4th_massacre.html. 참조. 시위 지도자들 가운데 한 명의 회고담은 Zhang (2001) 및 앞의 웹사이트 참조.

10 1980년대 Gan Yang의 사상에 대해서는 Wu Guanjun (2014), 127 – 33. Xu Jilin (2000), 179 참조. 저널 편집자들이 언급한 바에 따르면, "그들의 특별한 관심은 초기 고전적 기원에서 현대에 이르기까지 서구 인본주의 사상을 소개하는 데 있었다."

11 Li Junpeng (2017), 55. "1980년대 중반부터 1980년대 말까지 Gan Yang은 시종일관 20세기 중국의 실패는 지식인들이 개인의 자유를 희생하면서까지 사회적

책임과 국익을 지나치게 강조한 결과라고 한탄했다."
12 Gan Yang (1990), 108.
13 Gan Yang (1990), 108.
14 Liu Xiaofeng의 경력에 대해서는 특히 Jiang (2014), 12 – 36; Nadon (2017); Fällman (2014); Sprenger (1991) 등 참조.
15 해설은 Marchal (2017)과 Liu Xiaofeng의 *Sino-Theology and the Philosophy of History* (Leiden: Brill)에 대한 Leeb의 소개 글 참조. Leeb는 중국 내 기독교 연구의 맥락에 대해서도 논하고 있다.
16 Weng (2010), 64 – 5; Sprenger (1991) 참조.
17 2001년에 출간된 《拯救與逍遙》의 개정판은 훨씬 덜 공격적이다.
18 Liu Xiaofeng (2002b) 《刺猬的溫順序言》서문. Jiang (2014), 18에서 인용. 기독교에 대한 Liu Xiaofeng의 견해에 대한 논평은 He Guanghu (1989) 참조.
19 1990년대 초에 가장 주목할 만한 Plato의 저작 번역은 Liu Xiaofeng의 *Symposium*으로 나중에 Hermes series의 첫 번째 책으로 출판되었다. 2007년에 Gan Yang 역시 이전 시리즈의 새로운 버전을 출판했는데, 제목은 여전히 《文化: 中國與世界》였다. Weng (2015a) 참조.
20 Weng (2015b), 316.
21 Liu Xiaofeng (2002b).
22 Gan (2002), ii.
23 Chen Dandan의 설명에 따르면, "Liu Xiaofeng이 계시와 이성(또는 예루살렘과 아테네)의 관계 대신 도덕성의 문제를 강조한 것은 후사회주의post-socialist 중국의 역사에 그 배경이 있다. 첫째, 예루살렘과 아테네 사이의 긴장은 주로 서구 전통에 대한 우려에 뿌리를 두고 있다. 둘째, 중국의 사회주의 혁명은 정치 문화와 사회 생활에서 신학적인 요소들을 파괴했다."
24 Leihua Weng (2010), 18.
25 중국 스트라우시언에 대한 중국 내 비판에 대해서는 Bai 및 Xiao (2008)와 Deng (2013) 참조.
26 Liu (2009a).

27 Shaw는 스트라우시언을 "서구의 근대성 및 민주주의와 인권을 보편적인 가치로 승화시키는 데에 반대하는 중국 기반의 역사적, 문화적 보편주의를 추구하는 중국인"으로 묘사했다. Shaw (2017), 45.
28 Tang (2011), 101.
29 Liu (2013), 337.
30 Donald Trump가 알았다면!
31 Liu (2013), 50. Weng (2015a), 322 참조. Shaw는 이렇게 설명한다. "Liu Xiaofeng은 중국 지식인들에게 '생사를 건 역사적 선택'을 제시하고 있다. '근대 서구의 계몽 방식을 배우고 스스로 타락할 것인가' 아니면 'Socrates를 통해 제시된 Plato의 계몽 방식을 받아들여 스스로 계발할 것인가?'" Shaw (2017), 50.
32 Weng (2015b), 329 참조. Gao Shankui는 이렇게 썼다. "서구의 고대 사상에 대한 Strauss의 연구는 중국 학자들에게 또 다른 서구 세계를 보여주었으며, … 현대 서구 사회가 고대 지식을 거부하고 잊었기 때문에 결점으로 가득하다는 것을 우리에게 보여준다." Gao (2013), 54.
33 Strauss (1941), 34.
34 *Republic*에 대한 Strauss의 비판은 *The City and Man*에 주로 나온다. Klosko (1986) 참조. 반론은 Ferrari (1997) 참조.
35 Cheng (2005).
36 Wang Jin (2016). Hermes series에서 *The Paradox of Political Philosophy: Socrates' Philosophic Trial* (2012)을 저술한 스트라우시언 Jacob Howland는 서양의 한 평론가로부터 논증은 전혀 없고 스트라우시언 방식의 취사선택만 있다고 비난받았다.
37 Zhang (2016).
38 서양의 스트라우시언 Eve Adler의 책 *Aeneid, Vergil's Empire: Political Thought in the Aeneid* (2003)도 이와 유사한 접근 방식을 취했지만 폭넓은 독자층을 확보하지는 못했다.
39 Wang Jin (2016), Li Mingkun (2012), Dai (2016) 등 고전 텍스트에 대한 스트라우시언의 독해법도 모두 유사한데, 이는 《古典研究》에서 볼 수 있다.

40   인용과 번역은 Weng (2010), 21 참조. Strauss가 *Symposium*에 대해 직접 언급한 내용은 Sharpe(2013) 참조.

41   이 텍스트에 대한 탁월한 분석은 Weng (2015b) 참조. 비평은 Zhang (2015), 14 – 5 참조. *Symposium* 중문 번역본에는 Allan Bloom의 "Plato's 'Ladder of Love'", Seth Bernadete의 논문, 그리고 *Carl Schmitt and Leo Strauss: The Hidden Dialogue*의 저자인 Karl Heinrich Meier의 소론 등 세 명의 스트라우시언이 쓴 *Symposium*에 대한 해석 에세이가 실려 있다.

42   Liu Xiaofeng (2013), 34 – 60. Marchal (2017), 181 – 2, Jiang (2014), 19 – 20에서 논의됨.

43   스트라우시언 외의 관점에서 본 Socrates와 Confucius의 입장에 대한 비교는 Bai (2010) 참조.

44   개인 이메일 연락. 2021년 1월.

45   Moore (2009) 참조. 우선 Strauss는 정의가 "강자의 이익"이라는 Thrasymachus의 주장은 사실 Socrates가 앞서 말했던 진리인데 대중 앞에서 거론하지 말아 달라고 주문한(분명 성공하지 못한) 것이라고 주장했다.

46   Liu (2009b), 145. "Strauss가 주창한 정치철학을 특징짓는 '고전적' 명령은 맹목적이고 열광적인 근대성에 대한 근본적인 거부이다. … 우리가 중국 내의 Strauss에 관심을 갖는 첫 번째 이유는 서구에서 가져와 맹목적이고 열광적으로 추구해 온 '-주의(ism)'를 한 세기 만에 벗어날 수 있도록 했기 때문이다."

47   Liu (2009a).

48   Liu (2009a). Liu Xiaofeng은 Strauss를 일종의 렌즈로 사용하는 것은 자신들에게는 이런 텍스트를 읽는 것과 유사하다고 주장했다.

49   "한漢나라 유가들은 Confucius의 'The Spring and Autumn'과 기타 역사 저작을 설명하면서 '미언대의微言大義(함축적인 언어와 심오한 의미)'의 방법을 사용했다. 그렇게 해서 공자를 비롯한 성현들이 명확하게 언급하지 않은 의미가 있음을 설명했다."《每日頭條》, "微言有大義", 2019년 4월 1일. https://kknews.cc/history/3q8k4x8.html. Liu Xiaofeng은 이어 나름의 방식대로 공양학파公羊學派가 미언대의를 강조한 것을 지적했다. 또한 그는 *Analects*에서 Confucius가 진리

는 모든 이를 위한 것이 아니라고 말한 내용이라며 *Analects* 15.8에서 문장을 인용했다. "공자가 말했다. 더불어 말할 수 있는데도 그 사람과 더불어 말하지 않으면 사람을 잃고, 더불어 말할 수 없음에도 그와 더불어 말을 하면 말을 잃는다. 지혜로운 사람은 사람을 잃지 않으며, 또한 말도 잃지 않는다." Liu Xiaofeng은 마지막 구절을 다음과 같이 다르게 해석했다. "지혜로운 사람은 유가 경전에 나오는 사람을 존중하지 않거나 그 언어도 존중하지 않는 실수를 범하지 않는다."

50 Melzer (2014)가 입증한 바와 같다.
51 Shadia Drury는 "모순, 자주 언급되지만 양립할 수 없는 원칙을 견지하여 은연중에 모순되는 원칙들, 부정확한 반복, 가명, 이상한 표현, 전문용어의 빈번한 사용, 표현의 모호함, 기타 문체의 부적절함" 등에 대해 불만을 표시했다. Drury (2005), 25.
52 Smith (2006), 7, 37. Frazer (2006)는 밀교에 대한 Strauss의 논평을 깊이 있게 읽어야 할 것 같다고 제안한다.
53 Carl Shaw는 그들의 유사성에 대해 비판적이다. "진정한 스트라우시언의 일반적인 교육은 저자들처럼 고전 텍스트를 이해하고, 인간의 위대함을 이해하기 위해 '위대한 지성들의 대화에 귀 기울이는 것'을 필요로 한다. 하지만 이와는 대조적으로 Gan Yang이 추구하는 궁극적인 목적은 … 고전 전통을 현대에 맞게 재구성하는 것이다." Shaw (2017), 53–4.
54 Strauss (1941), 24–5 참조. Leora Batnitzky는 이렇게 말했다. "밀교는 철학과 계시(또는 법)가 서로에 대해 갖는 한계를 보존하기 위한 수단이다. 법은 법의 철학적 토대를 명확히 규정하기 위한 탐구 과정에서 자체의 한계에 부딪히게 된다. 그러나 동시에 철학자가 항상 사회(또는 법) 안에 이미 존재하고 있으며, 이러한 이유로 법에 의존하고 있다는 점을 인식하는 데서 철학은 스스로의 한계에 부딪힌다." Batnitzky (2006).
55 Wang (2012b), https://claremontreviewofbooks.com/leo-strauss-in-china/.
56 Nadon이 Strauss의 견해를 요약한 것처럼, 모든 정치 체제의 불완전성은 밀교를 필요로 한다. 철학은 의견을 지식으로 대체하려는 시도이지만, 철학이 제공하는 지식은 부식성腐蝕性이 있어 대중과 공유할 수 없다. Nadon (2017), 157.

57 여기서 자세히 언급할 수 없으나 Karl Schmitt도 마찬가지이다.
58 Marchal (2017), 180. 2003년 이전까지 중국 내 Strauss의 수용에 관한 중국인의 견해는 Zhang Xu (2010) 참조. 이외에도 Weng (2015a), 317에 이렇게 언급된 바 있다. "중국의 플라톤주의자들은 '학문적'으로 머무는 대신 중국 현대사 연구와 마오주의의 정치 유산, 특히 1950년대 미국의 패권에 맞서는 Mao Zedong의 제3 세계 이론을 긍정적으로 재평가하는 데 많은 관심을 갖고 있다는 점에서 '정치적'으로 활동하는 경향이 있다."
59 Liu Xiaofeng이 정권 내부에서 영향력 있는 목소리로 인식되기를 원한다는 점은 그의 수많은 강연과 기사에서 분명하게 드러난다. 익명을 요구한 (서양에서 교육을 받은) 한 고전학자는 내 의견을 조심스럽게 바로잡으며 이렇게 말했다. "당신은 Liu Xiaofeng과 Gan Yang에 대해 '대중적인 지식인'이란 말을 사용했지만, 편견이 있을 수 있으나 제가 보는 한 그들은 종종 '국사國師'라는 비꼬는 말로 불립니다. … 그들의 영향력은 점차 약해지고 있는 것처럼 보이는데, 아마도 이는 진지한 학문적 성과를 내는 추종자가 너무 적은 반면에 '고전주의자' 진영은 성장하고 있기 때문인 듯합니다." 이메일 연락, 2021년 1월 4일.
60 Liu Xiaofeng, 《共和, 中國的百年之累》, 鳳凰讀書會, 2013년 4월 19일, CUPSL, Beijing.
61 Fällman (2014). '국부國父'라는 말은 미국의 George Washington을 부를 때도 사용된다(!).
62 Weng (2010), 81. Wang Tao는 Strauss에 대한 관심이 중국 민족주의 때문이라는 주장에 반대한다. 대신 그는 "Strauss를 통해 중국 학자들이 근대 합리주의의 내적 문제점을 깨닫고, 근대 중국 초기부터 고대 중국인의 사고에 대한 태도를 연구하도록 자극을 받았기 때문이며, 일부 학자들의 경우 Strauss의 사상을 통해 근대 지식의 분열을 극복하고 모든 종류의 근대 교리의 한계를 깨달을 수 있었기 때문"이라고 설명했다. Wang (2012a), 78. 그러나 내 생각에 스트라우스주의를 중국의 민족주의와 연결시킨 Osnos (2008)의 견해가 옳은 것 같다.
63 Marchal (2017), 189–90 참조.
64 https://cul.qq.com/a/20171205/024104.htm에서 전체 내용을 살필 수 있다.

저자의 필명은 叙拉古之惑인데, 시라쿠사Syracuse의 '미혹'이란 뜻이다. 아마도 Plato의 Dionysus II 방문을 언급하는 것으로 추정된다. Wentao Zhai와의 이메일 연락, 2021년 1월.

65 이 내용은 Gan Yang이 2005년 5월 12일 칭화 대학교에서 강의했던 "Unifying the Three Traditions in the New Era: The Merging of Three Chinese Traditions"에 대한 David Ownby의 소개 글에서 발췌한 것이다. Gan Yang의 '통삼통'에는 중국 왕조시대에 국가 체제를 유지하는 데 핵심적인 역할을 했던 법가와 관료주의 전통은 생략되었다. '통삼통'에 대해서는 Weng (2015a), 325 및 (2010), 65 참조. 중국 젊은 세대의 서양 고전과 민족주의 정신에 대해서는 Lilla (2010) and Osnos (2008) 참조. Deng Xiaoping의 철학과 유가 사상의 교차점에 대해서는 "The distinct lines drawn by Mao (as a Marxist) between socialism 및 capitalism are distinctly blurred in modern China", Yang 및 Stening (2013), 433 참조.

66 Gan 강의 버전 (2005).

67 Gan Yang의 Strauss 활용에 대한 비판 가운데 하나는 다음과 같다. "Gan Yang은 철학자가 정치공동체 주변부에 살면서 동료 시민들에 대해 최소한의 애착만 지닌 가장 자족적인 사람이라는 점을 언급하지 않았다. 그는 의도적으로 철학자가 정치로부터 분리된 측면을 희석시키지 않고 오히려 적극적인 정치 행위자로 묘사했다." Weng (2010), 51. 양자의 차이점에 대해서는 Jiang (2014) 참조.

68 Li (2019).

69 Yu Ying (2015) 참조.

70 물론 원전을 왜곡하지 않겠다는 Nie Minli의 약속을 받아들인다. 나 역시 이를 위해 노력할 것이다. 다만 백지상태에서 그 어떤 영향도 받지 않는 마음으로 텍스트를 읽는다는 것은 결코 쉬운 일이 아니다.

6 세상을 위한 조화

1 Delury (2008)에서 인용.

2   Delury (2008). "중국 공산당의 사이비 유교화pseudo-Confucianization"와 "화해"라는 용어의 뉘앙스 변화에 대해서는 Delury (2008) 참조. "Hu Jintao와 Wen Jiabao 체제에 대한 온건한 비판자들에게 '화해사회'는, 입안자가 국가가 제공하는 이념적 틀 안에서 개혁을 위해 기꺼이 노력할 의사가 있음을 보여주는 케케묵은 신호일 뿐이다."
3   Jiang Yi-huah (2018), 69 – 70. 이 단락의 이후 모든 인용문은 여기에서 가져왔다.
4   Jian (2018) 참조.
5   Mao Zedong과 유가 사상의 복잡한 연관성에 관한 심도 있는 연구는 Boer (no year) 참조. 또한 "Confucianism during the Mao Era" (2021) 참조. https://factsanddetails.com/china/cat3/sub9/entry-4319.html#chapter-4.
6   "Confucianism during the Mao Era" (2021)에서 인용. https://factsanddetails.com/china/cat3/sub9/entry-4319.html. Mao Zedong과 고대 중국 문화의 복잡한 관련성에 대해서는 Perelomov (1977) 참조.
7   Fan (2006).
8   Fan (2006)에서 인용. 예를 들어 Xia (2018)는 이렇게 썼다. "중국 문화는 서구 사회가 지탱하는 개인과 사적 이익에 초점을 맞추는 대신 '사회의 토대로서 사람', '모든 이가 평등하게 공유하는 세계 공동체'의 관념을 강조한다."
9   화해和解에 관해서는 Fan (2006) 및 Delury (2008) 참조. Hu Jintao의 계획이 별다른 성과를 거두지 못했다는 전반적인 인식이 있다. 예를 들어 "Hu Jintao의 가장 심각한 위험은 화해사회에 대한 그의 임무가 실패한 데에 있다. 최근 몇 년 동안 중국내 공안公案 관련 지출은 이전에 비해 급증한 840억 달러로 2010년 국방비 지출을 능가했다. 이런 상황에서 역설적인 화해사회라는 미사여구는 큰 방향을 일으킬 수 없었다." Li 및 Cary (2011).
10 http://www.china.com.cn/news/zhuanti/gjhx/2010-09/15/content_20937824.htm. 지금은 더 이상 온라인에서 볼 수 없지만 당시 많은 사설과 기사가 이런 정서를 반영했다. https://baike.baidu.com/item/和諧社會本質上是法治社會/23279877.
11 '대일통大一統'이라는 역사적 개념이 중국 정치사상에 미친 영향에 대해서는

Pines(2000) 참조.
12 Delury (2008).
13 *Zuozhuan*, Duke Zhao 20, "清濁, 小大, 短長, 疾徐 … 以相濟也." 이와 마찬가지로 유가 전통과 관련된 전국 시대 문헌으로 추정되는 Guoyu, *Zhouyu* B에도 유사한 내용이 나온다.
14 Perris (1983), 12 인용.
15 Confucius, *Analects* 8.8.
16 *The Book of Rites* from Zehou, 19. Kirkendall (2017) 번역. 음악 비유에 대한 자세한 내용은 Whimster 및 Lash (2006), 15 – 6 참조. *Analects*에 나오는 음악과 *Republic*에 나오는 음악 비교는 Lin (2003) 참조.
17 사서四書 가운데 한 권인 *Doctrine of the Mean*은 Confucius의 손자인 Zisi의 저작으로 마음의 조화와 균형을 다루고 있다. 이에 따르면, 절제, 온화, 정직, 성실을 비롯하여 윗사람에 대한 존중 등의 자질을 지켜야 할뿐더러 어떤 하나의 목표를 지나치게 중시해서도 안 된다. 친구 사이는 너무 친밀하지도 않고 그렇다고 지나치게 소원하지도 않아야 하며, 슬픔이나 기쁨도 적당한 수준에서 절제해야 한다. 이러한 행동거지가 바로 '군자君子'의 특징이다.
18 Confucius, *Analects* 13.23.
19 *Chunqiu Zuozhuan*, Chapter Zhaogong Year 20. 현재 대부분의 학자들은 독립된 저작으로 구성되었다가 나중에 주석으로 재편집된 것으로 보고 있다.
20 Confucius, *Analects* 13.15.
21 *The Book of Rites*에는 천지신명이나 조상을 기리는 제사 등 아악雅樂이 연주되는 상황에 관한 내용이 나열되어 있다.
22 Plato, *Republic* 424b – c에서 Homer, *Odyssey* 1.351 인용.
23 Plato, *Laws* 800a.
24 예를 들어 우리는 *Republic*에서 철학자는 "관계하는 것이 그를 즐겁게 하는 대상과 닮아가야 한다. … 따라서 철학자는 신성하고 질서 있는(우주적 질서를 닮은) 것과 관계함으로써 사람이 할 수 있는 최대한 신성하고 질서 있는 존재가 된다." Plato, *Republic* 500c.

25　Plato, *Republic* 443c–d.
26　Plato, *Phaedo* 92에는 조화로서의 영혼에 대한 논의도 담겨 있다. 그러나 그것은 *Phaedo* 86에 나오는 주장에 대한 대답이자 부인이다. 이 주제에 대해 도움을 준 동료 Agnes Callard와 Gabriel Richards에게 감사드린다.
27　Plato, *Laws* 822a, 812a–e. Naddaf (2000) 참조. 흥미롭게도 "Pseudo-Plutarch의 주장에 따르면, 음악 작곡은 원래 노모이nomoi라고 불렸는데, 그 이유는 각각의 작곡에 대해 법칙처럼 정해진 조율에서 벗어나는 것이 허용되지 않았기 때문이다." Naddaf (2000), 3.
28　Confucius, *Analects* 2.3.
29　Whimster 및 Lash (2006), 15–6.
30　*The Book of Rites*에서 Confucius는 다원적인 것의 통합에 의해 만들어지는 내적 조화에 대해 이야기했다. 유가에서 음악의 효용에 관한 내용은 Kirkendall (2017), Lin (2003) 참조.
31　Schluchter (1981), 94.
32　대부분의 서양 학자들은 (철학자들이 문맥에 따라 다르게 사용하는 단어인) Plato의 "하모니아harmonia"에 그다지 주목하지 않았다. 최근의 학술적 논의와 요약은 Chaturvedi (2018) 참조. 그는 이렇게 결론내리고 있다. "비록 대다수 현대의 플라톤 사상에 대한 연구에서 이 개념이 자세하게 연구되지는 않았지만, 그의 핵심적인 교리 상당 부분에서 중요한 역할을 한다."
33　Wang Yong (2012). 이 단락의 모든 인용문은 이 책에서 가져왔다.
34　이어 Wang Yong은 Plato와 Confucius 모두에게 "각자의 지위에 맞는" 원칙을 위반하는 것은 곧 국가의 파괴를 의미하며, 이는 부정하고 조화롭지 못한 상태일 거라고 주장한다.
35　일반적인 동작은 Wang (2011), Yang (2001), 그리고 이 장의 뒤에서 언급할 학술회의 참조.
36　Hou (2005).
37　Wen (2006).
38　Rong (2013).

39 Zhang Xiaomei (2009). 두 체계를 분리한 연구는 Li 및 Gao (2005) 참조. 시난 정법 대학의 고전연구소 소장인 Cheng Zhimin은 칼리폴리스가 인간의 삶에 대한 청사진이 아니라고 주장했다. Cheng (2006) 참조. Qiu yue는 칼리폴리스가 스파르타를 지칭한다고 생각한다. Qiu (2004) 참조.

40 Wang (2003), Zhang Jian (2007), Zhang Xiaomei (2009) 참조.

41 Henry Liu (2003).

42 이는 Hu Jintao가 2012년 당 대회 보고서에서 처음 사용한 용어이다.

43 공자 탄생 2,570주년 기념 국제학술토론회 및 국제유학연합회 제6차 대회, 베이징, 2019년 11월. 자세한 내용은 https://www.rujiazg.com/article/17758 참조.

44 일대일로 구상도 유가의 문장, 특히 "和而不同, 和而不同, 達則兼濟天下", "四海之內皆兄弟"를 적절하게 사용함으로써 "정당화"되고 있다. 여기서 "신화/세계(천하)에 대한 하夏나라의 공간 분할에 대한 주周나라의 기록"이 존재하며, 일대일로는 한나라와 당나라의 구상을 재현한 것이라고 말해준 Hansong Li에게 감사드린다. 개인 연락, 2021년 11월.

45 Xi Jinping 국가주석이 2014년 중국인민대외우호협회CPAFFC 창립 60주년 기념식에서 한 발언. 투키디데스의 함정에 대해서는 6, 7장 참조.

46 Mardell (2017). 내 중국인 친구들은 진정한 견유학파犬儒學派(고대 그리스 철학에서 외적 조건과 무관한 행복과 무소유, 정신의 독립을 이상으로 삼은 학파 - 옮긴이)는 중국인이라고 주장했다.

47 Roland (2018).

48 오늘날 신유가에 관해서는 Feng (2014), Makeham (2012), Schneider (2010), Cha (2003), 및 Dirlik (1995) 참조. 이는 송명의 신유가[성리학과 양명학]와 다르다. 비교 접근방식에 대해서는 Liu Hanzhen (2015) 참조.

49 Timothy Cheek은 중국의 이론가들이 "새로운 중국적 보편주의, 새로운 천하"에 대한 자신들의 관념을 홍보하기 위해 Confucius를 이용하고 있다고 지적했다. Cheek (2015), 23. 그래서 제국과 국가를 대조시킨 Joseph R. Levenson의 주장도 Confucius의 귀환으로 인해 복잡해지고 말았다. 중국 민족주의 역사에 대해서는 Carl (2002) 참조. 오늘날 중국 민족주의에 대해서는 Fitzgerald 및 Chien (2006),

Liu Jun (2001), Shen 및 Chien (2006), 및 Tang (1996) 참조. 전쟁과 경쟁의 원인을 유일신교 탓으로 돌리는 학파를 비롯해 반서구 운동의 여러 학파에 대해서는 Zhao (1997) 참조.

50 Boer (2012).
51 "중국 공산당은 … 유가 전통에 대한 선택적 해석을 장려하는 방향으로 전환했다." Dotson (2011), 3.
52 Dotson (2011), 3.
53 1989년에 이미 몇몇 학자들이 권위주의적 유가 국가를 주장했다. 신보수주의에 대한 체계적 분석의 예는 Fewsmith (1995) 참조.
54 당의 선전에서 Confucius가 활용된 사례는 Dotson (2011) 참조.
55 자연과 기술에 관한 이 견해들은 도가와 더 일치한다. *Zhuangzi*에는 Sophocles의 *Antigone*에 나오는 "데이노스의 송가Deinos Ode"와 유사한 대목이 나온다.
56 Tu (2010). Tu Wei-ming의 강연은 아래 온라인 주소에서 볼 수 있었으나 2021년 11월 이후 삭제됨. http://tuweiming.net/2017/01/12/april-2010-the-global-significance-of-concrete-humanity-essays-on-the-confucian-discourse-in-cultural-china/ 이런 현상에 대해서는 Xu (2006) 참조. 홍콩 시립대학교 공공정책학과 교수인 Fan Ruiping도 그의 저서 *Reconstructionist Confucianism* (2010)에서 인간과 자연의 관계에 대해 논한 바 있다.
57 더 자세한 논의는 Xuyang (2013) 참조.
58 Xuyang (2013)에서 인용.
59 20세기 저명한 유학자로 Tang Junyi, Xu Fuguan, Mou Zongsan 등이 있다. Mou Zongsan은 Confucius와 Kant의 화해를 주장하기도 했다. 이들은 1958년 신유교 선언에 참가하여 자신들의 신념을 밝혔다. 홍콩에는 Zhang Longxi, Jiwei Ci, Sungmoon Kim, Joseph Chan 등 고전을 연구하는 철학 교수들이 많다. 최근까지 이들의 연구는 유가 사상을 서구 인본주의와 조화를 이루는 것으로 해석하는 경향을 보인다. Chan (2014) 참조. 신유학의 전개에 대한 논의는 Jiang (2018), Chang (1976) 참조.
60 나는 고대 신유가와 구별하기 위해 신의 뜻인 'neo'를 대문자가 아닌 소문자로 표

시했다.

61　Dirlik (1995).
62　이는 Anna Sun이 2013년 자신의 논문에서 주장했다시피, 중국 내에서 실제로 논란이 된 주제이다. Tu Wei-ming과 같은 일부 현대 유학자들은 유가가 유교, 즉 종교라고 주장하고 있으며, Weber도 그렇게 주장했다.
63　Cohen (2018). 법가 사상가들이 엄격한 사람들인 건 분명하다. *Shang jun shu*에는 다음과 같은 대목이 나온다. "백성의 내재적 이기심은 끊임없이 사회 질서를 위협한다. 따라서 질서를 유지하기 위해 통치자는 법(주로 형법)을 통해 백성을 단호하게 통제해야 한다. 의무적으로 호구를 등록하게 하고 다섯 명을 하나의 무리로 만들어 책임지게 하는 연좌제를 만들어 모든 범죄를 비난하고, 범죄자, 특히 전장에서 도주한 범죄자는 도망칠 곳이 없으며, 유랑자들도 쉴 곳이 없음을 알게 해야 한다."(*Shang jun shu* 18: 108; *Shang jun shu* 18.3.) Stanford Encyclopedia of Philosophy, "Legalism in Chinese Philosophy" 참조. https://plato.stanford.edu/entries/chinese-legalism/.
64　""Confucius"가 주로 한漢대 유가의 시각에 의해 투영되었다는 점, 그리고 우리가 Socrates와 Confucius에 대해 문헌을 통해서만 알고 있다는 점을 감안할지라도, 두 사람은 시기적으로 가깝기 때문에 문화적으로 비교분석하기에는 상당히 매력적인 인물임이 틀림없다. 당시 토론회에서 양자의 "전기傳記"조차도 비슷한 점이 많다는 사실이 밝혀졌다.
65　비교 자체가 무리일까? 때로 한 전통에 없는 용어가 다른 전통 내에서는 널리 사용되거나 매우 중요한 것일 수 있다는 점을 지적함으로써 같은 기준으로 잴 수 없는, 즉 비동등성의 사례가 만들어지기도 한다. 이는 Gernet (2010), 17-31에서 언급한 내용이기도 하다. Lloyd (2017), 1-7 참조. 보다 많은 비교 주장에 대해서는 Wilson (1970) 참조. Wilson은 주로 종교사회학에 대한 특별한 논의와 함께 이런 주제를 다루고 있다.
66　Chen 외 (2011), 14.
67　Chen 외 (2011), 15. Socrates가 인간의 위대한 조화를 기대했다는 사실에 놀랄 수도 있겠다. (혹시 Chen은 Plato의 *Republic*에 나오는 칼리폴리스를 생각했던 걸까?)

68 Vergil, *Aeneid* 1.278 – 9.
69 Chen (2011), 80 – 8.
70 Plato, *Republic*, 508e2 – 3.
71 Chen 외 (2011), 84.
72 Chen 외 (2011), 85, 86.
73 Chen 외 (2011), 86.
74 Chen 외 (2011), 100.
75 Chen 외 (2011), 308.
76 Chen 외 (2011), 125.
77 Hesiod의 황금기에 대한 언급은 Plato의 *Cratylus*에, 크로노스 시대에 대한 언급은 *Statesman*과 *Laws*에 나오지만, 그 용법은 매우 역설적이다.
78 Chen 외 (2011), 43.
79 많은 이들의 저작이 이런 경향을 따르고 있다. Wang Yang (2014) 참조. "질서가 잘 잡힌 화해사회 건설이 Plato '유토피아'의 궁극적인 목표"라고 쓴 Hou (2014), "Plato는 안정과 화해를 위해 시민의 자유와 바꾸었다"고 쓴 Wen (2006) 등 참조. 또한 많은 연구에서 "공산주의"에 대한 Plato의 비전을 높이 평가한다. 물론 중국과 미국의 뛰어난 학자들은 Confucius와 Plato의 주요 개념에 대한 비교 연구를 통해 서열을 매기거나 조화시키려고 애쓰지 않는다.
80 희랍어 '하모니아harmonia'는 선박 건조에서 결합이나 접합을 뜻하는 말에서 유래했지만, 음악에도 적용되었다. 내가 알기로, Plato의 작품에서 다른 의미로 사용된 예는 없다.
81 때로 비교가 불가능한 경우도 있다. 예컨대 Murphy와 Weber가 지적했다시피, "에우튀프론의 딜레마Euthyphro dilemma"에 의해 규정된 자발주의와 합리주의는 유가에 존재하지 않는다. Murphy 및 Weber (2010) 참조.
82 Confucius, *Analects*, 7.1. Chen 외. (2011), 30.
83 Chen 외 (2011), 142.
84 가장 초기의 대화편은 역사적으로 유명한 Socrates의 방식에 가장 가까운 것으로 여겨진다.

85 Tu Wei-ming, https://gallery.its.unimelb.edu.au/imu/imu.php?request= multimedia&irn=129600. 날짜 불명.
86 Yu (1998, 2004, 2005, 2014) 참조.
87 Yu (2005), 185.
88 Chen 외 (2011), 17.
89 때로 학술문헌에서도 그렇다. Jin Nan (2010) 참조. 어디서든 우리에게 필요한 것은 사랑뿐이다.
90 Shun (2004b) 참조.
91 "The Enlightenment Daily"에서 'Enlightenment'는 자주 비판의 대상이 되는 서구의 단어, 즉 '계몽啓蒙'과 같은 의미는 아니다.
92 Zheng 및 Zheng (2010).
93 정치적 유학儒學은 Hankins (2017) 참조.
94 영어권의 연구는 Bell (2015), Bell 및 Wang (2020) 참조. 이런 범주는 경계가 모호해지는 경향이 있다. Jiang (2018)은 중간적인 위치가 더 많다고 지적한다.
95 Daniel A. Bell의 저서는 다음과 같다. *Just Hierarchy: Why Social Hierarchies Matter in China and the Rest of the World* (with Wang Pei, 2020), *The China Model: Political Meritocracy and the Limits of Democracy* (2016), *China's New Confucianism: Politics and Everyday Life in a Changing Society* (2010).
96 Bai는 하버드 대학교 Edmund J. Safra Center for Ethics의 전前 Berggruen Fellow였다. 웹사이트에 따르면, Berggruen Institute는 "이런 거대한 변화를 맞아 정치 및 사회 제도를 재편하는 방법에 대한 기본적인 아이디어를 창안하기 위해 2010년에 설립되었다. 우리는 문화, 학문, 정치적 경계를 넘어 위대한 사상가들과 협력하여 21세기의 가장 큰 도전에 대한 장기적인 해답을 고안하고 촉진하기 위해 노력하고 있다." https://www.berggruen.org/about/.
97 오늘날까지도 다른 종류의 공무원 시험이 존재한다.
98 Bai (2020), 99. Bai는 자신의 이전 저서인 *China: The Political System of the Middle Kingdom* (2012)에서 춘추전국시대(기원전 771~221)의 중국은 인구가 많고, 이동이 자유로우며, 비봉건적 인구가 출현했다는 점에서 유럽의 초기 근대

성과 사회적, 정치적으로 유사하다고 주장했다.

99 Bai는 Rawls의 1993년 저서 *Political Liberalism*, 44에 나오는 다음 문장을 인용하고 있다. "시민이 합리적일 때, 여러 세대에 걸친 사회적 협력 체계에서 서로를 자유롭고 평등하게 바라보고, 서로에게 공정한 사회적 협력 조건을 제시할 준비가 되어 있다. … 그리고 그들이 특정 상황에서 자신의 이익을 희생하더라도 다른 사람들 역시 그들을 받아들인다면 그런 조건에 따라 행동하는 데에 동의한다.

100 Bai (2020), 94.

101 Bai (2020), 65.

102 유사한 비판은 Ma 및 Zhang (2021) 참조.

103 Mencius는 Confucius, *Analects* 1.2에 나오는 구절에 따라 다른 이들도 가족처럼 대할 것을 제안했다. 서양에는 이런 의미가 결핍되어 있다는 논의에서 기독교는 배제되고 있다. 예를 들어 Bai는 "선의 형태form of the good"가 너무 모호해서 서양에 도움이 되지 않는다고 말할 수 있다고 했지만, 종교적 가치에 대해서는 언급하지 않았다.

104 Bai (2020), 263.

105 Menn (1992) 참조.

106 Confucius, *Analects*, 12.22.

107 Plato, *Republic*, 508a – c.

108 Bai (2020), 161, Plato, *Republic*, 419a 참조. Aristotle의 비판은 *Politics* 1264b에서도 반복된다.

109 Bai (2020), 162.

110 유사한 주장은 Bell (2015) 참조.

111 Hankins (2020), 160 – 1. 강조 표시는 원전 그대로.

112 Bai (2020), 96.

113 미국 내 소위 '공자학원'에 대한 반감에 주목.

114 예를 들어 Moore는 이렇게 말했다. "국가의 계몽된 선을 추구하는 과정에서 (Strauss에 따르면) 철학적 정치가는 계몽의 관점에서 필요하다고 여겨지는 어떤 행위의 수행을 정당화하기 위해 '호이 폴로이hoi polloi(대중)'에게 허구적인 사건

을 제시해야 할 수도 있다." Moore (2009), 110.
115 Suskind (2004).
116 George (2005), 174.
117 화해和諧(중국발음 '허셰')에 대한 자세한 내용은 Choukrone 및 Garapon (2007), Rošker (2013), Wang (2020) 참조. 인터넷에서는 동음이의어인 '허셰(河蟹, 민물게)'가 정부에서 사용하는 '화해' 대신 사용되고 있다. Wang Xuan 등이 쓴 것처럼, 네티즌들은 동음이의어인 '河蟹'를 사용함으로써 "국가가 부과하는 검열이 '화해사회'를 구축하기 위한 수단이라는 주장에 대해 비판의 목소리를 내고 있다." Wang 외. (2016), 310.

7 현재를 위한 생각

1   이 책에서 다룬 많은 문제와 인물에 대한, 탁월하지만 그리스 고전의 시각으로 보지 않은 논의에 대해서는 Leonard (2008).1 참조.
2   Gan Yang의 "통삼통" 이론에서 볼 수 있듯이, 이는 중국 고유의 윤리-정치적 계보를 만들기 위한 시도에 박차를 가했다.
3   비교의 대상인 양자 모두에게 해로운 이런 환원주의에 대한 비판은 Zhang (1996), 137–41 참조. 현재 중국의 유학 부흥에 대한 자세한 내용은 5장 참조.
4   Thucydides, *Peloponnesian War* 1.23.
5   "타키투스의 함정Tacitus Trap"은 정부가 한 번 신뢰를 잃으면 대중들이 더 이상 정부의 행동이나 말을 믿지 않고 부정적으로 받아들이는 현상을 말한다. 이 구절은 2007년 난징 대학교의 Pan Zhichang이 "정부가 인기가 없으면 정책이 좋든 나쁘든 무조건 정부 자체를 반대한다"는 취지로 Tacitus의 말을 인용하여 만든 용어이다. Tacitus, *Histories* 1.7 참조. Xi Jinping은 2014년 중국 공산당 란카오蘭考현위원회 회의에서 이 용어를 사용하면서 이렇게 말했다. "고대 로마의 역사가 Tacitus는 공권력이 공신력을 잃으면 무슨 말을 하든, 어떤 일을 하든 간에 사회가 부정적으로 평가한다는 이론을 제시했습니다. 이것이 바로 '타키투스의 함정'입니다. 우리는 물론 이 지경에 이르지는 않았지만, 존재하고 있는 문제 역시

심각하지 않다고 할 수 없으며, 반드시 힘을 쏟아 해결해야 합니다. 만약 정말로 그런 날이 온다면, 당의 통치 기반과 지위가 위태로워집니다." 보다 자세한 내용은 다음을 참고할 것. http://cpc.people.com.cn/xuexi/n1/2016/0518/c385474-28359130.html. 이 "함정"에 대해 알려준 Neville Morley에게 감사드린다.

6   예를 들면, Jin Canrong 金燦榮 및 Zhao Yuanliang 趙遠良 (2014).
7   Guo Jiping (2019).
8   Guo Jiping (2019).
9   이 비유는 Harding이 아테네와 미국의 외교 정책(후자는 냉전시기)의 맥락에서 한 것이다. Harding (1995).
10 Bowers (2017).
11 Plutarch, *Lycurgus*, 18.1.
12 Palmer (2020).
13 이 이론은 1993년 *Foreign Affairs*에 "The Clash of Civilizations?"이라는 제목의 기사에 소개된 것으로, 1996년에 *The Clash of Civilizations and the Remaking of World Order*로 증보되었다.
14 트위터에서 Wen Yang에게 주목하도록 조언해준 Tuvia Gering에게 감사드린다.
15 Wen Yang의 최근 저서《文明的邏輯》에 대한 2021년 인터뷰 기사 참조. https://www.guancha.cn/WenYang/2021_11_04_613483_s.shtml.
16 Fukuyama (1989), 3. 강조 표시는 원전 그대로.
17 Menand (2018) 참조.
18 Francis Fukuyama는 2018년에 *Identity: The Demand for Dignity and the Politics of Resentment*를 발표했다. 흥미롭게도 그의 코넬 대학교 학부 전공은 고전학이었다.
19 Wangfang database에서 "Francis Fukuyama, end of history"를 검색하면 금방 알 수 있다.
20 https://zh.wikipedia.org/wiki/弗朗西斯·福山 참조.
21 Chen (2020).
22 Zeng (2016).

참고문헌

중국인 저자의 경우 쉼표 없이 성 다음에 이름을 쓰는 전통적인 순서에 따랐다. 그러나 영어로 글을 쓰는 중국 출신 저자의 경우에는 성, 쉼표, 이름의 일반적인 영국식 표기법을 따랐다.

Albrow, Martin (2006). "The Application of the Weberian Concept of Rationalization to Contemporary Conditions." In Whimster and Lash, eds. *Max Weber, Rationality and Modernity*, 164−83.

Ames, Roger T. (1992). "Chinese rationality: An oxymoron?" *Journal of Indian Council of Philosophical Research* 9: 95−119.

Ames, Roger T. and Henry Rosemont, Jr. (1998). *The Analects of Confucius: A Philosophical Translation*. New York: The Random House Publishing Group.

Ames, Roger T. and David L. Hall. (1998). *Thinking from the Han: Self, Truth, and Transcendence in Chinese and Western Culture*. Albany, NY: State University of New York Press.

Bai Tongdong. 白彤東. (2010). "What to Do in an Unjust State? On Confucius's and Socrates's Views on Political Duty." *Dao* 9: 375−390.

_____. (2019). "The Private and the Public in the *Republic* and in the *Analects*." In *Confucius and Cicero*. Edited by Andrea Balbo and Jaewon Ahn. 29−42. Berlin and Boston: De Gruyter.

_____. (2012) *China: The Political System of the Middle Kingdom*. London and New York: Zed Books.

_____. (2020). *Against Political Equality: The Confucian Case*. Princeton, NJ: Princeton University Press.

Bai Tongdong 白彤東 and Xiao Jianqiu 肖澗秋. (2008). "The Path to the Destruction of Classical Philosophy? 走向毀滅經典哲學之路?. *World Philosophy* 世界哲學. 1: 56-59.

Baker, Patrick et al. eds. (2019). *Beyond Reception: Re nais sance Humanism and the Transformation of Classical Antiquity*. Berlin: De Gruyter.

Bandursky, David. (2019). "Burying 'Mr. Democracy.'" *China Media Project* (5/3/19). https://u.osu.edu/mclc/2019/05/11/burying-mr-democracy/

Barnes, Jonathan. (2003). "Review of *The Way and the Word: Science and Medicine in Early China and Greece* by Geofrey Lloyd and Nathan Sivin." *The Guardian*. Available at www.theguardian.com/books/2003/nov/03/londonreviewofbooks.

Bartsch, Shadi. (2018a). "The Ancient Greeks in Modern China: History and Metamorphosis." In *Receptions of Greek and Roman Antiquity in East Asia*. Edited by Almut-Barbara Renger and Xin Fan. 237-257. Leiden: Brill.

_____. (2018b). "The Wisdom of Fools: Christianity and the Classical Tradition" (傻瓜的智慧: 基督教和古典傳統). *China Scholarship* (2018c): 59-65.

_____. (2019). "Plato's *Republic* in the People's Republic of China." *KNOW* 3: 167-91.

_____. (2020). "The Rationality Wars: The Ancient Greeks and the Counter-Enlightenment in Contemporary China." *History and Theory* 58: 127-143.

Batnitzky, Leora. (2016). "Leo Strauss." In *The Stanford Encyclopedia of Philosophy* (Summer 2016 Edition). Edited by Edward N. Zalta. Available at https://plato.stanford.edu/entries/strauss-leo/.

Bauman, Zygmunt. (1989). *Modernity and the Holocaust*. Ithaca, NY: Cornell

University Press.

Beecroft, Alexander. (2016). "Comparisons of Greece and China." In *Oxford Hand-books Online: Classical Studies, Classical Reception*. Available at https://www.oxfordhandbooks.com/view/10.1093/oxfordhb/9780199935390.001.0001/oxfordhb-9780199935390-e-14.

———. (2021). "Review of Murray, *China from the ruins of Athens and Rome: Classics, Sinology, and Romanticism, 1793–1939*." *Bryn Mawr Classical Review* 2021.11.02.

Bell, Daniel A. (2010). *China's New Confucianism: Politics and Everyday Life in a Changing Society*. Princeton, NJ: Princeton University Press.

———. (2015). *The China Model. Political Meritocracy and the Limits of Democracy*. Princeton, NJ: Princeton University Press.

———. (2020). Review of Pan Yue (2020). "Chinese leaders need to explain their traditional thinking again—Comments on Pan Yue's 'Warring States and Greece.'" 中國領導人需要再解釋其傳統思想—評潘岳'戰國與希臘'. Available at https://www.rujiazg.com/article/18755.

Bell, Daniel A. and Wang Pei. (2020). *Just Hierarchy: Why Social Hierarchies Matter in China and the Rest of the World*. Princeton, NJ: Princeton University Press.

Berggruen, Nicholas and Nathan Gardels. (2012). *Intelligent Governance for the 21st Century. A Middle Way between West and East*. New York, NY: Polity.

Berryman, Silvia. (2015). "Ideology, Inquiry, and Antiquity: A Critical Notice of Lloyd's *The Ideals of Inquiry: An Ancient History*." *Canadian Journal of Philosophy* 45: 242–256.

Blumenthal, Dan. (2020). "China's Steps Backward Began Under Hu Jintao." *Foreign Policy*. June 4, 2020.

Boer, Roland. (No year). "Confucius and Chairman Mao: Towards a Study of Religion and Chinese Marxism." *Crisis and Critique* 2: 37–55. http://

crisiscritique.org/uploads-new/BOER.pdf.

Bowers, Jack. (2017). "Are China and the US Destined for War?" https://theconversation.com/are-china-and-the-us-destined-for-war-78035.

Brenner, Eliot. (2003). "The Violent Teacher." *The Ethical Spectacle*. https://www.spectacle.org/0203/brenner.html.

Bromberg, Jacques A. (2021). *Global Classics*. London: Routledge.

Buckley, Chris. (2013). "China Takes Aim at western Ideas." *The New York Times*. August 19, 2013.

Buxton, Richard, ed. (1999). *From Myth to Reason? Studies in the Development of Greek Thought*. New York, NY: Oxford University Press.

Carl, Rebecca. (2002). *Staging the World: Chinese Nationalism at the Turn of the Twentieth Century*. Durham, NC: Duke University Press.

Carmola, Kateri. (2003). "Noble Lying: Justice and Intergenerational Tension in Plato's *Republic*." *Political Theory* 31: 39–62.

Cawley, Kevin N. (2013). "De-constructing the name(s) of God: Matteo Ricci's translational apostolate." *Translation Studies* 6: 293–308.

Cha, Seong Hwan. (2003). "Modern Chinese Confucianism: The Contemporary Neo-Confucian Movement and its Cultural Significance." *Social Compass* 50: 481–91.

Chan, Joseph. (2014). *Confucian Perfectionism: A Political Philosophy for Modern Times*. Princeton, NJ: Princeton University Press.

Chang Hao 張灝. (1971). *Liang Ch'i-ch'ao and Intellectual Transition in China, 1890–1907*. Cambridge, MA: Harvard University Press.

_____. (1976). "New Confucianism and the Intellectual Crisis of Modern China." In *The Limits of Change: Essays on Conservative Alternatives in Republican China*. Edited by Charlotte Furth. 276–303. Cambridge, MA: Harvard University Press.

Chaturvedi, Aditi. (2018). "On the Role of Harmonia in Plato's Philosophy."

Publicly Accessible Penn Dissertations. 2800.

Cheek, Timothy. (2015). *The Intellectual in Modern Chinese History*. Cambridge, UK: Cambridge University Press.

Chen Dandan. (2015). "The Spread of Leo Strauss's Thought and the Flowering of Classical Political Philosophy in Post-Socialist China." *Intertexts* 19: 39–65.

Chen Dezheng 陳德正. (2000). "Discussions of Ancient City-State Issues in Chinese and Foreign Academic Circles in the 20th Century" 20世紀中外學術界對古代城邦問題的討論. *Journal of Binzhou Education College* 濱州教育學院學報 1: 40–43.

_____. (2009). "Liang Qichao's Introduction and Dissemination of Greek and Roman History" 梁啓超對希臘, 羅馬史的引介和傳播. *Shandong Normal University Journal*. 山東師範大學學報 54: 73–76.

Chen Duxiu 陳獨秀. (1915). "The Fundamental Difference between the Intellectual Traditions of Eastern and Western Peoples" 東西民族根本思想之差異. *New Youth* 新青年 1: 283–87.

_____. (1916). "A Refutation of Kang Youwei's Letter to the President and Prime Minister" 駁康有爲致總統書. https://zh.m.wikisource.org/zh/ 駁康有為致總統和總理書.

Chen Fong-Ching 陳方正 and Jin Guantao 金觀濤. (1997). *From Youthful Manuscripts to River Elegy: The Chinese popular Cultural Movement and Political Transformation 1979–1989*. Hong Kong: Chinese University Press.

Chen Guan 琛觀. (2020). "The Embarrassment of Francis Fukuyama" 弗朗西斯·福山的尷尬. Available at https://zhuanlan.zhihu.com/p/139462107.

Chen Guanghua 陳光華. (1986). "On the Role of Division of Labor in Plato's Republic" 試論分工在'理想國'中的地位. *Journal of Shangrao Normal University Social Sciences Edition* 上饒師範學院學報, 社會科學版, 2: 15–20.

Chen Haosu et al. eds. (2011). *Confucius-Socrates. Proceedings of Three Conferences on Chinese and Greek Philosophy*. Beijing: Embassy of Greece.

Chen Hongyi 陳弘毅. (2001). "Mediation, Litigation and Justice—Reflection on Modern Free Society and Confucian Tradition" 調解, 訴訟與公正—對現代自由社會和儒家傳統的反思. *Modern Law*. 現代法學 3: 3–14.

Chen Jianhong 陳建洪. (2008). "On Leo Strauss's Political Philosophy and his Doctrine of Esotericism." 論施特勞斯的政治哲學及其隱微論 *Seeking Truth* 求是學刊 35.6: 41–44.

_____. (2015). *On Strauss* 論施特勞斯. Shanghai: East China Normal University Press.

_____. (2016). "Strauss on Ancient and Modern Political Philosophy and their Ideals of Civilization" 施特勞斯論古今政治哲學及其文明理想. *Political Philosophy* 政治哲學 25th Aug.: 51–55.1.

Chen Jiaying 陳嘉映. (2015). *The Good Life*. 何爲良好生活. Shanghai: Chinese Literature and Art Publishing House.

Chen Kuide 陳奎德. (2000). "The cultural fever: background, ideology and two tendencies" 文化熱: 背景, 思潮及兩種傾向. In *Contemporary Cultural Changes in Mainland China* 中國大陸當代文化變遷. Edited by Chen Kuide. 37–61. Taipei: Guigan chubanshe.

Chen Xiaomei 陳小眉. (1992). "Occidentalism as Counterdiscourse: 'He Shang' in Post-Mao China." *Critical Inquiry* 18: 686–712.

_____. (2002). *Occidentalism: A Theory of Counter-discourse in Post-Mao China*. New York, NY: Rowman & Littlefield.

Chen Xunwu. (1998). "A rethinking of Confucian rationality." *Journal of Chinese Philosophy* 25: 483–504.

Chen Yan 陳彥. (2006). "Thinking about 'Noble Lies'" 思索'高貴的謊言'. Douban. Available at https://www.douban.com/group/topic/1095343/.

Cheng Ling 程岭. (2014). "The Pedagogical Implication of Western Rationalism and the Enlightenment" 西方理性主義的發展及其對教學的啓示. *Contemporary Education and Culture* 當代教育與文化 6: 48–53.

Cheng Zhimin 程志敏. (2005). "Looking at the Relationship Between Philosophers and City-states from the Perspective of the 'Noble Lie.'" 從'高貴的謊言'看哲人與城邦的關係. *Zhejiang Academic Journal* 浙江學刊 1: 86–90.

———. (2006). "The Correction of Plato's Utopia." 柏拉圖'理想國'辨正. *Zhejiang Academic Journal* 浙江學刊 3. Available at https://d-wanfangdata-com-cn.proxy.uchicago.edu/periodical/zjxk200603020.

Chiou, C.L. (1995). "The 'River Elegy' and the 4 June Tian anmen Massacre." In *Democratizing Oriental Despotism*. C.L. Chiou. 52–72. Palgrave Macmillan: London.

Choukrone, Leila and Antoine Garapon. 2007. "The Norms of Chinese Harmony: Disciplinary Rules as Social Stabiliser." *China Perspectives* 3: 36–49.

Chow Tse-Tung 周策縱. (1960). *The May Fourth Movement: Intellectual Revolution in Modern China*. Cambridge, MA: Harvard University Press.

Cohen, Jerome. (2018). "Xi Jinping sees some pushback against his iron-fisted rule." *Washington Post*, August 2, 2018.

https://www.washingtonpost.com/news/global-opinions/wp/2018/08/02/xi-jinping-sees-some-pushback-against-his-iron-fisted-rule/.

Cooper, John M., ed. (1997). *Plato's Complete Works*. Indianapolis, IN: Hacket.

Copenhaven, Brian. (2019). *Magic and the Dignity of Man: Pico della Mirandola and His Oration in Modern Memory*. Cambridge, MA: Harvard University Press.

Dai Xiaoguang 戴曉光. (2016). "An Interpretation of the 'Theuth mythos' in Plato's *Phaedrus*." 斐德若中的'忒伍特神話'解析 274c–5276a. *The Chinese Journal of Classical Studies* 古典研究 25: 1–17.

Davies, Gloria. (2009). *Worrying about China: The Language of Chinese Critical Inquiry*. Cambridge, MA: Harvard University Press.

Davies, Gloria and Gloria Davis. (2007). "Habermas in China: Theory as Catalyst." *The China Journal* 57: 61–85.

De Jong, Alice. (1989). "The Demise of the Dragon: Backgrounds to the Chinese Film 'River Elegy.'" *China Information* 4: 28–43.

Delury, John. (2008). "'Harmonious' in China." *Policy Review*, Monday, March 31, 2008. Available at https://www.hoover.org/research/harmonious-china.

Deng Anqing 鄧安慶. (2005). "Tracing the Origin of Concepts in Western Ethics: An Existentialist Interpretation of Aristotle's Ethical Concepts." 西方倫理學概念溯源—亞里士多德倫理學概念的實存論闡釋. *Social Sciences in China*. 中國社會科學 4: 73–82.

Deng Feihuang 鄧飛黃. (1922). "The Origin and Impact of Individualism" 個人主義的由來及其影響. *Eastern Magazine* 東方雜誌 19: 35–46.

Deng Xiaomang 鄧曉芒. (2011). "Rationality and Irrationality in the History of western Philosophy." 西方哲學史中的理性主義和非理性主義. *Modern Philosophy* 現代哲學 3: 46–48.

_____. (2013). "On Liu Xiaofeng's 'Scholarship.'" 評劉小楓的'學理'. *Xiaomang's Campus* 曉芒學園. Available at http://www.xiaomang.net/forum.php?%20mod=viewthread&tid=297.

Ding Liqun 丁立群. (2012). "Philosophy of Theory and Philosophy of Praxis: Which is the First?" 理論哲學與實踐哲學: 孰爲第一哲學?. *Philosophical Researches* 哲學研究 1: 78–84.

Dirlik, Arif. (1995). "Confucius in the borderlands: Global capitalism and the reinvention of Confucianism." *Boundary2* 2.22: 229–273.

Doan, John B. Tran Van(1997). "The Crisis of Rationality and Confucian Reasonableness." Available at https://vntaiwan.catholic.org.tw/theology/crisis.htm.

Doan, Tran Van. 陳文團. (2001). *Reason, Rationality, and Reasonableness*. Vietnamese Philosophical Studies. Vol 1. Washington, DC: Council for Research in Values & Philosophy.

Dodds, E. R. (1951). *The Greeks and the Irrational*. Berkeley, CA: University of

California Press.

Dombrowski, Daniel. (1997). "Plato's 'Noble' Lie." *History of Political Thought* 18: 565–578.

Dotson, John. (2011). "The Confucian Revival in the Propaganda Narratives of the Chinese Government." *U.S.-China Economic and Security Review Commission Staff Research Report*, July 20th, 2011. 1–22.

Drury, Shadia. (2005). *The Political Ideas of Leo Strauss*. New York, NY: Palgrave MacMillan.

Du Zhengshen 杜正勝. (1986). "A Survey of State Form in Zhou Dynasty A Preliminary Opinion on the 'Feudal City-State.'" 關於周代國家形態的蠡測—「封建城邦」說芻議. *History and Philosophy Collection* 史語所集刊 58(3): 465–500. Available at http://www2.ihp.sinica.edu.tw/file/3461nKELmku.pdf.

Elstein, D. (2014). "Reviewed Work: *China: The Political Philosophy of the Middle Kingdom* by Bai Tongdong." *Philosophy East and West* 64: 513–515.

Fällman, Fredrik. (2014). "Enlightened or not? Notes on Liu Xiaofeng and the 'Father of the Nation.'" *Orientaliska Studier* 138: 64–72.

Fan, Maureen. (2006). "China's Party Leadership Declares New Priority: 'Harmonious Society.'" *The Washington Post*. October 12, 2006.

Fang Kaicheng. (2019). "'There was a Western sage named Seneca:' Seneca's Consolations in seventeenth-century China." Typescript.

Fang Ning 房寧. (2009). "The People's Congress System is a Concentrated Embodiment of China's Democratic Politics." 人民代表大會制度是中國民主政治的集中體現. *Guangming Daily* 光明日報. April 7, 2009, 3.

Fang, Tony. (2011). "Yin Yang: A New Perspective on Culture." *Management and Organization Review* 8: 25–50.

Fenellosa, Ernest. (2009). "The Coming Fusion of East and West." In *The Chinese Written Character as a Medium for Poetry: A Critical Edition*. Edited by

Haun Saussy. 153-65. New York, NY: Fordham University Press.

Feng Congde 封從德. (2013). *A Tiananmen Journal* 六四日記, 增訂版. Hong Kong: Hong Kong Standard Press.

Feng Deping 封德平. (2014). "The Contemporary Significance of Confucianism and Its Modern Transformation." 儒家思想的當代意義及其現代性轉化. *Theoretical Review* 理論導刊 12: 37-41.

Feng Lulu 馮璐璐. (2013). "A Personalization of the Crisis of Rationalism in Western Europe—A Study of Max Weber's Life and His Theoretical System." 西歐理性主義危機的人格化体現: 馬克斯韋伯生平及其思想理論體系研究之一. *Journal of Shenyang University (Social Science Edition)* 沈陽大學學報(社會科學版) 15: 645-650.

Ferguson, Niall. (2011). *Civilization: The West and the Rest*. London: Penguin Group.

Ferrari, G.R.F. (1997). "Strauss's Plato." *Arion: A Journal of Humanities and the Classics* 5: 36-65.

Fewsmith, Joseph. (1995). "Neoconservatism and the End of the Dengist Era." *Asian Survey* 35: 635-651.

_____. (2001). *China Since Tiananmen: The Politics of Transition*. Cambridge, UK: Cambridge University Press.

Fitzgerald, John and Sechin Y.S. Chien, eds. (2006). *The Dignity of Nations: Equality, Competition, and Honor in East Asian Nationalism*. Hong Kong: Hong Kong University Press.

Fleming, Katie. (2006). "The Use and Abuse of Antiquity: The Politics and Morality of Appropriation." In *Classics and the Uses of Reception*. Edited by Charles Martindale and Richard F. Thomas. 127-37. Malden, MA, and Oxford, UK: Blackwell Publishing.

Fogel, Joshua A. and Peter Zarrow, eds. (1997). *Imagining the People: Chinese Intellectuals and the Concept of Citizenship, 1890-1920*. Armonk, NY: M.E.

Sharpe, Inc.

Fontana, Michela. (2011). *Matteo Ricci: A Jesuit in the Ming Court*. Lanham, MD: Rowman & Littlefield.

Frazer, Michael L. (2006). "Esotericism Ancient and Modern: Strauss Contra Straussianism on the Art of Political Philosophical Writing." *Political Theory* 34: 33 – 61.

Froese, Katrin. (2008). "The Art of Becoming Human: Morality in Kant and Confucius." *Dao: A Journal of Comparative Philosophy* 7: 257 – 268.

Fu Qilin 傅其林. (2015). "The Reception of Mao's 'Talks at the Yan'an Forum on Literature and Art' in English-language Scholarship." *Comparative Literature and Culture* 17.12 http://docs.lib.purdue.edu/clcweb/vol17/iss1/12.

Fukuyama, Francis. (1989). "The End of History?" *The National Interest* 16: 3 – 18.

———. (1992). *The End of History and the Last Man*. New York, NY, and London: Free Press.

Fung, Edmund. (2010). *The Intellectual Foundations of Chinese Modernity: Cultural and Political Thought in the Republican Era*. New York, NY, and Cambridge, UK: Cambridge University Press.

Gan Yang 甘陽. (1990). "The Ideal of Freedom: Negative Aspects of the May Fourth Tradition" 自由的理念：五四傳統之闕失面. In *Reverberations of History* 歷史的反響. Edited by Liu Qingfeng 劉青峰. 135 – 153. Hong Kong: 三聯書店 Sanlian Press.

———. (1997). "Anti-democratic liberalism or democratic liberalism?" 反民主的自由主義還是民主的自由主義?. *Twenty-First Century* 二十一世紀 2: 4 – 17.

———. (2002). "Strauss as a Political Philosopher: The Revival of Classical Conservative Political Philosophy" 政治哲人施特勞斯. In the introduction to *Leo Strauss, Natural Right and History* (Chinese Version). ii – xx. Hong Kong: University of Oxford Press.

———. (2003). *The Political Philosopher Leo Strauss*. 政治哲人施特勞斯. Hong

Kong: Niujin University Press.

_____. (2005). "Unifying the Three Traditions." In *New Era: The Merging of Three Chinese Traditions*. Lecture presented at Tsinghua University on May 12, 2005. Introduction and Translation by David Ownby. Available at https://www.readingthechinadream.com/gan-yang-tongsantong-chapter-1.html.

_____. (2007). *Inheritance of Three Traditions* 通三统. Beijing: Sanlian Press.

_____. (2012). "Freed from Western Superstition" 從西方迷信中解放出來. Available at http://www.xinfajia.net/9404.html.

_____, ed. (2014). *Strauss and Classical Studies* 施特勞斯與古典研究. Beijing: Sanlian Press.

Gan Yang and Liu Xiaofeng. (2014). "The Cultural Positioning and Self-Betrayal of Peking University." Introduction and Translation by Matthew Dean. Available at https://www.readingthechinadream.com/gan-yang-and-liu-xiaofeng-on-yenching-academy.html.

Gan Yang, Liu Xiaofeng, and Zhang Zhilin. (2012b). "Classical Western studies in China." Trans. Michael Chang. *Chinese Cross Currents*. 9: 98–114.

Gan Yang. (1998). "A Critique of Chinese Conservatism in the 1990s." Translated by Xudong Zhang. *Social Text* 55: 45–66.

Gao Shankui 高山奎. (2013). "Strauss and Chinese Problems." 施特勞斯與中國問題. *Theoretical Investigations* 理論探討. 2: 54–58.

Gao, S. and A. J. Walayat. (2021). "Confucianism and Democracy: Four Models of Compatibility." *Journal of Chinese Humanities* 6: 213–234.

Garcia, B. (2014). "Aristotle Among the Jesuits: A Note Concerning a Recent Publication." *Rivista Di Filosofia Neo-Scolastica* 106: 177–194.

George, J. (2005). "Leo Strauss, Neoconservatism and US Foreign Policy: Esoteric Nihilism and the Bush Doctrine." *International Politics* 42: 174–202.

Gernet, Jacques. (2010). "Language, Mathematics, Rationality. Categories or Functions Concerning China and Our Age-Old Traditions." *Chinese Studies in History* 43: 17 – 31.

Gerth, H. H. and C. Wright Mills, eds. (2012). *Max Weber: Essays in Sociology*. London: Ulan Press. 1970.

Ghils, Paul. (2013). "The Essential Tension: Rational and Reasonable in Science and Philosophy." *Transdisciplinary Journal of Engineering & Science* 4: 40 – 56.

Glover, Jonathan. (2000). *Humanity: A Moral History of the Twentieth Century*. New Haven, CT: Yale University Press.

Goldman, Merle, ed. (2002). *An Intellectual History of Modern China*. Cambridge, UK: Cambridge University Press.

Gong Weibin 龔維斌. (2010). "Promoting Full Social Mobility and Forming Reasonable Social Stratification." 促進充分社會流動，形成合理社會分層. *Zhejiang Daily* 浙江日報. August 30, 2010. 7th edition.

Goodman, Howard L. and Anthony Grafton. (1990). "Ricci, the Chinese, and the Toolkits of Textualists." *Asia Major* 3: 95 – 148.

Goody, Jack. (1993). "East and West: Rationality in Review." *Ethnos: Journal of Anthropology* 58: 6 – 36.

⸺. (1996). *The East in the West*. Cambridge, UK: Cambridge University Press.

Gould, R. (2014). "Conservative in Form, Revolutionary in Content: Rethinking World Literary Canons in an Age of Globalization." *Canadian Review of Comparative Literature* 41: 270 – 66.

Graham, Angus. (1965). "'Being' in Linguistics and Philosophy: A Preliminary Inquiry." *Foundations of Language* 1: 223 – 231.

⸺. (1967). "Chinese Logic." *Encylopedia.com*. Available at https://www.encyclopedia.com/humanities/encyclopedias-almanacs-transcripts-and-maps/chinese-logic.

⸺. (1989). *Disputers of the Tao*. La Salle, IL: Open Court.

⸺. (2000). "The Place of Reason in the Chinese Philosophical Tradition." In *The*

Legacy of China. Edited by R. Dawson. 28–56. Oxford: Oxford University Press.

Gransow, Bettina. (2003). "The Social Sciences in China." In *The Cambridge History of Science*. Volume 7: *The Modern Social Sciences*. Edited by Theodore M. Porter and Dorothy Ross. 498–514. Cambridge, UK: Cambridge University Press.

Gu Zhun 顾准. (1981). "Christianity, Greek Thought and Historian Culture" 基督教, 希臘思想和史官文化. *Academic Journal of Jinyang* 晋陽學刊 4: 10–19.

_____. (1982). *The City-state Constitution of Greece* 希臘城邦制度. Beijing: China Social Sciences Press. Available at http://www.aisixiang.com/data/97562-2.html.

_____. (1994). *Collected Works* 顧准全集. Guiyang: Guizhou People's Press.

_____. (1997). *Diary of Gu Zhun* 顧准日記. Beijing: China Social Sciences Press.

Gu, Edward X. (2001). "Who Was Mr. Democracy? The May Fourth Discourse of Populist Democracy and the Radicalization of Chinese Intellectuals (1915–1922)." *Modern Asian Studies* 35: 589–621.

Gunn, Edward. (1991). "The Rhetoric of *He Shang*: From Cultural Criticism to Social Act." *Bulletin of Concerned Asian Scholars* 23: 14–22.

Guo Chongchen 郭沖辰, Chen Fan 陳凡, and Fan Chunfa 樊春華. (2001). "The Expansion of Instrumental Rationality and the Absence of Value Rationality—A Philosophical Review of American Hegemonism" 工具理性的膨脹與價值理性的缺失—關於美國霸權主義的哲學審視. *Journal of Northeastern University, Social Science Edition* 東北大學學報, 社會科學版 4: 235–237.

Guo Jiping 國紀平. (2019). "There is no 'Thucydides trap' in the world. Comment on the danger of some Americans' strategic misunderstanding" 世上本無"修昔底德陷阱"—評美國一些人戰略迷誤的危險. *People's Daily*. June 18, 2019. Available at http://www.xinhuanet.com/2019-06/17/c_1124635884.htm.

Guo Shengming 郭聖銘. (1980). "The Historical Heritage of Ancient Greece (Part

2)"古希臘的史學遺產(下). *Journal of East China Normal University, Natural Science Edition*. 華東師範大學學報, 自然科學版 4: 76–80.

Halberstam, J. (1988). "From Kant to Auschwitz." *Social Theory and Practice* 14: 41–54.

Han Xuebing 韓薛兵. (2012). "Discussion and Reflection on the Economic Attributes of Athens in the Classical Period in Academic Circles." 學術界關于古典時期雅典經濟屬性的探討及反思. Master's Thesis, Liaocheng University.

Hankins, James. (2017). "Reforming Elites the Confucian Way." *American Affairs* 1: 45–57.

———. (2019). *Virtue Politics: Soulcraft and Statecraft in Renaissance Italy*. Cambridge, MA: Harvard University Press.

———. (2020). "Regime Change with Chinese Characteristics." *American Affairs* 6: 149–66.

Hansen, Chad. (1983). *Language and Logic in Ancient China*. Ann Arbor, MI: University of Michigan Press.

Hansen, Mogens H. (2006). "Review of Loren J. Samons, *What's Wrong with Democracy?: From Athenian Practice to American Worship* (Berkeley: University of California Press, 2004)." In *Bryn Mawr Classical Review*. Available at https://bmcr.brynmawr.edu/2006/2006.01.32/.

Hansen, Mogens H. and Thomas Heine Nielsen. (2004). *An Inventory of Archaic and Classical Poleis*. Oxford, UK: Oxford University Press.

Hao Chang. (1971). *Liang Ch'i-ch'ao and Intellectual Transition in China, 1890–1907*. Cambridge, MA: Harvard University Press.

Hao Yuan 郝苑 and Meng Jianwei 建偉. (2012). "Logos and Nous: Two Origins of Western Scientific Culture." 邏各斯與努斯:西方科學文化的兩個原点. *Journal of Renmin University of China* 中國人民大學學報 2: 124–131.

Harbsmeier, Christoph. (2001). "May Fourth Linguistic Orthodoxy and Rhetoric: Some Informal Comparative Notes." In *New Terms for New Ideas: Western*

Knowledge & Lexical change in Late Imperial China. Edited by Michael Lacknerm, Iwo Amelung, and Joachim Kurtz. 373–410. Leiden: Brill Academic Publishers.

Harding, Phillip. (1995). "Athenian Foreign Policy in the Fourth Century." *Klio* 77: 105–125.

Hardwick, Lorna and Carol Gillespie. (2007). *Classics in Post-Colonial Worlds*. Oxford: Oxford University Press.

Harrison, Thomas. (2007). "Religion and the Rationality of the Greek city." In *Rethinking Revolutions in Ancient Greece*. Edited by Simon Goldhill and Robin Osborne. 124–140. Cambridge, UK: Cambridge University Press.

He Baogang. (2012). "Four Models of the Relationship Between Confucianism and Democracy." In *Contemporary Chinese Political Thought*. Edited by Fred Dallmayr and Tingyang Zhao. 131–151. Lexington, KY: University Press of Kentucky.

He Guanghu 何光芦. (1989). "Love is What This World Needs Most—Reading Liu Xiaofeng's 'Salvation and Happiness.'" 這個世界最需要愛─讀劉小楓《拯救與逍遙》. In *Du Shu* 6: 5–17.

He Xin 何新. (2013). *Greek Pseudo-History*. 希臘偽史考. Tongxin: Tongxin Publishing House.

───. (2015). *A Continuation of Greek Pseudo-History*. 希臘偽史續考. Yanshi: Yanshi Publishing House.

He Yinan. (2020). "China's Politicall Trajectory and Foreign Relations under the Influence of National Identity." *The ASAN Forum*. July–August 2020. 8(4). Available at https://theasanforum.org/chinas-political-trajectory-and-foreign-relations-under-the-influence-of-national-identity/.

Heinaman, Robert. (1988). "Eudaimonia and Self-Sufficiency in the Nicomachean Ethics." *Phronesis* 33:31–53.

Hesk, Jon. (2000). *Deception and Democracy in Classical Athens*. Cambridge, UK:

Cambridge University Press.

Hindess, Barry. (1992). "Rationality and Modern Society." *Sociological Theory* 9: 216–27.

Hon Tze-Ki. (2015). *The Allure of the Nation: The Cultural and Historical Debates in Late Qing and Republican China. Ideas, History, and Modern China*. Boston, MA: Brill.

Honneth, Axel. (1987). "Enlightenment and Rationality." Translated by Jeremy Gaines. *The Journal of Philosophy* 84: 692–699.

Horkheimer, Max, and Theodor W Adorno. (2002). *Dialectic of Enlightenment: Philosophical Fragments*. Edited by Gunzelin Schmid Noerr and translated by Edmund Jephcott. Stanford, CA: Stanford University Press.

Hosne, Ana Carolina. (2015). "Jesuit Reflections on their Overseas Missions." *ReVista (Cambridge)* 14: 56–57.

Hou Dianqin 侯典芹. (2005). "On the Concept of Harmonious Society in Plato's 'Utopia.'" 論柏拉圖《理想國》的和諧社會思想. *Journal of Inner Mongolia University for Nationalities, Social Science Edition* 內蒙古民族大學學報, 社會科學版 5.

Hoyt, Mei Wu. (2006). "John Dewey's legacy to China and the Problems in Chinese society." *Transnational Curriculum Inquiry* 3: 12–25.

Hsia, Ronnie Po-chia. (2010). *A Jesuit in the Forbidden City: Matteo Ricci, 1552–1610*. Oxford, UK: Oxford University Press.

Hu Ping 胡平. (2017). "'The Best Possibility' and 'The Most Possibly Good'—Plato's 'Republic' and Aristotle's 'Politics.'" '最好的可能'與'最可能的好'—柏拉圖理想國與亞里士多德政治學. Independent Chinese PEN Center. Available at https://www.chinesepen.org/blog/archives/79970.

Hu Zhongping 扈中平. (1985). "Plato's Educational Ideal as Harmonious Development—Notes on the *Republic*." 柏拉圖和諧發展的教育思想—讀理想國札記. *Journal of Social Science of Hunan Normal University* 湖南師範大學

社會科學學報 2: 98 – 101.

Huang Yang 黃洋. (1995). "The Establishment of Private Ownership of Ancient Greek Land and the Formation of City-State System." 古代希臘土地私有制的確立與城邦制度的形成. *Fudan University Journal, Social Science Edition*. 复旦學報(社會科學版) 1: 46 – 51.

――――. (2009). "Classical Greek Idealization as a Cultural Phenomenon." 古典希臘理想化: 作爲一種文化現象的 "Hellenism,". *Chinese Social Science* 中國社會科學 2: 52 – 67.

――――. (2018). "Classical Studies in China." In *Receptions of Greek and Roman Antiquity in East Asia*. Edited by Almut-Barbara Renger and Xin Fan. 363 – 75. Leiden: Brill.

Hui, Keith. (2014). "Could Plato's *Republic* Work in China?" *Philosophy Now* 101: 14 – 15.

Humphreys, Sarah C. and Rudolf G. Wagner, eds. (2013). *Modernity's Classics: Ruptures and Reconfigurations*. Heidelberg: Springer Nature.

Jiang Dongxian. (2014). "Searching for Chinese Autonomy: Leo Strauss in the Chinese Context." Masters Dissertation, Duke University.

Jiang Qing. (2003). *Political Confucianism: The Shift, Character and Development of Contemporary Confucianism* 政治儒學: 當代儒學的轉向, 特指與發展. New Taipei City: Yang zhengtang Wenhua.

Jiang Yi-Huah. (2018). "Confucian Political Theory in Contemporary China." *Annual Review of Political Science* 21: 155 – 73.

Jin Canrong 金燦榮 and ZhaoYuanliang 趙遠良. (2014). "Exploring and Taking Advantage of Favorable Conditions to Establish a New Model of Major-Country Relations between China and the United States." 構建中美軒型大國關系的條件探餘. *World Economics and Politics* 世界經濟與政治 3: 50 – 68.

Jin Guantao, Fan Hongye, and Liu Qingfeng. (1996). *Chinese Studies in the History and Philosophy of Science and Technology*. Dordrecht: Kluwer

Academic.

Jin Guantao 金觀濤 and Liu Qingfeng 劉青峰. (1986). "Why didn't the ancient Chinese philosophers discover the syllogism? A Comparative Study of Aristotle and Ancient Chinese Philosophers." 爲什麼中國古代哲學家沒有發現三段論—亞里士多德和中國古代哲學家的比較研究. *Researches in Dialectics of Nature* 自然辨證法研究 18: 74–80.

_____. (2005) "From 'Republicanism' to 'Democracy': China's Selective Adoption and Reconstruction of Modern Western Political Concepts (1840–1924)." *History of Political Thought* 26: 467–501.

Jin Nan 晋楠. (2010). "The Pursuit of Order and Harmony—A Comparison of the Concepts of Harmonious Society in Confucius and Plato." 秩序與和諧的追尋—孔子與柏拉圖和諧社會構想之比較. Master's degree at Hunan University.

Ju Naiqi 巨乃岐 and Xing Runchuan 邢润川. (2005). "On Technical Rationality and Its Criticism." 試論技術理性及其批判. *Journal of Northeastern University, Social Science Edition* 東北大學學報,社會科學版 7(3): 172–175.

Jullien, François. (2002). "Did Philosophers Have to Become Fixated on Truth?" Translated by Jane Lloyd. *Critical Inquiry* 28: 803–824.

Kainulainen, J. (2018). "Virtue and Civic Values in Early Modern Jesuit Education." *Journal of Jesuit Studies* 5: 530–548.

Kant, Immanuel. (1964). *Critique of Practical Reason*. Translated by H. J. Paton. New York, NY: Harper and Row.

_____. (1991). "An Answer to the Question: 'What is Enlightenment?'" In *Kant: Political Writings*. Edited by H.S. Reiss. 54–60. Cambridge, UK: Cambridge University Press.

_____. (2017). *Kant: The Metaphysics of Morals*. United Kingdom: Cambridge University Press.

Kasimis, Demetra. (2016). "Plato's Open Secret." *Contemporary Political Theory* 15: 339–357.

Kaufman, Alison A. (2007). "One Nation Among Many: Foreign Models in the Constitutional Thought of Liang Qichao." PhD Dissertation, University of California, Berkeley.

Kim, Sungmoon. (2017) "Pragmatic Confucian Democracy: Rethinking the Value of Democracy in East Asia." *Journal of Politics* 79: 237–49.

Kirkendall, J.A. (2017). "The Well-Ordered Heart: Confucius on Harmony, Music, and Ritual." Unpublished paper. Available at https://s3.wp.wsu.edu/uploads/sites/998/2018/11/JensenKirkendall-TheWellOrderedHeart.pdf.

Klosko, G. (1986). "The 'Straussian' Interpretation of Plato's 'Republic.'" *History of Political Thought* 7: 275–293.

Knight, Nick. (2006). *Marxist Philosophy in China: From Qu Qiubai to Mao Zedong, 1923–1945*. Dordrecht, Netherlands: Springer.

Kristof, Nicholas D. (1989). "China Calls TV Tale Subversive." *New York Times*. October 2, 1989. 13.

Kuhn, Thomas S. (1970). "Notes on Lakatos." PSA 1970[sic]. 137–146.

Laks, André. (2013). "Phenomenon and Reference: Revisiting Parmenides, Empedocles, and the Problem of Rationalization," in *Modernity's Classics: Ruptures and Reconfigurations*. Edited by Sarah C. Humphreys and Rudolph G. Wagner. 165–86. Heidelberg: Springer Nature.

Lam Chi-ming 林志明. (2014). "Confucian Rationalism." *Educational Philosophy and Theory* 46: 1450–1461.

Lane, Melissa. (2009). "Comparing Greek and Chinese Political Thought: The Case of Plato's *Republic*." *Journal of Chinese Philosophy* 36: 585–601.

Lang, Berel. (1990). *Act and Idea in the Nazi Genocide*. Chicago, IL: University of Chicago Press.

Lash, Scott. (2009). "Afterword: In Praise of the A Posteriori: Sociology and the Empirical." *European Journal of Social Theory* 12: 175–187.

Lau Tuenyu and Lo Yuet-keung. (1991). "*Heshang* (River Elegy) A Television

Orchestration of a New Ideology in China." *Asian Journal of Communication* 1: 73–102.

Lear, Jonathan. (2017). *Wisdom Won from Illness*. Cambridge, MA: Harvard University Press.

Lee, Desmond, trans. & ed. (2003). *Plato: The Republic*. London, UK: Penguin Classics.

Lee, Theresa. (2007). "Liang Qichao and the Meaning of Citizenship: Then and Now." *History of Political Thought* 28: 305–327.

Leighton, Christopher. (2015). "Venture Communist: Gu Zhun in Shanghai, 1949–1952." In *The Capitalist Dilemma in China's Communist Revolution*. Edited by Sherman Cochran. 119–147. Ithaca, NY: Cornell East Asia Program.

Leonard, Mark. (2008). *What does China Think?* New York, NY: Public Affairs.

Levenson, Joseph R. (1953). *Liang Ch'i Ch'ao and the Mind of Modern China*. Cambridge, MA: Harvard University Press.

Li Baibai 李白白. (2007). "On the Separation and Integration of Instrumental Reason and Value Reason." 論工具理性和價值理性的分疏和整合. *Journal of Xinyang Normal University, Philosophy and Social Sciences Edition* 信陽師範學院學報, 哲學社會科學版 27: 30–32.

Li Changlin 李長林. (1984a). "Thucydides and the 'History of the Peloponnesian War'" 修昔底德和伯羅奔尼撒戰爭史. *History Teaching* 歷史教學 1: 44–47.

―――. (1984b). "Two Issues Concerning the Evaluation of Thucydides's View of History" 關于修昔底德歷史觀評價的兩個問題. *Journal of Historiography* 史學史研究 3: 51–54.

Li Cheng and Eve Cary. (2011). "The Last Year of Hu's Leadership: Hu's to Blame?" *Jamestown Foundation: China Brief* 11(23). December 20, 2011. Available at: https://jamestown.org/program/the-last-year-of-hus-leadership-hus-to-blame/.

Li Chengwei 李長偉.(2008). "The Educational Truth in 'Noble Lies'" '高貴謊言' 中的教育眞相. *Journal of Educational Studies* 教育學報 4: 80–87.

Li Chengyang. (2006). "The Confucian Ideal of Harmony." *Philosophy East and West* 56: 583–603.

Li Hui. (2002). "Jesuit Missionaries and the Transmission of Christianity and European Knowledge in China." *Emory Endeavors in World History* 4. Available at http://history.emory.edu/home/undergraduate/endeavors-journal/volume-4.html.

Li Jianming 李劍鳴. (2011). "Between Athens and Rome: Classical Tradition and the Establishment of the American Republic" 在雅典和羅馬之間:古典傳統與美利堅共和國的創建. *Journal of Historical Science* 史學月刊 9:108–124.

Li Jin. (2003). "The Core of Confucian Learning." *American Psychologist* 58: 146–47.

Li Junpeng. (2017). "The Making of Liberal Intellectuals in Post-Tiananmen China." PhD Dissertation, Columbia University.

Li Junyin 李駿寅. (2019). "On Leo Strauss's Classical Rationalism." 論列奧·施特勞斯的古典理性主義. Master's Thesis, Sociology, Harbin Engineering University.

Li Mingkun. (2012). "The Quarrel of Revelation and Philosophy in Leo Strauss's Natural Right and History." 自然權利和歷史中的啟示與哲學之爭. *The Chinese Journal of Classical Studies* 古典研究 3(1): 69–88.

Li, P. P. (2008). "Toward a geocentric framework of trust: An application to organizational trust." *Management and Organization Review* 4: 413–439.

Li Peilin 李培林. (2005). "Talking about Social Stratification." 話說社會分層. *Zhejiang Daily* 浙江日報. April 11, 2005.

Li Qiang 李強. (2003). "Does Social Stratification Do More Harm than Good?" 社會分層弊大于利嗎?. *Development Herald* 發展導報. April 11, 2003.

Li Wuzhuang 李武裝 and Liu Shuguang 劉曙光). (2013). "The Critical Logic of

Western Philosophy and the Rationalism of the Human Spirit." 西方哲學的理性主義批判邏輯與人類精神的理性主義優位訴求. *Journal of Huaqiao University, Philosophy & Social Sciences* 華僑大學學報, 哲學社會科學版 3: 82–90.

Li Yongcheng 李永成. (2017). "Domestic Politics, Foreign Policy and American Diplomatic Lies—Some Issues Concerning the Development of Sino-US Relations" 國內政治, 對外政策與美國外交謊言—兼及發展中美關係的若干問題. *Sohu*. Available at https://www.sohu.com/a/132195362_618422.

Li Yongyi. (2014). "A New Incarnation of Latin in China." *Amphora* 11. Available at https://classicalstudies.org/amphora/new-incarnation-latin-china-yongyi-li.

Li Yunqin 李韵琴. (1989). "Analysis of the Main Reasons of Greek Colonial Movement in the Eighth-Sixth Century BC World History." 試析公元前八—六世紀希臘殖民運動的主要原因. *World History* 世界歷史 4: 112–121.

Li Zhiyuan 李致遠. (2010). "The Prelude to the Gorgias." 高爾吉亞的開場. *The Chinese Journal of Classical Studies* 古典研究 1: 15–28.

Li, Eric X. (2012). "Why China's Political Model Is Superior." *New York Times*. https://www.nytimes.com/2012/02/16/opinion/why-chinas-political-model-is-superior.html.

Li Hao and Gao Mingming. (2005). "Benevolence and Justice: A Comparison of the Analects of Confucius and the Republic of China." *Journal of Wuyi University (Social Science Edition)*, 1.

Li, S. (2009). "The Art of Misreading: An Analysis of the Jesuit 'Fables' in Late Ming China." In *Translating China*. Edited by Xuanmin Luo and Yuanjian He. 71–94. Bristol, UK: Multilingual Matters.

Liang Qichao 梁啓超. (1978). *Collected Essays from the Ice-drinker's Studio* 飲冰室合集. Taipei: Zhonghua Press.

——. (1998). *Discourse on the New Citizen* 新民說. Zhongzhou: Zhongzhou

Ancient Books Publishing House.

_____. (1999). *Collected Works of Liang Qichao* 梁啓超全集. Beijing: Beijing Publishing House.

Liao Shenbai 廖申白. (1999). "The Position of Fraternity in Aristotle's *Ethics*." 友愛在亞里士多德倫理學中的地位. *Philosophical Researches* 哲學研究 5: 55–61.

Lilla, Mark. (2010). "Reading Leo Strauss in Beijing." *The New Republic*. Available https://newrepublic.com/article/79747/reading-leo-strauss-in-beijing-china-marx.

Lin Da 林達. (2003). "A Comparison of Musical Thoughts in *The Republic* and the *Analects* of Confucius." "理想國"和"論語"中的音樂思想之比較. *Symphony: Journal of Xi'an Conservatory of Music* 交響-西安音樂學院學報 4.

Lin Qifu 林奇富 and Dong Cunsheng 董存勝. (2006). "Rethinking the Limitations of Classical Democracy—Analysis of the City-State Democracy of Ancient Athens." 反思古典民主的局限性 —以古雅典的城邦民主爲分析對象. *Journal of Fujian Provincial Committee Party School of CPC* 中共福建省委黨校學報 12: 23–25.

Liu Chenguang 劉晨光. (2006). "Aristotle's Political Science" 亞里士多德的政治科學. *21st Century Online Edition* 二十一世紀 2006.4.29. Available at https://www.cuhk.edu.hk/ics/21c/media/online/0511039.pdf.

Liu Dong 劉東. (2003). "The Weberian View and Confucianism." Translated by Gloria Davies. *East Asian History* 25–26: 194–99.

Liu Hanzhen. (2015). "Contemporary New Confucianism and the Ancient European Philosophy: Analysis and Comparison." *Studia Europejskie-Studies in European Affairs* 73: 115–136.

Liu Huiyang 劉輝揚. (1981). "'Man is Born a Political Animal'—Review of Aristotle's Political Thought." '人天生是政治的動物'-亞里士多德政治思想述評. *Journal of Yangzhou Teachers College, Social Science Edition* 揚州師院學

報，社會科學版 2: 91–95.

Liu Jinyu 劉津瑜. (2018). "Translating and Rewriting Western Classics in China (1920s–1930s): The Case of the Xueheng Journal." In *Receptions of Greek and Roman Antiquity in East Asia*. Edited by Almut-Barbara Renger and Xin Fan. 91–111. Leiden: Brill.

Liu Jun 劉軍. (2001). "Restless Chinese Nationalist Currents in the 1980s and the 1990s: A Comparative Reading of River Elegy and China Can Say No." In *Chinese Nationalism in Perspective: Historical and Recent Cases*. Edited by C.X. George Wei and Xiaoyuan Liu. 205–231. Westport, CT: Praeger.

Liu Kejie 劉柯杰. (2001). "Review and Prospect of Western Rationalism." 西方理性主義的回顧和展望. *Journal of Tianjin University of Commerce* 天津商學院學報 5: 10–12.

Liu Qingping 劉清平. (2005). "Do we need 'instrumental rationality criticism'?" 我們需要的是"工具理性批判"嗎? *Gansu Social Sciences* 甘肅社會科學 4: 22–24.

Liu Wentai. (1998). "Rational Thinking in the City-State Crisis: A Review of Plato's 'Utopia.'" 城邦危機中的理性思考—評柏拉圖的"理想國". *Academic Forum of Nan Du (Philosophy and Social Science Edition)* 南都學壇哲學社會科學版 18.4.

Liu Xiaofeng 劉小楓, ed. (2002a). *Strauss and Ancient Political Philosophy* 施特勞斯與古典政治哲學. Shanghai, Shanghai SDX Press.

———, trans. (2003). *Plato's Symposium* 會飲. Beijing: Huaxia Press.

———. (2000a). "An Esoteric and Exoteric Reading of Nietzsche." 尼采的微言大義. Available at https://www.aisixiang.com/data/15745.html.

———. (2000b). "Intellectuals' Cat Walk." 知識份子的貓步. Available at http://reading.cersp.com/DeepRead/Learning/200511/87.html.

———. (2002b). *The Docility of the Hedgehog*. 刺猬的溫順. Shanghai, Shanghai Literature and Art Press.

———. (2007). "The Vain Tranquility of the Sage." 聖人的虛靜. In his *Pick up the Cold Branches* 揀盡寒枝. 219–254. Beijing: Huaxia Publishing House.

———. (2009a). "Strauss and China: Encounter of Two Classics." 施特勞斯與中國: 古典心性的相逢. *The Ideological Front* 思想戰線 35: 59–65. Available at https://www.aisixiang.com/data/26462.html.

———. (2009b). "Leo Strauss et la Chine: une recontre author de l'ethos classique." Translated by Joël Thoraval. *Extrême Orient, Extrême Occident*, 31: 141–54.

———. (2009c). "Strauss and the Philosophy of Enlightenment." 施特勞斯與啓蒙哲學(上)." *Journal of NorthWestern Normal University* 西北師範大學學報 46.3: 1–9.

———. (2013). *Strauss's Pathmark* 施特勞斯的路標. Beijing: Huaxia Publishing House.

———. (2015a). *Sino-Theology and the Philosophy of History: A Collection of Essays*. Translated by Leopold Leeb. Leiden: Brill.

———. (2015b). "Which Tradition of Classical Studies?" 古典學的何種傳統. *Critical News* 批評新聞 December 13, 2015. Available at https://www.thepaper.cn/newsDetail_forward_1303406.

Liu Xiaofeng 劉小楓, and Chen Guangchen 陳廣琛. (2018). "Leo Strauss and the Rebirth of Classics in China." In *Receptions of Greek and Roman Antiquity in East Asia*. Edited by Almut-Barbara Renger and Xin Fan. 219–236. Leiden: Brill.

Liu Xiaofeng 劉小楓 Gan Yang 甘陽, and Zhang Zhilin 張志林, (2012). "Classical Western Studies in China." 古典西學在中國. Translated by Michael Chang. *Chinese Cross Currents* 神州交流 3: 98–114.

Liu Yi 劉怡. (2011). "Penetrating the 'Noble Lie.'" 刺破'高貴的謊言'. *World Vision* 世界博覽 2. Available at https://www.xzbu.com/1/view-195983.htm.

Liu Yu. (2008). "The Intricacies of Accommodation: The Proselytizing Strategy of Matteo Ricci." *Journal of World History* 19: 465–87.

---. (2013). "The Complexities of a Stoic Breakthrough: Matteo Ricci's '*Ershiwu Yan*' (Twenty-five Paragraphs)." *Journal of World History* 24: 823–47.

---. (2014). "Adapting Catholicism to Confucianism: Matteo Ricci's *Tianzhu Shiyi*." *The European Legacy* 19: 43–59.

Liu Zehua and Liu Jianqing. (1996). "Civic Associations, Political Parties, and the Cultivation of Citizenship Consciousness in Modern China." *Chinese Studies in History* 29: 8–35.

Liu Zhen 劉臻. (2010). "A Classical Conception of Rational Englightenment—A Modern Interpretation of Plato's Allegory of the Cave and the Line" 一種古典的理性啓蒙觀 — 對柏拉圖 "洞喻" 和 "線喻" 的現代解讀. *Journal of Shihezi University* 石河子大學學報 24 (6): 69–71.

Liu, Henry C.K. (2003). "The Abduction of Modernity Part 3: Rule of law vs Confucianism." *The Asia Times*. July 24 2003. Available at http://large.stanford.edu/history/kaist/references/confucius/liu3/.

Liu, Lydia H. (1995). *Translingual Practice: Literature, National Culture, and Translated Modernity: China, 1900–1937*. Stanford, CA: Stanford University Press.

---. (1996). "Translingual Practice: The Discourse of Individualism between China and the West." In *Narratives of Agency: Self-making in China, India, and Japan*. Edited by Wimal Dissanayake. 1–35. Minneapolis, MN: University of Minnesota Press.

Lloyd, G.E.R. (1990). *Demystifying Mentalities*. Cambridge, UK: Cambridge University Press.

---. (2007). *Cognitive Variations: Reflections on the Unity and Diversity of the Human Mind*. New York, NY: Oxford University Press.

---. (2009). *Disciplines in the Making: Cross-Cultural Perspectives on Elites, Learning, and Innovation*. Oxford, UK: Oxford University Press.

---. (2014). *The Ideals of Inquiry: An Ancient History*. New York, NY: Oxford

University Press.

―――. (2017). *The Ambivalences of Rationality: Ancient and Modern Cross-Cultural Explorations*. Cambridge, UK: Cambridge University Press.

Lomanov, Alexander. (1998). "Religion and Rationalism in the Philosophy of Feng Youlan." *Monumenta Serica* 46: 323–41.

Lorenz, Hendrik. (2004). "Desire and Reason in Plato's *Republic*." *Oxford Studies in Ancient Philosophy* 27: 83–116.

Lu Jie 呂杰. (2012). "Democratic Conceptions and Regime Support among Chinese Citizens." *Asian Barometer* 66. Available at http://www.asianbarometer.org/publications//0709f5e8329f872c6d593f09ea5698ae.pdf.

Luo Xinggang 羅興剛. (2012). "An Education of Love: Behind the 'Noble Lie'—Political Philosophy as the Original Ethics" 愛的教育: '高貴的謊言'背后—政治哲學如何作爲原初的倫理學. *The Journal of Humanities* 人文雜誌 4: 35–40.

Luria, Alexander. (1976). *Cognitive Development: Its Cultural and Social Foundations*. Cambridge, MA: Harvard University Press.

Ma Chun-ling 馬春玲 and Zhang Xiao-mi 張曉密. (2009). "The Origin of the Attention to Rationality and Emotion." 對理性和情感關注的起源. *Journal of Harbin University* 哈爾濱學院學報 30: 15–19.

Ma Jinchen 馬金辰 and Zhang Nan 張楠. (2021). "On the injustice in the ruling thought of Plato's Philosopher King." 論柏拉圖哲學王统治思想中的非正義性. *Journal of Inner Mongolia Electric University* 內蒙古電大學刊 5.

Ma Shuyun 馬樹人. (1996). "The Role of Power Struggle and Economic Changes in the 'Heshang Phenomenon' in China." *Modern Asian Studies* 30: 29–50.

Mashaal, Samantha. (2019). "Plato's Party-State: Evaluating China's Political System through the Framework of the Republic." *Penn Journal of Philosophy, Politics & Economics* 14 (1): 6. Available at https://repository.upenn.edu/spice/vol14/iss1/6.

Mahood, G.H. (1971). "Socrates and Confucius: Moral Agents or Moral Philosophers?" *Philosophy East and West* 21: 177–188.

Makeham, John. (2003). "The Retrospective Creation of New Confucianism." In *New Confucianism: A Critical Examination*. Edited by John Makeham. 25–53. New York, NY: Palgrave Macmillan.

———. (2012). "Disciplining Tradition in Modern China: Two Case Studies." *History and Theory* 51: 89–104.

Mao Zedong. (1990). *Mao Zedong's early writings: 1912.6–1920.11* 毛泽東早期文稿. Zhangsha: Human Press.

———. (2005). *Mao Zedong on Dialectical Materialism: Writings on Philosophy, 1937*. Edited by Nick Knight. Armonk, NY: M.E. Sharpe, Inc.

Marchal, Kai. (2017). "Modernity, Tyranny, and Crisis: Leo Strauss in China." In *Carl Schmitt and Leo Strauss in the Chinese-Speaking World*. Edited by Marchal and Shaw. 173–96. Lanham, MD: Lexington Books.

Marchal, Kai and Carl K.Y. Shaw, eds. (2017). *Carl Schmitt and Leo Strauss in the Chinese-speaking World: Reorienting the Political*. Lanham, MD: Lexington Books.

Mardell, Jacob. (2017). "The 'Community of Common Destiny' in Xi Jinping's New Era. Building a 'community of common destiny' is the motivating force behind China's future foreign policy." *The Diplomat* Oct. 25, 2017. Available at https://the diplomat.com/2017/10/the-community-of-common-destiny-in-xi-jinpings-new-era/.

McDaniel, R. (1998). "The Nature of In equality: Uncovering the Modern in Leo Strauss's Idealist Ethics." *Political Theory* 26: 317–345.

Melzer, Arthur M. (2014). *Philosophy Between the Lines: The Lost History of Esoteric Writing*. Chicago, IL: The University of Chicago Press.

Menand, Louis. (2018). "Francis Fukuyama Postpones the End of History." *The New Yorker* September 3, 2018.

Meng Xianping 孟憲清. (2011). "The Development and Substantive Tendency of Western Traditional Rationalism." 西方傳統理性主義的發展和實体性傾向. *Journal of Yunnan University, Social Sciences Edition* 云南大學學報, 社會科學版 3: 35–41.

Menn, Stephen. (1992). "Aristotle and Plato on God as Nous and as the Good." *The Review of Metaphysics* 45: 543–573.

Metzger, T.A. (2005). *A Cloud Across the Pacific: Essays on the Clash Between Chinese and Western Political Theories Today*. Hong Kong: Chinese University Press.

Meynard, Thierry. (2013). "Aristotelian Ethics in the Land of Confucius: A Study of Vagnone's Western Learning on Personal Cultivation." *Antiquorum Philosophia* 7: 145–169.

Mi Chenfeng 米辰肇. (1995). "The Spread of Aristotle's Political Theory in China." *Rivista Di Cultura Classica e Medioevale* 37: 243–257.

Mi, Michael C. (1997). "The Spread of Aristotle's Political Theory in China." *Political Theory* 25: 249–257.

Moak, Ken. (2018). "Why China prefers its own ideology to US-style democracy." *Asia Times* April 4, 2018. Available at https://asiatimes.com/2018/04/china-prefers-ideology-us-style-democracy/.

Mommsen, Wolfgang. (2006). "Personal Conduct and Societal Change." In *Max Weber, Rationality and Modernity*. Edited by Sam Whimster and Scott Lash. 35–51. London and New York, NY: Routledge

Moody, P. R. (2008). "Rational Choice Analysis in Classical Chinese Political Thought: The 'Han Feizi.'" *Polity* 40: 95–119.

Moore, Kenneth R. (2009). "Platonic Myths and Straussian Lies: The Logic of Persuasion." *Polis* 26: 89–115.

Mori, Giuliano. (2020). "Natural theology and ancient theology in the Jesuit China mission." *Intellectual History Review* 30: 187–208.

Moss, Stephen. (2014). "Francis Fukuyama: 'Americans are not very good at nation-building.'" *The Guardian* October 14, 2014. Available at https://www.theguardian.com/books/2011/may/23/francis-fukuyama-americans-not-good-nation-building.

Müller-Lee, Andreas. (2018). "The Jesuit Mission to China and the Reception of Ancient Greek and Roman Culture in China and Korea." In *Receptions of Greek and Roman Antiquity in East Asia*. Edited by Almut-Barbara Renger and Xin Fan. 19–49. Leiden: Brill.

Mungello, David E. (1985). *Curious Land: Jesuit Accommodation and the Origins of Sinology*. Honolulu, HI: University of Hawaii Press.

———. (1994). *The Chinese Rites Controversy: Its History and Meaning*. Monumenta Serica 123. Beijing: Institut Monumenta Serica.

———. (2005). *The Great Encounter of China and the West, 1500–1800*. Lanham, MD: Rowman & Littlefield.

Murphy, Tim and Ralph Weber. (2010). "Confucianizing Socrates and Socratizing Confucius: On Comparing *Analects* 13:18 and the *Euthyphro*." *Philosophy East and West* 60.2: 187–206.

Mutschler, Fritz-Heiner. (2018). "Western Classics at Chinese Universities—and Beyond: Some Subjective Observations." In *Receptions of Greek and Roman Antiquity in East Asia*. Edited by Almut-Barbara Renger and Xin Fan. 430–444. Leiden: Brill.

Naddaf, Gerard. (2000). "Literary and Poetic Performance in Plato's Laws." *The Society for Ancient Greek Philosophy Newsletter* 312. Available at https://orb.binghamton.edu/sagp/312.

Nadon, Christopher. (2017). "Leo Strauss' Critique of the Political in a Sinophone Context." In *Carl Schmitt and Leo Strauss in the Chinese-Speaking World*. Edited by Marchal and Shaw. 151–172. Lanham, MD: Lexington Books.

Nails, Debra. (2012). "Plato's "Republic" in its Athenian Context." *History of*

Political Thought 33: 1–23.

Ni, Peiman. (2011). "Classical Confucianism I: Confucius." In *The Oxford Handbook of World Philosophy*. Edited by Jay L. Garfield and William Edelglass. Oxford, UK: Oxford University Press.

Nie Minli 聶敏里. (2017). "The New Life of Classics: Political Imagination or Historical Critique?" 古典學的新生:政治的想象, 抑或歷史的批判? *Tsinghua Studies in Western Philosophy* 清華西方哲學研究 1: 272–295.

Nisbett, R. E. (2003). *The geography of thought: How Asians and Westerners think differently...and why*. New York, NY: Free Press.

Norden, Bryan W. Van. (2004). "Review of Jean-Paul Reding, *Comparative Essays in Early Greek and Chinese Rational Thinking*." *Notre Dame Philosophical Reviews* Available at https://ndpr.nd.edu/news/comparative-essays-in-early-greek-and-chinese-rational-thinking/.

Osnos, Evan. (2008). "Angry Youth: The New Generation's Neocon Nationalists." *New Yorker* July 28, 2008. 28–37.

Page, Carl. (1991). "The Truth about Lies in Plato's Republic." *Ancient Philosophy* 1: 1–33.

Palmer, James. (2020). "Oh God, Not the Peloponnesian War Again." *Foreign Policy* July 28, 2020. Available at https://foreignpolicy.com/2020/07/28/oh-god-not-the-peloponnesian-war-again/.

Pan Honglin 潘洪林. (2000). "Why Scientific Reason Oversteps Value Reason—Another Criticism of Western Scientific Reason." 科學理性何以僭越價值理性—對西方科學理性的另一種批判. *Ningxia Social Science* 寧夏社會科學 6: 7–10.

Pan Wei 潘維. (2003). *The Rule of Law and "Democratic Superstition."* 法治與"民主迷信". Hong Kong: Hong Kong Social Sciences Press.

_____. (2006). "Ancient Greece and Democracy"古希臘與民主制度. http://www.aisixiang.com/data/12365.html.

Pan Yue. (2020). "A Serious Misunderstanding of the 'Roots' of Civilization is the Biggest Issue in Today's Dispute Between China and the West." *The Paper, Cultural Aspects* 澎湃號〉文化縱橫 June 3, 2020. Available at https://www.sohu.com/a/400767099_788167.

Pangle, Thomas. (1983). "The Roots of Contemporary Nihilism and Its Political Consequences According to Nietzsche." *The Review of Politics* 45: 45–70.

Pei Wen 裴雯. (1998). "The Economic Characteristics of Athens in the Classical Period" 古典時期雅典的經濟特徵. *Journal of Fudan University, Social Science Edition* 复旦學報, 社會科學版 5: 130–34.

Peng Gonglian 彭公亮. (2001). "The Original Mission of Greek Philosophy and the Modern Mission of Philosophy." 希臘哲學的本源性使命及哲學的現代任務. *Journal of Hanzhong Normal University, Social Sciences* 漢中師範學院學報, 社會科學 1. Available at http://rdbk1.ynlib.cn:6251/qw/Paper/156584.

Peng, K. and R. E. Nisbett. (1999). "Culture, dialectics, and reasoning about contradiction." *American Psychologist* 54: 741–54.

Perelomov, L. S. (1977). "Mao, The Legalists, and the Confucianists." *Chinese Studies in History* 11: 64–95.

Perris, A. (1983). "Music as Propaganda: Art at the Command of Doctrine in the People's Republic of China." *Ethnomusicology* 27: 1–28.

Pines, Yuri. (2000). "'The One That Pervades the All' in Ancient Chinese Political thought: The Origins of 'The Great Unity' Paradigm." *T'oung Pao* 86: 280–324.

Pollock, Sheldon. (2010). "Comparison without Hegemony." In *The Benefit of Broad Horizons*. 185–204. Leiden: Brill.

Popper, Karl. (1971). *The Open Society and its Enemies*. Fifth revised edition. Princeton, NJ: Princeton University Press.

Pormann, Peter E. (2013). "Classical Scholarship and Arab Modernity." In *Modernity's Classics: Ruptures and Reconfigurations*. Edited by Humphreys and Wagner. 123–41. Heidelberg: Springer Nature.

Qiang Zha (2005). "Reading Xi's Modern Twist on Plato's 'The Republic.'" *Inside Higher Ed* March 9, 2005.

Qing Lianbin 青連斌. (2006). "Classification: Sociological Research and Definition." 階層：社會學的研究與界說. *Study Times* 學習時報, February 13.

Qiu Yue. (2004). "The Construction and Criticism of Plato's *Kallipolis*," *Journal of Anhui Police Vocational College* 1.

Ranieri, P. (2016). "Standing the Test of Time: Liberal Education in a Jesuit Tradition." *Traditions of Eloquence: The Jesuits and Modern Rhetorical Studies*. Edited by Cinthia Gannett, and John Brereton. 263–74. New York, NY: Fordham University Press.

Rawls, John. (1999). *Political Liberalism*. New York, NY: Columbia University Press.

Redding, Gordon. (2002). "The Capitalist Business System of China and its Rationale." *Asia Pacific Journal of Management* 19: 221–49.

Reding, Jean-Paul. (2004). *Comparative Essays in Early Greek and Chinese Rational Thinking*. New York, NY: Routledge.

Ren Xiao 任曉. (2004). "What is Rationalism?" 何谓理性主义? *Chinese Journal of European Studies* 歐洲研究 2: 148–52.

Renger, Almut-Barbara and Xin Fan, eds. (2018). *Receptions of Greek and Roman Antiquity in East Asia*. Leiden: Brill.

Ri Zhi 日知, ed. (1989). *The Study of the History of Ancient City-States*. 古代城邦史研究. Beijing: People's Publishing House.

Ricci, Matteo. (1942–1949). "Storia dell'Introduzione del Cristianesimo in Cina." In *Documento originali concernenti Matteo Ricci e la storia delle prime relazioni tra l'Europa e la Cina, 1579–1615*. Edited by Pasquale M. D'Elia. Vol. 1, 36. Roma: La Libreria dello Stato. 3 vols.

_____. (1985). *The True Meaning of the Lord of Heaven* (天主實義). Translated by

Douglas Lancashire, Peter Hu Kuochen, and Edward J. Malatesta. St. Louis, MO: Institute of Jesuit Sources.

Roland, Nadège. (2018). "Examining China's 'Community of Common Destiny.'" *Power 3.0*, January 23, 2018. Available at https://www.power3point0.org/2018/01/23/examining-chinas-community-of-destiny/.

Rong Guangyi 榮光怡. (2013). "The Enlightenment of Plato's Thoughts on Justice in the Construction of a Harmonious Society in my Country." 柏拉圖的正義思想對我國構建和諧社會的啓示. *Journal of Inner Mongolia University for Nationalities (Social Science Edition)* 內蒙古民族大學學報(社會科學版) 1.

Rošker, Jana. (2013). "The Concept of Harmony in Contemporary P. R. China and in Modern Confucianism." *Asian Studies* 1: 3–20.

Rowett, Catherine. (2016). "Why the Philosopher Kings Will Believe the Noble Lie." *Oxford Studies in Ancient Philosophy* 50: 67–100.

Samons, Loren J. (2004). *What's Wrong with Democracy? From Athenian Practice to American Worship*. Berkeley, CA: University of California Press.

Sasaki, Takeshi. (2012). "Plato and Politeia in Twentieth-Century Politics." *Études platoniciennes* 9: 147–160.

Saussy, Haun. (2010). "Contestatory Classics in 1920s China." In *Classics and National Cultures*. Edited by Susan A. Stephens and Phiroze Vasunia. 258–267. New York, NY: Oxford University Press.

Schechter, Darrow. (2010). *The Critique of Instrumental Reason from Weber to Habermas*. New York, NY: Continuum.

Schluchter, Wolfgang. (1981). *The Rise of Western Rationalism: Max Weber's Developmental History*. Berkeley, CA: University of California Press.

Schmidt, J. (2000). "What Enlightenment Project?" *Political Theory* 28: 734–757.

Schneider, Axel. (2010). "The One and the Many: A Classicist Reading of China's Tradition and Its Role in the Modern World; An Attempt on Modern Chinese Conservatism." *Procedia: Social and Behavioral Sciences* 2: 7218–

43.

Schwarcz, Vera. (1986). *The Chinese Enlightenment: Intellectuals and the Legacy of the May Fourth Movement of 1919*. Berkeley, CA: University of California Press.

Selby-Bigge, L. E., ed. (1962). *Inquiries Concerning Human Understanding and concerning the Principles of Morals*. Oxford, UK: Oxford University Press.

Semedo, Alvarez. (1996)[orig. 1667]. *Histoire universelle du grand royaume de la Chine*. Paris: Kiné.

Sen, Amartya. (2000). "East and West: The Reach of Reason." *New York Review of Books* 47: 33–38.

Seo, J. Mira. (2019). "Classics for All: Future Antiquity from a Global Perspective." *American Journal of Philology* 140: 699–715.

Shankman, Steven and Stephen Durrant. (2003). *The Siren and the Sage: Knowledge and Wisdom in Ancient Greece and China*. Eugene, OR: Wipf and Stock.

Sharpe, Matthew. (2013). "The Poetic Presentation of Philosophy: Leo Strauss on Plato's 'Symposium.'" *Poetics Today* 34: 563–60.

Shaw, Carl K.Y. (2017). "Towards a Radical Critique of Liberalism: Carl Schmitt and Leo Strauss in Contemporary Chinese Discourses." In *Carl Schmitt and Leo Strauss in the Chinese-Speaking World*. Edited by Marchal and Shaw. 37–57. Lanham, MD: Lexington Books.

Shen Sungchiao (2006). "Discourse on *guomin* ('the citizen') in late Qing China, 1895–1911." Translated by Hsiao Wen Chien. *Inter-Asia Cultural Studies* 7: 2–23.

Shen Sungchiao and Chien Y.S. Sechin (2006). "Turning Slaves into Citizens: Discourses of *Guomin* and the Construction of Chinese National Identity in the Late Qing Period." In *The Dignity of Nations: Equality, Competition, and Honor in East Asian Nationalism*. Edited by John Fitzgerald and Sechin

Y.S. Chien. 49–69. Hong Kong: Hong Kong University Press.

Shi Bin 石斌. (2002). "The Moral Appeal of Amoral Political Theories: The Paradox of Realist Perspectives on International Ethics." '非道德'政治論的道德诉求—現實主義國際關係倫理思想淺析. *Europe* 歐洲 1: 1–11.

Shi Yihua 石義華 and Lai Yonghai 賴永海. (2002). "Fracture and Integration of the Relationship between Instrumental Rationality and Value Rationality." 工具理性與價值理性關係的斷裂與整合. *Journal of State Normal University, Philosophy and Social Sciences Edition* 徐州師範大學學報, 哲學社會科學版 4: 100–103.

Shui Yidi 水亦棣. (2004). "Politics and Philosophy: Two Interpretations of Leo Strauss by Gan Yang and Liu Xiaofeng." 政治與哲學—甘陽和劉小楓對斯特勞斯的兩種解讀. *Open Times* 開放時代 3.

Shun, Kwong-loi and David B. Wong, eds. (2004a). *Confucian Ethics: A Comparative Study of Self, Autonomy, and Community*. Cambridge, UK: Cambridge University Press.

Shun, Kwong-loi. (2004b). "Conception of the person in early Confucian thought." In *Confucian Ethics: A Comparative Study of Self, Autonomy, and Community*. Edited by Kwong-loi Shun and David B. Wong, 183–199. Cambridge, UK: Cambridge University Press.

Sima Qian. (1969). "*Qin Shihuang enji*." ("Annals of the Qin Shihuang"). In his *Shiji* (史記) 245. Hong Kong: Zonghua shuju.

Smith, Steven B. (2006). *Reading Leo Strauss: Politics, Philosophy, Judaism*. Chicago, IL: University of Chicago Press.

Soles, David. (1995). "Confucius and The Role of Reason." *Journal of Chinese Philosophy* 22: 249–261.

Song Fugang 宋富綱. (1988). "Change in the Republic's Three Hereditary Classes and Its Historical Basis" 理想國三等級的世襲變異及其歷史基礎. *Academic Journal of Zhongzhou* 中州學刊 1: 41–44.

Spalatin, Christofer A. (1975). "Matteo Ricci's Use of Epictetus's *Enchiridion*." *Gregorianum* 56: 551–7.

Spence, Jonathan D. (1969). *To Change China: Western Advisers in China 1620–1960*. Boston, MA: Penguin.

_____. (1985). *The Memory Palace of Matteo Ricci*. New York, NY: Penguin Books.

_____. (1991). *The Search for Modern China*. New York, NY: Norton.

Sprenger, Arnold. (1991). "A New Vision for China: The Case of Liu Xiaofeng." *Interreligio* 19: 2–10. Originally published in *China Heute* 9, no. 6 (1990): 157–71.

Standaert, Nicolas, ed. (2001). *Handbook of Christianity in China*. Volume 1. 635–1800. Leiden: Brill.

_____. (2003). "The Transmission of Renaissance Culture in Seventeenth-Century China." *Renaissance Studies* 17: 367–91.

Standaert, Nicolas and Adrian Dudink, eds. (2002). *Chinese Christian texts from the Roman Archives of the Society of Jesus* 耶穌會羅馬檔案館明清天主教文獻. Taipei: Taipei Ricci Institute.

Statman, Alexander. (2019). "The First Global Turn: Chinese Contributions to Enlightenment World History." *Journal of World History* 30: 363–92.

Strauss, Leo. (1941). "Persecution and the Art of Writing." *Social Research* 8: 488–504.

_____. (1952). *Persecution and the Art of Writing*. Chicago, IL: The University of Chicago Press.

_____. (1964). *The City and Man*. Chicago, IL: The University of Chicago Press.

Sturniolo, Anthony C. (2016). "Influences of Western Philosophy and Educational Thought in China and their effects on the New Culture Movement." Master's thesis, State University of New York College at Bufalo.

Su Xiaokang 蘇曉康 and Wang Luxiang 王魯湘. (1991). *Deathsong of the River:*

A Reader's Guide to the Chinese TV Series Heshang. Translated by Richard Bodman and Pin Pin Wan. Ithaca, NY: Cornell East Asia Series.

Su Yu 蘇輿, ed. (1970[1898]). *Selected Writings on Protecting the Doctrine* 翼教叢編. Taipei: Tailin Quaofen Publishing House.

Sun, Anna. (2013). *Confucianism as a World Religion: Contested Histories and Contemporary Realities*. Princeton, NJ: Princeton University Press.

Sun Ruoqian 孫若茜. (2018). "We Must Still Reflect on the 80s. The 30th Anniversary of the Editorial Board of 'Culture: China and the World.'" 依然要思考80年代—"文化: 中國與世界" 编委會30周年. Available at http://ny.zdline.cn/h5/article/detail.do？artId=13596.

Suskind, Ron. (2004). "Faith, Certainty and the Presidency of George W. Bush." *The New York Times Magazine* October 17, 2004.

Syea, E. (2016). "Nietzsche on Greek and Indian philosophy." In *Universe and Inner Self in Early Indian and Early Greek Thought*. Edited by R. Seaford. 265–278. Edinburgh: Edinburgh University Press.

Tang Shiqi 唐士其. (2011). "The Middle Way and Power: China's Traditional Wisdom and Strauss's Classical Rationalism" 中道與權量—中國傳統智慧與施特勞斯眼中的古典理性主義. *International Politics Research* 國際政治研究 48(2): 101–19.

Tang Xiaobing. (1996). *Global Space and the Nationalist Discourse of Modernity: The historical thinking of Liang Qichao*. Stanford, CA: Stanford University Press.

Tang Yijie 湯一介. (2015). *Confucianism, Buddhism, Daoism, Christianity and Chinese Culture*. China Academic Library. Springer: Heidelberg.

Taylor, Charles. (1995). "Two Theories of Modernity." *The Hastings Center Report* 25: 24–33.

Taylor, Martha C. (2010). *Thucydides, Pericles, and the Idea of Athens in the Peloponnesian War*. Cambridge, UK: Cambridge University Press.

Teon, Aris. (2016). "Mao Zedong, Legalism and Confucianism: Similarities and Differences." *The Greater China Journal* 5. Available at https://china-journal.org/2016/05/16/mao-zedong-legalism-confucianism-similarities-differences/.

Tu Wei-ming 杜維明. (1991). "The Enlightenment Mentality and the Chinese Intellectual Dilemma." In *Perspectives on Modern China: Four Anniversaries*. Edited by Kenneth Lieberthal et al. 103–118. Armonk, NY: M.E. Sharpe, Inc.

_____. (2000). "Multiple modernities: A Preliminary Inquiry into the Implications of East Asian Modernity." In *Culture Mkatters: How Values Shape Human Progress*. Edited by Lawrence E. Harrison and Samuel P. Huntington. 256–66. New York, NY: Basic Books.

_____. (2003). "Beyond the Enlightenment Mentality." In *Liberating faith: Religious Voices for Justice, Peace, and Ecological Wisdom*. Edited by Roger S. Gottlieb. 163–76. Lanham, MD: Rowman & Littlefield Publishers.

_____. (2010). *The Global Significance of Concrete Humanity: Essays on the Confucian Discourse in Cultural China*. Delhi: Munshiram Manoharlal Pub Pvt.

Turner, Bryan. (2002). "The problem of cultural relativism for the sociology of human rights: Weber, Schmitt, and Strauss." *Journal of Human Rights* 1: 587–605.

Turner, Stephen. (2008). "Blind Spot? Weber's Concept of Expertise and the Perplexing Case of China." In *Max Weber Matters: Interweaving Past and Present*. Edited by Fanon Howell, Marisol L. Menendez, and David Chalcraft. 121–134. Burlington, VT: Ashgate.

Van Norden, Bryan W. and Kwan Im Thong Hood Cho. (2019). "Why the U.S. Needs to Understand Chinese Philosophy." *The Conversation* July 20, 2019. Available at https://www.usnews.com/... 07.../why-the-us-needs-tounderstand-chinese-philosophy.

Venturi SJ, and Pietro Tacchi. (1911–1913[1584]). "Letter to Giambattista Roman, Treasurer of the government in the Philippines, Zhaoqing, September 13, 1584." In *Opere Storiche del P. Matteo Ricci S.I. Comitato per ler onoranze nazionali conprolegomena*. Vol. 1: 45. Macerata: Giorgetti. 2 Vols.

Vittinghof, Natascha. (2002). "Unity vs. Uniformity: Liang Qichao and the Invention of a 'New Journalism' for China." *Late Imperial China* 23: 91–143.

Wagner, Rudolf G. (2013). "A Classic Paving the Way to Modernity: The Ritual of Zhou in the Chinese Reform Debate Since the Taiping Civil War." In *Modernity's Classics: Ruptures and Reconfigurations*. Edited by Sarah C. Humphreys and Rudolph G. Wagner. 77–99. Heidelberg: Springer Nature.

Waley, A., trans. (1979). *Confucius: The Analects*. London, UK: Everyman.

Walker, D. P. (1972). *The Ancient Theology. Studies in Christian Platonism from the Fifteenth to the Eighteenth Century*. Ithaca, NY: Cornell University Press.

Wang Bei 王蓓.(2003). "The Ideological Focus of the Ideal State"《理想國》的思想聚焦. Journal of Shanxi Normal University (Philosophy and Social Sciences) 陝西師範大學學報 (哲學社會科學版). 3.

Wang Bibo 王碧波. (2011). "A Comparative Study of the Theories of Harmonious Society between Plato and Confucius." 柏拉圖與孔子和諧社會理論比較研究. Master's thesis, Sichuan University of Foreign Languages.

Wang Cenggu 全增嘏, ed. (1983). *A History of Western Philosophy*. Shanghai: Shang-hai People's Press.

Wang Chao 王超. (2014). "Educational Love: A Noble 'Lie' about Teachers' Love" 教育愛: 師愛中的高貴"謊言". *University Education* 大學教育科學 4: 64–9.

Wang Guoyou 王國有. (2006). "Western Rationalism and Its Modern Destiny" 西方理性主義及其現代命運. *Jianghai Academic Journal* 江海學刊 4: 55–60.

Wang Hai 王海. (1999). "Gu Zhun: Greek City-States and the Origin of Its Democracy." *Perspectives* 1(3).

Wang Huaiyu 王懷聿. (2009). "The Way of Heart: Mencius' Understanding of Justice." *Philosophy East and West* 59: 317‒63.

Wang Hui 汪暉. (1989). "Prophesy and History: the 'May Fourth' Enlightenment Movement in Modern Chinese History." 豫言與危機(上篇)―中國現代歷史中的"五四"啓蒙運動. *Literary Review* 文學評論 3: 17‒25.

_____. (2001). "On Scientism and Social Theory in Modern Chinese Thought." In *Voicing Concerns: Contemporary Chinese Critical Inquiry*. Edited by Gloria Davies. 135‒156. Lanham, MD: Rowman & Littlefield Publishers.

Wang Huiran 王慧然. (2010). "Rationalism and Western Modernity Crisis." 理性主義與西方現代性危機. *Academic Exchange* 學術交流 6: 21‒4.

Wang Jing 王瑾. (1996). *High Culture Fever: Politics, Aesthetics, and Ideology in Deng's China*. Berkeley, CA: University of California Press.

_____. (2016). "The Polis and Its Guardians: A Reading of *Republic* II.347a‒376c." 柏拉圖笔下的城邦與護衛者―《王制》第二卷 374a‒376c 發微. *The Chinese Journal of Classical Studies* 古典研究 26: 1‒14.

Wang Junlin 王鈞林. (1982). "On Aristotle's View of Country from 'The Politics.'" 從《政治學》看亞里士多德的國家觀. *Qilu Journal* 齊魯學刊 5: 55‒60.

Wang, Kai 王楷. (2015). "On the Dimension of Self-cultivation of Li in Xuncian Philosophy." *KronoScope* 15: 93‒117.

Wang Li 王利. (2009). "Strauss's Inspiration" 施特勞斯的啓示. *Dushu* 讀書 October 10, 2009. 41‒5.

Wang Qiaoling. (2000). "The Comparison of Moral Metaphysics between Kant and Confucius." *New Theory of Tianfu* 4.

Wang Tao 王濤. (2012a). "Why is China interested in Strauss?" 中國爲什麼對列奧施特勞斯感興趣? *Social Outlook* 社會觀察 8: 78‒80.

_____. (2012b). "Leo Strauss in China." *Claremont Review of Books* May 2, 2012.

12 (2): 80–82.

Wang Wenwu 王文武. (2009). "The Progressive Significance of Social Stratification in Chongqing." 重慶社會分層的進步意義. *Guiyang Daily* 貴陽日報. December 11, 2009.

Wang Xuan, Kasper Jufermans, and Caixia Du. (2016). "Harmony as Language Policy in China: An Internet Perspective." *Language Policy* 15. Available at https://link.springer.com/article/10.1007/s10993-015-9374-y.

Wang Xu 王旭. (2016). "An Interpretation of Aristotle's Theory of Government" 解讀亞里士多德的政体論. *China University Humanities and Social Sciences Communication Network* 中國高校人文社會科學傳播網 1–10. Available at https://www.sinoss.net/show.php?contentid=73974.

Wang Yang 王揚. (2014). "The Harmonia of Plato's *Republic*." 柏拉圖"理想國"中的和諧. *The Chinese Journal of Classical Studies* 古典研究 1: 50–68.

Wang Yong. (2012). "An Interpretation of Plato's Theory of the Harmonious Society." 柏拉圖的和諧社會思想詮釋. *Journal of Tibet Nationalities Institute: Philosophy and Social Sciences Edition* 西藏民族學院學報: 哲學社會科學版 10. Available at https://taoshumi.com/subject/D0/2012/506998.html.

Wang Yuanming 王元明. (2009). "The Basis of Chinese and Western Political Theory in Human Nature" 中西政治學說的人性論基礎. *Journal of Tianjin Normal University, Social Science Edition* 天津師範大學學報 3: 8–13.

Wardy, R. (2000). *Aristotle in China: Language, Categories and Translation*. Cambridge, UK: Cambridge University Press.

Wawrytko, S. (1982). "Confucius and Kant: The Ethics of Respect." *Philosophy East and West* 32: 237–57.

Webel, Charles P. (2014). *The Politics of Rationality: Reason through Occidental History*. New York, NY: Routledge.

Weber, Max. (1951). *The Religion of China: Confucianism and Taoism*. New York, NY: Free Press.

_____. (1958). *The Protestant Ethic and the Spirit of Capitalism*. Translated by Talcott Parsons. New York, NY: Charles Scribner's Sons.

_____. (1961). *General Economic History*. Translated by F. H. Knight. London: Collier Books.

_____. (1978). *Economy and Society: An Outline of Interpretive Sociology*. Edited by Guenther Roth and Claus Wittich. Berkeley, CA: University of California Press.

_____. (2004). *The Vocation Lectures*. Edited by David Owen and Tracy B. Strong. Translated by Rodney Livingstone. Indianapolis, IN: Hackett Books.

Wen Tao. (2006). "The Harmonious Society of Justice and the City State—On the Harmonious Society of Plato's 'Utopia.'" 正義城邦和諧社會—論柏拉圖《理想國》的和諧社會. *Journal of Jiangnan University, Humanities and Social Sciences Edition* 江南大學學報(人文社會科學版) 1.

Weng, Leihua. (2010). "Plato in Modern China: A Study of Contemporary Chinese Platonists." PhD Dissertation, University of South Carolina.

_____. (2015a). "The Straussian Reception of Plato and Nationalism in China." *The Comparatist* 39: 313–34.

_____. (2015b). "Re-locating Plato: A Chinese Translation and Interpretation of Plato's Symposium." *Intertexts* 19: 67–82.

Whimster, Sam and Scott Lash, eds. (2006). *Max Weber, Rationality and Modernity*. London, UK: Routledge.

Whitehead, A. N. (1979). *Process and Reality: An Essay in Cosmology*. New York, NY: Free Press.

Wilson, Bryan R., ed. (1970). *Rationality. Key Concepts in the Social Sciences*. Oxford, UK: Blackwell.

Wong, David. (2019). "Comparative Philosophy: Chinese and Western." *The Stanford Encyclopedia of Philosophy*. Edited by Edward N. Zalta. Available at https://plato.stanford.edu/archives/win2019/entries/comparphil-chiwes/.

Wu Enyu 吳恩裕. (1979). "On Political Thought of Plato and Aristotle" 論柏拉圖和亞里士多德的政治思想. *Philosophical Research* 哲學研究 3: 35–44.

Wu Gaojun 吳高君. (2003). "Economic Research of Ancient Greek City-States." 古希臘城邦經濟研究. *The Northern Forum* 北方論叢 2: 34–37.

_____. (2014). *The Great Dragon Fantasy: A Lacanian Analysis of Contemporary Chinese Thought*. Singapore: World Scientific Publishing Company.

Wu Huiyi. (2017). *Traduire la Chine au XVIIIe siècle: Les jésuites traducteurs de textes chinois et le renouvellement des connaissances européennes sur la Chine (1687–ca. 1740)*. Paris: Honoré Champion.

Wu Jia 吳佳. (2013). "Research on Instrumental Rationality and Value Rationality in Ideological and Political Education." 思想政治教育中的工具理性和價值理性研究. Master's Thesis, Nanjing Forestry University.

Wu Junbin 伍俊斌. (2007). "On the basic theory of civil society construction." 公民社會建構的基礎理論研究. Dissertation. Party School of the CPC Central Committee 中共中央黨校.

Wu Qingping. (2020). "Doubts about He Xin's Critique of Ancient Greek History." http://webcache.googleusercontent.com/search?q=cache:3eKZPH75wSQJ:www.bbglobe.com/Article/Default.aspx?aid%3D111426&hl=en&gl=au&strip=1&vwsrc=0. Based on a snapshot of the page as it appeared on 2 Aug 2020 11:29:19 GMT but has since dis appeared.

Wu Shuchen 武樹臣. (1985). "On Aristotle's Concept of Rule of Law." 亞里士多德法治思想探索. *Law Studies* 法學 5: 43–5.

Wu Xiuyi 吳修藝. (1988). *China's Cultural Fever*. 中國文化熱. Shanghai: Shanghai People's Press.

Wu Yuqin 吳于廑. (1963). "On the Two 'Objective Historians in the West.'" 論西方古今兩個"客觀"史學家. *Jianghan Journal* 江漢學報 6: 30–9.

Wu Zhiqiang 吳志強. (1991). "River Elegy, Student Movements, and Cultural Changes." 河殤, 學潮, 文化變遷. *China Spring* 中國之春 98 (July): 63–5.

Xia Xingyou 夏興有. (2018). "The Cultural Genes of Chinese Roads." 中國道路的文化基因. *Guangming Daily* 光明日報 September 17, 2018.

Xia, Florence C. (2002). *Sojourners in a Strange Land: Jesuits and Their Scientific Missions in Late Imperial China*. Chicago, IL: The University of Chicago Press.

Xiao Fan 蕭凡. (1980). "Is Plato the 'First Communist Theorist?'" 柏拉圖是'第一個共產主義理論家'嗎? *Jinan Journal Philosophy and Social Sciences Edition* 暨南學報,哲學社會科學版 4: 71–4.

Xiao, Xiaosui 蕭小穗. (2005). "Intellectual Communication East and West: A Historical and Rhetorical Approach." *Intercultural Communication Studies* 15: 41–52.

Xiao, Yang 蕭陽. (2002). "Liang Qichao's Political and Social Philosophy." In *Contemporary Chinese Philosophy*. Edited by Chun-Ying Chen and Nicholas Bunnin. 17–39. Oxford, UK: Wiley-Blackwell.

Xie Huiyuan 謝惠媛. (2014). "The Moral Rationality and Validity of Political Behavior—Based on the Comparison of Plato and Machiavelli Thoughts." 政治行爲的道德合理性與有效性—基于柏拉圖與馬基雅維里思想的比較. *Gansu Social Sciences* 甘肅社會科學 5: 49–52.

Xin Fan. (2018). "Imagining Classical Antiquity in Twentieth-Century China." In *Receptions of Greek and Roman Antiquity in East Asia*. Edited by Almut-Barbara Renger and Xin Fan. 202–18. Leiden: Brill.

Xu Datong 徐大同. (1981). "My Humble Opinions on the Research Objects of Political Science—An Investigation of the History of Research Objects" 關于政治學研究對象的淺見—政治學研究對象的史的考察. *Journal of Tianjin Normal University* 天津師院學報 6: 39–42.

Xu Guiquan 徐貴權. (2003). "On Value Rationality." 論價值理性. *Journal of Nanjing Normal University, Social Science Edition*. 南京師大學報,社會科學版 5: 10–14.

Xu Jian 徐戩. (2010). "The Noble Competition." 高貴的競賽. In *The Quarrel between the Ancients and the Moderns and the Self-consciousness of Civilization: Strauss in the Context of China* 古今之爭與文明自覺: 中國語境中的施特勞斯. Edited by Xu Jian. 1–33. Shanghai: East China Normal University Press.

Xu Jilin 許紀霖. (2000). "The Fate of an Enlightenment—Twenty Years in the Chinese Intellectual Sphere (1978–98)." Translated by Geremie R. Barme with Gloria Davies. *East Asian History* 20: 169–86.

Xu Songyan 徐松岩. (1998). "There is No 'Industrial and Commercial City State' in the Ancient World." 古代世界不存在'工商業城邦'. *Journal of Chongqing Normal University, Philosophy and Social Sciences Edition* 重慶師範大學學報(哲學社會科學版) 1: 103–6.

Xu Tianshi 徐天使. (2010). "The Problem of the Noble Lie in the Ideal State." 理想國中的謊言問題. *Knowledge Economy* 知識經濟 12: 175–176.

Xu Xiaoxu 徐曉旭. (2004). "The Concept of 'Nation' in Ancient Greece." 古希臘人的"民族"概念. *Journal of World Peoples Studies* 世界民族 2: 35–40.

Xu Yu 徐瑜 and Qian Zaixiang 錢在祥. (1981). "Aristotle's Writings in China." 亞里士多德的著作在中. *Journal of Sichuan Society for Library Science* 四川圖書館學報 1: 51–54.

Xu, Ben. (2001). "Postmodern-Postcolonial Criticism and Pro-Democracy Enlightenment." *Modern China* 27: 117–47.

Xu, Keqian. (2006). "Early Confucian Principles: The Potential Theoretic Foundation of Democracy in Modern China." *Asian Philosophy* 16: 135–48.

Xuyang Jingjing. (2013). "Confucius Goes Green." *Global Times*, Dec. 12, 2013. Available at https://www.pressreader.com/china/global-times/20131212/281517928930544.

Yang Guorong. (2019). "The Idea of Reason and Rationality in Chinese Philosophy." In his *Philosophical Horizons: Metaphysical Investigation in*

Chinese Philosophy. 178 – 96. Brill: Leiden.

Yang Jun 楊軍 and Zuo Jianhui 左建輝. (2007). "The Development Vein of Western Rationalism." 西方理性主義的發展脈絡. *Journal of Baoding Teachers College* 保定師範專科學校學報 20: 8 – 11.

Yang Rui 楊銳, Xie Meng 謝夢, and Wen Wen 文雯. (2019). "Pilgrimage to the West: Modern Transformations of Chinese Intellectual formation in Social Sciences." *Higher Education* 77: 815 – 29.

Yang Xiao. (2002). "Liang Qichao's Political and Social Philosophy." In *Contemporary Chinese Philosophy*. Edited by Chung-Ying Chen and Nicholas Bunnin. 17 – 39. Oxford, UK: Blackwell.

Yang Xiaolin. (2001). "The Ideal State, the Great World and the Well-off Society—On the Political Ideals of Plato and Confucius." 理想國, 大同世界和小康社會—論柏拉圖和孔子的政治理想. *Journal of Guangxi University for Nationalities (Philosophy and Social Sciences)* 廣西民族大學學報(哲學社會科學版). 12.

Yang, Mayfair Meihui. (2002). "The Resilience of Guanxi and Its New Deployments: A Critique of Some New Guanxi Scholarship." *The China Quarterly* 170: 459 – 76.

Yang, S. and B. Stening. (2013). "Mao Meets the Market." *Management International Review* 53: 419 – 48.

Yang, Sheng-keng 楊深坑. (1989). "Tao, Logos, and Communicative Rationality in the Educational Process." *Bulletin of Gradu ate Institute of Education, Taiwan Normal University* 31: 315 – 37.

Yi Ning 易寧 and Li Yongming 李永明. (2005). "Thucydides's Theory of Human Nature and his Outlook on History." 修昔底德的人性說及其歷史觀. *Journal of Beijing Normal University, Social Sciences* 北京師範大學學報, 社會科學版 6: 79 – 86.

Yong Huang. (2011). "Can Virtue Be Taught and How? Confucius on the Paradox of Moral Education." *Journal of Moral Education* 40: 141–59.

Yu Jiyian 余紀元 and Nicholas Bunnin. (2001). "Saving the Phenomena: An Aristotelian Method in Comparative Philosophy." In *Two Roads to Wisdom? Chinese and Analytic Philosophical Traditions*. Edited by Bo Mou. 293–312. Chicago, IL: Open Court.

Yu Jiyuan 余紀元. (1998). "Virtue: Confucius and Aristotle." *Philosophy East and West* 48: 323–47.

_____. (2004). "The Chinese Encounter with Greek Philosophy." In *Greek Philosophy in the New Millennium*. Edited by Livio Rossetti. 187–198. Sankt Augustin, Germany: Academia Verlag.

_____. (2005). "The Beginning of Ethics: Confucius and Socrates." *Asian Philosophy* 15: 173–89.

_____. (2014). "Feng Youlan and Greek Philosophy." *Journal of Chinese Philosophy* 41: 55–73.

Yu Liu. (2014). "Adapting Catholicism to Confucianism: Matteo Ricci's Tianzhu Shiyi." *The European Legacy* 19: 43–59.

Yu, Shirley Ze. (2019). "In Africa, the Beijing Consensus is Pushing Confucius over Plato." LSE September 18, 2019. Available at https://blogs.lse.ac.uk/africaatlse/2019/09/18/africa-beijing-consensus-confucius-plato-education/.

Yu Ying. (2015). "Classical Studies is Not the Way Liu Xiaofeng and his Associates Do It." 古典學不是劉小楓他們搞的那套. *Critical News* 古典學, February 7, 2015.

Zarrow, Peter G. (1997). "Liang Qichao and the Notion of Civil Society in Republican China." In *Imagining the People: Chinese Intellectuals and the Concept of Citizenship, 1890–1920*. Edited by Joshua Fogel and Peter G. Zarrow. 232–57. New York, NY: M.E. Sharpe, Inc.

Zeng Bing 曾冰. (2007). "Summary of Western Rationalism." 西方理性主義述評.

Journal of the Postgraduates of Zhongnan University of Economics and Law 中南財經政法大學研究生學報 6: 156–60.

Zeng Zhaoming 曾昭明. (2016). "Fukuyama on Trump—The 'Chinese Moment' after the 'End of History?'" 曾昭明專欄: 福山論川普—「歷史終結」後的「中國時刻」? November 20, 2016. Available at https://www.upmedia.mg/news_info.php ? SerialNo=7576.

Zhang Bobo 張波波. (2016). "The Socratic Elenchus." 蘇格拉底式辯駁. *Chinese Journal of Classical Studies* 古典研究 28:1–21.

Zhang Desheng 張德勝, Jin Yaoji 金耀基, and Chen Haiwen 陳海文. (2001). "On the Golden Mean: The Reason of Instrumental Reason, Value Reason and Communication Reason." 論中庸理性: 工具理性, 價值理性和溝通理性之. *Social Science Research* 社會學研 2: 33–48.

Zhang Foquan 張佛泉. (1971). "The Formation of Liang Qichao's Concept of State" 梁啟超國家觀念之形成. *Journal of Politics* 政治學報 1: 1–66.

Zhang Guangzhi 張廣智. (1982). "On Thucydides's Naive Materialism" 試論修昔底德朴素唯物主義的歷史觀. *Fudan Journal, Social Sciences Edition* 复旦學報, 社會科學版 4: 108–12.

Zhang Hui 張輝. (2003). "Introduction to the Chinese Translation." 中譯本前言. In *Plato's Symposium* 柏拉圖會議. Translated by Liu Xiaofeng. 1–15. Beijing: Huaxia Publishing House.

Zhang Jian 張建. (2007). "From Inside Harmony of Mind to Harmony of Outside World—a Key to Plato's *Republic*." 從心靈內部的和諧到外部世界的和諧—把打開柏拉圖《理想國》. *Journal of Kunming University* 昆明大學學報 3.

Zhang Liang 張亮. (2001). *The Tiananmen Papers*. Edited by Andrew J. Nathan and Perry Link. New York, NY: Public Affairs.

Zhang Lili 張立立. (2013). "To Whom Does the 'Noble Lie' Lie?" 向谁而說的'高貴的謊言'. *World Philosophy* 世界哲學 1: 60–8.

Zhang Longxi 張隆溪. (1992). *The Tao and the Logos: Literary Hermeneutics,*

East and West. Durham: Duke University Press.

———. (1998). *Mighty Opposites: From Dichotomies to Differences in the Comparative Study of China*. Stanford, CA: Stanford University Press.

———. (2015). "Meaning, Reception, and the Use of Classics: Theoretical Considerations in a Chinese Context." *Intertexts* 19: 5–21.

Zhang Ming. (2011). "A Reflection on the Crisis of Modern Liberal Democracy from the Perspective of Leo Strauss's Concept of Regime." 從施特勞斯政体觀反思現代自由民主制的危機. *Journal of Huazhong University of Science and Industry, Social Science Edition* 華中科技大學學, 社會科學版 1: 40–7.

Zhang Shuang 張爽. (2009). *Study on the Background of Modern Chinese Intellectuals* 現代化背景下的中國知識分子研究. Harbin: Heilongjiang University Press.

Zhang Wentao 張文濤. (2010). "Strauss, Classics, and the Chinese Problem" 施特勞斯, 古典學與中國問題. In *The Controversy between Ancient and Modern and Civilization Consciousness: Strauss in the Chinese Context*. Edited by Xu Jian. 古今之爭與文明自覺: 中國語境中的施特勞斯 233–63. Shanghai: East China Normal University Press.

Zhang Xiaomei 張小妹. (2009). "Justice and Harmony: The Inspirational Significance of Plato's Theory of Justice" 正義與和諧 —柏拉圖正義理論的啓示意義 *Journal of Hunan Institute of Humanities, Science and Social Science Edition* 湖南人文科技學院學報 1.

Zhang Xudong. (1997). *Chinese Modernism in the Era of Reforms. Cultural Fever, Avant-garde Fiction, and the New Chinese Cinema*. Durham, NC: Duke University Press.

———. (1998). "Nationalism, Mass Culture, and Intellectual Strategies in Post-Tiananmen China." *Social Text* 55: 109–40.

———. (2010). "Strauss in China: A Summary of Research and Controversy" 施特勞斯在中國: 施特勞斯研究和論爭綜述. In *The Controversy between Ancient* and *Modern and Civilization Consciousness: Strauss in the Chinese Context* 古今之爭與文明自覺: 中國語境中的施特勞斯. Edited by Xu Jian. 120–29. Shanghai: East China Normal University Press.

Zhang Yiwu 正文快照. (1996). "Humanistic Spirit: The Last Mythology" 人文精神: 最后的神话. In *In Search of the Human Spirit* 人文精神尋思录. Edited by Wang Xiaoming 王曉明. 137–41. Beijing: Wenhui Publishing House.

Zhang Zhongming 章忠民. (2000). "The Advancing and Deduction of the Rational Concept of Ancient Greece" 古希臘哲學中理性觀念的提出及其演繹. *Journal of Fujian Teachers University, Philosophy and Social Sciences Edition* 福建師範大學學報: 哲學社會科學版 4: 32–9.

Zhao Fujie 趙馥潔. (2001). "On the Unity of Value Rationality and Instrumental Rationality in Chinese Philosophy" 論中國哲學中價值理性與工具理性的統合意識. *Journal of the Humanities* 人文雜誌 4: 41–7.

Zhao Suisheng 趙穗生. (1997). "Chinese Intellectuals' Quest for National Greatness and Nationalistic Writing in the 1990s." *The China Quarterly* 152: 725–45.

Zheng Qi. (2013). "Carl Schmitt, Leo Strauss, and the Issue of Political Legitimacy in China." *American Foreign Policy Interests* 35: 254–64.

Zheng Xiaowu and Zheng Jianping 曾小五, 曾建平. (2010). "A Comparison of Confucius's and Plato's Conceptions of a Harmonious Society." 孔子和柏拉圖關于和諧社會構想的比較. *Guangming Daily* 光明日報. February 23, 2010.

Zhou Lian 周濂. (2009). "The Most Fashionable and the Most Relevant: A Review of Contemporary Chinese Political Philosophy." *Diogenes* 56: 128–37.

Zhou Yiqun 周軼群. (2017). "Greek Antiquity, Chinese Modernity, and the Changing World Order." In *Chinese Visions of World Order: Tianxia, Culture, and World Politics*. Edited by Ban Wang. 106–28. Durham, NC: Duke University Press.

_____. (2022). "Which Tradition, Whose Authority? Quests and Tensions in

Contemporary Chinese Reception of Greek Antiquity." Forthcoming in *KNOW*.

Zhu Hanguo 朱漢國. (1999). "Inventing New Paradigms: Characteristics and Implications of Intellectual Transformations During the May Fourth Movement" 創建新范式: 五四時期學術轉型的特徵及意義. *Journal of Beijing Normal University, Social Sciences Edition* 北京師範大學學報, 社會科學版 152: 50–7.

Zong Chenghe 宗成河. (2002). "Comments on Liu Xiaofeng's interpretation of Nietzsche" 評劉小楓的尼采解讀. *Zhejiang Academic Journal* 浙江學刊 5: 134–44.

Zuckert, Catherine and Michael Zuckert. (2006). *The Truth about Leo Strauss: Political Philosophy and American Democracy*. Chicago, IL: University of Chicago Press.

Zuo Jingquan 左景權. (1987). "Discussion of the Translation of Greek Classics" 漫談希臘古典名著的翻譯. *Social Science Front* 社會科學戰線 224–32.

찾아보기

ㄱ

가델스, 네이선Gardels, Nathan 274
가오펑펑Gao Fengfeng 236
간양Gan Yang 39, 191~192, 213~216, 218~219
   1980년대 이후의 변화 215~216, 234
   《통삼통》234~245
건국의 아버지들 24, 101, 146, 163
계몽주의 30, 72, 146, 177, 184~205, 222, 261, 279, 287, 325
고귀한 거짓말 35~36, 148~163, 223, 232, 257~258, 277~278, 287
   미국 정치에서 164~165, 278~279
   조화 개념으로서 170~171
   → 칼리폴리스
고대와 현대의 논쟁 218~219
고전 고대의 허구성 119~120
《고전연구》26, 96, 218, 222

공자 20~23, 37~38, 155, 165, 171, 188, 196, 212, 289
   도구적 사고에 대한 비판 196~197
   화해와의 관계 38, 170~171, 259~260
   인간 본성에 대한 견해 128~129
   팔방미인 259
공자와 칼리폴리스 비교 275~277
구무Gu Mu 241
《구시》111~114
구준Gu Zhun 79~83, 115
9호 문건 96
국민 66~70, 331
국학 21
군자君子 57, 247, 328, 366
궈지핑Guo Jiping 296
그레이엄, 앨리스Graham, Alice → 투키디데스의 함정
그레이엄, 앵거스Graham, Angus 200

글러버, 조나단Glover, Jonathan 185
기독교 30, 128, 191, 205, 216~217, 285
기술과 도구적 합리성 185~186

ㄴ

나치 185, 189
녜민리Nie Minli 39, 137, 236~237
노모스 225, 250
노예제
   계몽주의 합리성의 결과로서 205
   아리스토텔레스 사상에서 109, 128, 136
   아테네에서 111~112, 128, 136
   미국에서 114
노자 165
논리학 205
   → 합리성
뉘른베르크 재판 189
뉴턴, 아이작Newton, Isaac 186
니스벳, 리처드Nisbett, R. E. 200
니체Nietzsche, Friedrich 217
니페이민Ni Peimin 196

ㄷ

달랑베르D'Alembert, Jean le Rond 186
덕목 30
덩샤오핑Deng Xiaoping 33, 86~88, 119, 170, 203
데카르트Descartes, Rene 186, 197
델러리, 존Delury, John 242
도시국가 → 민주주의, 폴리스
돔브로프스키, 다니엘Dombrowski, Daniel 166
두웨이밍Tu Wei-ming 93, 187, 260, 269
둥춘성Dong Cunsheng 105~108
듀이Dewey, John 63, 329
드러리, 샤디아Drury, Shadia 362
디드로Diderot, Denis 186

ㄹ

라오지Lao Ji 188
라이프니츠, 고트프리트 빌헬름Leibniz, Gottfried Wilhelm 59, 186
래시, 스콧Lash, Scott 251
량치차오Liang Qichao 20, 25, 64~72, 77, 106, 108, 135
   《신민설》66
   《신민총보》64
   아테네 비판 332
   《중국 쇠퇴 기원론》69
   《집단화에 대하여》71
레이튼, 크리스토퍼Leighton, Christopher 79
로기스티콘 145
   → 합리성, 플라톤

로웨트, 캐서린Rowett, Catherine 153
로크, 존Locke, John 186
롤스Rawls, John 19, 219
루소Rousseau 19, 63
　민주주의 개념 333
루터, 마르틴Luther, Martin 131
룽광이Rong Guangyi 253
류둥Liu Dong 182, 194
류샤오보Liu Xiaobo 171
류샤오펑Liu Xiaofeng 26, 39, 96, 111,
　213~218, 222~225, 230, 235
　"문화 기독교인"으로서 216
　소크라테스의 죽음과 관련하여 224
　플라톤의 《향연》과 관련하여 224
류진위Liu Jinyu 39
류천광Liu Chenguang 109
류칭펑Liu Qinfeng 75
리, 데스먼드Lee, Desmond 152
리, 에릭Li, Erik X. 99~102
리다자오Li Dazhao 74, 77
리용청Li Yongcheng 162
리우위Liu Yu 52
리창린Li Changlin 102
리추링Li Qiuling 268
리치, 마테오Ricci, Matteo 43, 46~59
　《이십오언》 50~52
린즈춘Lin Zhicun 115~116
린치푸Lin Qifu 105~108

■
마델, 제이콥Mardell, Jacob 256
마르크스Marx, Karl 158, 168
마샬, 카이Marchal, Kai 232
마오위안신Mao Yuanxin 244
마오쩌둥 23, 33, 37, 77~78, 86, 152,
　167, 169, 233~234, 244, 258
　공자 비판 23, 37~38, 244
　'국부'로서의 위치 233
　그리스 사상에 대한 비판 77~78
마이모니데스Maimonides 37
마이어, 칼 하인리히Meier, Karl Heinrich
　218
마키아벨리Machiavelli, Niccolo 218
만리장성 85
매디슨, 제임스Madison, James 24
맨스필드, 하비Mansfield, Harvey 218
맹자 130, 198, 275
머우쭝산Mou Zongsan 369
메이나드, 티에리Meynard, Thierry 57
명 19
명제가 하늘을 나는 황금신의 꿈 54
모저, 데이비드Moser, David 85
모크, 켄Moak, Ken 172
몽테스키외Montesquieu 19, 63
무디, 피터Moody, Peter R. 202
묵가 202
문명의 충돌 → 헌팅턴, 새뮤얼

문화대혁명 219, 234, 244, 275
미국식 거짓말 163
미국의 민주주의
  유교적 기원 275~276
민주주의
  거짓말이라는 비판 162
  고대 그리스와의 무관성 123~125
  고대의 비판 67~68, 103~107
  불안정성 171~172
  비판 99~102, 107~108, 215~216, 219~221
  서구 담론과 서사 295~303
  서구의 전유물이라는 비판 112~113
  신문화운동과의 관련성 77
  아리스토텔레스 사상에서 67~68, 74, 286
  유가 사상과의 유사성 275, 278
  중국식 민주주의 112~113

ㅂ

바뇨니, 알폰소Vagnone, Alfonso 48, 56~57
바우만, 지그문트Bauman, Zygmunt 185~186
바워스, 잭Bowers, Jack 298
바이퉁둥Bai Tongdong 274~278, 289
반대 개념 200~201
반두르스키 데이비드Bandursky, David 94
발리냐노, 알레산드로Valignano, Alessandro 48
《백과전서 또는 과학, 예술, 기술에 관한 체계적인 사전》186
백일 개혁 62
버나데티, 세스Bernardete, Seth 214
버날, 마틴Bernal, Martin 116, 118
버크, 에드먼드Burke, Edmund 163
법가전통 202, 227, 244, 370
베네타투, 마리아나Benetatou, Marianna 268
베르그루엔, 니콜라스Berggruen, Nicholas 274
베르길리우스Vergil 60, 223, 265
베르니어-치가라, 키베리Vernier-Tsigara, Kyveli 268
베르사유 조약 33, 75
베버, 막스Weber, Max 36, 176, 181~193
  《경제와 사회》181~184
  류샤오펑과의 관련성 217
  《직업으로서의 학문》193
  《프로테스탄트 윤리와 자본주의 정신》182~183
《베이징의 봄》→ 후펑
베이컨, 프랜시스Bacon, Francis 186
벨, 다니엘Bell, Daniel A. 128, 273

변증법 198~199
보어, 롤랜드Boer, Roland 259
부르크하르트, 야코프Burckhardt, Jacob 119
부시, 조지 W.Bush, George W. 279
　스트라우시언 내각 279
조지, 짐George, Jim 279
블룸, 앨런Bloom, Allen 214, 218
비교 철학 318, 370
비크로프트, 알렉산더Beecroft, Alexander 63
비합리성
　플라톤과 아리스토텔레스에서 203~205

ㅅ

사도 바울Paul of Tarsus 131
사마천 67, 103
사포Sappho 290
삼단논법 354
샤오판Xiao Fan 158
샬 폰 벨, 요한 아담Schall von Bell, Johann Adam 44
서구 철학 개념의 동아시아 수용 354~355
서스킨드, 론Suskind, Ron 279
서태후Cixi 62, 329
선agathon 266

세네카Seneca, Lucius Annaeus 327
세메도, 알바레즈Semedo, Alvarez 46
셰익스피어Shakespeare 124
소수만 아는 해석 37, 133, 141, 172, 214, 221~232, 288, 361, 362
소크라테스Socrates 122, 144~149
　공자와의 비교 263~272
　처형 122
　크세노폰의 기록에서 265~266
　플라톤에게 배신당한 인물로서 151~152
소크라테스식 역설 197
소포클레스Sophocles 369
소프트 파워 246, 256, 298
쇠우리 182
수용 방식으로서의 "사용"과 "오용" 318
순자 128, 165
쉬다퉁Xu Datong 109
쉬지린Xu Jilin 86
슈미트, 카를Schmitt, Carl 217
스미스, 애덤Smith, Adam 73, 85
스탈린Stalin, Joseph 185
스톤, 이시도르Stone, I.F. 122
스트라우스, 레오Strauss, Leo 26, 166, 211~237, 280
　〈박해와 저술의 기술〉 226
　《방황하는 자들을 위한 안내서》 228
　부시 행정부와의 관련성 279~280

숨겨진 의미 해석 226~232
스트라우시언Straussians 96, 141, 211~237
　플라톤 해석 222~225, 287~288
스파르타 298
스팔라틴, 크리스토퍼Spalatin, Christofer 49
스피노자Spinoza, Baruch 37, 186
시민 개념을 대체하는 효孝 69~70, 165~166
시민권
　서구의 개념 66
　중국에서의 전개 68~70
　→ 국민
시아, 포치아Hsia, Po-chia 53
시진핑Xi Jinping 23, 38, 119, 202, 264
　"고귀한 거짓말"의 수행자로서 170
　공자와의 관계 242~243, 262~263, 271~272
　국제 정책에서 254~258
시카고 대학교 사회사상분과위원회 218, 358
식민지 개척자들 124
《신민설》→ 량치차오
신유가 23
신유학자 260
《신청년》→ 천두슈
신해혁명 63

쑤샤오캉Su Xiaokang 88
쑨원Sun Yat-sen 63, 233, 329
쑹푸강Song Fugang 157

○

아담과 이브
　인간 본성 이해에 대한 함의 129
아도르노, 테오도르Adorno, Theodor W. 185
아리스토텔레스Aristotle 88, 105, 118, 127~129, 286, 302
　노예제 109, 128, 339
　《니코마코스 윤리학》302
　민주주의 비판 67~68, 286
　《신학대전》에 미친 영향 55
　야리쓰둬 55
　《정치학》33, 35, 63~66, 73~74, 81
아악雅樂 247
아우구스티누스Augustine 129, 326
아우슈비츠 189, 191
아이웨이웨이Ai Weiwei 171
아이히만, 아돌프Eichmann, Adolph 189
아테네
　노예제 114, 136
　현대 서구 정치의 이상적 기원 25, 84, 101~103, 125~126
　토착성 155, 345
아편전쟁 32, 43, 62, 84

알레니, 율리우스Alieni, Julius 55, 56
알렉산더 대왕Alexander the Great 127
애덤스, 존Adams, John 151, 164
애들러, 이브Adler, Eve 360
야리스뒤 → 아리스토텔레스
야오제허우Yao Jiehou 266
어짊 → 인仁
에임스, 로저Ames, Roger T. 199
에픽테토스Epictetus 48~55, 290
역사의 종언 → 후쿠야마, 프랜시스
　Fukuyama, Francis
예룰라노스, 파블로스Yeroulanos, Pavlos
　270
예수
　동정녀에게 태어남 47
　십자가형 47
예슈산Ye Xiushan 267
옌푸Yan Fu 72, 83
5.4운동 33, 72, 83, 95, 101, 108, 134,
　205, 215, 286, 323
올림픽 98, 192
왕루샹Wang Luxiang 88
왕베이Wang Bei 253
왕웬후Wang Wenhu 160
왕유차이Wang Youcai 171
왕융Wang Yong 252
왕진Wang Jin 223
왕타오Wang Tao 230~231

왕페이Wang Pei 273
왕화이위Wang Huaiyu 129~132
우슈첸Wu Shuchen 108
우페이Wu Fei 224
원양Wen Yang 299
원자바오Wen Jiabao 242
웡 레이화Weng Leihua 142
웨벨, 찰스Webel, Charles P. 184
원타오Wen Tao 253
웨일리, 아서Waley, Arthur 200
위지위안Yu Jiyuan 76, 269~70
윔스터, 샘Whimster, Sam 251
유가 경전 22~23, 198~199
　고귀한 거짓말과의 관련성 165
　민주주의적 해석 132
　발전의 걸림돌로서 71~72, 75~77
　진위 문제 321
　플라톤의 칼리폴리스와의 유사성 37
　　~38, 143
유가 전통
　민족주의적 부활 23, 30, 37~38, 155
　　~156, 257~258, 262
　봉건주의와의 유사성 262~263
유가적 윤리 94
음양陰陽 205
이사 227
인간의 권리 187
인仁 195~196, 260~261, 270, 287~

288
일대일로 255, 298

ㅈ

자오둔화Zhao Dunhua 267
자오수이성Zhao Suisheng 94, 98
자오쯔양Zhao Ziyang 93
장광즈Zhang Guangzhi 102
장룽시Zhang Longxi 187
장리리Zhang Lili 159
장보보Zhang Bobo 223
장샤오메이Zhang Xiaomei 253
장원타오Zheng Wentao 210
장이화Jiang Yi-huah 242
장자 199
장지동Zhang Zhidong 179
장후이Zhang Hui 224
재퍼슨, 토머스Jefferson, Thomas 151, 164
  《국가》에 대한 견해 164~165
저우쭤런Zhou Zuoren 329
정샤오우Zheng Xiaowu 271
정의
  조화와의 관계 253
  플라톤 사상에서 38, 145~147, 171~172
정政과 바름의 관련성 196
정젠핑Zhen Jianping 271

정치 유학자 23
정치적 유가 273~278
제1차 청일전쟁 62
제사 논쟁 326
조상숭배 47
조화
  기술로 인한 문제의 해법으로서 241~243
  사회에서의 역할 177~178
  실현 과정 272~274
  음악적 맥락 30, 246~253
  정책으로서 244~245, 254~258
  중국 정전에서 247~248
  플라톤 사상에서 177, 250~251, 254~268, 275
  → 허셰
《좌전》 248
주희 53, 202, 261
중국과 서양이라는 이분법적 용어 320
중국 비교 고전학 학회 39
《중국 쇠퇴 기원론》→ 량치차오
《직방외기》 56
진관타오Jin Guantao 75
질서kosmos 250, 252, 366
《집단화에 대하여》→ 량치차오
쩡자오밍Zeng Zhaoming 302

ㅊ

차이위안페이Cai Yuanpei 179
천관Chen Guan 301
천광화Chen Guanghua 158
1980년대 문화열 215
천두슈Chen Duxiu 42, 76~77
천명天命 32, 56
천샤오메이Chen Xiaomi 85
천옌Chen Yan 140, 160~162
천주天主 51~53
《천주실의》52
　→ 리치, 마테오Ricci, Matteo
천하오쑤Chen Haosu 263, 268
철인왕 58, 145~155, 169, 233~234, 266, 276
철학에서의 은유 203~205
청 왕조의 붕괴 20, 33
청즈민Cheng Zhimin 159, 223
치앙자Qiang Zha 170
치크, 티모시Cheek, Timothy 69
칭롄빈Qiang Lianbin 160

ㅋ

카시미스, 디메트라Kasimis, Demetra 154~155
칸트Kant, Immanuel 19, 36, 177~178, 184, 186~190, 197, 204, 287
칼리폴리스 35, 38, 145~159, 166, 169~172, 190, 204, 253, 286, 289
공산주의-유교 국가와의 유사성 155~156
인류 운명 공동체와의 유사성 257~258
→ 플라톤,《국가》
칼뱅Calvin, John 131
캉유웨이Kang Youwei 330
케팔로스Cephalus 223
코헨, 제롬Cohen, Jerome 262
콩디약, 에티엔 보노 드Condillac, Étienne Bonnot de 186
크리스텔러, 폴Kristeller, Paul 219
클레이스테네스Cleisthenes 332

ㅌ

타키투스의 함정 374
탕스치Tang Shiqi 221
탕제Tang Jie 172
태평천국의 난 62
톈안먼 광장에서의 탄압 29, 87~88, 93, 183, 241
토크빌Tocqueville, Alexis de 160
투키디데스Thucydides 99~107, 129, 286, 296~297
투키디데스의 함정 256, 296~297
툰베리, 그레타Thunberg, Greta 292
트럼프Trump, Donald 303

클레온에 비유됨 338
티베트 98

ㅍ

판신Xin Fan 116
판웨Pan Yue 102, 125~128
판웨이Pan Wei 92, 102, 120~122, 155
팔머, 제임스Palmer, James 298
팡, 토니Fang, Tony 201
팡닝Fang Ning 113
팬, 모린Fan, Maureen 245
펑유란Feng Youlan 75
펑융펑Feng Yongfeng 261
페놀로사, 어니스트Fenollosa, Ernest 348
페리클레스Pericles 100, 103
포이어바흐Feuerbach, Ludwig 131
포퍼, 칼Popper, Karl 151
폴리스 65, 80~82, 104, 168
　고대 동양 115~116, 126~127
푸이Pu-yi 63
플라톤Plato 164, 193, 286~291
　《고르기아스》 250
　《국가》 35, 142~143, 163~166, 171, 222~225, 248~250, 252~253, 275~277, 286, 289
　《법률》 250
　유산 141
　음악적 조화 248~251, 367
　예수회가 인용한 철학자로서 57~59
　《파이돈》 250
　합리성에 대한 논의 189~190
　《향연》 224
　→ 정의
플라톤 사상에서 영혼 145
피레우스
　중국의 매입 298

ㅎ

하버마스, 위르겐Habermas, Jurgen 349
〈하상〉 82~86, 88
하이데거Heidegger, Martin 215
한비자 202
한킨스, 제임스Hankins, James 278
합리성
　가치적 176
　계몽주의 72, 177, 184~186
　도구적 36, 177~183, 353
　유가적이지 않은 199~202
　유추적 200~201
　플라톤 사상에서 146~147
　→ 논리학
합리화 350
핸슨, 채드Hansen, Chad 203
허세
　→ 조화
　→ 정의

→ 후진타오
허신He Xin 117~120
허우뎬친Hou Dianqin 253
헌팅턴, 새뮤얼Huntington, Samuel 126, 295, 298~299
헤겔Hegel, Georg Wilhelm Friedrich 184
헤로도토스Herodotus 290
현대성 219, 322
호네트, 악셀Honneth, Axel 188, 190
호르크하이머, 막스Horkheimer, Max 185
호머Homer 118
홀, 데이비드Hall, David L. 199
홀로코스트 36, 186, 188, 204, 288
홉스Hobbes, Thomas 186
홍선Hong Shen 240
화이트헤드, 알프레드 노스Whitehead, Alfred North 141
화해사회 → 조화
환경 윤리 260~261
황양Huang Yang 39, 97
황하 84
회스, 루돌프Hoss, Rudolph 189
후스Hu Shi 329
후야오방Hu Yaobang 87
후진타오Hu Jintao
　공자 부활 245
　화해에 대한 발언 38, 170, 242, 365
후쿠야마, 프랜시스Fukuyama, Francis 299~303
후펑 135~136, 168~169
　《베이징의 봄》 명예 편집장 135

플라톤 중국에 가다
PLATO GOES TO CHINA: The Greek Classics and Chinese Nationalism

초판 1쇄 | 2025년 5월 20일
지은이 | 샤디 바취
옮긴이 | 심규호

펴낸이 | 봉왕국
펴낸곳 | 도서출판 언더스탠드
주소 | 경기도 고양시 덕양구 백양로 126
전화 | 031-968-7776   팩스 | 031-624-7614
이메일 | understandbooks@naver.com
등록일 | 2023년 1월 26일   등록번호 | 제2023-000022호

디자인 | 김다다

값 22,000
ISBN 979-11-992205-0-8 (03300)

이 책은 저작권법에 따라 보호를 받는 저작물이므로 무단 전재와 무단 복제를 금지하며, 이 책의 전부 또는 일부를 이용하려면 반드시 저작권자와 도서출판 언더스탠드의 서면 동의를 받아야 합니다.